suhrkamp taschenbuch
wissenschaft 1412

Christian Iber legt eine Gesamtinterpretation des Deutschen Idealismus vor, die auch die philosophisch-ästhetischen Konzeptionen der Frühromantik, die sich bereits im Frühidealismus als Alternative zum Idealismus etabliert, in den Gang der nachkantischen deutschen Philosophie einbezieht. Ziel der Vorlesungen ist es, anhand von Textinterpretationen die Grundgedanken der Vertreter der idealistischen und frühromantischen Philosophie kritisch darzustellen und zugleich auch Außenstehenden verständlich zu machen, ohne die Sachprobleme zu vereinfachen. Die Deutung, die hier dem Entwicklungsgang des Deutschen Idealismus gegeben wird, ist von der Absicht getragen, die Voraussetzungen für einen Subjekt- und Vernunftbegriff freizulegen, der sich seiner nicht-rationalen Quellen zu versichern weiß und damit für das philosophische Denken auch heute noch von Bedeutung ist.
Christian Iber ist seit 1994 als Hochschullehrer und Professor in Berlin, Prag und Jena tätig.

Christian Iber

Subjektivität, Vernunft und ihre Kritik

Prager Vorlesungen über den Deutschen Idealismus

Suhrkamp

Die Deutsche Bibliothek – CIP-Einheitsaufnahme
Iber, Christian :
Subjektivität, Vernunft und ihre Kritik :
Prager Vorlesungen über den
Deutschen Idealismus / Christian Iber. –
1. Aufl. – Frankfurt am Main : Suhrkamp, 1999
(Suhrkamp-Taschenbuch Wissenschaft ; 1412)
ISBN 3-518-29012-6

suhrkamp taschenbuch wissenschaft 1412
Erste Auflage 1999

Druck: Wagner GmbH, Nördlingen
Printed in Germany
Umschlag nach Entwürfen von
Willy Fleckhaus und Rolf Staudt

1 2 3 4 5 6 – 04 03 02 01 00 99

Inhalt

Vorwort

Die vorliegenden Vorlesungen wurden im Zeitraum zwischen Oktober 1994 und Februar 1995 an der Philosophischen Fakultät der Karls-Universität Prag gehalten, wo ich als Gastprofessor tätig war. Für die freundliche Einladung meines verehrten Kollegen Herrn Prof. Dr. Milan Sobotka und dessen außerordentliche Gastfreundschaft möchte ich mich herzlich bedanken. Dank schulde ich auch Herrn Karel Novotný, der die Vorlesungen zum Teil simultan ins Tschechische übersetzte. Seit dieser Zeit liegen sie schriftlich in der Bibliothek des Philosophischen Instituts aus.

Bei dieser Gelegenheit möchte ich mich beim DAAD für die großzügige Förderung der Langzeitdozentur am Institut für Philosophie und Religionistik der Karls-Universität Prag bedanken. Die Langzeitdozenturen stellen einen wichtigen Beitrag für die philosophische Ausbildung der Prager Studenten und für den intellektuellen und kulturellen Austausch zwischen tschechischen und deutschen Kollegen und Studenten dar.

Im Sommer 1995 habe ich die Vorlesungen am Institut für Philosophie der Freien Universität Berlin in nur wenig geänderter Fassung zum zweiten Mal vorgetragen. Mein Entschluß, sie zu veröffentlichen, geht auf den großen Zuspruch zurück, den sie von seiten der tschechischen und deutschen Studenten erfahren haben. Ein etwas umfangreicherer Anmerkungsapparat schien mir geboten. Der Text wurde überarbeitet und die vierzehnte Vorlesung neu geschrieben. In dankbarer Erinnerung widme ich die Vorlesungen den tschechischen Studenten und Kollegen, denen ich viele Anregungen verdanke.

Die Vorlesungen stellen einen Versuch dar, einen Begriff von Philosophie zu entwickeln, der imstande ist, Ursprung und Entwicklungsgang des Deutschen Idealismus nicht nur doxographisch zu beschreiben, sondern wirklich in seinen philosophischen Grundlegungsgedanken in Grundzügen systematisch und kritisch darzustellen. Ein solcher Begriff von Philosophie muß erstens Stärken und Schwächen der Konzepte der verschiedenen zu Wort kommenden Vertreter der deutschen idealistischen Philosophie herausstellen und sie gegeneinander abwägen, um mit Gründen entscheiden zu können, welche produktiven Potentiale und welche Defizite sie aufweisen; zweitens setzt er einen Maßstab voraus, durch den eine solche kritische Darstellung überhaupt möglich ist. Die kritische Darstellung gilt in den Vorlesungen dem Thema »Subjektivität, Vernunft und ihre Kritik«, die die nachkantische idealistische deutsche Philosophie von ihren philosophischen Grundlegungsgedanken her im ganzen erschließt.

Meine Studie über Hegels Wesenslogik (vgl. Iber 1990)[1] hat zwar unbestreitbar das Verdienst, die Vernunftposition Hegels anhand eines sicherlich nicht leicht zugänglichen Textes von innen heraus in ihrer Stärke zu entfalten. Hegel geht von der Überlegung aus, daß letztes Fundament der Philosophie eine Struktur ist, die nicht konsistent negiert werden kann. Das ist für ihn das vernünftige Denken der Subjektivität. Diese als absolute Reflexivität und Relationalität gedachte Vernunft entwickelt Hegel in der Wesenslogik als Theorie der sich auf sich beziehenden Negativität. In ihr taucht das nicht-vernünftige Negative oder Andere der Vernunft nur als sich selbst negierende Instanz auf, die keinen für die Vernunft bedeutsamen Stand gewinnen kann. Doch wurde versäumt, die unübersehbaren Grenzen einer derartigen Auffassung von Vernunftphilosophie zu benennen und in ihren Gründen aufzudecken. Das Thema der Vorlesung ist für mich Anlaß, in dieser Hinsicht gewisse Retraktationen an Hegels Vernunftbegriff vorzunehmen.

Dies gilt auch für meine Studie über Schellings Philosophie (vgl. Iber 1994), die von der Voraussetzung ausgeht, daß eine Philosophie, die das Prinzip der Vernunft in ihrem Anderen erblickt, an einem desaströsen, nicht aufzulösenden Widerspruch krankt. Die Korrektur, die ich an dieser Stelle vornehme, besteht in dem Versuch, diesem Widerspruch auch produktive Seiten abzugewinnen. Dies führt mich auf den entscheidenden Gedanken, daß das Andere der Vernunft für einen unverkürzten Vernunftbegriff von konstitutiver Bedeutung ist und daß nur ein so gefaßter kritischer Vernunftbegriff in der Lage ist, als Maßstab für die kritische Beurteilung der Entwicklung der nachkantischen idealistischen Philosophie zu fungieren.

1 *Zitat-* und *Stellennachweise* der Primär- und Sekundärliteratur erfolgen unter Angabe des Verfassernamens und der im Literaturverzeichnis angegebenen Abkürzungen. Von der Sekundärliteratur wird der Verfasser, das Erscheinungsjahr und die Seitenzahl angegeben.

Nur durch diese doppelte Korrektur schien es mir möglich, der eigentümlichen Signifikanz und Dynamik der Entwicklung des nachkantischen idealistischen Denkens in seinen divergierenden Richtungen gerecht werden zu können. Meine Hoffnung ist, daß es gelungen sein könnte, dem Entwicklungsgang des Deutschen Idealismus eine Deutung gegeben zu haben, deren Voraussetzungen und Implikationen für die Philosophie selbst und damit für einen Begriff von Philosophie heute noch von Bedeutung sind.

Erste Vorlesung

Das Programm: Subjektivität, Vernunft und ihre Kritik

Bevor ich heute auf das Programm der Vorlesung näher eingehe, möchte ich eine Bemerkung dazu machen, wie ich diese Vorlesung verstehe. Die Vorlesung kann als Einführung in Ursprung und Gang der nachkantischen idealistischen Philosophie verstanden werden. Dabei möchte ich in die klassische deutsche Philosophie nicht primär historiographisch, sondern anhand von Sachthemen einführen. Die Vorlesung behandelt vier große Sachthemen der nachkantischen idealistischen Philosophie: I. Fichtes transzendentalphilosophische Theorie der Subjektivität und ihre ontologische Fundierung beim frühen Schelling, II. die frühromantische Subjektkritik bei Hölderlin und Novalis, III. Hegels Begründung des Vernunftidealismus in seiner Theorie der spekulativen Dialektik und IV. die Idealismus- bzw. Vernunftkritik Schellings in seiner mittleren und in seiner späten Philosophie im Kontrast zur Subjektivitäts- und Vernunftkritik in Fichtes Spätphilosophie. Die Anordnung der Sachthemen beleuchtet die Bewegung der Entstehung des Deutschen Idealismus bei Fichte und Schelling, die zugleich einhergeht mit sich im und gegen den Idealismus etablierenden Alternativen der philosophischen Frühromantik; sie versucht die innere Logik von Hegels reifer spekulativer Vernunftmetaphysik freizulegen und geht der sich in Schellings Spätphilosophie abzeichnenden Überwindung des Idealismus nach. Schließlich beleuchtet sie die kritische Selbstreflexion der Theorie der Subjektivität in Fichtes später Wissenschaftslehre. Indem ich heute die Themen Revue passieren lasse, mit denen wir uns dieses Semester beschäftigen werden, möchte ich zugleich begründen, warum diese vier Themen die zentralen Sachthemen des Deutschen Idealismus sind.

Die Konstellationen und Verzweigungen am Anfang der klassischen deutschen Philosophie lassen sich in ausgezeichneter Weise anhand der Theorien der Subjektivität erläutern und erklären. Dies ist deshalb der Fall, weil die klassische deutsche Philosophie die philosophische Bewegung ist, die Subjektivität zum wichtigsten Thema und zum Prinzip der Theorie hatte werden lassen.

Nach dem im 20. Jahrhundert vollzogenen *linguistic turn* und dem Paradigmawechsel hin zur Intersubjektivität und zur Gesellschaftlichkeit könnte der Eindruck entstehen, daß die Theorien der Subjektivität hoffnungslos obsolet sind. Und tatsächlich konstituierten sich die Konzepte der Kommunikation und der Intersubjektivität, zum Beispiel die Ansätze von Apel und Habermas, als Abwendung von der Theorie des Subjekts. Gleichwohl bleibt die philosophische Aufklärung über die Verfassung des Subjekts meines Erachtens ein philosophisches Grundanliegen. Denn selbst die Theorien der Intersubjektivität bleiben abhängig vom Verständnis dessen, was Subjekt heißt. Intersubjektivität ist ja überhaupt ein ›Korrekturbegriff‹, gleichsam eine Erweiterung von Subjektivität. Jedenfalls bleibt das Problem Subjektivität auch nach allem Paradigmawechsel philosophisch aktuell.[1] Philosophiegeschichtlich kann man drei Paradigmen unterscheiden: in der Antike das Sein, in der Neuzeit die Subjektivität und in der Moderne seit Hegel die Intersubjektivität.

Bedeutsam ist die Epoche der klassischen deutschen Philosophie in bezug auf das verwickelte Problem der Subjektivität auch deswegen, weil sie die Möglichkeiten und Perspektiven des Denkens über Subjektivität so ziemlich vollständig ermittelt hat. Keine Epoche hatte ein größeres Problembewußtsein als diese Epoche der Entdeckung der Subjektivität. Dieses Problembewußtsein bezieht sich auf drei zentrale Punkte einer Theorie der Subjektivität: 1. die Verfassung und die Struktur der Subjektivität, 2. die Konstitutionsbedingungen von Subjektivität und 3. die Stellung der Subjektivität im ganzen des menschlichen Wissens. Die philosophischen Theorien im Deutschen Idealismus und in der Frühromantik unterscheiden sich in ihrem Gehalt und ihren Folgerungen danach, wie sie diese drei Fragen beantworten.

Die Epoche der klassischen deutschen Philosophie ist nicht nur rein philosophisch interessant. Sie reflektiert meines Erachtens auch zwei Haupttendenzen in der Lebensführung und Kultur im

1 Diese Überlegung führt Dieter Henrich gegen den drohenden Problemverlust in all solchen Theorien an, die den Paradigmawechsel von der Subjektivität zur Intersubjektivität in einer allzu schroffen Abkehr von der Theorie der Subjektivität propagieren und vollziehen (vgl. Henrich 1989, 108 ff.).

Deutschland der sich herausbildenden bürgerlichen Gesellschaft, der heute so genannten Moderne. Die eine geht auf eine hochgradig komplexe Form des Weltverstehens, die prägnant in den philosophischen Systemen Fichtes, Schellings und Hegels zum Ausdruck kommt. Die andere geht auf die Ausbildung einer Innerlichkeit, einer beweglichen Spontaneität subjektiven Lebens, die vor allem in der klassisch-romantischen Literaturbewegung am Ende des 18. Jahrhunderts zum Ausdruck kommt. Das Zusammenspiel beider Tendenzen bildet zumindest eine wichtige, bewahrenswerte Traditionslinie der deutschen Kultur. Sie entstehen in der geistigen Auseinandersetzung mit der Französischen Revolution, werden aber schnell von anderen Tendenzen überlagert und entstellt, einerseits von einem militaristisch-imperialistischen Geist, andererseits von einer philisterhaften Kleinbürgerlichkeit. Ein wichtiger Grund für die Fehlentwicklung der Geschichte Deutschlands besteht darin, daß die aufgeklärte Innerlichkeit um 1800 politisch nicht in einem Republikanismus wirksam wurde. Die heutige Form aufgeklärter Innerlichkeit in deutschen Intellektuellenkreisen geht auf die Studenten- und Frauenbewegung zurück. Sie haben auch in verschiedener Weise auf die Frühromantik zurückgegriffen.

Bei der Erörterung der Theorie der Subjektivität greife ich auf Texte von Fichte, Schelling, Hölderlin und Novalis zurück. Bei der Interpretation dieser Texte sind das intellektuelle Kräftefeld und die Konstellationen der nachkantischen idealistischen Philosophie zu entfalten. Denn nur sie werfen Licht auf das theoretische Potential, das diese Texte erschließen. Was also zu leisten wäre, wäre – um mit Dieter Henrich zu sprechen – eine Verbindung von argumentationsanalytischer Textinterpretation und philosophischer Konstellationsforschung.[2]

1. Das erste große Sachthema ist die Theorie der Subjektivität, wie sie in Fichtes Philosophie vollendet und zur Prinzipientheorie des Deutschen Idealismus erhoben wurde, und ihre ontologische Umformung und Weiterentwicklung beim frühen Schelling.

2 Das Programm einer »Konstellationsforschung« hat Henrich als Forderung für die Untersuchung der Entstehung der nachkantischen idealistischen Philosophie in seinem Aufsatz *Konstellationen* erhoben, die in dem von ihm geleiteten Jenaer Forschungsprojekt institutionalisiert worden ist und bereits vielfältige Früchte getragen hat (vgl. Henrich 1991, 27-46).

Der Schlüssel für das Verständnis von Fichtes Philosophie liegt in den Texten zur Wissenschaftslehre. Ihrer Grundidee zufolge ist die gesamte Philosophie von einem einzigen Grundgedanken aus systematisch neu zu begründen. Fichte ist der Meinung, dieser Grundgedanke mache Philosophie allererst zur exakten und nachprüfbaren Wissenschaft: daher der Name »Wissenschaftslehre«, Lehre vom Wissen bzw. von der Wissenschaft. Der Anspruch auf philosophische Letztbegründung alles Wissens durch ein Prinzip macht Fichte zum Begründer des Deutschen Idealismus. Für Fichte ist dieses letztbegründende Prinzip das Ich oder das Selbstbewußtsein. Deshalb war ihm daran gelegen, die Struktur des Ich bzw. des Selbstbewußtseins zu ergründen. Die Theorie des Ich bzw. des Selbstbewußtseins ist also das Kerntheorem von Fichtes Wissenschaftslehre.

Fichtes Ichtheorie, die sich als Vollendung der neuzeitlichen Theorie der Subjektivität, die von Descartes ihren Ausgang nimmt, interpretieren läßt, stellt den Interpreten vor mehrere Schwierigkeiten: Neben der Theorieform der Wissenschaftslehre, die bis dato noch nicht entschlüsselt ist, ist das Problem des Selbstbewußtseins selbst zu erörtern. Schließlich gilt es zu prüfen, wie aus seiner Kritik an der Vorläufertheorie des Selbstbewußtseins, der sogenannten »Reflexionstheorie« des Selbstbewußtseins, und damit der Kritik der neuzeitlichen Theorie der Subjektivität von Descartes bis Kant, Fichtes eigene Theorie des Selbstbewußtseins erwächst. An den Texten zur Wissenschaftslehre läßt sich auch zugleich der Punkt herausarbeiten, an dem Fichtes eigene Theorie selbst fragwürdig wird und an dem einerseits Schelling, andererseits Hölderlin und Novalis über Fichte hinausgehen.

Nach der Fichte-Lektüre wenden wir uns Schellings frühphilosophischen Schriften zu. Hier geht es Schelling um eine von Fichte unterschiedene prinzipientheoretische Letztbegründung der Philosophie, und zwar um eine ontologische Umformung und Weiterentwicklung von Fichtes transzendentalphilosophischem Anliegen. Doch bleibt Schelling in der von Fichte vorgezeichneten Bahn der Begründung der Philosophie.

II. Da die nachkantische Theorie der Subjektivität bereits in der Anfangsphase des Deutschen Idealismus in zwei Richtungen auseinandergeht, sind wir vor ein zweites großes Sachthema gestellt. Fast gleichzeitig, aber ganz unabhängig voneinander entwickeln Hölderlin und Novalis den frühromantischen Grundgedanken, daß die Kunst da einspringen muß, wo die Philosophie versagt. Diesen Grundgedanken gewinnen sie aus einer kritischen Auseinandersetzung mit Fichtes Theorie der Subjektivität. Die Differenz zu Fichtes Idealismus ergibt sich aus philosophischen Grundlegungsfragen der Theorie der Subjektivität. Schon in der Anfangsphase der idealistischen Philosophie eröffnet sich folgende Alternative: einerseits die subjektphilosophische Position Fichtes, der von einer in sich geschlossenen Dimension von Subjektivität ausgeht, andererseits die frühromantische Kritik, der zufolge das Wesen der Subjektivität philosophisch unauslegbar ist und adäquat nur in der Kunst erfaßt werden kann.

Seine philosophische Grundlagenreflexion entwickelt Hölderlin in seinem Fragment *Urtheil und Seyn* vor, Novalis in seinen *Fichte-Studien* nach ihrem gemeinsamen Treffen bei Fichte im Mai 1795 in Jena. Es bleibt jedenfalls eine anregende Aufgabe der Forschung, das Denken Novalis' mit dem Hölderlins in Beziehung zu setzen. Vor allem aber ist zu untersuchen, wie sich Novalis' und Hölderlins Bezugnahmen auf Fichte zueinander verhalten und voneinander unterscheiden. Das Aktuelle am Kontrast von Frühromantik und Frühidealismus ist, daß im Übergang zur Frühromantik das wesentliche Paradigma der Moderne und sogar schon der Postmoderne entwickelt wird, auf das die neuere Philosophie, vornehmlich Heidegger, Adorno und Derrida, nur noch zurückgreifen muß, nämlich die Kritik an der Möglichkeit der Selbstbegründung und Selbstdurchsichtigkeit der Subjektivität. Die Frühromantik ist die Entdeckung der Vielschichtigkeit, der Ungeborgenheit, der Inkonsequenz und der Widersprüchlichkeit des Subjekts in der Moderne, die ihr zufolge nicht durch die Philosophie, sondern nur durch die Kunst adäquat verarbeitet werden kann.

III. Das dritte große Sachthema der Vorlesung betrifft Hegels Begründung der Vernunftphilosophie in seiner Theorie der Dialektik, wie er sie in seinem Hauptwerk, der *Wissenschaft der Logik*, in den Jahren zwischen 1810 und 1820 entwickelt. Hier ist der Ort, an dem die logische Struktur der Begründung der Vernunft deutlich wird. Hegels Philosophie geht von der Unhintergehbarkeit und der Absolutheit der Vernunft aus, weil sie der Auffassung ist, daß letztes Fundament der Philosophie das sein muß, was nicht konsistent negierbar ist, und das ist für Hegel das vernünftige Denken. Hegel ist daher der Philosoph, der Ressourcen der Rationalität entwickelt, die auch gegen die in der Moderne aufkommende Gegenaufklärung und Irrationalität ins Feld geführt werden können.

Den Weg zu seinem spekulativen Vernunftidealismus findet Hegel im Anschluß und in Weiterentwicklung spekulativer Gedanken Hölderlins und in Kritik und Wegbewegung vom Jenenser Schelling der Identitätsphilosophie. Dieser Weg findet seinen Abschluß in seiner *Wissenschaft der Logik*. Hegel hat die Mängel vor allem in der Begründungsstruktur der Schellingschen Identitätsphilosophie erkannt und dadurch zu beheben versucht, daß er die Absolutheit der Vernunft von der ihr vorausliegenden Wirklichkeit ausgehend, also von dem, was sie nicht ist, dialektisch zu begründen versucht. Hegel tut dies, indem er aufzeigt, daß sich das vorvernünftige Andere der Vernunft aufgrund seiner Negativität und Widersprüchlichkeit selbst aufhebt. Hegels Terminus dafür ist: das »Andere seiner selbst«. Allerdings zahlt Hegels Vernunftphilosophie in der Behebung der Begründungsmängel der Identitätsphilosophie Schellings den Preis, daß sie das Andere der Vernunft verdampfen läßt bzw. in nur noch unangemessener Weise berücksichtigt. Im Hinblick auf Hegels Idee der Präexistenz einer in ihrem vorgängigen Anderen bereits verborgenen Vernunft läßt sich seine Philosophie als Vernunftfundamentalismus bezeichnen. Fundamentalistisch ist sie darin, daß für sie das der Vernunft vorgängige Andere keinerlei selbständigen Bestand hat. Zu einem solchen Vernunftfundamentalismus bietet die Anerkenntnis eines gegenüber der Vernunft prinzipiell Anderen, das zugleich Prinzip der Vernunft ist, eine Alternative. Eine solche Alternative hat der mittlere und späte Schelling geltend gemacht, für die der junge Schelling mit seiner Ontologisierung der Fichteschen Transzendentalphilosophie bereits die Weichen gestellt hat. Auf Schellings Kritik am Vernunftfundamentalismus Hegels und damit am Idealismus insgesamt werde ich unter dem vierten Sachthema der Vorlesung eingehen.[3]

3 In einem in seiner Programmatik für die vorliegenden Vorlesungen inspirierenden Aufsatz hat Michael Theunissen die Reichweite der Macht der Vernunft vor dem Maßstab ihres Anderen in der Moderne kritisch erörtert und geht dabei auch dem Schicksal nach, das die Macht der Vernunft in Hegels und Schellings Philosophie erfährt: vgl. Theunissen 1994, 31-54, besonders 42 ff.

Die Erörterung von Hegels dialektischer Vernunftphilosophie möchte ich in zwei Schritten vornehmen: In einem ersten Schritt werde ich Hegels Theorie der Beziehung von Verstand und Vernunft anhand seiner Theorie der Endlichkeit und Unendlichkeit in der Daseinslogik behandeln, wobei sich im Verhältnis von Endlichkeit und Unendlichkeit das Verhältnis von Verstand und Vernunft exemplarisch im Felde des Logischen reflektiert. In einem zweiten Schritt soll dann die dialektische Methode nach dem Schlußkapitel der Hegelschen Logik Thema werden, wobei auch die subjektivitätstheoretischen Implikationen von Hegels Vernunftphilosophie freigelegt werden. Ich hoffe, daß wir uns damit nicht nur ein Fachwissen über Detailprobleme der Hegelschen Logik, sondern ein grundlegendes Verständnis von Hegels spekulativer Dialektik insgesamt erwerben.

Was die Interpretation der Daseinslogik betrifft, so steht sie vor zwei Schwierigkeiten: Die spekulativ-dialektische Entwicklung der logischen Kategorien im Haupttext der Daseinslogik ergänzt Hegel mit kritischen Kommentaren zu traditionellen philosophischen Auffassungen zu den entwickelten Kategorien. Hegel geht ja von einer Korrespondenz zwischen Logik und Philosophiegeschichte bzw. von logischen Kategorien und philosophiehistorischen Positionen aus. Die Kategorien der Logik sind nichts anderes als die ins Logische übersetzten philosophischen Meinungen der Tradition. Die dialektische Begriffsentwicklung tritt so immer auch als kritische Darstellung philosophischer Grundpositionen der Tradition auf. Daraus ergibt sich für uns die Doppelaufgabe: Zum einen haben wir uns die Gedankenschrittfolge in der Kategorienentwicklung mit Argumenten einsichtig zu machen. Zum anderen müssen wir uns die für Hegel wichtigsten philosophischen Referenzpunkte in der Tradition erarbeiten.

Aus beidem zusammen, der spekulativ-dialektischen Entwicklung der Kategorien im Haupttext und den kritischen Reflexionen auf die philosophischen Positionen in den Anmerkungen, ergibt sich das philosophische Programm der Daseinslogik. Hegel versucht in der Daseinslogik eine spekulativ-dialektische Begründung des eigenen Standpunktes einer idealistischen Vernunftphilosophie, und zwar in Auseinandersetzung, Kritik und Umgestaltung der gesamten philosophischen Tradition, vornehmlich ihrer ontologischen Grundkategorien.

Endlichkeit und Unendlichkeit sind überhaupt genuine Bestimmungen des nachkantischen Idealismus, die vor allem Schelling verwendet hat, um seine philosophische Position zu erläutern. Beide Bestimmungen gehen auf Jacobis Begriffspaar Bedingt-Unbedingt zurück. Das menschliche Bewußtsein enthält nach Jacobi zwei ursprüngliche Vorstellungen, die eines Bedingungszusammenhangs und die eines Unbedingten. In seiner *Fichtestreitschrift* von 1806 etwa sagt Schelling: »Vorzüglich sind es zwei Gegensätze, mit denen sich die Philosophie von jeher beschäftigt hat; der erste der des Erkennens und des Seyns, der andere der des Unendlichen und des Endlichen« (Schellings *Werke* VII, 52). Bereits in seiner Schrift *Philosophische Briefe über Dogmatismus und Kritizismus* von 1795/96 bemerkt Schelling, der »Uebergang vom Unendlichen zum Endlichen [sei] das Problem *aller* Philosophie« (Schellings *Werke* I, 313 f.).

Die Bedeutung der Dialektik von Endlichkeit und Unendlichkeit überträgt sich von Schellings auf Hegels Philosophie. Dies läßt sich anhand einiger Zitate verdeutlichen: Hegel erklärt, »daß die Natur des Endlichen und Unbeschränkten und ebendamit sein Verhältnis zum Unendlichen den schwersten Punkt, man könnte sagen, den einzigen Gegenstand der Philosophie ausmachen« (Hegels *Werke* 11, 529). Und weiter: »Das Verhältnis aber des endlichen Geistes zu Gott ist eine so tiefe – oder es ist die tiefste – Idee, daß das Denken derselben der sorgfältigsten Wachsamkeit über die Kategorien, die es dabei gebraucht, bedarf« (Hegels *Werke* 11, 411). Diese Kategorien sind die Bestimmungen Endliches und Unendliches. In der *Enzyklopädie der philosophischen Wissenschaften* § 95 Anm. heißt es, das wahrhaft Unendliche sei der »Grundbegriff der Philosophie« (Hegels *Werke* 8, 203). Bereits in der *Differenzschrift* (vgl. Hegels *Werke* 2, 21) und in *Glauben und Wissen* (vgl. Hegels *Werke* 2, 301) betont Hegel die Notwendigkeit einer konsistenten Verbindung von Endlichem und Unendlichem. Eine solche konsistente Verbindung von Endlichem und Unendlichem herzustellen ist Aufgabe der daseinslogischen Theorie der Unendlichkeit. Mit der Kategorie der affirmativen Unendlichkeit ist die logische Grundstruktur des Grundbegriffes von Hegel, nämlich die Grundstruktur des Begriffs des Geistes, entwickelt. Es ist also nicht übertrieben zu sagen, daß Hegel in der Daseinslogik das Grundgerüst seiner Philosophie im ganzen entwickelt.

Hegels Daseinslogik enthält also eine Theorie der Endlichkeit und Unendlichkeit. In der Theorie der Endlichkeit steht die kritische Umgestaltung der traditionellen bis in die griechische Antike zurückreichenden Ontologie individueller Substanzen im Vordergrund, die noch die ontologische Grundlage der neuzeitlichen Kantischen und Fichteschen Transzendentalphilosophie darstellt. In der Theorie der Unendlichkeit kommt dann noch etwas entscheidend Neues hinzu. Hegel setzt sich hier nämlich in ein kritisches Verhältnis zu Schellings Philosophie des Absoluten in seiner identitätsphilosophischen Phase. Die Daseinslogik mündet im Begriff der Unendlichkeit in eine zu Schellings Identitätsphilosophie alternative Begründung der Philosophie als Idealismus. Während Schelling in seiner identitätsphilosophischen Phase unmittelbar wie aus der Pistole geschossen mit dem Absoluten anfängt – »Vom *Unbedingten* muß die Philosophie ausgehen«, schreibt Schelling an Hegel bereits am 4. Februar im Jahre 1795[4] –, springt bei Hegel das Absolute als Resultat einer Bewegung heraus, die vom Endlichen ausgeht. Hegel führt einen negativen, indirekten Beweis des Absoluten, nämlich über die Selbstaufhebung des Endlichen, während Schelling deduktiv das Endliche aus dem vorausgesetzten Unendlichen herzuleiten versucht.

Zusammenfassend läßt sich sagen: In der Daseinslogik versucht Hegel ein konsistentes Verhältnis von Endlichem und Unendlichem zu entwickeln, und zwar in kritischer Auseinandersetzung mit dem Dualismus von Endlichem und Unendlichem in der Transzendentalphilosophie Kants und Fichtes und in Abgrenzung vom Monismus der Schellingschen Absolutheitsphilosophie.

Im zweiten Hegel-Teil möchte ich Hegels Dialektiktheorie genauer ansehen. Das Methodenkapitel am Schluß von Hegels Logik gibt abschließend Einblick in die Art von Theorie, die Hegel in der Logik überhaupt entwickelt. Jedenfalls kann uns die abschließende methodische Reflexion auf die Begriffsentwicklung der Logik im ganzen das Wesen der Hegelschen Dialektik erschließen, in der die Vernunft zur Herrschaft kommen soll. Darüber hinaus gibt es auch Auskunft darüber, warum Hegel der

4 Vgl. Schellings Brief an Hegel vom 4. Februar 1795, in: *Aus Schellings Leben. In Briefen*, hg. von G. L. Plitt, Band I, 76.

Vernunft Subjektivität zuspricht. So mündet die die Subjektivitätstheorie überbietende Vernunfttheorie wieder in die Subjektivitätsproblematik.

Die Erörterung des dialektischen Dreischritts in der Begriffsentwicklung läßt uns Aufschluß über alle wichtigen Fragen der dialektischen Begriffsentwicklung gewinnen. Zum Beispiel: Wie kommt überhaupt ein dialektischer Dreischritt in Gang, in dem das Unmittelbare zur Vernunft gebracht werden soll? Was sind seine Gesetzmäßigkeiten? Wie vollzieht sich die Bewegung vom ersten zum zweiten und vom zweiten zum dritten Schritt? Wie sind die Momente selbst verfaßt? Abschließend können Fragen erörtert werden, die die Hegelschen Grundbegriffe der Negativität und des Widerspruchs sowie den Begriff der Einheit bzw. Synthese betreffen. – Ich denke, nach dem Durchgang durch die Daseinslogik und das Methodenkapitel haben wir einigen auch kritischen Aufschluß über Programm, Gehalt, Ziel und Durchführung von Hegels Vernunftphilosophie bekommen.

IV. Das vierte große Thema der Vorlesung betrifft zunächst Schellings spätphilosophische Vernunft- und Idealismuskritik. Nach der Etablierung der Absolutheit der Vernunft durch Hegel schafft die antifundamentalistische Kritik des mittleren und späten Schelling das Privileg der Vernunft zugunsten ihres Anderen ab. Ich möchte Ihnen Hegel und Schelling also im Kontrast vor Augen führen.

Interessant ist an der Figur Schellings, daß er nicht nur derjenige ist, der zusammen mit Fichte den nachkantischen Idealismus einleitet, sondern auch der ist, der an der Schnittstelle zwischen idealistischer und nachidealistischer Philosophie steht. Mit Schellings Ausleitung aus dem Idealismus werden wir uns also am Ende des Semesters beschäftigen. Das ist einzigartig in der Philosophiegeschichte, daß ein Philosoph eine ganze Epoche begründet, einleitet, abschließt und über sie hinausführt.

Die Beschäftigung mit Schellings Spätphilosophie ist zugleich Beschäftigung mit Schellings Philosophie im ganzen oder wenigstens doch mit Schellings Philosophie seit seiner *Freiheitsschrift* von 1809 und seinen *Weltalterfragmenten*. Seit dieser Zeit hat Schelling mit seinem eigenen Vernunftabsolutismus in der Identitätsphilosophie gebrochen. Bereits für den mittleren Schelling bedarf die Vernunft in Gestalt der Natur eines ihr Anderen zu ihrer vollendeten Konstitution. Die vorvernünftige Macht der

Natur hat zwar Priorität, doch hat die Vernunft die Kraft, sich die Natur zu unterwerfen. Durch diese Unterwerfung geht die Natur zwar nicht zugrunde, aber doch zum Grunde und wird erst dadurch zum eigentlichen Naturgrund der Vernunft. Der späte Schelling geht noch einen Schritt weiter. Er verurteilt die konstitutive Macht der Vernunft selbst zur Ohnmacht. Wir betrachten also den Weg, in dem die Negativität als äußere und innere Ermöglichung von Vernunft bei Hegel zur Bestimmung der Vernunft bei Schelling selbst wird, bei dem sie somit eine grundsätzliche Relativierung ihrer Macht erfährt.

Schellings Spätphilosophie ist ein riesiger Torso, niedergelegt in einem unübersichtlichen Wust von Schriften, vor allem in Vorlesungen. Schelling hat ja seit 1809, seit der *Freiheitsschrift*, mit einigen Ausnahmen nichts mehr veröffentlicht. Schelling trägt seine Philosophie mündlich, in Vorlesungen, vor. Mit dem späten Fichte verbindet ihn die auf den esoterischen Platon zurückgehende Auffassung des Vorrangs des Mündlichen vor dem Schriftlichen. Die Wahrheit könne nur mündlich, nicht schriftlich mitgeteilt werden.[5]

Schellings Spätphilosophie umfaßt ungefähr den dreißigjährigen Zeitraum von 1827 bis 1854. Der Beginn der Spätphilosophie im engeren Sinne, das heißt im Unterschied zur Weltalterkonzeption, die Schelling noch in der *Erlanger Vorlesung* von 1821/22 verfolgt, läßt sich um das Jahr 1826/27 ansetzen, das heißt mit Beginn des zweiten Münchener Aufenthalts Schellings und dem Vortrag seiner *Geschichte der neueren Philosophie*. Das von Schelling selbst für den Titel »Spätphilosophie« benannte sachliche Kriterium ist die Unterscheidung der Philosophie in ei-

5 Es gibt zwei Dokumente, die Selbstäußerungen Platons über die Minderwertigkeit des Schriftlichen gegenüber der Mündlichkeit seiner Lehre enthalten: zum einen Platons Dialog *Phaidros* (274b-278c) und den meines Erachtens echten *7. Brief*. Platon begründet seine Auffassung damit, daß die schriftliche Form der Mitteilung zu vom Autor nicht kontrollier- und korrigierbaren Mißverständnissen und Fehldeutungen der Lehre beim Leser führen könnte. Der tiefere Grund für Platons Auffassung ist der, daß nur derjenige seine Lehre wirklich begreifen kann, der sich entsprechende Gedanken schon selbst gemacht hat. Diese erkenntnistheoretische Begründung unterscheidet Platons Esoterik von archaischen Formen von Geheimlehre, denen zumeist magische Vorstellungen zugrunde liegen.

ne positive und negative Philosophie, welche das entscheidend Neue gegenüber Schellings Weltalterphilosophie darstellt.

Schellings Spätphilosophie als Ganzes vor sich haben bedeutet den Zusammenhang zwischen der sogenannten reinrationalen oder negativen Philosophie und der sogenannten positiven Philosophie freilegen, die die Philosophie der Mythologie und die Philosophie der Offenbarung umfaßt. In der reinrationalen oder negativen Philosophie, die Schelling auch die reine Vernunftwissenschaft nennt, wird wie im spekulativen Idealismus von der Vernunft ausgegangen. Zugleich soll hier aber gezeigt werden, daß und warum über die Vernunft hinausgegangen werden muß. Negativ heißt dieser Teil der Philosophie also in einer doppelten Hinsicht. Zum einen wird in ihr zwar alles Sein einer vernünftigen Durchdringung unterworfen, aber zugleich wird alles das ausgeschieden, was nicht »das *wahrhaft* Seyende« (Schellings *Werke* XIII, 67), »das *Seyende selbst*« (ebd., 70) ist. Zum anderen wird auch am Ende nicht das Seiende in seiner Seiendheit, die Wirklichkeit des Wirklichen, erreicht. Damit wird bei Schelling die Negativität, die bei Hegel äußerliche Voraussetzung und innere Ermöglichung der Vernunft ist, selbst zur Bestimmung der Vernunft. Die Pointe der negativen Philosophie ist allerdings, daß die Vernunft in Ohnmacht versinkt, weil sich in ihr das von ihr unterschiedene Absolute, das wahrhaft Seiende, offenbart, durch das sie dazu verurteilt wird, dem Begriff des Seienden selbst vergeblich nachzujagen. Notwendig wird daher eine über die negative Vernunft hinausgehende positive Denkform.

»Positiv« heißt die Denkform, weil sie nicht reinrational verfaßt ist, also keine reine Vernunftstruktur besitzt, also gerade nicht etwas durch die Vernunft Gesetztes betrifft. Positiv meint hier etwas über die bloße Vernunftsetzung Hinausgehendes, nämlich das Sein als unvordenklich notwendig Existierendes. Auf diese unvordenkliche Wirklichkeit beziehen sich Erfahrungen, die nicht durch das Denken der Vernunft allein einholbar sind. Diese Erfahrungen sind vorwiegend religiöser Art, weswegen die positive Philosophie beim späten Schelling die Gestalt der Religionsphilosophie hat. Schelling übersetzt hier Luthers Glaubensgewißheit an die Geburt des Gottvertrauens aus dem Tod des Selbstvertrauens ins Philosophische. Dieser philosophische Glaube Schellings ist auf seinen Erfahrungsgehalt zu befragen und seine philosophische Umsetzung auf seine Legitimität. Dabei zeigt sich, daß die Unterscheidung von negativer und positiver Philosophie nicht unproblematisch ist. Die zweigeteilte Konzeption der Spätphilosophie wirft insbesondere das Problem auf, ob es eine systematische Einheit der Spätphilosophie gibt oder ob diese in einen inkonsistenten Dualismus auseinanderbricht.

Was ist die Hauptstoßrichtung von Schellings später Religionsphilosophie? Schellings Religionsphilosophie ist der letzte groß angelegte Versuch einer philosophischen Legitimation des Christentums, der allgemeinen Ideologie des Abendlandes seit dem 4. Jahrhundert n. Chr. Im 19. Jahrhundert beginnt die Auflösung des Legitimationssystems des Christentums, der Zerfall der religiös-metaphysischen Weltbilder, aber damit auch des Widerstandspotentials gegen die Indifferenz, die Entfremdung und Zerrissenheit der Moderne. Der Versuch einer philosophischen Legitimation des Christentums erschien Schelling notwendig, weil seiner Meinung nach nur über die Wahrheit des Christentums ein Weg aus der Negativität der Moderne herausführt, in der die Vernunft zur Ohnmacht verurteilt ist. Anders aber etwa als bei Kierkegaard geschieht dies bei Schelling nicht so sehr in einer Reflexion auf den eigenen subjektiven Akt des Glaubens, sondern in einer Interpretation der objektiven Gehalte des christlichen Glaubens. Von Hegels Religionsphilosophie unterscheidet sich die Schellings darin, daß zur philosophischen Interpretation des Christentums eine rein idealistische Denkform nicht zureichend ist. Die Vernunft muß ihre Ohnmacht eingestehen. Der Idealismus – so Schellings These – habe sich selbst zu bescheiden. Die Rettung der Vernunft ist nur durch eine philosophische Erneuerung des Christentums zu erwarten. Haben Hölderlin und Novalis die Vernunft in Richtung auf Kunst zu entlasten versucht, entlastet Schelling die Vernunft in Richtung auf Natur und Religion.

Nach dem Verlust der Jenaer Professur infolge des Atheismusstreits hat Fichte die Wissenschaftslehre immer wieder in Vorlesungszyklen vor allem in Berlin vorgetragen. Die Vorträge zur Wissenschaftslehre zeichnen sich erstens dadurch aus, daß sich die Terminologie ständig ändert, und zweitens dadurch, daß sich Fichte wie Schelling mehr und mehr auf die bloß mündliche Mitteilung beschränkt. In bezug auf die mündliche Form der Mitteilung rekurriert Fichte in seiner Spätphilosophie in wohl einzigartiger Weise in der Geschichte der Philosophie auf die Kritik Platons an der Schriftlichkeit der Philosophie.[6]

Fichtes Spätphilosophie gilt der kritischen Selbstbesinnung auf das Prinzip der Subjektivität. Fichte reagiert damit einerseits auf die prompte Kritik an seiner transzendentalen Subjektivitätsphilosophie von 1794/95 durch seine Schüler Hölderlin, Novalis und Friedrich Schlegel, andererseits auf die gewandelte philosophische Problemlage nach dem Atheismusstreit um 1800. Während der frühe Fichte alles Wissen als Entfaltung der selbstbezüglichen Aktivität des Ich versteht, begreift der späte Fichte das Wissen des Ichs nicht mehr als letztes, sich selbst begründendes Prinzip. Dem Ichwissen wird vielmehr ein absolutes Sein vorausgesetzt, aus dem es als aus seinem Grund hervorgeht. Die späteren Wissenschaftslehren fassen das Ichwissen als Selbstdarstellung, als Sich-Erscheinen, eine Erscheinung, der das differenzlose Absolute voraus- und zugrunde liegt. Die Tätigkeit der wissenden Selbstbeziehung des Ichs kann nur noch in Beziehung auf ein absolutes Sein begriffen werden, das aber nicht ruhiger Bestand, sondern in sich geschlossenes Leben bedeutet und als wandelloses Licht bezeichnet wird.

Der berühmtesten späteren Wissenschaftslehre zufolge, der zweiten Berliner Vorlesung von 1804, ist es Aufgabe der Philosophie, im Ausgang vom Prinzip des Ich als dem Prinzip des Wissens »*Alles Mannigfaltige*« auf »*absolute Einheit*« (Fichtes *Werke* X, 93) zurückzuführen. Fichtes Bestimmung des Absoluten als absolutes Sein oder absolut Eines reformuliert die erste Hypothese von Platons *Parmenides*-Dialog. Was bei Platon aber noch Gegenstand der Kritik war, wurde im Neuplatonismus positiv als die henologische Wahrheit der Theologie genommen. Fichtes Spätphilosophie erneuert die neuplatonische Theologie unter den neuzeitlichen Bedingungen der Bewußtseins- bzw. Ichphilosophie. Sie ist als eigentümliche Verschlingung von ontologischer

6 Eine ähnlich kritische Auffassung gegen das Schriftliche wie beim späten Schelling findet sich im Deutschen Idealismus eigentlich nur beim späteren Fichte (vgl. *Die Grundzüge des gegenwärtigen Zeitalters*, in: Fichtes *Werke* VII, 89 f., besonders 90: »So hat die mündliche Mittheilung [...] unendliche Vortheile vor der, durch den todten Buchstaben; das Schreiben ist bei den Alten erfunden worden, lediglich um die mündliche Mittheilung denen zu ersetzen, die zu ihr keinen Zugang haben konnten«).

Theorie des Absoluten und transzendentaler Theorie der Subjektivität durchaus und im ganzen Religionsphilosophie. Sie ist ein Idealismus relativ zu Gott, der das Ichwissen als »Aeusserung« im Sinne von »Bild oder Schema« Gottes faßt (vgl. Fichtes *Werke* II, 696). Zugleich ist das Wissen des Ich der Angelpunkt beim Übergang von der absoluten Einheit zur Mannigfaltigkeit der Erscheinung. Der eigentliche Schöpfer der Welt ist nicht Gott, sondern das Ich des Selbstbewußtseins. Darin bleibt im Unterschied zur schöpfungstheologischen Spätphilosophie Schellings, die objektiver Idealismus ist, Fichtes Spätphilosophie subjektiver Idealismus.

Die nachidealistische Philosophie oder das Heraustreten der Philosophie aus dem metaphysischen Rahmen des Idealismus beginnt da, wo die Idealismus- und Vernunftkritik nicht mehr im Namen einer über die Vernunft hinausgehenden Religionsphilosophie, sondern im Namen einer Religionskritik betrieben wird. Sie beginnt bei Feuerbach und Marx und kulminiert in der Vernunftkritik Nietzsches, die von der Diagnose des Gottestods angeleitet ist. Betreibt Hegel Philosophie als göttliche Wissenschaft, so versteht Schelling Philosophie als philosophische Wissenschaft von Gott. Mit Feuerbach nimmt Marx an, die Philosophie rationalisiere nur die christliche Gottesvorstellung. Die idealistische Philosophie sei Philosophie innerhalb der Theologie. Marx setzt der theologischen Vernunftphilosophie die auf sich beruhende profane Wirklichkeit entgegen und glaubt, daß mit ihrer wissenschaftlichen Darstellung die Existenzberechtigung der Philosophie obsolet sei. Doch zum einen verweist die Formulierung der »Darstellung der Wirklichkeit« (Marx/Engels, *Werke* 3, 27) auf eine falsche Auffassung von Idealismus – als bestünde dessen Fehler darin, sich mit Ideen statt mit der Wirklichkeit zu beschäftigen, so daß mit dem Beschluß, sich von der »Spekulation« ab- und der »Wirklichkeit« zuzuwenden, »wirkliches Wissen« (ebd.) garantiert wäre. Zum anderen setzt sich dieser falsche Begriff von idealistischer Philosophie fort in der gewagten Behauptung, mit der Erarbeitung von empirischem Wissen würde Philosophie obsolet. Als wäre sie so etwas wie eine Fingerübung in Sachen Wissenschaft. Marx ignoriert hier in der zusammen mit Engels verfaßten Schrift *Deutsche Ideologie* noch – ebenso wie im *Kommunistischen Manifest* – den Umstand, daß es in der Moderne ein Interesse an falschem Bewußtsein ebenso gibt wie ein Bedürfnis nach philosophischer Einsicht in den Schein erzeugenden Zusammenhang der Negativität der Moderne, deren Grund er im übrigen im vielzitierten, aber oft mißverstandenen Fetisch-Kapitel des *Kapitals* freilegt. Auch nach der Marxschen Religions- und Philosophiekritik ist das Bedürfnis nach Philosophie nicht abgestorben, sind wir doch weiterhin mit der theoretischen und praktischen Bewältigung der Negativität der Moderne konfrontiert. Es ist daher Adorno zuzustimmen, wenn er sagt: »Philosophie, die einmal überholt schien, erhält sich am Leben, weil der Augenblick ihrer Verwirklichung versäumt ward« (Adorno 1973, 15). Adorno plädiert damit für einen Typ von Philosophie, die wie die Schellings die Alternative von Vernunft und ihrem Anderen zu unterlaufen versucht. Nur tut Adorno dies unter nach Nietzsche veränderten Bedingungen einer Suche nach Sinn ohne Gott.

Mit dieser Erwähnung von Positionen, die hinter der Schnittstelle von idealistischer und nachidealistischer Philosophie liegen, sind wir allerdings schon weit über das eigentliche Ziel der Vorlesung in diesem Semester hinausgeschossen. Sicherlich haben wir es in der Spätphilosophie Schellings mit einer Idealismus- und Vernunftkritik zu tun, die aber noch im Rahmen der Vernunftphilosophie des Idealismus verbleibt.

Der Bruch mit dem metaphysischen Rahmen der idealistischen Vernunftphilosophie ließe sich in einem Vergleich zwischen Schellings Neubegründung der idealistischen Vernunftphilosophie über ihr Anderes in seiner Spätphilosophie mit den nachidealistischen Positionen Heideggers und Adornos demonstrieren. In seiner Freiburger Antrittsvorlesung *Was ist Metaphysik?* gibt Heidegger nach dem berühmten Diktum Nietzsches vom Tod Gottes eine Diagnose und eine Rekonstruktion des Nihilismus der Moderne, die den Rahmen der Vernunftphilosophie des Idealismus und einer darin fundierten Theorie des Absoluten explizit verlassen hat, indem er die These aufstellt, daß primär nicht Vernunft, sondern basale Grundstimmungen Welterschließungskraft besitzen. Auch Adorno intendiert in seinem Hauptwerk *Negative Dialektik* mit seiner These, das Begriffslose mit Begriffen aufzutun, ohne es ihnen gleichzutun, eine Transzendierung der Vernunft auf ihr Anderes, ohne die Prämissen der idealistischen Philosophie zu teilen.[7]

7 Einen Ausblick auf die nachidealistische Konstellation von Vernunft

Es ist ein bleibendes philosophisches Desiderat der Moderne, eine Philosophiekonzeption zu entwickeln, in der unter Einbeziehung eines zureichenden Wahrheitsbegriffs ein konsistentes Verhältnis von argumentativem, begrifflichem Denken der Vernunft und seinem Anderen zu stehen kommt, das nicht in Vernunft aufgeht. Festzuhalten bleibt, daß eine konsistente Kritik am traditionellen idealistischen Vernunftbegriff einen eigenen Vernunftbegriff voraussetzt, der erstens das Genuine der Vernunft zu explizieren vermag und sich zweitens seiner nichtrationalen Quellen zu versichern weiß. Damit haben wir in etwa einen Maßstab gewonnen, durch den eine kritische Darstellung von Ursprung und Entwicklungsgang des Deutschen Idealismus möglich wird.

In den nächsten beiden Vorlesungen komme ich auf das erste Sachthema zu sprechen: Fichtes Theorie der Subjektivität. In der zweiten Vorlesung versuche ich Fichtes Ichbegriff nach den §§ 1 bis 3 der *Grundlage der gesamten Wissenschaftslehre* von 1794/95 zu entwickeln. In der dritten Vorlesung soll dann Fichtes Theorie der Subjektivität vertieft werden, indem anhand einer Interpretation der Schrift *Versuch einer neuen Darstellung der Wissenschaftslehre* von 1797 die diffizile Problematik von Fichtes Selbstbewußtseinstheorie erörtert wird.

und ihrem Anderen bei Heidegger und Adorno habe ich in meiner Habilitationsschrift vorgenommen (vgl. Iber 1994, 325 ff.).

Zweite Vorlesung

Fichtes Ichbegriff nach den §§ 1-3 der *Grundlage der gesamten Wissenschaftslehre* von 1794/95

In zwei aufeinander folgenden Vorlesungen möchte ich Fichtes Theorie der Subjektivität behandeln. In der heutigen Vorlesung beginne ich mit der Erörterung der Struktur und Problematik von Fichtes Theorie der Subjektivität, indem ich die Entwicklung des Ichbegriffs in den §§ 1-3 der *Grundlage der gesamten Wissenschaftslehre* (= GWL) von 1794/95 näher betrachte. Dieser Text bereitet einer konzisen Interpretation aufgrund seiner auf den ersten Blick undurchdringlichen Argumentationsstruktur große Schwierigkeiten.

Der Text von § 1 wird erhellt, wenn man ihn in seine Bestandteile zerlegt. Er läßt sich in drei Teile untergliedern: den Vorspann, den Haupttext und die Anmerkungen:

1. Die ersten sechs Absätze des Vorspanns von § 1 sind als Einleitung programmatischer Natur. Sie geben die Aufgabenbestimmung an. Es geht um das Aufstellen des absolut-ersten, schlechthin unbedingten Grundsatzes alles menschlichen Wissens. Mit dieser Aufgabenbestimmung knüpft Fichte an Motive Reinholds und Jacobis an. Zum einen schließt er an Reinholds These an, daß erst mit der Aufstellung eines obersten Grundsatzes Philosophie zur strengen Wissenschaft werde, zum anderen an die These Jacobis, daß allem bedingten Wissen die Gewißheit eines Unbedingten zugrunde liegt.

Fichte kommt zu diesem obersten Grundsatz im Ausgang von dem logischen Axiom der Identität als unbedingter Tatsache des Bewußtseins, die durch die Methode der »abstrahirenden Reflexion« (Fichtes *Werke* I, 91)[1] auf die ihr zugrunde liegende »Thathandlung« (96) zurückgeführt wird. Dabei ergibt sich ein von Fichte als unvermeidbar angesehener Zirkel: die Gesetze der Logik sollen aus den transzendentalen Grundsätzen der Philosophie abgeleitet werden; diese sind jedoch ihrerseits den philoso-

1 Wenn nicht anders angegeben, wird die GWL im folgenden aus Fichtes *Werke* I zitiert.

phischen Ableitungen vorausgesetzt, insofern diese sich nach den Regeln der Logik vollziehen (vgl. 92).[2]

II. Die Argumentation, die zur Aufstellung des obersten Grundsatzes »*Ich bin*« (94) im Haupttext führt, erfolgt in zwei Schritten: Zunächst wird vom Satz der Identität »A = A« (92) als unbezweifelbarer Tatsache des Bewußtseins ausgegangen und von dieser zum ersten Grundsatz »*Ich = Ich*« (94) bzw. »*Ich bin*« (ebd.) als höchster Tatsache des Bewußtseins fortgeschritten. Sodann wird diese höchste Tatsache des Bewußtseins auf die sie begründende Tathandlung zurückgeführt.[3]

a) Bei der Analyse des Satzes »A = A« fällt die Eigentümlichkeit Fichtes auf, die logische Identität als ein Bedingungsverhältnis zu interpretieren: »A = A« bedeutet: »*wenn* A sey, *so* sey A« (93). Beim Identitätssatz geht es also nicht um die Existenz von etwas, das für A steht, sondern nur um die Form dieses Satzes und die unbedingte Gewißheit dieser Form. Zwischen dem linken Auftrittsfall von A und dem rechten drückt der Satz der Identität einen notwendigen Bedingungszusammenhang aus, für den Fichte den Terminus »X« (93) als Funktion des schlechthin Setzens einsetzt. Ein schlechthin Setzen ist für Fichte eine notwendige, unhintergehbare Grundtätigkeit des Geistes, durch die ihm aller Inhalt (sei es nun A oder B oder C etc.) gegeben ist.

Nach der Analyse der Identität erfolgt deren Rückführung auf den Ichbegriff in zwei Schritten: Der erste Schritt zeigt auf, daß es allein das Ich ist, das die Position A setzt und dieser Setzung also notwendig vorausgesetzt ist. Über die Struktur des Ichbegriffs selbst geht daraus aber noch nichts hervor. Die Reflexion auf die unbedingte Gültigkeit des Satzes der Identität führt im

2 In diesem Zirkel zeigt sich der Mangel der transzendentalphilosophischen Begründung der formalen Logik in der GWL, denn er dokumentiert die unaufhebbare *Abhängigkeit* der Wissenschaftslehre von der *formalen Logik*. Die Wissenschaftslehre Fichtes ist also noch nicht wirklich eine Umgestaltung der formalen Logik, wie sie dann Hegel in der *Wissenschaft der Logik* durchführen wird.

3 Jürgen Stolzenberg hat in seinem Aufsatz *Fichtes Satz ›Ich bin‹* (Stolzenberg 1995) den ersten überzeugenden Versuch gemacht, den Rationalitätsgehalt von Fichtes Subjektivitätstheorie von 1794 in Form eines argumentationsanalytischen Kommentars zentraler Gedankenschrittfolgen dieser Theorie freizulegen. Allerdings kommt in seiner Abhandlung die Analyse der Tathandlung des Setzens nicht mehr ausführlich in den Blick.

zweiten Schritt zum Rückschluß auf den Begriff des Ich als der Kraft der Setzung schlechthin und also auch der Identitätssetzung von A = A. Fichte scheint dabei das Ich für einen besonderen und ausgezeichneten Fall der Konditionalbeziehung der Identität zu halten. Daher schließt er aus der Analyse der Funktion des schlechthin Setzens der Identität nicht nur auf den Begriff des Ich, sondern auf den Satz »Ich bin Ich« (94). Im Falle des Ich ist nämlich die ausgezeichnete Bedingung erfüllt, stets und immer den Übergang des linken Auftrittsfalls des Ich in den rechten zu gewährleisten. Das Ich selbst ist die Gewährleistungsinstanz seiner Identität.

Mit dieser Gedankenschrittfolge sind wir »unvermerkt« (94) – wie Fichte sagt – beim ersten Grundsatz der GWL, beim Satz »*Ich bin*« angekommen, auf den sich der Satz »Ich bin Ich« reduziert. Nicht das *Ich denke* des Descartes, sondern das *Ich bin* ist die oberste Bewußtseinstatsache. Denn Fichte denkt das Ich als eines, das schlechthin existiert, als einziges Prinzip, dessen Existenz unbezweifelbar ist. Die Identität, die im »*Ich = Ich*« liegt, schließt also die Existenz des Ich ein. So wie »Ich bin« stets und immer »*Ich = Ich*« ist, so ist »*Ich = Ich*« stets und immer nur im und durch das »*Ich bin*«.

Im Satz »*Ich bin*«, auf den sich das »Ich bin Ich« reduziert und in welchen der alte Gottesname *Ich bin* hineinspielt, macht sich Fichtes gegen Reinhold gerichtete anti-cartesianische Pointe bemerkbar.[4] Mit diesem Satz vollendet Fichte die neuzeitliche Subjektphilosophie, indem er zugleich deren Ambivalenz auflöst. Seit Descartes ist die neuzeitliche Philosophie durch die Ambivalenz gekennzeichnet, daß einerseits das Ich, andererseits Gott das Prinzip der Philosophie ist. Während Spinoza und Leibniz Gott zum Prinzip der Philosophie machen, ist für Kant das Ich der methodische und ontologische Grund der Philosophie. Gleichwohl braucht Kant Gott, um die Verwirklichung der Moral behaupten zu können. Fichte hat in seiner Jenaer Zeit am radikal-

4 Fichtes Reduktion des Descartesschen *cogito* auf das *sum* ist durch Jacobis Rekonstruktion von Spinozas Substanz durch den Gedanken des Seins auf den Weg gebracht, über die Jacobi zu seiner Grundthese gelangt, daß alles bedingte Wissen auf der unmittelbaren Gewißheit eines unbedingten Seins beruht, die er auch im Kontext der Selbstbewußtseinstheorie fruchtbar gemacht hat: »[Ich] glaube, man dürfe schlechterdings nicht das sum dem cogito nachsetzen« (Spin², XV).

sten den das Ich gegen Gott ausspielenden Weg des Cartesianismus eingeschlagen. Der frühe Fichte ist jedenfalls der begründungstheoretisch anspruchsvollste Atheist, indem er das Ich zum ersten Mal in der Geschichte der Philosophie zum Absoluten selbst macht.[5] Darin ist des weiteren begründet, daß in Fichtes Ichbegriff wieder Motive der Spinozistischen Metaphysik auftauchen, nun aber unter umgekehrten Vorzeichen. Daher Jacobis Rede von Fichtes Philosophie als »*umgekehrte[m] Spinozismus*« (Jacobis *Werke* III, 12).

Fichte kann nun das Ergebnis der ersten Gedankenschrittfolge festhalten: Der Unterschied der beiden Sätze »A = A« und »*Ich* = *Ich*« besteht darin, daß ersterer nur der Form nach, während letzterer auch seinem Gehalte nach unbedingt gültig ist (vgl. 95). Denn während von der Existenz von A abstrahiert werden kann, kann von der Existenz von Ich nicht abstrahiert werden, ohne sie zugleich vorauszusetzen. Aufgrund dieser Übereinstimmung von Form und Gehalt bzw. Existenz im Satz »*Ich* = *Ich*« faßt Fichte diesen Satz als höchste Tatsache des Bewußtseins.

b) Nachdem im Ausgang vom logischen Axiom der Identität der Ichbegriff gefunden wurde, wird dieser in einer zweiten Gedankenschrittfolge auf die ihn begründende Tathandlung zurückgeführt. Die Reflexion auf den Satzcharakter des Satzes »*Ich* = *Ich*« ergibt, daß der Gedanke des Ich die Handlung eines Sichselbst-Setzens, die selbstbezügliche Tätigkeit des Setzens, ein-

5 In bezug auf die Frage nach Status und Stellenwert des Ichbegriffs von §1 der GWL lassen sich in der Fichte-Forschung drei Grundpositionen unterscheiden. Die erste sieht in ihm die theologisch konnotierte Auslegung des Absoluten als Ich (vgl. Radermacher 1970, Janke 1970). Nach der zweiten ist das Ich von § 1 als absolutes Prinzip des Selbstbewußtseins zu verstehen (vgl. Henrich 1966, Gloy 1984, Stolzenberg 1986). Die dritte Interpretationsrichtung glaubt, daß das Ich von § 1 überhaupt nur zureichend unter Einbeziehung von § 5, das heißt der praktischen Dimension des Selbstbewußtseins, zu deuten ist (vgl. Schrader 1972, Metz 1991, Hühn 1994). Von diesen Interpretationsrichtungen, in denen sich das Absolute als Ich, das Ich als Absolutes und das absolute Ich als praktische Idee des Sollens gegenüberstehen, geht meines Erachtens die erste Position am begründungstheoretischen Atheismus des frühen Fichte vorbei, während die beiden anderen Interpretationsrichtungen jeweils verschiedene Implikationen, die Fichte mit seinem Begriff des absoluten Ich tatsächlich verbunden hat, hervorheben.

schließt. Tätigkeit und Selbstverhältnis sind hier in Einheit. In diesem Fichteschen Begriff der Ichtätigkeit wirkt Reinholds Begriff der Selbsttätigkeit des Bewußtseins noch nach. Doch löst Fichte damit ein von Reinhold ungelöstes Problem. Er fundiert nämlich nicht wie Reinhold das Selbstverhältnis des Ich in der gegenständlichen Tätigkeit der Bewußtseinsvorstellung, sondern begründet das Selbstverhältnis innerhalb einer nunmehr reinen Tätigkeit. Aus der Vorstellungstheorie Reinholds ergibt sich das Grundproblem, wie eine zirkel- und regreßfreie Theorie des Selbstbewußtseins möglich ist, und damit die Notwendigkeit, über Reinhold hinauszugehen.[6] Reinholds Theorie der Vorstellung des Vorstellenden als Vorstellenden kommt nicht über eine objektive Perspektive auf das Selbstverhältnis des Subjekts hinaus. Erst Fichte hat das Selbstverhältnis des Ich aus der Binnenperspektive des Ich auf Begriffe gebracht. Die Tätigkeitsstruktur des Ich war also nur in einer Begriffsform auszubilden, die inkommensurabel mit der auf Welt bezogenen gegenständlichen Tätigkeitsstruktur ist.

In eins damit, daß das Ich Tätigkeit ist, *ist* bzw. existiert das Ich. Fichte versucht, in den Ichbegriff Jacobis Gedanken des Seins zu integrieren. Aus der Auslegung der Identität als Konditionalbeziehung ergibt sich in Anwendung auf den Ichbegriff die für die GWL wichtige These, der zufolge das Sein bzw. die Existenz des Ich unmittelbare Folge oder Implikation seines Setzens ist. Sich-Setzen und Sein bzw. Existenz sind in unmittelbarer Einheit. Der erste Grundsatz »*Ich bin*« ist also »Ausdruck einer Thathandlung« (96), durch die das Ich schlechthin in seinem Sein oder in seiner Existenz gesetzt ist. Die Tathandlung hat also den Charakter einer *Seinssetzung* oder einer Existenzsetzung.

Der Charakter der Ichtätigkeit als Seinssetzung impliziert zweierlei: 1. Das Setzen schlechthin ist kein Setzen, dem ein Setzendes zuvor besteht, in Beziehung auf das es erfolgt. Das Ich *ist* Setzen. Vor seinem Setzen hat das Ich keinerlei Bestand. Daher die Sinnlosigkeit der Frage: »*was* war ich wohl, ehe ich zum Selbstbewusstseyn kam?« (97). In der Tätigkeit des Ich sind ›Tätiges‹ und ›Getätigtes‹ ein und dasselbe. 2. Der Status des Selbstverhältnisses im Begriff des sich selbst setzenden Ich ist durch

6 Eine knappe, aber treffende Darstellung der Schwierigkeiten von Reinholds Theorie des Selbstbewußtseins gibt Stolzenberg 1994, 64 bis 69.

Unmittelbarkeit und Reflexionslosigkeit gekennzeichnet. Das »*Ich bin*« schließt daher ein unmittelbares Bewußtsein des »*Ich bin*« ein.[7]

c) Richtete sich bisher die Explikation des Begriffs der Tathandlung zunächst allein auf den mit ihm bezeichneten Charakter der Tätigkeit der Seinssetzung, so werden nun zwei weitere Folgerungen für Fichtes Ichbegriff expliziert, die sich in gewisser Weise gegenläufig zueinander verhalten, zum einen der Charakter der Selbstbegründetheit, Absolutheit und Invarianz, zum anderen dessen Für-sich-Sein. Daß noch etwas entscheidend Neues hereinkommt, macht Fichte auch durch die Formulierung deutlich. Er sagt: »Wir betrachten jetzt noch einmal den Satz: *Ich bin Ich*« (96).

Zunächst versucht Fichte die Ichstruktur noch präziser zu fassen. Dunkel blieb bisher, wie das Implikationsverhältnis von Sich-Setzen und Sein genau zu denken ist. Fichte bringt die Einheit des Ich auf den Begriff eines wechselseitigen Begründungsverhältnisses von Setzung und Sein. »Das Ich *sey*, *weil* es sich gesetzt habe« (96) und »das Ich setzt sich selbst, schlechthin *weil* es ist« (97). Damit ist nach Fichte geklärt, »in welchem Sinne« in der GWL vom »Wort Ich« Gebrauch gemacht werde, nämlich im Sinne des »absolute[n] Subject[s]« (97).

Besteht die Identität des Ich in seinem Sich-Setzen, das unmittelbar mit der Einheit von Setzen und Sein verbunden ist, so folgt daraus die absolute Selbstgründung des Ichseins oder eben dies, daß das Ich »absolutes Subject« ist. Fichtes Theorie des sich selbst begründenden Ich geht von einer in sich geschlossenen und durch keine innere Differenz getrübten Dimension der Subjektivität aus, aus der auch die schlechthinnige Invarianz des Ich folgt – ein Gedanke, der für die Begriffsform der Wissenschaftslehre überhaupt grundlegend ist.[8]

7 Mit dieser Charakterisierung des Ichbegriffs befreit Fichte die Selbstbewußtseinstheorie von den Schwierigkeiten, in die die traditionelle Reflexionstheorie vom Ich geraten war (vgl. Henrich 1966, 199).

8 Im Zusammenhang mit der Voraussetzung, daß im »*Ich bin*« keine innere Differenz gedacht werden darf, spricht Henrich von der mit der Begründung des ersten Grundsatzes verbundenen Invarianzthese in Beziehung auf das auch insofern absolute Ich (vgl. Henrich 1992, 487). Die gefolgerte Invarianz des absoluten Ich sei noch zu unterscheiden von der Unbedingtheit seines Sich-selbst-Setzens und gebe

Eine weitere Folgerung betrifft den mit dem Satz »Ich bin Ich« ausgedrückten Charakter des Bewußtseins der Tathandlung. In diesem Zusammenhang setzt Fichte explizit die Reflexionsformel *»für das Ich«* (97) ein: *»Das Ich ist für das Ich«* bzw. *»Ich bin nur für Mich«* (97 f.). Gegenüber dem *unmittelbaren* Bewußtsein des *»Ich bin«* spricht das Für-sich-Sein jedoch das explizite, *reflektierte* Bewußtsein des Ich von seiner Tätigkeit aus.

Fichtes Ichbegriff ist also durch Einheit von Sich-Setzen, Sein bzw. Existenz und Für-sich-Sein gekennzeichnet. Ob der Ichbegriff die beanspruchte Einheit dieser Bestimmungen realisieren kann, bleibt zweifelhaft. Auffällig ist, daß Fichte am Ende des Haupttextes die »Erzählung« über die »Thathandlung« mit einem Satz zusammenfaßt, der die Reflexionsformel des Für-Sich-Seins wegläßt: *»das Ich setzt ursprünglich schlechthin sein eigenes Seyn«* (98). Fichte hebt hier also einzig auf die Unmittelbarkeit (»schlechthin ohne weitere Vermittelung« [98 Anm.]) und Reflexionslosigkeit der Seinssetzung des absoluten Ich ab.

Fassen wir den Deduktionsgang von § 1 der GWL zusammen: Der erste, schlechthin unbedingte Grundsatz *»Ich bin«* bringt die Identität des Ich als unbedingter Seinssetzung und Selbstbegründung zum Ausdruck, also das Ich als Absolutes. Zu diesem Grundsatz kommt Fichte im Ausgang vom logischen Axiom der Identität »A = A« als unbedingter Tatsache des Bewußtseins. Diese wird zurückgeführt auf den Satz *»Ich = Ich«* bzw. »Ich bin Ich« und dieser wiederum auf die ihm zugrunde liegende Tathandlung des Sich-selbst-Setzens. Als entscheidendes, von Fichte nicht gelöstes Problem ergab sich das gegenläufige Verhältnis von Absolutheit und Für-sich-Sein des Ich, von unmittelbarem und reflektiertem Selbstverhältnis. Jedenfalls unterscheidet die GWL in der Folge die Unmittelbarkeit des absoluten Ich vom reflektierten Subjektbewußtsein, das sich nur im Gegensatz zum Objektbewußtsein konstituiert.

Wie allerdings in § 1 der GWL die Bedeutung des Selbstverhältnisses des Ich im Sinne des reflektierten Selbstverhältnisses – ausgedrückt in der Formel *»Das Ich ist für das Ich«* (97) – im

dem Ich erst die Bestimmungen der spinozistischen Substanz. Denn wenn das Ich auch die Grundlage dafür ist, daß etwas anders als Ich ist, dann umfasse es in gewisser Weise alle Realität in sich, sei also Alleinheit. Diese Folgerung macht Fichte jedoch in § 1 der GWL nicht explizit.

Ausgang vom unmittelbaren Selbstverhältnis, als das die Tathandlung zunächst auftaucht, realisiert werden kann, bleibt ungeklärt. Diesen Zusammenhang herzustellen ist Aufgabe der weiteren Darstellungen der Wissenschaftslehre. Jedenfalls ist die behauptete Reflektiertheit des Selbstbezugs des Ich nicht bereits in der Fassung des absoluten Ich des § 1 realisiert. Das Für-sich-Sein, die Reflexionsformel für das Ich, ist erst eine noch einzulösende Forderung.[9]

Das bleibende Problem von Fichtes Wissenschaftslehre ist die Erklärung von Struktur und Verfassung der Einheit von unmittelbarem und reflektiertem Selbstverhältnis des Ich, denn Absolutheit und Für-sich-Sein des Ich scheinen sich wechselseitig auszuschließen. Jedenfalls ist klar: Fichte unterscheidet ein unmittelbares Bewußtsein des Ich von sich selbst (was er später intellektuelle Anschauung nennt) von einem reflektierten, distanzierten Bewußtsein des Ich von sich selbst (was er später Begriff nennt).

III. Dem Haupttext, in dem Fichte den Ichbegriff und damit die Sache selbst entwickelt, folgt ein Anmerkungsapparat, in dem grundsätzliche philosophische Folgerungen aus der neuen Theo-

9 Eine zentrale Frage der Fichte-Forschung ist, auf welche Weise der Status des Selbstverhältnisses im Begriff des Ich in der Fassung des § 1 der GWL zu bestimmen ist (vgl. Stolzenberg 1986, 168 ff.). Stolzenberg ist der Auffassung, daß die Reflexivität des Selbstbezugs des Ich noch nicht für das absolute Ich des § 1 gilt. Für-sich-Sein gewinnt das Ich erst im Durchgang durch den theoretischen Teil der Wissenschaftslehre. Fichte bestätigt diese Interpretation in einem Rückblick auf § 1 in § 5 zu Beginn der »Grundlage der Wissenschaft des Praktischen«: »Das absolute Ich ist schlechthin sich selbst gleich: alles in ihm ist Ein und ebendasselbe Ich, und gehört [...] zu Einem und ebendemselben Ich; es ist da nichts zu unterscheiden, kein mannigfaltiges; das Ich ist Alles, und ist Nichts, weil es *für sich* nichts ist, kein setzendes und kein gesetztes in sich selbst unterscheiden kann« (264). Das Ich von § 1 setzt schlechthin sich selbst. *Als* sich kann es sich indes nicht setzen, ohne sich das Nicht-Ich entgegenzusetzen. Zu betonen ist also die Unmittelbarkeit des Selbstverhältnisses des sich selbst setzenden Ich in § 1 der GWL. Reflektiertes Bewußtsein und Wissen über sich selbst erhält das Ich erst in der Bezugnahme auf die Sphäre des Nicht-Ich (vgl. dazu auch die direkte und genetische Ableitung der Struktur des Ich als unendliches Streben: 271-278). Damit realisiert sich in der GWL die Unmittelbarkeit und Reflektiertheit des Selbstverhältnisses nicht in der Einheit des Ichbegriffs.

rie des Ich gezogen werden (vgl. 98 ff.). Fichte hat ein klares Bewußtsein davon, daß er mit seiner Ichtheorie die neuzeitliche Subjektphilosophie vollendet und zu einem vorläufigen Abschluß gebracht hat. Er setzt daher seine neue Theorie in Beziehung zur gesamten philosophischen Tradition der Neuzeit. Genannt werden Descartes, Kant, Reinhold und Spinoza.

Der erste Grundsatz vom sich selbst setzenden Ich ermöglicht Fichte zunächst eine Interpretation des Descartesschen Diktums »*cogito, ergo sum*« (99). Fichte wendet sich zunächst in Übereinstimmung mit Descartes gegen eine syllogistische Auslegung des Satzes »*cogito, ergo sum*« und betont die Unmittelbarkeit der Selbstgewißheit des denkenden Ich. Doch die Differenz zwischen Fichtes Grundsatz »*Ich bin*« und Descartes' »*cogito, ergo sum*« wird besonders darin deutlich, daß Fichte behauptet, das »cogitans« im äquivalenten »cogitans sum, ergo sum« sei überflüssig (vgl. 100). Geht es Descartes um die Suche nach der unbezweifelbaren sicheren Grundlage des Denkens und findet er sie in der Selbstgewißheit des »Ich denke«, so geht Fichte vom »Ich denke« auf das »*Ich bin*« als die Kernstruktur des Ich zurück.

Hauptkritikpunkt Fichtes an Descartes ist die psychologisch-ontologische Reduktion des transzendentalen Gedankens von der Unhintergehbarkeit des Ich in der Gleichsetzung des Ich mit einem empirischen Gegenstand, einer Gleichsetzung, die die Realität der Dinglichkeit voraussetzt. Für Descartes ist das Wesen des Ich eine *res* cogitans, ein denkendes *Ding*. Descartes vermag in den Augen Fichtes seinen transzendental-idealistischen Ansatz seiner Philosophie nicht durchzuhalten, sondern fällt in eine Dingontologie zurück, die das Kennzeichen einer jeden dogmatischen Metaphysik ist. Für Fichte ist einerseits eine solche Verdinglichung in sich fragwürdig; er will das Ich als ein Sich-Setzen, als ein »*Thun*« fassen und es nicht einmal als ein »*Thätiges*«[10] genannt wissen. Andererseits sieht Fichte eben das Wesen des Ich nicht im Denken, vielmehr setzt alles Denken als derivative Form das Sich-Setzen des Ich voraus, welches nicht nur Grundlage des Denkens, sondern *aller* Bestimmungen des menschlichen Geistes ist.[11]

10 *Erste Einleitung in die Wissenschaftslehre* (1797), in: Fichtes *Werke* I, 440.

11 »Das absolute Ich des ersten Grundsatzes ist nicht *etwas*; (es hat kein Prädikat, und kann keins haben); es ist schlechthin, *was* es ist, und

Beleuchten wir nun Fichtes Beziehung zu Kant. Fichtes Behauptung, daß Kants reine Apperzeption das Fundament eines vollständigen transzendentalen Idealismus sei, ist sicherlich eine umdeutende Interpretation dieses zentralen Kantischen Lehrstücks in ein System, das auf *einem* Fundament ruht. Gleichwohl kann gesagt werden, daß Kant durch den Rückgang auf die *Einheit des Bewußtseins* bei seiner Untersuchung der Möglichkeitsbedingungen der Erfahrung der Fragestellung Fichtes Vorschub geleistet hat.

Bei Kant lassen sich folgende Schritte der transzendentalen Deduktion unterscheiden: 1. Alle meine Vorstellungen müssen einem Subjekt zugehören. 2. Dieses Subjekt ist nicht die Person, sondern ein transzendentales ›Ich denke‹. Das bereitet Fichtes Begriff des Ich vor. 3. Das ›Ich denke‹ hat einen aktivischen und selbstbezüglichen Charakter. Es liegt dem Verstand als Vermögen der Synthesis zugrunde. Kant erkennt zwar, daß das denkende Ich Subjekt und Objekt zugleich sein muß, sieht aber in dieser selbstbezüglichen Struktur eine »Unbequemlichkeit« bzw. den fehlerhaften Zirkel, daß wir beim Denken des Ich das Ich immer schon voraussetzen müssen (Kant, *KdrV*, A 346; B 404).

Bei Fichte ergeben sich folgende Schritte der Ableitung: 1. Das Ich hat als ein sich selbst setzendes aktivischen und selbstbezüglichen Charakter. Fichte sieht in der Selbstbezüglichkeit des Ich keine Schwierigkeit, weil er die Selbstbezüglichkeit nicht als Reflexion, sondern in aller Unmittelbarkeit faßt. 2. Dieses Ich ist zugleich positives Prinzip der Konstitution von Objektivität überhaupt. Aus dem Ich läßt sich der kategoriale Zusammenhang aller Erscheinungen ableiten. 3. Das Ich hat also nicht nur Begründungsfunktion für ein wesentliches Teilstück, sondern ist von vornherein als letztbegründetes Prinzip eines einheitlichen Systems der gesamten Philosophie aufgestellt. Es ist Prinzip in monistischem Sinne. 4. Daß Fichte das Ich als einziges Prinzip verstanden hat, hat zur Folge, daß in seinem System die Dualismen bei Kant (Sinnlichkeit/Verstand etc.) aufgehoben sind. Die Differenz zwischen Kant und Fichte besteht also darin, daß dieser in der Selbstbezüglichkeit des sich selbst setzenden Ich die

dies lässt sich nicht weiter erklären« (109). In den *Eignen Meditationen über ElementarPhilosophie* heißt es diesbezüglich: »*Was* das Ich sey, d.i. wie es zu *denken* sey, davon ist hier noch gar nicht die Rede« (GA II, 3, 27).

begründungstheoretische Auszeichnung sieht, die den Ausgang vom Ich dann philosophisch legitimiert. Die Selbstbegründung durch Bezugnahme auf das immer schon in Anspruch genommene Ich kennzeichnet das Proprium des Idealisten Fichte gegenüber Kant. Das Fehlen einer Letztbegründung der Philosophie bei Kant erhellt auch die Defizienz in der Ableitung der Kategorien. Kant hat keine Methode, die Kategorien zu gewinnen, sie werden empirisch aus den Urteilsformen aufgerafft.

Bereits Reinhold wollte die Philosophie aus einem obersten Grundsatz unter dem Titel des Satzes des Bewußtseins begründen. Reinholds Satz des Bewußtseins lautet: »Im Bewußtsein wird die Vorstellung durch das Subjekt vom Subjekt und Objekt unterschieden und auf beide bezogen.«[12] Reinhold betont mit diesem Satz die Bewußtseinsimmanenz aller Bestimmungen der Elementarphilosophie. Reinhold geht nach Fichte dadurch über Descartes und Kant hinaus, daß er mit dem Bewußtseinssatz die Philosophie als einheitliche Wissenschaft begründen möchte. Tatsächlich führt Descartes ja seinen transzendentalen Gedanken vom cogito nicht durch, sondern verscherzt ihn dadurch, daß er nach der nicht zu negierenden Selbstgewißheit des Ich, das sich dadurch als Absolutes erweist, noch ein anderes Absolutes sucht, nämlich Gott. Diese Trennung von Ich und Gott hängt mit der Descartesschen ontologischen Reduktion vom cogito auf die res cogitans zusammen. Das konkrete Ich mit seinen beliebigen Bewußtseinsinhalten ist ja tatsächlich ein endliches und nicht das Absolute. Konsequenterweise findet Descartes in Spinoza seine Fortführung, der seine Philosophie mit der über das endliche Ich hinausgehenden absoluten Substanz ansetzt.

Fichtes Verhältnis zu Reinhold ist dadurch bezeichnet, daß Fichte Reinholds Tatsache des Bewußtseins, die der Satz des Bewußtseins formuliert, den Satz des Ich als die Bedingung entgegenstellt, unter der der Begriff einer objektiv gültigen Tatsache überhaupt erst möglich wird. Fichte führt also die Gültigkeit des Satzes des Bewußtseins auf den ihm übergeordneten Satz des Ich zurück, der jenen zugleich begründet.[13] Dieser Begründungsver-

12 K. L. Reinhold, *Beyträge zur Berichtigung bisheriger Mißverständnisse der Philosophen*. 1. Band. Das Fundament der Elementarphilosophie betreffend, Jena 1790, 167.

13 Zu Fichtes Verhältnis zu Reinhold vgl. Stolzenberg 1986, 21 ff. und 131 ff. Fichte versucht in der GWL zu zeigen, daß auch dann, wenn

such erfolgt noch im Rahmen der kritischen Philosophie Kants. Denn Fichte verfolgt damit die Absicht, die Möglichkeit der objektiven Realität der Vorstellung aus dem Prinzip der Objektivität, das für ihn das Ich darstellt, zu begründen.

Das Wesen der kritischen Philosophie Fichtes erhellt weiterhin in ihrem Kontrast zum Dogmatismus aus der gegensätzlichen Art, Ich und Substanz in Beziehung zu setzen. Während der Dogmatismus, unter dem Fichte vornehmlich Spinozas Substanzphilosophie versteht, über das Ichbewußtsein hinausgeht und den Begriff der ontologischen Substanz als höchsten Begriff aufstellt, bleibt der Kritizismus mit seinem Ansatz beim Ich als Erklärungsgrund des Wissens dem Bewußtsein immanent.

IV. Lassen Sie mich noch fernperspektivisch Licht auf Fichtes Herleitung des zweiten und dritten Grundsatzes werfen, um die Erörterung des fundamentalphilosophischen Grundlegungsteils der GWL von 1794/95 zum Abschluß bringen zu können. Denn erst nach der Herleitung der drei obersten Grundsätze kann Fichte sich kritisch zu seinem neuzeitlichen Hauptkontrahenten Spinoza ins Verhältnis setzen.

Die Ermittlung des zweiten Grundsatzes in § 2 entspricht der des ersten (vgl. 101 ff.). Auch hier wird der Ausgang von einem logischen Axiom als unbestreitbarer Tatsache des Bewußtseins genommen. Die Argumentation erfolgt im einzelnen in *drei* Schritten: Zunächst wird das logische Axiom des Gegensatzes auf seine formale Struktur reduziert (»–A nicht = A« [101]) und diese Tatsache des Bewußtseins auf die ihr zugrunde liegende Handlung des Geistes (= Ich) zurückgeführt. Die dem logischen Satz des Gegensatzes zugrunde liegende Handlung des Entgegensetzens zeigt sich als materialiter bedingt und formaliter unbedingt. In einem dritten Schritt wird auf das Produkt (–A) der Handlung des Entgegensetzens reflektiert und als Nicht-Ich bestimmt.

Zwei Fragen sind meines Erachtens bei der Interpretation des

man Reinholds Idee einer Revision des Methodenprogramms der Elementarphilosophie, nämlich den Ausgang der Philosophie von allgemeinverbindlichen Überzeugungen des gemeinen Verstandes zu nehmen, den sogenannten Tatsachen des Bewußtseins, folgt, dieses Programm selbst nicht mehr zu retten ist. Zu Reinholds Revision seines ersten elementarphilosophischen Programms vgl. Henrich 1991, 217 ff., besonders 240-244; vgl. auch Bondeli 1995, 128 ff.

zweiten Grundsatzes philosophisch bedeutsam: 1. Was läßt sich als Pointe des Sinns des zweiten Grundsatzes formulieren, und wie ist sie in der Ichtheorie verankert? 2. Warum denkt Fichte das Objekt oder Welt überhaupt als Nicht-Ich und damit als Entgegensetzung zum Ich, und welche Konsequenzen hat dies?

Der ersten Frage kommen wir auf die Spur, wenn wir betrachten, was Fichte unter dem Begriff des Nicht-Ich versteht. Fichte weist die Meinung zurück, der Begriff des Nicht-Ich sei ein »durch Abstraction von allem Vorgestellten entstandener Begriff« (104). Der Begriff des Nicht-Ich ist nicht Abbreviatur des Vorgestellten, sondern dessen Prinzip. Im Entgegensetzen des Nicht-Ich erweist sich das Ich als Prinzip der Objektivität bzw. als Prinzip der Gegenstandskonstitution schlechthin. Das scheint mir der Witz beim zweiten Grundsatz zu sein. Am Ende der ersten Anmerkung von § 1 erwähnt Fichte, daß er mit seiner Ichtheorie den Skeptizismus Maimons und Schulzes überwinden will, so wie ja Kants Transzendentalphilosophie bereits eine Antwort auf die Herausforderung des Skeptizismus Humes darstellte. Im zweiten Grundsatz allen menschlichen Wissens zeigt sich, daß das absolute Ich der Garant der Objektivität der Erkenntnis ist, und zwar in der Handlung der Entgegensetzung des Nicht-Ich.[14]

Die zweite Frage läßt sich innertheoretisch angehen und erklären, aber auch über Fichtes Theorie hinausgehend kritisch gegen Fichte wenden. Fichtes Theorie vom Setzen und Entgegensetzen ergibt sich aus Fichtes Intention, die Grundverfassung alles menschlichen Bewußtseins zu begreifen. Die zu erklärende Aufgabe ist, wie die Einheit und die Differenz von Subjekt und Objekt im Bewußtsein möglich ist. Der für das gewöhnliche Bewußtsein charakteristischen Einheit von Subjekt und Objekt muß eine andere Einheit vorausgesetzt werden, die Fichte mit dem absoluten Ich als solchem gleichsetzt. Die Einheit des absoluten Ich ist nicht Einheit von Subjekt und Objekt, sondern un-

14 Daß ein wesentliches Motiv in der Entstehung der nachkantischen idealistischen Philosophie bei Fichte und Schelling in der Kritik des Skeptizismus Maimons und Schulzes liegt, ist bis heute in der Forschung noch zu wenig gewürdigt worden. Daß der Skeptizismus der Transzendentalphilosophie und der idealistischen Philosophie vorausgeht und beide eine Antwort auf ihn darstellen, ist eine Grundthese von Hösle 1984.

mittelbare Einheit von unbedingtem Sein und objektloser absoluter Tätigkeit. Fichtes These lautet, die Einheit des absoluten Ich sei als Prinzip allen Momenten des Bewußtseins gleichermaßen vorausgesetzt. Diese Denkfigur scheint eine allen anderen Subjektkonzeptionen überlegene zu sein. So wie die Einheit von Subjekt und Objekt in der objektlosen Einheit des absoluten Ich begründet liegt, so die Differenz von Subjekt und Objekt in dem im zweiten Grundsatz formulierten Grundakt der Entgegensetzung des Nicht-Ich. Mit seiner Theorie vom Setzen des Ich und Entgegensetzen des Nicht-Ich hat Fichte also die Momente des Reinholdschen Satzes des Bewußtseins prinzipiiert.

Kritisch gegenüber Fichte muß gesagt werden, daß in seiner Theorie Welt nur als Negatives, als Nicht-Ich und als Gegensatz zum Ich hereinkommt. Welt ist nicht Bedingung der Freiheit des Ich, sondern dessen Schranke. Welt kommt bei Fichte als Gegensatz herein, weil er von vornherein das Ich als absolutes, und das heißt als objektfreies und weltloses, denkt. Erst hundert Jahre nach Fichte hat Heidegger in der Kritik an der Transzendentalphilosophie Husserls die Subjektivität unter dem Titel *Dasein* als konkretes In-der-Welt-Sein gedacht. Wir werden sehen, daß Hölderlin und Novalis in ihrer Kritik an Fichtes absolutem Ich vieles von Heideggers Subjektivitätstheorie vorwegnehmen. Das Ich Hölderlins und Novalis' ist ein immer schon auf Welt bezogenes. Das aber bedeutet, daß das Ich nicht wie bei Fichte über der Einheit und Differenz von Subjekt und Objekt liegen kann.

Wenn es Ihre Geduld erlaubt, möchte ich noch einen Blick auf den wichtigen § 3 der GWL werfen (vgl. 105 ff.). § 3 ist deswegen so wichtig, weil darin 1. eine Modifizierung des Ichbegriffs erfolgt und er 2. zugleich Einblick in die Theorieform der GWL insgesamt und überhaupt gibt. Diese ist bis dato noch nicht wirklich aufgehellt. Wer § 3 begriffen hat, hat die GWL von 1794/95 im ganzen begriffen.

Die Herleitung des dritten obersten Grundsatzes untergliedert sich in drei Abteilungen. In Abteilung A. zeigt Fichte, wie sich der mit dem zweiten Grundsatz gegebene Widerspruch im Ich zu einem Widerspruch des Ich mit sich selbst zuspitzt. Der erste Reflexionsgang zeigt, daß der analysierte zweite Grundsatz sich selbst entgegengesetzt ist, mithin einen Widerspruch enthält und sich selbst aufhebt. Der zweite Reflexionsgang zeigt, daß der zweite Grundsatz sich nur selbst aufhebt, insofern er gesetzt ist und Gültigkeit hat, was dem Ich im ersten Grundsatz widerspricht. Daraus folgt unmittelbar für den ersten Grundsatz: Das Ich hebt sich selbst auf, insofern es gesetzt ist und Gültigkeit hat. Der mit dem zweiten Grundsatz gegebene Widerspruch im Ich treibt damit als Selbstwiderspruch des Ich mit sich selbst auf dessen Selbstauflösung zu. Damit besteht die katastrophale Gefahr, daß die Einheit und Identität des Bewußtseins insgesamt aufgehoben wird.

In Abteilung B. formuliert Fichte 1. die Aufgabe, wie die Einheit des Bewußtseins zu erhalten ist, und präsentiert 2. eine Lösung dieser Aufgabe. Die formelle Bedingtheit der Forderung nach Vereinigung der Gegensätze besteht darin, daß sie wesentlich im absoluten Ich als Prinzip begründet liegt. Die materielle Unbedingtheit des dritten Grundsatzes besteht demgegenüber darin, daß das Wie der Vereinigung durch die Aufgabe nicht bestimmt ist, sondern einen eigenständigen Gedanken erfordert. Dieser wird experimentell mit dem Begriff der Schranke aufgefunden. Im Begriff der Schranke ist der Begriff der Teilbarkeit impliziert. Denn etwas einschränken heißt es durch Negation nicht gänzlich, sondern nur zum Teil aufheben. Teilbarkeit interpretiert Fichte wiederum als Verteilung und Übertragung der absoluten Realität des Ich auf das teilbare Ich und teilbare Nicht-Ich. Das Problem dieser Übertragung erörtert er im schwierigen § 4 der GWL.

In Abteilung C. erörtert Fichte Folgerungen von § 3 für den Begriff des Ich. Zunächst stellt Fichte die Differenz zwischen absolutem und endlichem Ich heraus. Mit dem dritten Grundsatz ist der bestimmende Gegensatz nicht mehr zwischen Ich und Nicht-Ich, sondern zwischen absolutem und endlichem Ich. Damit entfaltet sich in der GWL die Dialektik zwischen absolutem und endlichem Ich. Mit der Aufteilung der Realität des absoluten Ich auf das teilbare Ich und das teilbare Nicht-Ich ist die Dynamik des Bewußtseins aber nicht zum Abschluß gekommen. Das absolute Ich macht sich im Gegensatz von Ich und Nicht-Ich auch noch dadurch geltend, daß es dem entgegengesetzten Nicht-Ich seinerseits Ichtätigkeit entgegensetzt. Damit ist im dritten Grundsatz sowohl das theoretische als auch das praktische Bewußtseinsvermögen begründet.

Als Fazit läßt sich folgendes festhalten: Obwohl Fichte vom begründungstheoretisch absoluten Prinzip des Ich ausgeht, steht er auf dem Standpunkt der Endlichkeit des Ich, die durch den Gegensatz von Ich und Nicht-Ich hereinkommt, der ebenso wie der zwischen absolutem und endlichem Ich unaufhebbar ist. Charakteristisch ist daher für Fichtes GWL, daß sie nicht zu einer abschließenden höchsten Synthese der Gegensätze kommt, sondern nur zu deren Ausgestaltung als Praxis. Fichtes GWL schwankt also zwischen Monismus und Dualismus. Schelling vergleicht Fichtes Ichbegriff mit einem »einarmigen Hebel[...]«, weil das Ich »nothwendig und unausbleiblich mit dem Objekt beschwert und mit einem *fremden Einfluß* versehen« ist (Schellings *Werke* IV, 355).

Aus etwas größerer Distanz und unter Absehung von Fichtes primären Theoriemotiven läßt sich Fichtes Gegensatzlehre als Ausdruck von, als Kritik an und zugleich als partielles Bekenntnis zu den unversöhnlichen Entzweiungen der Negativität der Moderne interpretieren. Die Bewegung der modernen Subjektivität verläuft nach Fichte über Entgegensetzungen und relative Synthesen solcher Entgegensetzungen, ohne zu einer abschließenden Versöhnung zu kommen.

Nach der Erörterung des dritten Grundsatzes können wir Fichtes Verhältnis zu Spinoza beleuchten, dessen Philosophie er unter dem Titel Dogmatismus zusammenfaßt. Bewußtseinstheoretisch setzt Spinoza die ontologische Reduktion des cogito bei Descartes fort. Darüber hinaus mußte der substanzontologische Ansatz notwendig Dunkelheit in Spinozas Lehre von der göttlichen Selbsterkenntnis (amor dei intellectualis) bringen. Die Unerklärlichkeit des Selbstbewußtseins Gottes liegt darin begründet, daß bei Spinoza Selbstbezüglichkeit und Reflexivität keine Bedeutung haben. Dieser Mangel an Selbstbezüglichkeit und Reflexivität – der wesentlichen Momente der Konstitution von Subjektivität – führt bei Spinoza zu einer deterministischen Substanzontologie.

Den beiden Systemen des Kritizismus und Spinozismus ist gemeinsam, daß sie den Grund der Erfahrung bzw. des Wissens oder Bewußtseins suchen. Doch ist der Spinozismus nach Fichte unfähig, seine Position zu rechtfertigen. Spinoza gibt als Grund des Wissens die über das Bewußtsein des Ich hinausgehende Substanz an. Für Fichte ist es ein wesentlich praktischer Grund, warum Spinoza über das Bewußtsein des Ich hinauszugehen verlangt. Es ist das Gefühl der Abhängigkeit des praktischen Ich vom Nicht-Ich. Transzendentalphilosophisch oder kritizistisch gewendet versteckt sich hinter der Abhängigkeit des Ich vom Nicht-Ich die Idee der praktisch aufgegebenen Aufhebung des Gegensatzes von Ich und Nicht-Ich in der Idee des absoluten Ich. Fichtes These ist, daß der Dogmatismus spinozistischer Prägung in Wahrheit ein sich selbst mißverstehender Idealismus, eine Projektion der Endlichkeit des Ich und des Ideals der Aufhebung solcher Endlichkeit in die Alleinheit der alles begründenden Substanz ist. An dieser Stelle wird auch der Sinn deutlich, in dem von einem Hinausgehen des Dogmatismus über das Ich die Rede sein kann. »Bis zum reinen absoluten Ich, weit entfernt darüber hinauszugehen, erhebt er sich gar nicht« (122), sagt Fichte. Spinozas Substanz erscheint so weniger als Substantialisierung des absoluten Ich, vielmehr als Begründung des Gegensatzes des endlichen Ich und des Nicht-Ich in einer Ich-transzendenten Substanz.

Fichte interpretiert Spinoza demnach so, daß er faktisch bis zum zweiten und dritten Grundsatz gelangt sei: zum Nicht-Ich und zum endlichen Ich bei fehlender Einsicht in das absolute Ich. Erst der Kritizismus der Wissenschaftslehre entwickelt das absolute Ich als Inhalt des ersten Grundsatzes und das praktische Ich als Streben nach Unendlichkeit. Im theoretischen Teil ist die Wissenschaftslehre jedoch »systematische[r] Spinozismus« (122), sofern hier der zweite und dritte Grundsatz bestimmend sind und dem absoluten Ich des ersten Grundsatzes »eine bloss regulative Gültigkeit« (ebd.) zukommt.

Fichtes Spinozakritik zeigt demnach zweierlei, wodurch Fichtes durchgehend ambivalentes Verhältnis zu Spinoza deutlich wird: 1. Die Wissenschaftslehre übernimmt eine ganze Reihe spinozistischer Theoreme. Darin schlägt sich in ironischer Verkehrung ein Motiv von Jacobis Spinozakritik nieder. 2. Sie geht in der Grundlegungsreflexion auf die Unhintergehbarkeit des absoluten Ich und in bezug auf den Gedanken der Priorität des Praktischen gegenüber dem Theoretischen über Spinoza hinaus. Fichte resümiert seine Spinozakritik mit dem Satz: »Seine [Spinozas, d. Vf.] höchste Einheit werden wir in der Wissenschaftslehre wieder finden; aber nicht als etwas, das *ist*, sondern als etwas, das durch uns hervorgebracht werden *soll*, aber nicht *kann*« (101).

In ihrem fundamentalphilosophischen Grundlegungsteil verfolgt die GWL also ein doppeltes Interesse: 1. das Interesse an einer absoluten Selbstbegründung des Ich, 2. das Interesse an der Begründung der praktischen Freiheit des endlichen Ich im Gegensatz zum Nicht-Ich. Dieses doppelte Interesse Fichtes reflektiert sich in den gegensätzlichen Ansätzen der Fichte-Forschung: Zum einen wird die Wissenschaftslehre als transzendentale Handlungstheorie aufgefaßt, der letztlich das Interesse an der praktischen Freiheit des Ich im Gegensatz zum Nicht-Ich zugrunde liegt[15], zum anderen wird sie als Prinzipientheorie verstanden, der das Interesse an Letztbegründung allen Wissens zugrunde liegt.[16] Es ist leicht zu sehen, daß das Interesse an der praktischen Freiheit des Ich nur so wahrgenommen werden kann, daß gezeigt wird, daß das Ich als Ermöglichung des Nicht-Ich sich selbst begründet. Daß das Ich ein selbstbegründetes absolutes Prinzip ist, zeigt sich darin, daß es nicht geleugnet werden kann, ohne es zugleich vorauszusetzen. Eine transzendentale Handlungstheorie bedarf zu ihrer Grundlegung einer prinzipientheoretischen Reflexion.

15 Die praktische Grundlegung des Fichteschen Ansatzes als die entscheidende Dimension seiner Philosophie wird herausgestellt von Baumanns (1972 und 1974), Schrader (1972), Metz (1991) und Hühn (1994).

16 Die prinzipientheoretische Grundlegung der Fichteschen Wissenschaftslehre in der Theorie der Subjektivität betonen Flach (1964), Henrich (1966), Korsch (1980), Stolzenberg (1986 und 1995).

Dritte Vorlesung

Das Problem des Selbstbewußtseins: Fichtes Kritik der traditionellen Reflexionstheorie des Selbstbewußtseins und seine eigene Theorie vom Ich in der Schrift *Versuch einer neuen Darstellung der Wissenschaftslehre* von 1797

In der heutigen Vorlesung möchte ich die Erörterung über Struktur und Probleme von Fichtes Theorie der Subjektivität anhand einer Interpretation der Schrift *Versuch einer neuen Darstellung der Wissenschaftslehre* von 1797[1] vertiefen und zum Abschluß bringen. In dieser Schrift gibt Fichte eine gedrängte Darstellung der Grundbestimmungen seiner Selbstbewußtseinstheorie. Er hat in diesem Text ein deutliches Bewußtsein von den beiden Schwierigkeiten der traditionellen Reflexionstheorie des Ich – sie führt zum einen in einen fehlerhaften Zirkel und zum anderen in einen infiniten Regreß – und von der eigenen Theorie der intellektuellen Anschauung des Ich als Gegenentwurf zu ihr. In einer Fichtes Selbstbewußtseinstheorie vertiefenden Interpretation soll zugleich der Punkt herausgearbeitet werden, an dem Fichtes Theorie selbst fragwürdig wird.

Der Titel des ersten Kapitels der Schrift *Versuch einer neuen Darstellung der Wissenschaftslehre* lautet: »Alles Bewusstseyn ist bedingt durch das unmittelbare Bewusstseyn unserer selbst« (521). Dieser Satz ist kein beiläufiger, sondern stellt nichts Geringeres dar als die zu explizierende Grundthese von Fichtes Wissenschaftslehre. Diese These möchte ich zunächst zu erläutern (1) und dann zu erklären (2) versuchen:

1. Zunächst ist festzuhalten, daß primärer Referenzpunkt der Philosophie für Fichte das Bewußtsein ist, und dies ist deshalb der Fall, weil Bewußtsein der ausgezeichnete Modus ist, in dem

1 Von dieser Schrift hat Fichte nur das erste Kapitel veröffentlicht (vgl. Fichtes *Werke* I, 519-534). Wenn nicht anders angeführt, beziehen sich alle Zitatangaben dieser Vorlesung auf diese Schrift.

uns das Seiende, die Realität im ganzen, zugänglich ist. Das ist überhaupt der Standpunkt der neuzeitlichen Philosophie. Die neuzeitliche Philosophie ist nicht mehr primär Ontologie wie in der Antike, die Lehre vom Seienden als Seienden unabhängig vom Bewußtsein, sondern Bewußtseinsphilosophie.

Was meint Fichte, wenn er von »allem Bewußtsein« spricht? Nach dem Vorstellungsmodell des Bewußtseins, das in der Neuzeit herrschend ist, ist Bewußtsein der intentionale Akt der Aufmerksamkeit auf etwas, und zwar zunächst und zumeist auf etwas anderes als auf uns selbst. Alles Bewußtsein ist also zunächst die intentionale Beziehung auf etwas, auf einen Gegenstand, der irgend etwas in der Welt darstellt, der nicht wir selbst sind. Das Vorstellungsmodell des Bewußtseins ist also ein Subjekt-Objekt-Modell. Das Bewußtsein impliziert ein Subjekt, das sich einen Gegenstand als sein Objekt vorstellt.

Fichtes Grundbehauptung ist nun: Alles Bewußtsein von etwas anderem ist bedingt durch das unmittelbare Bewußtsein unserer selbst. Fichte beansprucht für die Behauptung dieses Verhältnisses analytische Evidenz, das heißt, es soll absolut einsichtig sein. Wie ist dieses Verhältnis näher zu verstehen? Alles Weltbewußtsein (Bewußtsein von etwas anderem) hängt am Selbstbewußtsein (Bewußtsein unserer selbst) als Bedingung seiner Möglichkeit.

Fichtes Grundsatz ist also verständlich, wenn man mit Fichte erstens annimmt, daß alles Seiende durch das Bewußtsein vermittelt ist (kein Sein ist ohne Bewußtsein gegeben), und wenn man weiterhin annimmt, daß alles Bewußtsein auf Selbstbewußtsein als auf seine notwendige transzendentale Bedingung zurückgeführt werden kann. Soviel zur Erläuterung von Fichtes Grundthese.

2. Welche Argumente lassen sich für diese Fichtesche These vorbringen? Das Argument für diese These scheint mir folgendes zu sein: Bin ich mir eines Gegenstandes bewußt, dann bin ich mir immer zugleich darüber bewußt, daß ich mir dieses Gegenstandes bewußt bin. Bewußtsein kann nicht zureichend als bloßes Bewußtsein von etwas anderem verstanden werden, so daß alle intentionalen Akte des Bewußtseins sich prinzipiell anonym sind. Bewußtsein ist vielmehr dadurch definiert, daß wir bei allem Bewußtsein von etwas anderem immer auch uns selbst mitgegeben sein müssen.

Wenn nun die These, daß das Bewußtsein von etwas das Bewußtsein unserer selbst zur Voraussetzung hat, richtig ist, so ist zu fragen, wie dieses Bewußtsein unserer selbst zu denken ist. Fichtes Antwort ist: Es hat die Form der Unmittelbarkeit, es ist unmittelbares Bewußtsein. Fichte nimmt damit einen Denkimpuls Jacobis auf, der den Kontrast zweier Weisen des Bewußtseins, das unmittelbare Bewußtsein und das mittelbare Bewußtsein, in die philosophische Diskussion eingeführt hat. Wenn Fichtes These stimmt, dann hat er die Aufgabe, uns zu zeigen, wie das Bewußtsein unserer selbst, das Selbstbewußtsein, zu denken ist, und was es heißt, daß dieses Bewußtsein ein unmittelbares ist. Mit dieser Aufgabenbestimmung sind wir schon beim eigentlichen Thema unseres Fichte-Textes: das Problem des Bewußtseins unserer selbst bzw. des Selbstbewußtseins.

Unser Text ist in drei Abschnitte gegliedert: Im ersten Abschnitt entwickelt Fichte in einer handlungstheoretischen Untersuchung den Begriff des Ich als ein in sich zurückgehendes Handeln und entkräftet zugleich damit den Zirkeleinwand, dem die traditionelle Reflexionstheorie des Ichbegriffs ausgesetzt war. Im zweiten Abschnitt erörtert Fichte in einer bewußtseinstheoretischen Untersuchung, wie das Selbstbewußtsein primär zu denken ist, und stellt die These auf, daß es primär nur als unmittelbares Bewußtsein einer intellektuellen Anschauung zu verstehen ist. Hier kritisiert Fichte, daß das Vorstellungsmodell des Bewußtseins bei der Erklärung von Selbstbewußtsein in einen infiniten Regreß führt. Im dritten Abschnitt entwickelt Fichte im Ausgang vom unmittelbaren Selbstbewußtsein den vollständigen Begriff des Ich als Einheit von unmittelbarem und reflektiertem Bewußtsein, und zwar als Einheit der Momente ›Anschauung‹ und ›Begriff‹. An der Erklärung von Struktur und Verfassung der Einheit von unmittelbarem und reflektiertem Selbstverhältnis des Ich, von Selbstsetzung und Für-sich-Sein des Ich, war Fichte in der GWL von 1794/95 ja gescheitert.

1. Fichte entwickelt im ersten Abschnitt unseres Textes die These, daß das Denken des Ich nichts anderes als ein in sich zurückgehendes Handeln oder ein Sich-selbst-Setzen ist. Diese These wird sukzessive entwickelt. Fichte führt uns in die theoretische Auseinandersetzung um das Problem des Selbstbewußtseins – anders als in § 1 der GWL von 1794/95 – in Form eines fiktiven Dialogs mit dem Leser ein, den er zum Denken und zum Denken

des Ich auffordert. Er führt also den Leser in der ersten Person anhand seiner Selbsterfahrung in das philosophische Problem des Selbstbewußtseins ein.

Was aber heißt »Denken«? »Denken« versteht Fichte als Tätigkeit und Handeln, das Freiheit voraussetzt. Seine These lautet: Denken ist ein Handeln. Denken vollzieht sich nicht mechanisch, sondern tätig-dynamisch. Ist Denken ein Handeln, dann ist bestimmtes Denken ein bestimmtes Handeln. Da der Gedanke des Ich ein bestimmter Gedanke ist, kommt er durch ein bestimmtes Handeln zustande.

Fichte fordert den Leser auf, sich bewußt zu werden, wie er verfährt, wenn er den Gedanken des Ich denkt. Wie verfahren wir nun, wenn wir ›Ich‹ denken?[2] Im Denken eines Gegenstandes ist normalerweise das Denkende und das Gedachte unterschieden. Im Denken des Ich tritt nun der ausgezeichnete Fall ein, daß das Denkende und das Gedachte nicht zweierlei, sondern eines ist. Da das Denken ein Handeln ist, geht im Denken des Ich das Handeln auf sich selbst. Da die Denkhandlung ein Setzen ist, formuliert Fichte auch: »Das Ich ist das sich selbst Setzende« und »das sich selbst Setzende ist das Ich« (523). Diese Formulierung kennen wir bereits aus der GWL von 1794/95.[3] Das aber bedeutet, daß das Denken des Ich im Unterschied zum Denken eines beliebigen Gegenstandes kein nach außen gehendes Handeln sein kann, denn dieses setzt den Unterschied zwischen Denkendem

2 Es ist für Fichte in dieser Schrift charakteristisch, daß er den Ichbegriff verbal in der ersten Person exemplifiziert, da er von der Annahme ausgeht, daß das Ich als Prinzip nur durch den Rekurs auf den eigenen Fall zugänglich ist und nur aus der Binnenperspektive zureichend auf Begriffe gebracht werden kann. Doch ist klar, daß Fichte damit keineswegs den Ichbegriff in ein empirisches Phänomen auflöst.

3 Setzen – das sei nochmals betont – ist für Fichte der unspezifische Titel für Bewußtsein überhaupt, umfaßt also Anschauung, Wahrnehmung, Denken, Wollen und Fühlen etc. Fichte schreibt an Reinhold am 2. Juli 1795: »Jenes ursprüngliche *Setzen* nun und *Gegensetzen*, und Theilen ist NB. kein *Denken*, kein *Anschauen*, kein *Empfinden*, kein *Begehren*, kein *Faktum* u.s.f., sondern es ist die *gesammte Thätigkeit* des menschlichen Geistes, die keinen Namen hat, die im Bewußtseyn nie vorkommt, die *unbegreiflich* ist« (Fichte GA III, 2, 344). Im Falle des Ich ist das primäre Sich-Selbst-Setzen eines, das den Bewußtseinsmodus der intellektuellen Anschauung hat.

und Gedachtem unaufhebbar voraus, sondern eben ein in sich zurückgehendes Handeln.

Gerät Fichte aber in der Beschreibung des Ichbegriffs als ein auf sich selbst zurückgehendes Handeln nicht eben dadurch in die Nähe der zirkulären Schwierigkeiten der sogenannten Reflexionstheorie des Ich, der zufolge das Ich dadurch zustande kommt, daß ein Ich sich auf sich zurückwendet?

Fichte macht sich denn auch gleich selbst gegenüber dem Begriff des Ich als in sich zurückgehendes Handeln den Einwand, daß dem Denken des Ich entweder das Dasein des Ich als Denkendes oder als Zu-Denkendes bereits vorausgesetzt ist. Das Ich kann also nicht durch das in sich zurückgehende Denken entstehen, weil diesem bereits in fehlerhafter Zirkularität das Dasein des Ich vorausgesetzt ist. Der Einwand wendet also gegen die Erklärung des Ich aus dem in sich zurückgehenden Handeln ein, daß sie zirkulär sei. Dieser fehlerhafte Zirkel kommt dadurch zustande, daß man den Anspruch verfolgt, das Ich aus dem in sich zurückgehenden Handeln des Ich zu erklären, für diese Erklärung des Ich das Ich aber bereits als Daseiendes, das sich auf sich zurückwendet, in Anspruch nimmt.[4]

4 An diesem Zirkel scheitert sowohl Kants als auch Reinholds Theorie des Selbstbewußtseins. Beide Theorien versuchen Selbstbewußtsein als einen Fall von Bewußtsein auszuweisen. Das transzendentale Ich, sagt Kant, ist eine »an Inhalt gänzlich leere Vorstellung [...], welches nur durch die Gedanken, die seine Prädikate sind, erkannt wird, und wovon wir, abgesondert, niemals den mindesten Begriff haben können; um welches wir uns daher in einem beständigen Zirkel herumdrehen, indem wir uns seiner Vorstellung jederzeit schon bedienen müssen, um irgend etwas von ihm zu urteilen« (Kant, *KdrV*, A 345 f.; B 404 f.). Unter der Perspektive eines Gegenstandsbewußtseins bleibt das Ich des Gegenstandsbewußtseins ungreifbar. Auch Reinhold definiert das Selbstbewußtsein unter den Bedingungen des Bewußtseins: »Unter dem *Ich* wird das vorstellende Subjekt, inwieferne es *Objekt des Bewußtseyns* ist, verstanden« (K. L. Reinhold, *Versuch einer neuen Theorie des menschlichen Vorstellungsvermögens*, Prag/Jena 1789, Nachdruck Darmstadt 1963, 336). Indem sich das vorstellende Subjekt aber in der Position des Objekts als vorstellendes vorstellt, ist es gerade nicht bei sich selbst, sondern von sich selbst getrennt, obgleich es als solches in Anspruch genommen wird. Auch in Reinholds Theorie des Selbstbewußtseins bleibt sich das Ich prinzipiell im dunkeln.

Was besagt dieser Einwand und wie ist er zu entkräften? Der Einwand klagt für die Erklärung des Zustandekommens des Ich aus dem in sich zurückgehenden Handeln ein vorauszusetzendes Dasein des Ich ein und zieht damit die These vom Ich als ein auf sich zurückgehendes Handeln in Zweifel.

Fichte verfolgt die Absicht, den Einwand über die von ihm nicht durchschaute Bedeutung der eingeklagten Voraussetzung des Daseins des Ich aufzuklären, und damit die Strategie, den Aufweis der notwendigen Voraussetzung des Daseins des Ich mit der Erklärung des Ich als ein in sich zurückgehendes Handeln zu verbinden.[5] Der Einwand, so Fichte, hat recht darin, auf eine Position der Voraussetzung eines Daseins des Ich hinzuweisen, er täuscht sich darin, diese Voraussetzung als schlechthin unabhängig von der in sich zurückgehenden Ichhandlung aufzufassen.

Fichtes Kommentar zu dem Zirkeleinwand besteht in der Behauptung, daß das vorausgesetzte Dasein des Ich in Wahrheit nichts anderes als »ein Gesetztseyn deiner selbst durch dich selbst« (525) ist. Die Pointe von Fichtes Ichgedanken ist, daß im Definiens von Ichheit im Unterschied zum traditionellen Reflexionsbegriff zwischen dem Dasein des Ich und der in sich zurückgehenden Ichtätigkeit kein Unterschied mehr zu machen ist. Das Ich ist nicht als Tätiges da, das dann handelnd auf sich zurückgeht. Zwischen der Tätigkeit und ihrem In-sich-Zurückgehen ist der Unterschied immer schon aufgehoben. Fichte überwindet mit diesem Gedanken einer nicht-reflexiven Reflexion die traditionelle Reflexionstheorie *von innen* heraus. Das fehlerhaft zirkuläre Reflexionsmodell des Ich wird so abgelöst vom Konzept des Ich als reiner in sich zurückgehender Tätigkeit oder reiner Zirkularität.

Fichte leugnet also nicht die Position der Voraussetzung des Daseins des Ich, interpretiert sie nur anders. Das vorausgesetzte Dasein des Ich ist nach Fichte nicht schlechthin unabhängig von allem Denken und Handeln des Ich. Es ist vielmehr als Unmittelbarkeit und Ursprünglichkeit des in sich zurückgehenden Handelns des Ich zu verstehen. Fichte faßt das Ich als ein ursprüngliches, nicht ableitbares Phänomen, als reine in sich zurückgehende Tätigkeit ohne vorhergehenden Bestand, die aber in

5 Zu Fichtes ähnlicher Antwort auf den Zirkeleinwand in der *Wissenschaftslehre nova methodo* (1798/99) vgl. Stolzenberg 1986, 213 ff.

einem zweiten Akt zu deutlichem Bewußtsein gebracht werden muß.[6]

Es gibt nämlich – wie Fichte sagt – ein zweifaches Denken und Handeln des Ich: Dem »*gegenwärtigen, zum deutlichen Bewusstseyn erhobenen Selbst-Setzen*« muß »*ein anderes solches Setzen*«, das »*ohne deutliches Bewusstseyn*« (525) geschieht, vorausgedacht werden. Das deutliche Bewußtsein des Selbst-Setzens setzt also tatsächlich das undeutliche Bewußtsein dieses Selbst-Setzens voraus, also als Voraussetzung, worin das bewußte Selbstverhältnis des Ich noch nicht als solches für das Ich realisiert ist. Das »fruchtbare Gesetz« (525), durch das das Verhältnis von unmittelbarem und reflektiertem Selbstverhältnis des Ich bestimmt wird, entwickelt Fichte später im dritten Abschnitt als das Verhältnis der Momente ›Anschauung‹ und ›Begriff‹. Damit hat Fichte zugleich die Ergänzung des Ichbegriffs durch die Reflexionsformel »*für das Ich*« (Fichtes *Werke* I, 97), wie er sie in § 1 der GWL von 1794/95 vornahm, einer Erläuterung zugeführt.

Zwar schwankt Fichte im Wortgebrauch von Bewußtsein. Doch geht er nicht hinter die Dimension des Bewußtseins selbst zurück, wie man annehmen könnte. Fichte geht nicht hinter die Dimension des Bewußtseins auf eine Sphäre des Unbewußten oder Nicht-Bewußten zurück, wie es Schelling und Hölderlin tun werden. Bewußtsein wird zwar oft auf klares, deutliches Bewußtsein eingeschränkt. Doch widerstreitet diese Verwendungsweise des Wortes der Grundthese Fichtes, daß alles reflektierte Bewußtsein von etwas das präreflexive, unmittelbare Bewußtsein unserer selbst voraussetzt. Bewußtsein setzt nicht erst ein mit distinkter Reflexion. Dies ist gerade die Pointe von Fichtes Widerlegung der Reflexionstheorie des Selbstbewußtseins.

11. Im zweiten Abschnitt arbeitet Fichte einen weiteren Kritikpunkt am klassischen Modell des Selbstbewußtseins heraus und stellt diesem wieder sein eigenes Selbstbewußtseinsmodell gegenüber. Fichte nimmt seine Grundthese auf, daß das Bewußtsein eines Gegenstandes bedingt ist durch das Bewußtsein unserer selbst. Wenn nun die These, daß das Bewußtsein von etwas

6 Das Argument gegen den Zirkeleinwand ist also, daß es eine Unmittelbarkeit des Selbstverhältnisses des Ich gibt, welche ursprünglich ist. Diese Einsicht formuliert bereits der Grundgedanke der GWL von 1794/95: »*Das Ich setzt ursprünglich schlechthin sein eigenes Seyn*« (Fichtes *Werke* I, 98).

das Bewußtsein unserer selbst zur Voraussetzung hat, richtig ist, so ist zu fragen, wie dieses Bewußtsein unserer selbst zu denken ist.

Wird diese These so verstanden, daß im Bewußtsein unserer selbst notwendig ein denkendes von einem gedachten Ich zu unterscheiden ist, dann müßte abermals, damit dies geschehen kann, das Denkende in jenem Denken Objekt eines höheren Denkens sein. Somit erhält man jedoch wieder ein neues Denken, das sich, um sich bewußt zu sein, zum Gegenstand eines abermals neuen Bewußtseins machen müßte usw. Es entsteht ein unendlicher Regreß von Bewußtseinspositionen, in dem keine haltbare Position eines selbstbezüglichen Bewußtseins erreichbar ist. Auf diese Weise läßt sich Selbstbewußtsein, so folgert Fichte, nicht erklären. Nun *ist* aber Bewußtsein unserer selbst, also ist das zugrundeliegende Erklärungsmodell falsch.

Fichte reflektiert nun auf das Modell von Bewußtsein, das zu diesem infiniten Regreß führt. Dieses Modell faßt Bewußtsein als eine Differenz zwischen einem auf, dem etwas bewußt ist, dem Subjekt, und einem, das bewußt ist, dem Objekt. Diese Subjekt-Objekt-Differenz verhindert es, daß die Position des Objekts mit der Position des Subjekts identifiziert werden kann. Es besteht also das Problem, wie die Identität von Subjekt und Objekt im Selbstbewußtsein zustande kommen kann, wenn jedes Bewußtsein durch die Differenz zwischen Subjekt und Objekt ausgezeichnet ist.

Das von Fichte auch hier wieder kritisierte Subjekt-Objekt-Modell des Bewußtseins ist das Vorstellungsmodell des Bewußtseins des 17. und 18. Jahrhunderts, von dem Descartes und Leibniz, aber auch die englischen Empiristen ausgehen und das noch bei Kant und Reinhold wirksam ist. Nach diesem Modell ist jedes Vorstellen Vorstellen von etwas anderem als dem Vorstellen selbst. Wird Selbstbewußtsein seinerseits nach dem Vorstellungsmodell beschrieben, so wird an der Stelle des Vorgestellten das Vorstellen selbst eingesetzt. Dieses Sich-selbst-Vorstellen des Bewußtseins nennt die philosophische Tradition *Reflexion*. Das Vorstellungsmodell des Bewußtseins zieht also das Reflexionsmodell des Selbstbewußtseins nach sich, das in der neuzeitlichen Philosophie von Descartes bis Kant und Reinhold vorherrschend war. Das Reflexionsmodell des Selbstbewußtseins führt nach Fichte in den eben erwähnten infiniten Regreß ebenso wie in den oben beschriebenen Zirkel, da im Sich-selbst-Vorstellen ein vorstellendes vom vorgestellten Bewußtsein unterschieden werden muß. Das Modell, wonach allem Bewußtsein eine unaufhebbare Differenz zwischen Subjekt und Objekt zugrunde liegt, ist also falsch. Es gibt nach Fichte ein Bewußtsein, in dem eine irreflexive Koinzidenz von Subjekt und Objekt, eine einfache Identität von Subjekt und Objekt, vorliegt.

Es fragt sich nun, welcher Art das Bewußtsein des Selbstbewußtseins ist. Der epistemische Status des Selbstbewußtseins ist nach Fichte keine Erkenntnis, kein Begreifen, kein Wissen von einem Sachverhalt, sondern eine bloße »*Anschauung*« (528), eine »*intellectuelle* Anschauung« (530). Mit seiner Theorie der intellektuellen Anschauung wird deutlich, daß Fichte ein Bewußtsein davon besitzt, daß er ein grundlegendes Problem der Bewußtseins- und Selbstbewußtseinstheorie gelöst zu haben glaubt. Alles Bewußtsein von etwas, das eine Differenz von Subjekt und Objekt impliziert, setzt ein unmittelbares Bewußtsein unserer selbst voraus, in welchem Subjekt und Objekt identisch sind.[7]

Fichte hat bisher in den beiden betrachteten Abschnitten zweierlei behandelt: Zum einen hat er das Denken des Ich als in sich zurückgehendes Denken oder Handeln bzw. als Sich-selbst-Set-

7 Für das unmittelbare Bewußtsein unserer selbst im Bewußtsein von etwas anderem setzt Fichte die Formel »*sich Setzen* als setzend« (528) ein. Diese Formel des Ichbegriffs ist nicht identisch mit der von Henrich so genannten zweiten Formel des Fichteschen Ichbegriffs: »Das Ich setzt sich schlechthin als *sich* setzend« (vgl. Henrich 1966, 202 ff.). Denn als Formel für das unmittelbare Selbstbewußtsein als Bedingung allen Bewußtseins von etwas anderem fehlt ihr das für die zweite Formel spezifische zweite »sich« und geht daher nicht über die Ichformel des Sich-schlechthin-Setzens der GWL von 1794/95 hinaus – allenfalls darin, daß sie nun als Bedingung allen Bewußtseins formuliert wird: Setzen von etwas setzt ein Sich-Setzen voraus. Während dort die Unmittelbarkeit des Selbstverhältnisses des Ich betont wurde, wird hier ebenfalls im Begriff der intellektuellen Anschauung auf das präreflexive, unmittelbare Selbstbewußtsein des Ich abgehoben. Daß Fichte hier nicht die zweite Formel des Ichbegriffs gebraucht, geht auch daraus hervor, daß diese zweite Ichformel die Doppelung des Ichbegriffs in Anschauung und Begriff voraussetzt, die erst im dritten Abschnitt entwickelt wird. Erst diese zweite Formel bringt die Einheit von unmittelbarem und reflektiertem Selbstbewußtsein zum Ausdruck.

zen entwickelt, zum anderen das unmittelbare Bewußtsein des Denkens des Ich als intellektuelle Anschauung. Die Erörterung des Ichbegriffs als Einheit der Momente ›Anschauung‹ und ›Begriff‹ ist Gegenstand des dritten Abschnitts. Diese Erörterung wird notwendig, weil der Bewußtseinsmodus der intellektuellen Anschauung kein explizites Wissen des Ich von sich selbst darstellt.

Doch ist es sehr fraglich, ob Fichtes Ansatz, der von der Identität von Subjekt und Objekt, von dem ursprünglichen Faktum der unmittelbaren Selbstbeziehung des Ich seinen Ausgang nimmt, das Problem des Selbstbewußtseins zu lösen imstande ist. Eine zureichende Theorie des Selbstbewußtseins hat nämlich mit der Möglichkeit der Identität von Subjekt und Objekt nicht nur die reflektierte, sondern auch die unmittelbar bewußte Selbstbeziehung zu erklären. Fichte ist der Meinung, daß die Identität bzw. die unmittelbar bewußte Selbstbeziehung des Ich aus sich selbst heraus erklärbar ist. Doch damit droht Fichtes Selbstbewußtseinstheorie ihrerseits einem Zirkel zu verfallen. Auch Fichte hat die *Möglichkeit* des unmittelbar bewußten Selbstverhältnisses nicht erklärt, sondern nur als *faktisch* unterstellt. Ihre Erklärung – so die These Schellings und Hölderlins – greift über die Dimension des Bewußtseins als solche und damit auch über die unmittelbar bewußte Selbstbeziehung des Ich als solche hinaus. Ihnen zufolge ist das Ichbewußtsein nicht als selbstexplikativ zu verstehen. Wir können aufgrund seiner nicht begreifen, daß es überhaupt zustande kommt. Nach Schelling liegt dem Wissen des Ich von sich selbst das absolute Ich zugrunde, das nur in einer *bewußtlosen* ›intellectualen Anschauung‹ unmittelbar präsent ist. Nach Hölderlin liegt dem bewußten Ich das unteilbare ›Seyn‹ voraus, das gleichfalls die epistemische Sphäre transzendiert und dem gleichfalls eine, wenn auch nicht mehr als Bewußtseinsmodus zu verstehende ›intellectuale Anschauung‹ zugeordnet ist.

III. Fichtes Entfaltung des Ichbegriffs als Einheit der beiden Momente ›Anschauung‹ und ›Begriff‹ im dritten Abschnitt, zu dem ich in meiner Interpretation jetzt übergehe, muß als weitere Antwort auf den von ihm selbst erhobenen Zirkeleinwand gegenüber der These vom Zustandekommen des Ich im in sich zurückgehenden Handeln des Ich verstanden werden. Fichtes These im dritten Abschnitt ist nun die, daß der Einwand in Wahrheit einen Gedanken formuliert, der geradezu als Beitrag zur

Beantwortung der Frage dienen kann, wie das in sich zurückgehende Handeln des Ich ohne klares Bewußtsein zum in sich zurückgehenden Handeln des Ich mit klarem Bewußtsein werden kann. Doch in der Darstellung genau dieses Übergangs droht die Einheit des Ichbegriffs zu zerbrechen. Damit wird Fichtes Ichtheorie nicht nur von daher fraglich, daß sie das Faktum des Gedankens der unmittelbaren Selbstbeziehung des Ich nicht erklären kann, sondern auch von daher, daß in ihr die Einheit des Ichbegriffs verlustig geht.

Zunächst möchte ich versuchen, diesen nur mit äußerster Mühe zu interpretierenden dritten Abschnitt nach inhaltlichen Gesichtspunkten zu gliedern: Zunächst stellt Fichte eine generelle These über das Bewußtwerden von Tätigkeit auf. Das Bewußtwerden der Tätigkeit geschieht, wenn zweierlei passiert: 1. das Sich-Losreißen der Tätigkeit von der Ruhe und 2. eine Entgegensetzung von Tätigkeit und Ruhe. Vor dem Hintergrund dieser generellen These unterscheidet Fichte dann zwei Positionen des Ich: 1. die Position der Voraussetzung: die Tätigkeit des Ich in der Position der Ruhe; die Tätigkeit des Ich ohne deutliches Bewußtsein; und 2. die Folgeposition: die Tätigkeit des Ich mit deutlichem Bewußtsein. In der Folgeposition bilden Ruhe und Tätigkeit des Ich eine Differenzeinheit. Fichte ordnet dann der Tätigkeit die ›Anschauung‹, der Ruhe den ›Begriff‹ zu und kommt von da aus zu seiner These, daß das Ich als Differenz und Einheit der Momente Tätigkeit und Ruhe im Grunde eine Differenzeinheit von ›Anschauung‹ und ›Begriff‹ darstellt.

Als leitende Interpretationsfragen, die sich an diese Theorie des zu sich kommenden deutlichen Ichbewußtseins stellen lassen, bieten sich demnach folgende Fragen an: 1. Wie bestimmt Fichte das Bewußtsein der Tätigkeit? 2. Wie bestimmt Fichte das Verhältnis von Ruhe und Tätigkeit? 3. Wie zeichnet Fichte die beiden Momente ›Anschauung‹ und ›Begriff‹ in das Verhältnis von Ruhe und Tätigkeit ein?

Gehen wir Schritt für Schritt vor. Zunächst wird das Gesetz aufgestellt, durch das die Tätigkeit als Tätigkeit zu Bewußtsein kommt. Die Tätigkeit kann nur als Tätigkeit bewußt werden, wenn sich die Tätigkeit von einer Ruhe losreißt. Nur im Sich-Losreißen von der Ruhe bemerkt man sich als tätig, wird sich seiner als tätig bewußt. Das Bewußtwerden der Tätigkeit besteht sonach im Sich-Losreißen der Tätigkeit von der Ruhe.

Aber es kommt noch eine weitere Gesetzmäßigkeit hinzu: Mit dem Sich-Losreißen der Tätigkeit von der ursprünglichen Ruhe wird die Tätigkeit sogleich der Ruhe entgegengesetzt. Hier ist ein Gesetz am Werk, das Fichte in der *Wissenschaftslehre nova methodo* von 1798/99 als »Reflexionsgesetz aller unserer Erkenntnis« bezeichnet.[8] Das Reflexionsgesetz besagt hier: Wir gewinnen ein Bewußtsein von der Tätigkeit als Tätigkeit nur, indem wir der Tätigkeit die Ruhe entgegensetzen.[9]

Vor dem Hintergrund dieser Gesetzmäßigkeit des Bewußtwerdens der Tätigkeit bestimmt Fichte nun die beiden Positionen des Ich, die dieses in seinem Bewußtwerdungsprozeß einnimmt: die Position der Voraussetzung und die Folgeposition.

Fichte bestimmt die Position der Voraussetzung, vor deren Hintergrund die Tätigkeit des Ich als Tätigkeit hervortreten kann, indem er nach der »besondere[n] Bestimmtheit« (I, 532) des Denkens fragt, die als Ruhe der Tätigkeit als Tätigkeit vorhergeht. Ruhe ist hier (noch) nicht der Tätigkeit entgegengesetzt. In der Position der Voraussetzung ist sie vielmehr mit der Tätigkeit »unmittelbar vereinigt« (ebd.). Fichte bringt hier also das Reflexionsgesetz in modifizierter Form zur Anwendung.[10]

8 Dieses Erkenntnisgesetz besagt, »Nichts wird *erkannt, was es sei*, ohne uns das mit zu denken, was es *nicht* sei [...]. Und eben diese Art unsrer Erkenntnis, nämlich etwas vermittelst des Gegensatzes zu erkennen, heißt etwas *bestimmen*« (Fichte, *Wissenschaftslehre nova methodo* (1798/99), hg. von H. Jacobs, in: Fichtes *Nachgelassene Schriften*, Bd. II, Berlin 1937, 368).

9 Fichte formuliert hier eine Art Dialektik von Stillstand, Bewegung und Ruhe, in der seiner Meinung nach das Ich allein zum Bewußtsein seiner Tätigkeit als Tätigkeit kommen kann. Bereits an dieser Stelle wird deutlich, daß Ruhe in einem doppelten Stellenwert auftritt, als Anfang und als Resultat der Bewegung.

10 Da Fichte hier das Reflexionsgesetz der Erkenntnis in modifizierter Form zur Anwendung bringt, muß das Urteil J. Stolzenbergs über die Rekonstruktion des Begriffs des Ich im *Versuch einer neuen Darstellung der Wissenschaftslehre* von 1797 korrigiert werden: »Aber auch die Darstellung des *Versuchs* ist nicht ohne Unklarheiten geblieben. So legt auch sie den Eindruck nahe, daß die Rekonstruktion des Verhältnisses von ›Anschauung‹ und ›Begriff‹ nach der ersten Form des Reflexionsgesetzes ohne Modifikation vorgenommen werden könnte. Denn die einzige Formel, welche die logische Grundlage dieser Rekonstruktion angibt, lautet: ›Alle Bestimmung, was es nur

In der Position der Voraussetzung wird die Ruhe als ein solches Moment verstanden, das mit der Tätigkeit identisch ist, das aber als Ruhe gleichwohl die Bedingung erfüllt, das Gegenteil von Tätigkeit zu sein. Tätigkeit als Ruhe denken bedeutet Tätigkeit nicht als realen Vollzug, als Realität denken. Ruhe ist hier also der formale Status der Tätigkeit, in der diese noch nicht als solche realisiert ist, nur als bloße Möglichkeit existiert.

Fichte unterscheidet also – wie wir bereits hinlänglich wissen – zweierlei Zustände des Ich: das Selbstverhältnis des Ich in Form der Unmittelbarkeit, d. i. ohne deutliches Bewußtsein, und dasselbe in reflektierter Gestalt, d. i. mit deutlichem Bewußtsein.

Die schwierige Frage bei der Interpretation unseres Textes lautet: Wie zeichnet Fichte die Momente ›Anschauung‹ und ›Begriff‹ in das bisher entwickelte Verhältnis von Ruhe und Tätigkeit ein?

Was heißt ›Begriff‹? Der »Begriff« bedeutet nach Fichte »durchgängig«: die innere Tätigkeit »in ihrer Ruhe aufgefasst« (I, 533). Der Begriff korrespondiert also mit dem Begriff der Ruhe. Nun trat die Ruhe ja zweimal auf. Zum einen in der Position der Voraussetzung in Einheit mit der Tätigkeit, zum anderen im Gegensatz zur Tätigkeit als Tätigkeit. Damit die Tätigkeit in ihrer Ruhe durch den ›Begriff‹ aufgefaßt werden kann, muß sie sich aus der anfänglichen Position der Ruhe bereits losgerissen haben. Der ›Begriff‹ korrespondiert also mit dem zweiten Auftrittsfall von Ruhe in der Folgeposition. In dieser Position sind ›Anschauung‹ und ›Begriff‹ des Ich in Differenzeinheit vereinigt, und zwar so, daß der ›Begriff‹ das Bewußtsein des Ich von sich selbst vollendet.

Die Ruhe taucht in unserem Text also deutlich in doppeltem Stellenwert auf. Zum einen bezeichnet sie die anfängliche Form der Tätigkeit selbst, zum anderen das Resultat der Vergegenständlichung der Tätigkeit. Aus dem Text geht deutlich hervor, daß der ›Begriff‹ der Ruhe im zweiten Auftrittsfall zuzuordnen ist.

Der ›Begriff‹ ist die Tätigkeit der ›Anschauung‹ selbst, nur nicht als Tätigkeit, sondern als Ruhe aufgefaßt, also die Tätigkeit nicht in ihrer Realität, sondern in ihrer Vergegenständlichung. Wir erheben uns zum begrifflichen Bewußtsein der Tätigkeit der ›Anschauung‹ durch das Sich-Losreißen von der Position der an-

sei, das bestimmt werde, geschieht durch Gegensatz‹« (Stolzenberg 1986, 223 f.).

fänglichen Ruhe. Die Tätigkeit der ›Anschauung‹ ohne deutliches Bewußtsein, also die Position der Tätigkeit in anfänglicher Ruhe, ist die Position der Voraussetzung, in der sich die Tätigkeit noch nicht als solche realisiert, sondern den Status bloßer Möglichkeit hat. Wir gewinnen ein Bewußtsein von dieser Tätigkeit, indem wir uns von der ursprünglichen Ruhe, von der Position der Voraussetzung, losreißen. Das Bewußtsein selbst aber resultiert im ›Begriff‹, in der Fixierung und Vergegenständlichung der Tätigkeit. Das Sich-Losreißen der Tätigkeit von der Ruhe und das resultierende begriffliche Auffassen der Tätigkeit in ihrer Ruhe verhalten sich wie *Bewußtwerdung* und *Bewußtsein* zueinander. Hier meint Bewußtsein das deutliche, reflektierte Bewußtsein.

Die Tätigkeit der ›Anschauung‹ mit deutlichem Bewußtsein, also die Position der Tätigkeit der ›Anschauung‹ als Tätigkeit impliziert das Sich-Losreißen von der Ruhe, von der Position der Voraussetzung, und besteht wesentlich in der Vergegenständlichung der Tätigkeit durch den ›Begriff‹. – Als Resultat ergibt sich folgendes: Das klare Bewußtsein der Tätigkeit des Ich »vollendet« (533) und realisiert sich im ›Begriff‹, der aber zugleich – muß kritisch hinzugefügt werden – die Tätigkeit der ›Anschauung‹ vergegenständlicht.[11]

11 In der *Wissenschaftslehre nova methodo* von 1798/99 wird die Vergegenständlichung, die das Moment des Begriffs impliziert, besonders deutlich: »In dieser Ruhe nun wird uns das *Setzen* der Aktivität zu einem *Gesetzten* – zu einem *Produkt*, zu einem *Begriff*, das heißt wenn man dieselbe Tätigkeit zuerst [1] als ein Nichthandeln, also fixiert, in Ruhe sich denkt und sie danach [2] als ruhend erblickt und anschaut, indem wir sie sonst nicht als handelnd, tätig anschauen könnten, so entsteht daraus ein Produkt oder der *Begriff* des Ichs, der sich bloß denken aber nicht anschauen läßt, denn nur Tätigkeit als handelnd ist Anschauung, diese aber ist nicht möglich ohne sich zugleich das Entgegengesetzte – dieselbe zuvor als ruhend – zu denken, das heißt ohne einen Begriff. Beide sind also immer zugleich miteinander verbunden – Begriff und Anschauung, sie fallen in Eins zusammen« (*Wissenschaftslehre nova methodo* [1798/99], 358). Ruhe ist auch hier wieder der formale Status der Tätigkeit, und zwar sowohl die Position der Voraussetzung, in der die Tätigkeit noch nicht als solche realisiert ist, als auch das Resultat der Vergegenständlichung der realisierten Tätigkeit. Die Ruhe hat also auch hier einen doppelten Stellenwert: Sie ist Voraussetzung der ›Anschauung‹ und im Ge-

Fichtes hier im Ansatz entwickelter Ichbegriff als Einheit der Momente ›Anschauung‹ und ›Begriff‹ stellt sicherlich einen Fortschritt gegenüber der Analyse des Ichbegriffs in den vorhergehenden Fassungen der Wissenschaftslehre dar, in der auch die beiden Momente ›Anschauung‹ und ›Begriff‹ eine Rolle spielten, allerdings auf verschiedenen Ebenen. Während die intellektuelle Anschauung auf der Ebene des Ich angesiedelt war, war der ›Begriff‹ auf der Ebene der philosophischen Reflexion des Ich situiert. Die philosophische Analyse erfolgte in externer Reflexion, in der das ursprüngliche Selbstverhältnis des Ich in Form eines faktisch Gegebenen zum Gegenstand der Analyse gemacht wurde.[12] Ihr wird in unserem Text eine Analyse des Ich in immanen-

gensatz zu ihr, die durch Tätigkeit ausgezeichnet ist, ein Zustand der Ruhe als Resultat der Vergegenständlichung der Tätigkeit durch den ›Begriff‹. – Doch muß in der *Wissenschaftslehre nova methodo* für die neue Fassung des Ichbegriffs auch die entscheidende Doppelung des Moments des ›Begriffs‹ berücksichtigt werden. Die Einheit und Differenz der Momente ›Anschauung‹ und (gesetzter) ›Begriff‹ erwächst aus der Position des unmittelbar vorausgesetzten ›Begriffs‹. Hier wird also auch die Position der unmittelbaren Voraussetzung ›Begriff‹ genannt. »Das »Setzen«, das »ohne deutliches Bewußtseyn geschehen« vorausgedacht werden muß, ist offensichtlich mit der Position des unmittelbaren Begriffs des Ich der *Wissenschaftslehre nova methodo* identisch« (Stolzenberg 1986, 223 Anm. Vgl. auch Stolzenbergs Interpretation der zitierten Stelle ebd., 192 ff.).

12 In der *Zweiten Einleitung der Wissenschaftslehre* von 1797 unterscheidet Fichte zwei Reihen oder Ebenen, die Reflexion des Philosophen auf die Handlungen des Ich und die Handlungen des Ich selbst (vgl. Fichtes *Werke* I, 454). Der nähere Sinn der beiden Ebenen ist darin zu suchen, daß Fichte der erste Philosoph ist, der nicht nur in intentione recta seinen Gegenstand behandelt, sondern in intentione obliqua die Darstellungsebene selbst in die Reflexion miteinbezieht. Fichtes Philosophie ist nicht nur einfache Transzendentalphilosophie wie die Kants, sondern Transzendentalphilosophie, die die eigenen Prinzipien ihrer Darstellung rechtfertigen kann, also reflexive Transzendentalphilosophie. Doch die Entwicklung des Ich in externer Reflexion des Philosophen gefährdet zugleich die Einheitlichkeit seiner Struktur. Die Einheit des Begriffs des Ich fällt jedenfalls in Abschnitt IV der *Zweiten Einleitung* in das Faktum der Selbstanschauung des Ich und den Begriff des Philosophen vom Ich bzw. auf der Ebene des Ich in die ursprüngliche Selbstanschauung des Ich und den Begriff seiner selbst in der Entgegensetzung des Ich zum Nicht-Ich

ter Reflexion entgegengesetzt. Sie bringt die Tätigkeit der ›intellektuellen Anschauung‹ so zur Darstellung, daß sie als eine durch den Akt der von einem anfänglichen Ruhepunkt anhebende Anschauungstätigkeit einsichtig wird, die im ›Begriff‹ zum deutlichen Bewußtsein über sich selbst kommt. Die Analyse der internen Reflexion führt zu dem aus dem Akt der Konstitution der Tätigkeit als Tätigkeit zu begründenden Moment der Voraussetzung der Position der anfänglichen Ruhe und Unbestimmtheit, die Bedingung für den Status der internen Bestimmtheit des Ich in seinen Momenten ›Anschauung‹ und ›Begriff‹ ist.

Allerdings ist fraglich, ob Fichtes Theorie die Einheitlichkeit der Struktur des Ich wirklich aufzeigen kann. Die Einheit des Ichbegriffs basiert jedenfalls auf dem »unüberwindlichen Dualismus in der Struktur der Ichheit« (vgl. Frank 1987, 117) von ›Anschauung‹ und ›Begriff‹. Die Einheit des Ich fällt gleichsam in die Kantische Unterscheidung von blinder Anschauung und leerem Begriff auseinander, so wie ja auch Tätigkeit und Ruhe einander entgegengesetzt sind. Fichte betont ausdrücklich, daß sich der ›Begriff‹ nicht zugleich anschauen und die ›Anschauung‹ nicht zugleich denken läßt. Der ›Begriff‹ vergegenständlicht die Anschauungstätigkeit des Ich, die diesem daher in seinem expliziten begrifflichen Wissen von sich selbst uneinholbar entzogen bleibt. Auf der Ebene des ›Begriffs‹ erfolgt deshalb ein Rückfall ins traditionelle Reflexionsmodell des Bewußtseins, das bereits vor Fichte zur Zerstörung des Ichbegriffs führte, indem es ihn in die Differenz von Ich-Subjekt und Ich-Objekt, von denkendem und gedachtem Ich auflöst.

Der Widerspruch läßt sich folgendermaßen formulieren: ›Anschauung‹ und ›Begriff‹ des Ich setzen sich wechselseitig voraus, weil sie sich gegenseitig erfordern. Anschauungen ohne Begriffe sind nach Fichte wie nach Kant blind. Will das Ich ein Verständnis davon gewinnen, daß es sich selbst anschaut, muß es einen ›Begriff‹ von sich selbst besitzen. Andererseits würde der bloße Begriffscharakter des Ich dieses zu einem bloßen Gespenst ohne Realität machen, wie bereits Jacobi bemerkt. Daher muß die Set-

auseinander (vgl. Fichtes *Werke* I, 458 ff.), womit Fichte faktisch nicht über das Ichmodell der GWL hinauskommt. Fichte macht daher im *Versuch* einen neuen Anlauf, das Ich als Einheit der Momente ›Anschauung‹ und ›Begriff‹ zu fassen.

zung des Ich als ›Anschauung‹ ausgelegt werden. Der ›Begriff‹ kommt nur durch die ›Anschauung‹ zustande. Doch so wie der ›Begriff‹ die Tätigkeit der ›Anschauung‹ voraussetzt, durch die er zustande kommt, so negiert er sie auch, indem er sie zum Objekt vergegenständlicht, sie zum Gegenteil ihrer selbst, zur Ruhe macht. Die Einheit von ›Anschauung‹ und ›Begriff‹ wird durch das Moment des ›Begriffs‹ in Gefahr gebracht. Wie bereits Henrich in seinem wegweisenden Aufsatz »Fichtes ursprüngliche Einsicht« bemerkt, gerät Fichtes Selbstbewußtseinstheorie, die im Gegenzug zur traditionellen Reflexionstheorie konzipiert wurde, in denselben Zirkel, den sie überwinden wollte.[13]

Fichte hat in den weiteren Fassungen der Wissenschaftslehre die Einheitlichkeit des Ichbegriffs unter Beibehaltung des Moments des ›Begriffs‹ zu entwickeln versucht. Eine konsistente Theorie von der Einheit des Ichbegriffs hätte den Grund der Einheit und der Differenz der Momente ›Anschauung‹ und ›Begriff‹ aufzusuchen. Einen solchen Grund versucht Fichte in den späteren Fassungen der Wissenschaftslehre bis 1804 in der hier so genannten Position der unmittelbaren Voraussetzung des Ich anzugeben. Ob allerdings diese Theorie das Problem der Vergegenständlichung des ›Begriffs‹ lösen kann, bleibt fraglich. Auch in der späten Wissenschaftslehre bleibt der ›Begriff‹ »Princip der Sonderung« und Spaltung (vgl. Fichtes *Werke* X, 116).[14]

13 »Hier macht sich auf ganz anderem Boden der Zirkel der Reflexionstheorie des Ich [...] geltend« (Henrich 1966, 211 f.).

14 Eine ausführliche Interpretation des Fichteschen Ichbegriffs in der *Wissenschaftslehre nova methodo* (1798/99) und im *Manuskript Neue Bearbeitung der W. L.* von 1800 ebenso wie in der *Darstellung der Wissenschaftslehre* aus den Jahren 1801/02 hat J. Stolzenberg vorgenommen (vgl. Stolzenberg 1986, 175 ff., 249 ff.). Stolzenberg ist der Auffassung, daß Fichte eine zureichend konsistente Theorie von der Einheit des Ich mit der Konstruktion des Begriffs der intellektuellen Anschauung vor allem in der *Darstellung der Wissenschaftslehre* aus den Jahren 1801/02 erarbeitet hat, und zwar mit Hilfe des Theorems des sich selbst und seine Bestimmtheit bestimmenden Selbstverhältnisses des Ich. Doch vermögen Stolzenbergs Anstrengungen nicht darüber hinwegzutäuschen, daß Fichte das Postulat einer Handlungsform, die »im Nu das Sichhaben des Ich zusammen mit einem Wissen von sich hervorbringen« (Henrich 1966, 205) muß, nicht einlösen kann, denn das Wissen resp. der ›Begriff‹ kann nur als sekundärer »Aufprall auf sich selbst« (ebd.) eintreten, und zudem spaltet er

Zunächst wird das Ich als Einheit und Differenz der Momente ›Anschauung‹ und ›Begriff‹ in interner Reflexion, als Theorie des von sich und aus sich anhebenden und zu sich selbst kommenden Ichbewußtseins entwickelt. In der späten Wissenschaftslehre von 1804 mündet Fichtes Denkweg schließlich in den Nachweis der Einheit als unverfügbarer Grund des Ich, wobei deutlich ist, daß die Position des unverfügbaren Grundes, den Fichte ähnlich wie Hölderlin und Novalis absolutes Sein nennt, zwar nicht mit der Position der Voraussetzung im früheren Ichbegriff identisch ist. Doch ist in der Unbestimmtheit der absoluten Selbstsetzung des Ich bzw. der Position der Voraussetzung Fichtes spätere Entwicklung zu einer neuplatonischen Bestimmung des Absoluten als absolutes Sein angelegt. Mit dieser Konzeption vom Wesen des Ich hat der späte Fichte eine Position eingenommen, die von Hölderlin und Novalis bereits im Jahre 1795 gegen Fichte entwickelt wurde. Ihren Konzeptionen werden wir uns in den nächsten Vorlesungen widmen müssen. Doch vor diesem Schritt über das Ich hinaus müssen wir uns Schellings Ichposition in der nächsten Vorlesung vergegenwärtigen.

die absolute Einheit des Ich unaufhebbar in die Doppelung von Ich-Subjekt und Ich-Objekt, die in der absoluten Einheit des Ich gerade zu vermeiden ist.

Vierte Vorlesung

Schellings Ontologisierung von Fichtes Transzendentalphilosophie: Der Ichbegriff der §§ 1-3 der *Ichschrift* von 1795

Schelling entwickelt seinen philosophischen Grundgedanken bereits zwischen dem neunzehnten und einundzwanzigsten Lebensjahr. In der heutigen Vorlesung habe ich mir die Aufgabe vorgenommen, Schellings philosophischen Ansatz in seiner *Ichschrift* ausfindig zu machen, die Schelling mit zwanzig Jahren verfaßt hat und die nach der Ostermesse 1795, jedenfalls vor Hölderlins Gedankenskizze *Urtheil und Seyn*, erschienen war. Der vollständige Titel der hier von mir so genannten Schrift lautet: *Vom Ich als Prinzip der Philosophie oder über das Unbedingte im menschlichen Wissen* (Schellings *Werke* I, 151-244).[1] Die philosophische Grundlegung dieser Schrift geht aus den §§ 1-3 deutlich hervor.

Fichte kommt in der Wissenschaftslehre auf den Weg, indem er Reinhold und Jacobi synthetisiert. Schelling versucht eine noch umfassendere Synthese herzustellen, indem er Jacobi, Spinoza, Kant und Fichte zusammenzunehmen versucht. Eine der Hauptschwierigkeiten der Interpretation der *Ichschrift* liegt darin, ausfindig zu machen, wie sich Jacobismus, Spinozismus und Kritizismus (Kant, Fichte) in Schellings Programm einer »Ethik à la Spinoza«[2], die sich als »Gegenstück zu Spinozas Ethik« (159) versteht, zueinander verhalten. Wir haben vornehmlich darauf zu achten, welche Konsequenzen dieses philosophische Programm für Schellings Ichbegriff hat. Da Schelling zusammenzwingt, was sich extrem entgegengesetzt ist, scheitert sein Vorhaben an den inneren Widersprüchen seines überlasteten Programms.

Schellings philosophisches Programm der *Ichschrift* geht aus

1 Wenn nicht anders angegeben, wird in dieser Vorlesung aus dieser Schrift zitiert. Zur Interpretation der *Ichschrift* Schellings vgl. Iber 1994, 30 ff.

2 Vgl. Schellings Brief an Hegel vom 22. Januar 1795, in: *Aus Schellings Leben. In Briefen*, hg. von G. L. Plitt, Band I, 74.

der *Vorrede* (vgl. 151-159) deutlich hervor. Schelling stellt hier vier Punkte heraus: 1. Zunächst sollen die Resultate der kritischen Philosophie Kants auf ihre Prinzipien zurückgeführt werden. 2. Schelling tut dies mit Fichte, indem er das Ich als oberstes Prinzip des Wissens etabliert. 3. Dieses Ganze soll ein »Gegenstück zu Spinozas Ethik« (159) abgeben. Das Ich wird damit zur Alternative des orthodoxen Gottes und zum Prinzip einer »Ethik à la Spinoza«. 4. Schelling formuliert dieses philosophische Programm in der Terminologie Jacobis: Die Begriffe vom Unbedingten, vom Sein, Dasein, Unmittelbarkeit und Vermittlung sind genuin Jacobische. Schelling rekurriert auf Jacobis Formel vom zu enthüllenden und zu offenbarenden Dasein (vgl. 156) und erklärt ihn zum Geistesverwandten Platons (vgl. 216).

Meine Grundthese zur *Ichschrift* ist, daß Schelling eine *ontologische* Fundierung des transzendentalphilosophischen Ichbegriffs Fichtes vornimmt, indem er ihn zugleich auf seine spinozistischen und mystischen Motive hin auslegt. Fichtes transzendentalphilosophische Ichphilosophie transformiert sich bei Schelling zu einer Mystik des Ich, wobei unter Mystik des Ich der Umstand zu verstehen ist, daß das Wesen des Ich in einer jeglichem Bewußtsein entzogenen absoluten Unmittelbarkeit besteht, die nur einer bewußtseinstranszendenten intellektualen Anschauung zugänglich ist. Schelling begründet mit diesem Ichgedanken den prometheischen Spinozismus des absoluten Ich seiner Frühschriften. Das Ich gerät dem frühen Schelling zur mystischen absoluten Selbstmacht.

In Schellings Ichbegriff geht zugleich die schwäbische, in der Frühromantik dann voll zum Tragen kommende pietistische Kultur der Innerlichkeit ein. Der Prozeß von Fichte über Schelling, Hölderlin zu Novalis läßt sich als ständige Vertiefung der Innerlichkeit des Ich beschreiben. Hatte Fichte das Ich zum Absoluten gemacht, so sucht Schelling das Absolute im Ich. Hölderlin und Novalis vertiefen den Ichgedanken dahingehend, daß sie auf ein über das Ich hinausliegendes Absolutes zurückgehen. Dieser weitergehende Schritt wird bei Hölderlin und Novalis notwendig, weil bei ihnen ein neues Problem hereinkommt. Ihre Subjektivitätstheorie geht nämlich nicht mehr von der absoluten Identität des Ich, sondern von einem in sich entzweiten Ich in einer entfremdeten, in sich zerrissenen Welt aus. Ihre Fragerichtung ist die nach der (Wieder-)Versöhnung des in sich entzweiten

Ich und seiner Entzweiung von den Trennungen der Welt. Für beide ist der Ichbegriff also nur sinnvoll im Hinblick auf die Subjekt-Objekt-Differenz. Der Überstieg zum Absoluten kann und muß aber innerhalb des Subjekts vollzogen werden. Insofern sind auch ihre Theorien Theorien der Subjektivität.

Kommen wir nun zur Interpretation der §§ 1-3 der *Ichschrift*: Die §§ 1-3 sind folgendermaßen gegliedert: In § 1 wird ein letzter Realgrund unseres Wissens überhaupt hergeleitet. § 2 gibt eine formale Bestimmung des letzten Realgrundes durch den Begriff des Unbedingten. § 3 bestimmt dann inhaltlich das Unbedingte als das absolute Ich.

Was § 1 betrifft, so erschließt er sich uns, wenn wir an ihn folgende Fragen stellen: 1. Wie begründet Schelling die Notwendigkeit eines letzten Realgrundes des Wissens? 2. In welcher Weise geht Schellings Etablierung eines »Urgrund[es] aller Realität« (162) über die transzendentalphilosophische Fragestellung Fichtes hinaus? 3. Wie ist das letztbegründende Prinzip im Unterschied zu dem Fichtes charakterisiert?

Ausgangspunkt der Untersuchung in § 1 ist eine Analyse des Begriffs des Wissens, dessen wesentliches Merkmal in seinem Realitätsbezug besteht: »Wer etwas wissen will« – sagt Schelling –, »will zugleich, daß sein Wissen Realität habe. Ein Wissen ohne Realität ist kein Wissen« (162). Von Wissen kann also nur sinnvoll die Rede sein, wenn seine Realität gewährleistet ist. Schelling geht in der Folge auf die Suche nach einer Instanz, welche imstande ist, diesen Realitätsbezug zu sichern. Bereits die Frage nach der Realität des Wissens evoziert das von Kant unzureichend bewältigte und den Skeptizismus wieder auf den Plan rufende Problem der transzendentalen Deduktion als Gegenstand und Aufgabe der *Ichschrift*. Es geht also zunächst wie in Fichtes Wissenschaftslehre um die Etablierung und Erörterung eines letztbegründenden Prinzips der Realität des Wissens, welches als probates Remedium gegen jeglichen Skeptizismusverdacht eingesetzt werden kann.

Die Notwendigkeit eines letzten Realgrundes unseres Wissens ergibt sich aus der Kritik des infiniten Begründungsregresses im Wissen. Der Realitätsanspruch eines Wissens läßt sich zumeist auf ein anderes Wissen zurückführen. Dieser Rekurs führt zu einem infiniten Begründungsprozeß im Wissen, dem nur dadurch begegnet werden kann, daß ein Prinzip angenommen wird, das ein festes und absolutes Fundament für das Wissen bildet. Ohne dieses bleibe das menschliche Wissen letztlich ohne die Garantie von Realität, »ein ewiger Kreislauf, ein beständiges wechselseitiges Verfließen aller einzelnen Sätze ineinander, ein Chaos« (162). Realität bekommt das menschliche Wissen, indem es sich durch seinen Realgrund in die Form eines Systems verwandelt.

Schellings entscheidende Frage, »ob es kein Princip geben könne, das schlechterdings nicht objektiv sey, und doch die gesammte Philosophie begründe« (155), ist radikaler angelegt als die transzendentalphilosophische Frage Kantischer oder Fichtescher Provenienz. Schellings Prinzip transzendiert die Subjekt-Objekt-Relation grundsätzlich. Nur ein die Subjekt-Objekt-Trennung übersteigendes Prinzip vermag die für diese Relation konstitutiven Elemente, Wissen und Realität, gleichermaßen zu begründen. Das Schellingsche Prinzip ist nicht mehr nur transzendental als Bedingung der Möglichkeit des Bewußtseins zu denken, sondern als das Dasein und alle Realität hervorbringend. Es ist »das Vollendende im ganzen System des menschlichen Wissens« und zugleich »Urgrund aller Realität« (162). Insofern wandelt sich Fichtes transzendentalphilosophisches Modell des Prinzips zum Produktionsmodell, ja zu einem Offenbarungsmodell des Ich. Da das höchste Prinzip alles Erkennens und aller Realität nicht wieder durch ein höheres Prinzip erkennbar ist, ist es – wie Schelling sagt – das »einzige Unmittelbare in unsrem Wissen« (155).

Das höchste Prinzip muß nach Schelling zwei Bedingungen erfüllen: 1. Kann das »Letzte im menschlichen Wissen« seinen »Realgrund« (163) nicht in einem anderen, sondern muß es in sich selbst haben: Es ist also und kann auch nur gedacht werden, weil es selbst, nicht weil ein anderes ist. Schellings Formulierung dafür ist: »Das Absolute kann nur durchs Absolute gegeben werden« (163). Mit dieser Bestimmung der immanenten Kausalität knüpft Schelling einerseits an Spinozas causa sui, andererseits an Fichtes Selbstsetzung des Ich an. Der »letzte[n] Grund der Realität alles Wissens« (ebd.) realisiert sich nur durch sich selbst und nicht um eines anderen willen. 2. Als absoluter Grund seiner selbst ist es der Subjekt-Objekt-Relation des Denkens schlechthin enthoben, so daß bei ihm *»das Princip des Seyns und des Denkens zusammenfällt«* (163). Die geforderte Koinzidenz von

Denken und Sein ist ein entscheidender Kritikpunkt an Kant, den Schelling mit Jacobi überbietet. Während für Kant das Einheitsprinzip der Vernunft eine bloße Idee ist, der kein Sein korrespondiert und nur von regulativer Funktion ist, bestreitet Schelling für das Prinzip der Philosophie die Differenz zwischen Denken und Sein. Schelling fundiert die Einheit der Vernunft im Jacobischen bzw. Spinozistischen Sein. Das Vernunftprinzip ist das »Seyn[s] in allem Daseyn« (Spin², 61, 398). Mit Jacobi und Spinoza nimmt Schelling also eine Ontologisierung der Transzendentalphilosophie vor.

In § 2 geht es Schelling um die formale Bestimmung des letzten Realgrundes unseres Wissens durch den Begriff des Unbedingten. § 2 erschließt sich uns, wenn wir an ihn folgende Fragen stellen: 1. Wie argumentiert Schelling in bezug auf den Begriff des Unbedingten? 2. Warum kann es weder als Objekt noch als Subjekt gedacht werden? Welche Charaktere werden ihm zugeschrieben? 3. Wie läßt sich Schellings Methode in der Erörterung des Unbedingten beschreiben? 4. Wie unterscheidet sich Schellings von Jacobis Position?

Schelling verwendet in § 2 die Termini Jacobis »bedingt« und »unbedingt«, um erstens zum Unbedingten aufzusteigen und zweitens dessen interne Struktur auszumachen. Das bedingte Wissen hat entweder keinen Halt und geht ins Unendliche fort, oder es gibt einen letzten Punkt, an dem das Ganze hängt und der nur als das Absolute oder Unbedingte verstanden werden kann. Letztbegründet und damit immun gegen das Chaos des Skeptizismus ist das Wissen nur dann, wenn es auf ein absolutes Prinzip zurückgeführt werden kann, das aus dem infiniten Regreß von Bedingungen herausführt. Im Unterschied zu Fichte, der von der absoluten Selbstgewißheit des Ich ausgeht, geht Schelling das Skeptizismusproblem in der Aufnahme der Jacobischen Behauptung von der Realität des Unbedingten an, die die diskursive Vernunft notwendig transzendiert. Die Realität des Unbedingten übersteigt jegliche Dimension des Bewußtseins.

Um zu sehen, wie Schelling Spinozismus und Jacobismus synthetisiert, müssen wir einen Blick auf Jacobi werfen, denn Schelling rezipiert Spinoza in der Brechung von Jacobis Spinoza-Aneignung. Spinozas Philosophie war für Jacobi die eigentlich konsequent rationale Vernunftphilosophie, der er seine eigene Denkart gegenüberstellte. In seiner Schrift *Über die Lehre des*

Spinoza in Briefen an den Herrn Moses Mendelssohn von 1785 (^{2}1789) stellt Jacobi Spinozas Lehre in seiner eigenen Begriffssprache dar. Von dieser Terminologie ist die Ausbildung der spekulativen Begriffsform des Deutschen Idealismus insgesamt direkt geprägt. Entscheidend ist, daß Jacobi Spinozas Begriff der absoluten Substanz und dessen definitorische Begründung durch den Grundgedanken des »Seyns in allem Daseyn« (Spin^2, 61, 398) ersetzt.[3] Jacobis Anliegen ist, den rationalistischen Grundfehler in Spinozas demonstierendem System aufzuzeigen. Vornehmlich wendet er sich gegen die für jede Form von Spinozismus maßgebliche Schlußfolgerung vom Ursein auf die radikale Abhängigkeit des Endlichen vom Unendlichen, die eine radikale Immanenz des Unendlichen im Endlichen impliziert, die allein unter der Prämisse zwingend ist, daß eine rationale Erklärung der Welt aus dem absoluten Sein möglich ist. Doch der biblischen Lehre von der Schöpfung der Welt kann nach Jacobi nicht ohne Widerspruch der Status einer rationalen Erkenntnistheorie gegeben werden. Denn der Gedanke des Übergangs vom Unendlichen zum Endlichen und der damit verbundene Gedanke der Kausalität sei kein rationaler, sondern ein Erfahrungsbegriff. Spinozas Theorie von der Immanenz des Endlichen im Unendlichen basiere auf der ungerechtfertigten Vermengung des Vernunftbegriffs des Grundes mit dem Erfahrungsbegriff der Kausalität.

Gegen den rekonstruierten Rationalismus Spinozas profiliert Jacobi seine eigene Position. Ist bei Spinoza die als absolutes Sein reformulierte Substanz dem Endlichen immanent, so pocht Jacobi auf die Vorgängigkeit des Unendlichen gegenüber dem End-

3 Wie Henrich 1992, 50 ff., gezeigt hat, ist Jacobis Rekonstruktion von Spinoza durch Kants Schrift *Der einzig mögliche Beweisgrund zu einer Demonstration des Daseins Gottes* inspiriert, wo Kant darlegt, daß ein notwendiges Dasein jedem Gedanken von einem Möglichen zugrunde liegt. Hier findet Jacobi die Bestätigung der Rekonstruktion der spinozistischen Substanz durch den Begriff des Seins, da Sein nicht nur ein Gedanke, sondern ein unmittelbarer Erfahrungsgehalt ist. So wie Spinozas monistische Substanz als Prinzip alles Seienden als Inbegriff aller Realität zu denken ist, so ist Jacobis Sein als Prinzip alles Daseins als schlechthin einzig zu denken. Doch im Unterschied zu Spinozas Substanz ist Jacobis Sein nicht etwas rational in Begriffen Faßbares, sondern ein – wenn auch nicht-sinnlicher – Erfahrungsgehalt.

lichen, das in Wahrheit als der transzendente persönliche Gott zu verstehen ist. Mit der Rehabilitierung der biblischen Schöpfungslehre weist Jacobi auch alle Vernunftdeduktion des Endlichen aus dem absoluten Sein ab. Der Gedanke der Ursprünglichkeit des absoluten Seins wird bei Jacobi zu einem nicht herleitbaren Gedanken, der mit dem unbeweisbaren Offenbarsein des endlichen Daseins unmittelbar verknüpft ist. Weder wird das endliche Dasein wie bei Spinoza aus dem absoluten Sein abgeleitet, noch wird dieses selbst durch eine Definition oder einen Beweis eingeführt. Zwar weist Jacobis Begriff des Seins Gemeinsamkeiten mit dem Spinoza zugeschriebenen Begriff des Seins auf, doch der entscheidende Unterschied zu Spinoza besteht darin, daß Jacobis Sein weder begründbar noch beweisbar ist. Was allein gezeigt werden kann, ist, daß die im Begriff des Seins liegende Voraussetzung unhintergehbar und aus sich selbst gerechtfertigt ist. Und da sich der Begriff des Seins bei Jacobi als allgemeiner Charakter der Gegebenheitsweise von allem Dasein in der Erfahrung erweist, offenbart sich überall da, wo Dasein verstanden wird, auch das Sein als solches. Daher das von Schelling in der Vorrede der *Ichschrift* zitierte Diktum Jacobis: »Nach meinem Urtheil ist das größeste Verdienst des Forschers, *Daseyn* zu enthüllen, und zu offenbaren [...]. Erklärung ist ihm Mittel, Weg zum Ziele, nächster – niemals letzter Zweck. Sein letzter Zweck ist, was sich nicht erklären läßt: das Unauflösliche, Unmittelbare, Einfache« (Jacobis *Werke* IV,1, 72).

Jacobis Kritik an Spinozas deduktivem, monistischem Vernunftsystem hat für seine eigene Position den Dualismus von Unbedingtem und Bedingtem zum Resultat. Im Bereich der Natur ist nach Jacobi nur mittelbare Erkenntnis möglich, die von einer Bedingung zur nächsten fortschreitet. Diesen Bedingungen und Vermittlungen voraus muß das Unbedingte und Unmittelbare gedacht werden. Da ›bedingt‹, ›mittelbar‹ und ›natürlich‹ zusammenhängende Begriffe sind, muß ihnen das Unbedingte und Unmittelbare im Sinne des Übernatürlichen vorausgesetzt werden. Zwar glaubt Jacobi, daß dieses Ergebnis allein Resultat einer Begriffsanalyse von ›bedingt‹ und ›unbedingt‹ sei, doch geht in es wesentlich die Annahme ein, daß eine Reihe von Bedingungen nur dann als vollständig gelten kann, wenn sie von einem nicht selbst wiederum Bedingten ausgeht. Auch die These, daß das schlechthin Unmittelbare aller vermittelten Erkenntnis vorausgesetzt werden muß, basiert auf der Voraussetzung, daß alle Vernunfterkenntnis letztlich auf eine unumstößliche, unmittelbar einsichtige, die vermittelte Vernunfterkenntnis transzendierende Wahrheit zurückgeht. Während das Bedingte nur der vermittelten Vernunfterkenntnis zugänglich ist, kann die Realität des Unbedingten nur auf unmittelbare Weise gewußt werden. Daraus zieht Jacobi die Konsequenz, daß das Unbedingte allein Gegenstand des Glaubens oder des Gefühls sein kann. Der epistemischen Vorordnung der unmittelbaren Gewißheit gegenüber der vermittelten Erkenntnis korrespondiert die ontologische Vorrangstellung des Unbedingten gegenüber allem Bedingten. Doch hat Jacobi den dualistischen Konsequenzen seiner Lehre vom Unbedingten und Bedingten, so gut er konnte, entgegenzusteuern versucht und daher selbst der spinozistisch-monistischen Interpretation seiner Position im Idealismus Vorschub geleistet. Denn als solches ist das Unbedingte bei Jacobi auch zugleich Möglichkeitsbedingung des Bedingten. Die Widerlegung der Immanenz des Spinozismus zwingt daher Jacobi nicht zur Preisgabe der Überzeugung von der Gegenwart Gottes in seinen endlichen Geschöpfen.

In der VII. Beilage des Spinozabüchleins von 1789 hat Jacobi die Folgerungen seiner Spinoza-kritischen Lehre auf das Wissen von uns selbst, das heißt auf das menschliche Selbstbewußtsein, angewendet. Das darin liegende Fichte-kritische Potential ist für die Ichtheorie Schellings und die Subjektivitätstheorie Hölderlins und Novalis' grundlegend geworden. Die Vorstellung von unserem Dasein als einem Bedingten setzt die des Unbedingten voraus, derart, »daß wir von seinem Daseyn dieselbige, ja eine noch größere Gewißheit, als von unserem eigenen *bedingten* Daseyn haben« (Spin², 423 f.). Das menschliche Bewußtsein ist nach Jacobi durch zwei ursprüngliche Vorstellungen gekennzeichnet. Es ist zusammengesetzt aus einer Vorstellung des Unbedingten und einer des Bedingten, wobei allein in der Vorstellung des Unbedingten die des Bedingten gegeben ist. Dieser Gedanke erinnert an Fichtes Definition von Selbstbewußtsein als Bedingung allen Bewußtseins. Doch im Unterschied zu Fichte kann für Jacobi das Prinzip des endlichen Bewußtseins nicht durch die Form des Bewußtseins als solche erklärt werden. So ergibt sich Jacobis These, daß die unmittelbare Gewißheit der Realität des Unbedingten, die über die Form des Bewußtseins als solche hinausgeht, das Bewußtsein von unserem Dasein erst möglich macht. Unmittelbare Gottesgewißheit ist so die Möglichkeitsbedingung von Selbstbewußtsein.

Jacobi hat seine eigene philosophische Position im Gravitationsfeld von Gedanken Spinozas formuliert. Schelling nimmt nun Jacobis eigene Lehre in den Dienst, um der formalen und inhaltlichen Bestimmung des Realgrundes des menschlichen Wissens auf die Spur zu kommen, indem er zugleich gegen sie spinozistische Motive wiederaufleben läßt.

Schelling teilt zwar Jacobis Voraussetzung, daß das Unbedingte etwas ist, das nicht durch Bedingungen vermittelt, also etwas Unmittelbares ist, doch zugleich möchte er der Jacobischen Konsequenz entgehen, daß das Unbedingte als Gott ohne immanenten Bezug zum menschlichen Wissen zu denken ist. Um dem drohenden Skeptizismus des menschlichen Wissens begegnen zu können, ist eine philosophische Theorie erfordert, die das Unbedingte »im« menschlichen Wissen aufsucht, wie es im Untertitel der *Ichschrift* heißt. Gesucht ist eine Instanz, die die immanente Beziehung zwischen Unbedingtem und menschlichem Wissen herstellt und trägt.[4]

Die Etablierung einer solchen Instanz hat er sich in den §§ 1-3 der *Ichschrift* vorgenommen. – Kommen wir nun auf § 2 der *Ichschrift* zurück, in dem Schelling die formale Bestimmung des letzten Realgrundes unseres Wissens durch Jacobis Begriff des Unbedingten vornimmt.

4 Während Jacobi kategorisch erklärt, daß sich vom Unbedingten kein System der Philosophie entwickeln lasse, versucht Schelling sowohl das Unbedingte als ein dem Vernunftwissen vorgelagertes Prinzip zu etablieren als auch das Unbedingte als Ausgangspunkt des philosophischen Vernunftsystems zu nehmen und damit Jacobis Überbietung der Vernunft durch den Glauben mit Spinoza zu unterlaufen. Auf diese Weise intendiert Schelling in der *Ichschrift* eine Korrektur Fichtes durch Jacobi und eine Jacobis durch Spinoza bei gleichzeitigem Festhalten an Fichtes Programm der Wissenschaftslehre. Zwar beginnt Schelling in den vorliegenden Paragraphen mit einer Reflexion auf das Wissen und stellt die Frage nach dessen letztbegründendem Prinzip. Doch indem er es aus dem Begriff des Unbedingten herzuleiten versucht, landet er beim absoluten Ich, das die Bewußtseinssphäre schlechthin transzendiert, aus dem kein System des endlichen Wissens abgeleitet werden kann. So gelingt Schelling die von ihm intendierte Synthese zwischen Jacobi, Spinoza und Fichte nicht.

Ausgehend vom Bild der Kette, an dem das menschliche Wissen von einem Bedingten zum anderen fortgeht, wird nach dem »letzten Punkt« (164) gefragt, an dem das Ganze des Wissens hängt. Insofern dieser letzte Punkt das Bedingende alles Bedingten ist, muß er nach Schelling »allem, was noch in die Sphäre des Bedingten fällt, in Rücksicht auf das Princip seines Seyns geradezu *entgegengesetzt*, das heißt nicht nur unbedingt, sondern schlechthin *unbedingbar* seyn« (164). Mit diesem Gedanken bezieht Schelling mit Jacobi den Standpunkt des Unbedingten, »*das schlechterdings nicht als Ding gedacht werden kann*« (166), das also niemals Objekt eines diskursiven Wissens sein kann. Für Schelling ergibt sich diese Konsequenz zwingend aus einer Bedeutungsanalyse der Terme »unbedingt« und »bedingt«, wie § 3 zeigt. Schellings Methode ist nicht wie bei Fichte die transzendentale Reflexion auf die Bedingungen des Bewußtseins, sondern eine Begriffsanalyse des Unbedingten. Sie gibt die Bedingungen an, die für die Instanz erfüllt sein müssen, die für das Unbedingte instantiiert werden kann. Die »einzig-richtige« (164) Theorie des Unbedingten ist nach Schelling ein Desiderat, das er in der Folge einzulösen versucht.[5]

5 Obwohl Schelling in der *Ichschrift* noch von einem »obersten Grundsatz« (164) spricht, muß festgehalten werden, daß er auf den Grundsatzcharakter des obersten Prinzips nur insofern reflektiert, als »mit ihm irgend etwas Unbedingtes wenigstens *voraus[zu]setzen* ist« (164). Schelling war nur kurze Zeit, und zwar in seiner philosophischen Erstlingsschrift *Über die Möglichkeit einer Form der Philosophie überhaupt* von 1794 Anhänger der Reinholdschen und Fichteschen Grundsatzphilosophie. In der Schrift *Philosophische Briefe über Dogmatismus und Kritizismus* von 1795/96 verstärkt sich diese Kritik und führt dann in der Schrift *Abhandlungen zur Erläuterung des Idealismus der Wissenschaftslehre* von 1797 zur Behauptung, daß das Prinzip kein Grundsatz, sondern nur ein Postulat zu sein habe. Doch für Schelling steht mit der Abwendung von der Grundsatzphilosophie nicht der Anspruch auf Philosophie als demonstrierende Wissenschaft in Frage, weil er am Gedanken der Prinzipiierung festhält. Niethammer war der erste, der in der Ankündigung seines *Philosophischen Journals* im April 1794 und dann in seinem programmatischen Einleitungsaufsatz zum *Philosophischen Journal* im Mai 1795 eine prinzipien- und subjektkritische Alternative zum Reinholdschen Programm der Grundsatzphilosophie formulierte, die bei den ehemaligen Reinholdschülern (Hölderlin, Sinclair, Zwilling, Herbart, Novalis und Fr. Schlegel) breiten Anklang fand. Aus der grund-

In einer theoretischen Reflexion auf den Begriff des Unbedingten werden alle nicht in Frage kommenden Instanzen für das Unbedingte ausgeschlossen. Das Jacobische Unbedingte kann unter der Voraussetzung, daß es als das schlechthin Unbedingbare gedacht wird, nach Schelling ohne inneren Widerspruch, das heißt aus Konsistenzgründen weder als absolutes Objekt wie im Dogmatismus Spinozas, da dieses notwendig als bedingt gedacht werden muß, noch als Subjekt wie im Kritizismus Kants, Reinholds und Fichtes, da dieses zwar nicht notwendig bedingt, aber doch als bedingbar gedacht werden muß, definiert werden. Subjekt und Objekt sind nach Schelling dadurch gekennzeichnet, daß sie im »*Gegensatz*«, aber doch in »*Bezug*« (165) auf das jeweils Entgegengesetzte stehen. Beide sind wechselseitig durcheinander bedingt, können also das Unbedingte nicht sein. Während das Unbedingte durch schlechthinnige, und zwar ausschließende Entgegensetzung gegen das Bedingte charakterisiert ist, ist die Sphäre des Bedingten durch Entgegensetzung, die zugleich Verhältnis ist, definiert. Die Entgegensetzung des Absoluten zur Sphäre des Bedingten wird also durch den Terminus »*Ausschließung*« (169) näher charakterisiert.

Mit der Kritik des Unbedingten als Objekt und Subjekt überwindet Schelling die Alternative von Dogmatismus und Kritizismus. Es wird deutlich, daß er mit seinem Ausgang vom Jacobischen Unbedingten eine Synthese von Dogmatismus und Kritizismus ansteuert. Das Proprium von Schellings *Ichschrift* ist die Verbindung, eine Synthese von Spinozismus und kritizistischer Freiheit, von Ontologie und Transzendentalphilosophie. Darin unterscheidet sich Schelling auch von Fichte, der im Streit von Dogmatismus und Kritizismus eindeutig Partei für den Kritizismus ergreift.

In § 3 geht es Schelling um die inhaltliche Bestimmung des Prinzips des menschlichen Wissens als absolutes Ich. Folgende Fragen sind in bezug auf § 3 zu erörtern: 1. Was fördert die Begriffsanalyse der Terme »bedingt« und »unbedingt« zutage? 2. Wie zeigt Schelling auf, daß das Unbedingte nur das absolute

satzkritischen Diskussion ging die philosophische Bewegung des Hölderlin-Kreises und die Frühromantische Philosophie im engeren Sinne bei Novalis und Fr. Schlegel hervor, die sich von der wissenschaftlichen Philosophie des Idealismus absetzt, der Schelling auch weiterhin verpflichtet blieb.

Ich sein kann? 3. Welche Verfassung hat das absolute Ich? Wie verhalten sich seine Charaktere »Entgegensetzung« und »Ausschließen« zueinander? 4. Welche methodischen Schwierigkeiten hat Schelling selbst mit der Explikation des absoluten Ich?

Da das Unbedingte weder als Objekt noch als Subjekt gefaßt werden kann, weil es so entweder bedingt oder doch bedingbar gedacht werden muß, kann es nach Schelling nur in dem, »was *gar* kein Ding werden kann, das heißt, wenn es ein absolutes *Ich* gibt, nur im *absoluten* Ich liegen. *Das absolute Ich* wäre also vorerst als dasjenige bestimmt, *was schlechterdings niemals Objekt werden kann*« (167). Schellings These ist, daß Gegenständlichkeit und Dinglichkeit, Objektivität überhaupt unvereinbar sind mit dem Gedanken des Unbedingten. Auch Gott kann nicht das Unbedingte sein, insofern er als Objekt der theoretischen Philosophie angesetzt wird (vgl. I, 168 Anm.). Diese Äußerungen sind kritische Anspielungen auf die Tübinger Orthodoxie, aber auch auf Jacobis eigene Position. Schelling führt also den Nachweis, daß das Unbedingte nur als absolutes, und das heißt schlechthin objektloses Ich gedacht werden kann, das jede Subjekt-Objekt-Relation überhaupt transzendiert.

Für Schelling ergibt sich diese Konsequenz zwingend aus einer semantischen Analyse der Terme »unbedingt« und »bedingt«[6]:

6 »Die philosophische Bildung der Sprachen, die vorzüglich noch an den ursprünglichen sichtbar wird, ist ein wahrhaftes durch den Mechanismus des menschlichen Geistes gewirktes Wunder. So ist unser bisher unabsichtlich gebrauchtes deutsches Wort *Bedingen* nebst den abgeleiteten in der That ein vortreffliches Wort, von dem man sagen kann, daß es beinahe den ganzen Schatz philosophischer Wahrheit enthalte. *Bedingen* heißt die Handlung, wodurch etwas zum *Ding* wird, bedingt, das was zum Ding *gemacht* ist, woraus zugleich erhellt, daß nichts *durch sich selbst* als Ding gesetzt seyn kann, das heißt daß ein unbedingtes Ding ein Widerspruch ist. *Unbedingt* nämlich ist das, was gar nicht zum Ding gemacht ist, gar nicht zum Ding werden kann« (166). Daß das unbedingte oder absolute Ich das schlechthin Ungegenständliche ist, ist die Grundlage seiner Freiheit. Diese Engführung von Ungegenständlichkeit und Freiheit findet sich auch in der Frühromantik. Bei Novalis drücken die eigenwilligen Termini »Zustand« und »Gegensatz« die ungegenständliche Natur des Seins des absoluten Ich im Unterschied zu seinem auf »Gegenstand« bezogenen Reflexionscharakter aus: »Der *Gegensatz* aller Bestimmung ist *Freyheit*. Der *absolute* Gegensatz ist Freyheit – Sie kann nie Gegen-

Die etymologische Verwandtschaft zwischen »Ding« und »bedingen« ausdeutend, unterscheidet Schelling im Gefolge zwischen dem Subjekt als Selbstbewußtsein und dem absoluten Ich. Das Subjekt, insofern es durch den Gegensatz zum Objekt bestimmt und bedingt wird, ist vom absoluten Ich als dem schlechthin ungegenständlichen Unbedingten abgehoben. Das absolute Ich ist also nicht das Ich des Bewußtseins. Vielmehr ist es jenseits aller Gegenständlichkeit und der Scheidung von Subjekt und Objekt und damit jenseits der Dimension des Bewußtseins als solcher angesiedelt. Und doch soll es zugleich das Unbedingte *im* menschlichen Wissen sein. Das Subjekt des Selbstbewußtseins ist also ein bedingtes Wissen, das seine unbedingte Gewißheit aus einer Voraussetzung bezieht, die im Wissen nicht mehr darstellbar ist: Diese Voraussetzung ist das absolute Ich.

Aber wie ist nun Schellings absolutes Ich selbst zu denken? Das absolute Ich liegt »außer aller Sphäre objektiver Beweisbarkeit« (167). Es »objektiv *beweisen*« zu wollen »hieße beweisen, daß es bedingt sey« (ebd.). Oder anders ausgedrückt: Wer das Absolute bzw. das absolute Ich demonstrieren will, hebt es ebendadurch auf. Es kann also nicht durch diskursives Wissen expliziert werden. Dem diskursiven Begründen und Argumentieren enthoben, ist das absolute Ich als das objektlose sozusagen die auf die Spitze der Mystik getriebene Innerlichkeit des Ich.

Das Sein und Wesen des absoluten Ich besteht in seiner Selbstbegründung, und die Selbstbegründung konstituiert das Sein und Wesen des Ich. Die Analyse des Satzes »*Ich bin, weil Ich bin*« (167) zeigt, daß Schelling mit dem Ich Assoziationen und Implikationen verbunden hat, die spinozistisch oder mystisch genannt werden können. Das absolute Ich Schellings hat eine Verfassung, welche der Substanz des Spinoza bzw. dem Sein Jacobis insofern entspricht, als sich von ihr her verstehen läßt, warum das Bewußtsein *existo* dem cartesianischen *cogito* vorgeordnet sein muß. Es hat eine analoge Verfassung, wie das absolute Sein, das nach Jacobis Darstellung von Spinoza dessen Grundprinzip darstellt. »Mein Ich enthält ein Seyn, das allem Denken und Vorstel-

stand werden, sowenig, wie der Gegensatz, als solcher« (Novalis *Schriften* 2, 202). Auch Friedrich Schlegel verknüpft die Freiheit mit Ungegenständlichkeit: »Sehr bedeutend ist der Ausdruck, die *Freiheit* sei ein *Unding:* sie ist auch das einzige *Nicht und Gegending*« (KA XIX, 115, Nr. 301).

len vorhergeht« (ebd.), sagt Schelling. Schelling verbindet hier also Jacobis These von der Unvermitteltheit des ersten Grundes mit Fichtes Ichbegriff, den er auf seine spinozistischen und mystischen Motive hin auslegt. Er ersetzt den übernatürlichen und persönlichen Gott Jacobis durch das Sein des Jacobischen Spinozismus. Das Unbedingte liegt also allem Vernunftdiskurs voraus. Anders aber als bei Jacobi soll von ihm ausgehend ein System des Wissens möglich werden. Und dies soll allein dadurch möglich werden, weil es nicht wie bei Jacobi als Gott, sondern als absolutes Ich gefaßt wird.

Nachdem das methodische Verfahren der Begriffsanalyse des Jacobischen Grundgedankens vom Unbedingten zur inhaltlichen Bestimmung des letzten Realgrundes des menschlichen Wissens als absolutes Ich geführt hat, gilt es, eine grundsätzliche Verständigung über das zu leisten, was das absolute Ich an sich selbst und nicht für ein Subjekt ist. Diese methodische Verständigung folgt Schellings Anweisung, daß das absolute Ich niemals Objekt sein darf. Doch genau in dieser Verständigung ist eine methodische Aporie der *Ichschrift* verborgen, die erst die *Philosophischen Briefe über Dogmatismus und Kritizismus* explizit machen (vgl. Sandkaulen-Bock 1990, 40 f., 52 f.).

Die Aporie kommt zum Vorschein, wenn man sich folgende Fragen stellt: Wie kann vom absoluten Ich gesprochen werden, ohne es wenigstens zum »*logischen* Objekt« (168) des Wissens zu machen? Macht der Standpunkt des Absoluten, der der Standpunkt objektloser Unmittelbarkeit ist, nicht jegliches Sprechen über es prinzipiell zunichte? In Schellings Prinzipiierung des Wissens im Unbedingten als absolutem Ich sind Wissen und das Prinzip des Unbedingten aporetisch miteinander verbunden. Einerseits ergibt sich das Prinzip des Unbedingten nur für den, der sich auf den Standpunkt der absoluten Unmittelbarkeit begibt, was für das Wissen unmöglich ist. Demjenigen aber, der den Standpunkt des Wissens bezieht, bleibt das Prinzip entweder unzugänglich und unbestimmbar, oder er macht es zum Objekt und hebt es ebendadurch auf. Schelling meint zwar, daß uns der Begriff der »intellectualen Anschauung« (181) aus dieser Aporie herausführt. Doch die Frage, ob sich das Absolute als »*logische*[*s*] Objekt« (168) nicht in einem Selbstwiderspruch befinde, betrifft auch die intellektuale Anschauung des absoluten Ich.

Die Aporie der methodischen Vergewisserung des absoluten

Ich von § 3 schlägt sich auch in den allgemeinen Formbestimmungen des absoluten Ich nieder, die Schelling in den §§ 7 und 8 entwickelt: absolute Identität, absolute Freiheit und intellektuale Anschauung. Betont wird die schroffe Kluft zwischen absolutem und endlichem Ich. Für das endliche Ich als Subjekt bedeutet dies den Verlust der Freiheit des absoluten Ich. Das Streben zur Selbstmacht und zur absoluten Freiheit des absoluten Ich ist nur als »Zernichtung« (200) des endlichen Ich möglich. Schelling verfolgt das Programm eines prometheischen Spinozismus des absoluten Ich, das er dann in seinen *Philosophischen Briefen über Dogmatismus und Kritizismus* von 1795/96 in modifizierter Weise zur Ausführung bringt.

Weiterhin wird betont, daß das absolute Ich die Dimension des Bewußtseins und der Persönlichkeit transzendiert und die Vernichtung des Bewußtseins und der Persönlichkeit darstellt. Daher ist die intellektuale Anschauung bei Schelling auch kein Bewußtseinsmodus wie bei Fichte. Die Vergewisserung des absoluten Ich in der intellektualen Anschauung ist gleichbedeutend mit dem Verlust des Selbstbewußtseins des endlichen Ich. Die Kluft zwischen Absolutem und Endlichem wird also durch das Theorem der intellektualen Anschauung zementiert.

Letztlich muß konstatiert werden, daß Schellings Begriff des absoluten Ich wie sein Begriff der intellektualen Anschauung in der *Ichschrift* aporetisch sind: Die Selbstvergewisserung des absoluten Ich in intellektualer Anschauung bedeutet nämlich immer auch die Aufhebung absoluter Unmittelbarkeit. Die Vergewisserung einer absoluten Unmittelbarkeit, in der Subjekt und Objekt in relationsloser Identität zusammenfallen, ist nicht möglich, ohne die Differenz von Subjekt und Objekt nicht minimal bzw. wie auch immer geringfügig zu unterstellen.[7]

Doch führt die *Ichschrift* nicht nur am Anfang ihres Prinzips in Aporien. Schelling hat auch Schwierigkeiten, aus dem absoluten

7 Manfred Frank hat diese aporetische Implikation von Schellings frühem Begriff der intellektualen Anschauung auf den Begriff gebracht, wenn er sagt: »Bei genauerer Analyse stellt sich freilich heraus, daß die Formel von der intellektuellen Anschauung ungeeignet ist, diese vollkommene Nichtunterschiedenheit von Bewußtem und dem, was Bewußtsein hat, einsichtig zu machen. Die Formel unterscheidet sehr deutlich zwischen einem Bewußtseinsobjekt und einem Bewußtseinssubjekt« (Frank 1987, 115).

Ich das System des Wissens herzuleiten. Schelling stellt das absolute Ich vollständig exklusiv der Synthesis von Ich und Nicht-Ich, von Subjekt und Objekt, voran, indem er auf die Fichteschen Begriffe Ich und Nicht-Ich die Jacobischen Terme Unbedingtes und Bedingtes anwendet: Aus der schroffen Entgegensetzung von absolutem, objektlosem Ich und endlichem Ich und Nicht-Ich entsteht folgende Aporie: *Entweder* besteht das absolute Ich mit Ausschluß von allem Nicht-Ich, zu dem Schelling auch das endliche Ich zählt, dann ist es nicht möglich, eine Synthesis von endlichem Ich und Nicht-Ich zu setzen, *oder* es wird eine Synthesis von endlichem Ich und Nicht-Ich gesetzt, dann ist jedoch das absolute Ich in seiner schlechthinnigen Invarianz suspendiert.[8]

Hier drängt sich die Vermutung auf, daß die spinozistisch-jakobische Konstruktion des absoluten Ich zu einem letztlich unüberbrückbaren Hiatus zwischen Prinzip und System, zwischen dem im Überstieg über das diskursive Wissen begriffsanalytisch etablierten absoluten Ich und dem endlichen diskursiven Wissen führt. Schelling hat Schwierigkeiten, nachdem er das absolute Ich in einen ausschließenden Gegensatz gegen das Endliche und Bedingte gebracht hat, das Endliche und damit das System des menschlichen Wissens aus dem so gefaßten Unbedingten nach Fichtescher Manier herzuleiten. Schelling gelingt es nicht, mit Hilfe Spinozas den Jacobischen Dualismus von Unbedingtem und Bedingtem zu überwinden, und zwar paradoxerweise gerade wegen seiner Orientierung an Spinozas Substanzmonismus, den er mit Fichtes invariantem Ichbegriff verbindet.

Die Gesamtanlage der *Ichschrift* realisiert sich in einer Doppelbewegung. Im ersten Teil wird, ausgehend vom unbedingten, absoluten Ich, das System des Wissens deduziert. Diese Deduktion scheitert an der Aporie des starren und invarianten absoluten Ich. Im zweiten Teil der *Ichschrift*, der praktischen Philosophie, geht es um das Streben des endlichen Ich nach der absoluten Selbstmacht des Absoluten, die es nur um den Preis seiner Selbstvernichtung realisieren kann. Die Schwierigkeiten der theoretischen Herleitung des Endlichen aus dem absoluten Ich korre-

8 Die grundsätzliche Aporie der *Ichschrift* hat zum erstenmal in aller Klarheit Loer (1974, 152) herausgearbeitet. Ihrem aporiekritischen Ansatz folgten Sandkaulen-Bock (1990, 49) und Vf. in seiner Habilitationsschrift (1994, 46 ff.).

spondieren mit denen der vom Endlichen ausgehenden praktischen Vermittlung von absolutem Ich und Endlichem. Der exklusive Monismus des absoluten Ich schlägt in den Dualismus von endlichem Ich und Absolutem und dieser in den abstrakten Monismus absoluter Selbstmacht des Ich um.

Fassen wir zusammen: Schellings Versuch in der *Ichschrift*, den aufgeklärten Geist der Kantischen Philosophie vor den ungewollten skeptischen Folgen ihres Buchstabens in Gestalt der Tübinger Orthodoxie dadurch zu retten, daß er gegen sie eine im Jacobischen Begriff des Unbedingten verankerte Prinzipienreflexion des Wissens ins Feld führt, führt ihn zu einer Analyse des absoluten Ich als der letztlich die Beziehung zwischen Unbedingtem und menschlichem Wissen tragenden Instanz. Doch erweist sich der monistische Begriff des absoluten Ich, welcher das Unbedingte im menschlichen Wissen darstellt, als aporetisch: Die Spannung im absoluten Ich zwischen Unmittelbarkeit und Selbstbeziehung, die Spannung im Begriff einer relationslosen Selbstbeziehung ist es, die über Schellings Standpunkt hinaustreibt. Es war diese Spannung, die Hölderlin und Novalis dazu führte, die Unmittelbarkeit des Seins von der Selbstbeziehung des Ich zu trennen und dieser voranzustellen.

Schelling hat die Aporie bei der theoretischen Herleitung des Endlichen aus dem absoluten Ich in der *Ichschrift* bemerkt. Dementsprechend nimmt seine Deutung des Spinozismus in den *Philosophischen Briefen über Dogmatismus und Kritizismus* von 1795/96 unter dem Titel »Ethik à la Spinoza« eine radikal praktische Wende. Wenn das Rätsel des Daseins der Welt immer dann zum Rätsel wird, wenn der Standpunkt des Absoluten verlassen ist, Vernunft aber nur den Widerstreit von Subjekt und Objekt im Endlichen konstatieren kann, dann sind alle theoretischen Bemühungen zur Auflösung dieses Rätsels hinfällig. Daraus ergibt sich eine Wende von der Priorität der theoretischen Deduktion des Endlichen aus dem Absoluten zur praktischen Realisation des Absoluten im Endlichen durch das Ich, das nunmehr nur noch als endliches gefaßt wird.

Hinter der in den *Briefen* breit durchgeführten »Dogmatismus-Kritizismus-Kontroverse« verbirgt sich Schellings Darstellung der entgegengesetzten praktischen Lösungsansätze der Grundfrage der Philosophie, wie wir mit dem Rätsel des Daseins der Welt fertig werden können. Schelling entscheidet sich für den praktischen Lösungsansatz des Kritizismus, weil dieser die Realisation des Absoluten in der Welt nicht wie der Dogmatismus mit der Leugnung der Freiheit des Subjekts erkauft, sondern mit dem Freiheitsbewußtsein untrennnbar verknüpft. Aus der unvermittelten Einheit von Freiheit und Absolutem im Ich ergibt sich Schellings Theorie der Tragödie, die den Konflikt des bewußten Lebens des Ich zwischen Freiheit und Notwendigkeit, zwischen Selbstmacht und Hingabe ans Absolute bzw. Selbstheit und Liebe in der Welt ästhetisch zur Darstellung bringt. Der praktische Ansatz in den *Briefen* ist daher zugleich ein ästhetischer Ansatz.

Über den Stellenwert des Ästhetischen in der Philosophie führte Schelling eine Auseinandersetzung mit Hölderlin. Unbestreitbar ist der als »Freund« angeredete Briefpartner Schellings Hölderlin. Schillers Schrift *Über die ästhetische Erziehung des Menschen, in einer Reihe von Briefen*, die 1795 in Tübingen anonym erschien, hat stark auf die Tübinger gewirkt und zu diesem Streit Schellings mit Hölderlin geführt. Wie aus den ästhetischen Ausführungen Schellings im 1. und 10. Brief über die Tragödie hervorgeht, ist Schellings Tragödienkonzeption eine zur »exzentrischen Bahn« des Menschen in Hölderlins *Hyperion*-Roman alternative ästhetische Konzeption. Doch Schellings und Hölderlins Wege scheiden sich. Während Schelling an einem an Fichte orientierten praktisch-ästhetischen Ansatz festhält und für einen praktisch-prometheischen Spinozismus in ästhetischer Darstellung plädiert, entscheidet sich Hölderlin, und zwar aus philosophischen Gründen, für einen rein ästhetischen Ansatz, und zwar einen rein ästhetischen Spinozismus platonischer Prägung.[9] Konsequenterweise ist Hölderlin dann auch Denker

9 In einem Brief an Niethammer vom 24. Februar 1796 schreibt Hölderlin über seine Diskussion mit Schelling über dessen *Briefe*: »Wir sprachen nicht immer accordirend miteinander, aber wir waren uns einig, daß neue Ideen am deutlichsten in Briefform dargestellt werden können« (Hölderlins *Werke* II, 615). Von seiner neuen philosophisch-ästhetischen Position aus, die er in *Urtheil und Seyn* entwickelt, kommentiert Hölderlin Schellings Wendung zu neuen Überzeugungen in den *Briefen* als »besseren Weg«, ehe er vorher in der *Ichschrift* »auf dem schlechteren ans Ziel gekommen war« (ebd.). Aber offensichtlich hält Hölderlin beide Positionen Schellings für verfehlt. Vermutlich liegt die Trennungslinie beider Positionen Schellings zwischen seiner

und Dichter geworden. – Wie Hölderlin in einer philosophischen Grundlagenreflexion zu seinem rein ästhetischen Ansatz kam, möchte ich in der nächsten Vorlesung erläutern.

Ichschrift und den *Briefen* für Hölderlin in Schellings unterschiedlicher Stellung zur Grundsatzphilosophie begründet, die die Philosophie zur demonstrativen Wissenschaft macht. Die *Ichschrift* war, wenn auch nur peripher, Grundsatzphilosophie. Erst in den *Briefen* rückt Schelling ganz von den Grundsätzen mit dem Argument ab, das Ichbewußtsein sei Freiheitsbewußtsein und dieses könne nicht in einem obersten Satz festgelegt, sondern müsse auf praktische Forderungen gegründet werden. Aber nicht nur den Weg, auch das Ziel Schellings kritisiert Hölderlin. Hölderlin kritisiert an der *Ichschrift* und den *Briefen*, daß das Ichbewußtsein selbst schon das Unbedingte bzw. das Absolute sein soll, Ich, Identität und absolutes Sein also zusammenfallen. Hölderlin plädiert dagegen für eine Differenz zwischen Absolutem und Ich als Selbstbewußtsein, die sich letztlich nur poetisch-religiös explizieren läßt. Diese Konsequenz zieht er jedenfalls im *Hyperion*-Roman und im Fragment *Über Religion*.

Fünfte Vorlesung

Hölderlins Begründung seiner philosophisch-ästhetischen Konzeption im Fragment *Urtheil und Seyn* von 1795

In der heutigen Vorlesung möchte ich Hölderlins Fragment *Urtheil und Seyn* näher betrachten. Ich eröffne damit das zweite große Thema der Vorlesung in diesem Semester, die frühromantische Kritik an der idealistischen Subjektphilosophie.

Aufgabe der Vorlesung ist es, ein Interpretationsmodell von *Urtheil und Seyn* zu erarbeiten, das nicht hinter den erreichten Stand der Forschung zurückfällt. Um diese Aufgabe bewältigen zu können, gehe ich in zwei Schritten vor. In einem ersten Schritt möchte ich den Textaufbau skizzieren. In einem zweiten Schritt möchte ich auf die grundlegenden philosophischen Probleme des Fragments zu sprechen kommen.

Hölderlins Fragment *Urtheil und Seyn* ist auf einem beidseitig beschriebenen abgerissenen Vorsatzblatt eines Buches überliefert. Das Manuskript tauchte 1930 bei einer Auktion auf und gelangte in den Besitz der Schocken-Bibliothek in Jerusalem. Seit 1970 befindet es sich in der Württembergischen Staatsbibliothek. Es wurde zuerst 1961 von Friedrich Beißner im vierten Band der großen Stuttgarter Ausgabe unter diesem Titel veröffentlicht.[1] Dieser Text ist wohl inzwischen der berühmteste Text des Dichters, den dieser im April 1795 25jährig verfaßt hat.[2]

1 Vgl. StA IV, 216 f.; hinfort zitiert mit Seiten- und Zeilenangabe.

2 Umstritten ist die Datierung der Niederschrift des Fragments. Friedrich Beißner gibt die Anfangsmonate des Jahres 1795 als Entstehungszeitraum an (vgl. StA, IV, 402). Dieter Henrich meint, daß Hölderlin den Text im Laufe des April, aber noch vor dem Erscheinen von Schellings *Ichschrift* verfaßt hat (vgl. Henrich 1992, 782). Michael Franz gibt als Entstehungszeitraum nach dem Erscheinen von Schellings *Ichschrift* an (vgl. Franz 1986/87, 110 f.). Henrichs Hauptargument für seine Datierung ist die Buchstabenstatistik von Hölderlins Orthographie, die sich in diesem Zeitraum wandelt (vgl. Henrich 1965/66, 77). Zwar ist die Buchstabenstatistik ein Indiz, aber kein

1. Der Textaufbau

Der Text ist deutlich in drei Teile untergliedert. Die eine Seite behandelt das »*Urtheil*« (216, 2), die andere das »*Seyn*« (216, 22). Der zweite Abschnitt der Urteils-Seite behandelt ein eigenes Thema, die drei Kategorien der Modalität in ihrer Zuordnung zu den drei Erkenntnisvermögen.[3]

Eine der Hauptfragen der Forschung ist, wie sich Urteils- und Seins-Seite zueinander verhalten. Michael Franz hält, analog der Frankfurter Ausgabe, den Beginn mit »Seyn« für richtig (vgl. Franz 1986/87, 100 f.), während Dieter Henrich inzwischen seine Ansicht von 1966 revidiert hat und meint, daß es wahrscheinlicher ist, daß Hölderlins Fragment mit »Urtheil« anhebt (vgl. Henrich 1992, 705), der gesamte Text aber »Diptychoncharakter«, also den Charakter eines sich ergänzenden Doppeltextes hat (vgl. ebd., 689 f.,703).

In diesem Punkt ist Henrich zuzustimmen. Die Anordnung von Franz favorisiert seine Interpretation des Fragments als Logik, da ein logischer Aufbau es verlangen würde, chronologisch vorzugehen, das heißt, beim »Seyn« zu beginnen und erst dann zur »Ur-Theilung« (216, 5) zu kommen, die das einige Sein, welches geteilt wird, logisch voraussetzt. Dieser zwar in sich konsistenten Interpretation läßt sich mit Henrich folgende Überlegung entgegenhalten: Obgleich in Hölderlins philosophischer

verläßliches Kriterium für die Datierung. Letztlich geht es um die Frage, ob Hölderlin Schellings *Ichschrift* gekannt hat oder nicht. Doch ist die Frage für eine Sachinterpretation des Textes nicht von sehr großem Interesse. Tatsache ist, daß Hölderlins philosophische Konzeption in *Urtheil und Seyn* deutlich von der in Schellings *Ichschrift* unterschieden ist, hat er sie nun mit oder ohne deren Kenntnis entworfen.

3 Ein Problempunkt ist der Passus auf der Urteils-Seite, der lautet: »als *Theoretischer* Urtheilung, denn in der praktischen Urtheilung setzt es sich dem *Nichtich*, nicht *sich selbst* entgegen« (216, 9-11). Dieser Passus ist offenbar mit einer anderen, breiteren Feder geschrieben worden als der restliche Text, so daß Henrich vermutet, es handelt sich um einen Nachtrag Hölderlins, für den er vorher extra Platz freigelassen hat (vgl. Henrich 1992, 684). Ob diese Zeilen nachträglich eingefügt wurden und Hölderlin dafür extra Platz gelassen hat, ist meines Erachtens nicht eindeutig zu klären. Möglich wäre auch ein tieferes Eintauchen der Feder in die Tinte.

Konzeption logisch das »Seyn« dem »Urtheil« vorausgeht, läßt sich für die epistemische Begründung dieser Konzeption sagen, daß die »ursprüngliche Trennung« (216, 2 f.) oder »Theilung« (216, 5) im Urteil die Grundlage ist, von der der Gedanke der innigsten Einigung des »Seyns« erst erschlossen werden kann. »Die metaphysisch-ontologische Abfolge innerhalb der Konzeption koinzidiert nicht mit der Abfolge ihrer epistemischen Begründung« (Henrich 1992, 685). Auf diese Gegenläufigkeit scheint Hölderlin gerade Wert gelegt zu haben. Daher scheint der Beginn mit »Urtheil« der angemessenere zu sein.

Die Eingangsworte »*Urtheil*« und »*Seyn*« können als Überschriften der Texte gelesen werden und strukturieren den ganzen Text auch inhaltlich. Der Textaufbau ist zunächst von der Klärung der normalen und philosophischen Bedeutung dieser Begriffe abhängig. Von der normalen Gebrauchsweise von Urteil und Sein ausgehend, schreitet Hölderlin sogleich zu ihrer metaphysisch-ontologischen Auslegung fort: »*Urtheil* [...] im höchsten und strengsten Sinne« (216, 2) und »*Seyn schlechthin*« (216, 26) bzw. »absolute[s] Seyn« (217, 11).

Was ist das Grundthema des Textes? Der Gedanke des Seins bzw. der intellektualen Anschauung, der die innigste Vereinigung von Subjekt und Objekt meint, ist neben dem Gedanken von Urteil, Trennung und Teilung von Subjekt und Objekt und dem Satz »Ich bin Ich« (216, 8, 29) das Hauptthema des gesamten Textes. Gegenstand des Fragments ist also Vereinigung und Trennung bzw. Sein und Subjektivität. Hölderlin synthetisiert hier nicht nur wie Schelling die Tradition der Transzendentalphilosophie bzw. Subjektphilosophie und der Ontologie, sondern verbindet beide zugleich mit der vereinigungsphilosophischen Tradition. Letztere bildet einen Nebenstrom der Philosophiegeschichte, der von Hemsterhuis und Herder aus dem Platonismus hergeleitet wurde.

Obgleich für die epistemische Erschließung der Konzeption der Beginn mit der Urteils-Seite der angemessenere ist, läßt sich der Textaufbau mit dem Beginn der Seins-Seite darstellen. Betrachten wir zunächst den Gedanken der Vereinigung in intellektualer Anschauung und des Seins auf der Seins-Seite: Auf die innigste Vereinigung von Subjekt und Objekt in der intellektualen Anschauung, die als Terminus auf der Urteils-Seite eingeführt wird, wird auf der Seins-Seite dann der Terminus »*Seyn schlecht-*

hin« (216, 26) bzw. »absolute[s] Seyn« (217, 11) angewendet und von ihm ausgesagt, daß bei ihm eine Trennung nur bei Verletzung seines Wesens möglich sei.

Die Seins-Seite führt näherhin zwei Weisen der Vereinigung an: 1. Eine Vereinigung schlechthin, in der keine Trennung ohne Wesensverletzung vorgenommen werden kann, und 2. eine Vereinigung, die nur teilweise ist und deren Trennung ihr Wesen nicht verletzt, ja geradezu erfordert. Während für die zweite Weise der Vereinigung das »Ich bin Ich« der Subjektivität einsteht, ist das »*Seyn schlechthin*« durch die Vereinigung schlechthin gekennzeichnet.

Für das »Ich bin Ich« des Selbstbewußtseins gilt, daß seine Vereinigung nur kraft einer Trennung möglich ist, in der sich das Ich sich selbst entgegensetzt. Das Ich findet seine Identität mit sich nur in der Entgegensetzung von Ich-Subjekt und Ich-Objekt. Genau auf diese Weise hat Reinhold das Ich des Selbstbewußtseins gefaßt. Ebenso wie Reinhold fragt Hölderlin, wie die Identität des Selbstbewußtseins unter Beibehaltung der Trennung, die für Bewußtsein konstitutiv ist, möglich ist.[4]

Das Ich steht daher in größtem Kontrast zum »*Seyn schlechthin*«, das alle Trennung ausschließt. Mit der Disjunktion zwischen Selbstbewußtsein und Sein schlechthin löst Hölderlin die Gleichung von Identität und Sein auf, durch die Fichtes und Schellings Ichbegriff gekennzeichnet ist.

4 Den Hinweis, daß Hölderlin das Selbstbewußtsein der Sache nach genau so beschrieben und problematisiert hat wie Reinhold, verdanke ich Stolzenberg. Reinhold stehe nicht nur am Anfang der Problemgeschichte des Selbstbewußtseins, sondern liefere auch die entscheidenden Argumente für Hölderlins Fichtekritik am Prinzip des Selbstbewußtseins, die angesichts der fehlerhaften Zirkularität von Reinholds Theorie des Selbstbewußtseins, die das Selbstbewußtsein unter den Bedingungen des Subjekt-Objekt-Differenz-Modells des Bewußtseins formuliert, fragwürdig seien (vgl. Stolzenberg 1994, 64 ff.). Stolzenberg kritisiert nun erstens, daß Hölderlin in seinem Text zu keiner plausiblen Verständigung über die Möglichkeit der Identität des Selbstbewußtseins gelangt sei, und zweitens, daß er mit seinem absoluten Sein keine wirkliche Alternative zu Fichtes absolutem Ich biete (ebd., 70 ff.). Zu klären ist jedoch meines Erachtens die Interpretationsfrage, warum Hölderlin das Selbstbewußtsein mit Reinhold interpretiert und dennoch zugleich meinen konnte, daß seine Seinskonzeption eine Alternative zu Fichtes Ichtheorie bietet.

Die Identität des Ich versteht Hölderlin mit Reinhold als Identität in der Trennung und Entgegensetzung von Ich-Subjekt und Ich-Objekt. Das Ich-Subjekt erkennt sich im entgegengesetzten Ich-Objekt als dasselbe. Beide Akte – Entgegensetzung und Identität – setzen gleichermaßen das Geschehen der Trennung im Urteil voraus. Und von der Identität des Ich ist das absolute Sein unterschieden, das als innigste Vereinigung aller Trennung enthoben ist. Ja, die Identität des »Ich bin Ich« ist nur möglich unter Voraussetzung der innigsten Vereinigung des Seins, denn es ist ja die Frage, wie sich das Ich in der Entgegensetzung von Ich-Subjekt und Ich-Objekt »als dasselbe« (217, 7) erkennen kann.

Dieser Gedanke kann als Quintessenz des Fragments angesehen werden: Hölderlin löst mit ihm das Problem von Reinholds Selbstbewußtseinstheorie und kritisiert zugleich Fichtes und Schellings These von der Selbstgenügsamkeit eines absoluten Ich, das vom konkreten Selbstbewußtsein losgelöst gedacht werden muß. Daß das Ich des Selbstbewußtseins nicht aus sich selbst verständlich ist, ist Hölderlins Grundthese. Deshalb muß ihm ein Sein schlechthin als Voraussetzung unterlegt werden, das die Stelle von Fichtes und Schellings absolutem Ich einnimmt. Aus dieser Grundthese folgt bei Hölderlin alles Weitere.

Kommen wir nun zur Urteils-Seite: Die metaphysische Deutung des Urteils erlaubt es, das Wort »Urtheil« als »ursprüngliche Trennung« (216, 2 f.) bzw. als »Ur-Theilung« (216, 5) in die Momente Subjekt und Objekt zu verstehen. Diese Deutung wird von Hölderlin (wie schon von Fichte) falsch als Etymologie von Urteil verstanden.[5] Richtig ist vielmehr, daß sie eine genuin metaphysische Deutung ist. Das Bewußtsein »Ich bin Ich« wird als exemplarisches Beispiel der Urteilung bezeichnet und als theoretische Urteilung von der praktischen Urteilung der Entgegensetzung von Ich und Nicht-Ich unterschieden.

Der Urteils-Seite zufolge sind die zwei Weisen der »Ur-Theilung« derart zu unterscheiden, daß nur die theoretische Urteilung als das »passendste Beispiel« (216, 9) einer »Ur-Theilung« gelten darf. Das »Ich bin Ich« ist zunächst deswegen das passend-

5 Wie Henrich berichtet (vgl. 1992, 798), hat Violetta Waibel in ihrer Magisterarbeit (»Spuren Fichtes in der Textgenese Hölderlins«, München 1986) ein direktes Vorbild für Hölderlins Etymologie bei Fichte entdeckt: »Urtheilen, ursprünglich theilen; [...] es liegt ein ursprüngliches Theilen ihm zum Grunde« (Fichte GA II, 4, 182).

ste Beispiel der »Ur-Theilung«, weil sich in ihm das Ich sich selbst entgegensetzt, im Unterschied zur praktischen Urteilung, in der es sich dem Nicht-Ich, also dem, was es nicht ist, entgegensetzt.

Daß das »Ich bin Ich« als theoretische Urteilung das passendste Beispiel einer Urteilung ist, läßt sich näherhin so deuten, daß sich in ihm als besonderem Fall eines Identitätsurteils alle Urteilsformen erschließen. Aus der in ihm liegenden Identität und Differenz von Subjekt und Objekt lassen sich alle Relationen zwischen Subjekt und Objekt in Urteilen erklären. Das Ich hat also die Stellung des Ausgangspunkts allen Bewußtseins. Gleichwohl geht ihm das Sein als sein Ermöglichungsgrund voraus.

Das Ichbewußtsein tritt aus dem Prozeß der Urteilung mit der theoretischen Urteilung ein, die parallel zur praktischen Urteilung verläuft, die sich als Weltverhältnis interpretieren läßt. Theoretische und praktische Urteilung verhalten sich wie Selbstverhältnis und Weltverhältnis des Ich zueinander. Das Ichbewußtsein entsteht also nur zusammen mit dem Weltbewußtsein. Das Ich Fichtes und Schellings ist dagegen als absolutes ein völlig weltloses.[6]

Kommen wir nun auf den Zusammenhang von Urteils- und Seins-Seite zu sprechen. Die Urteils-Seite spricht mit dem Begriff der Entgegensetzung deutlich bereits die Sprache der Seins-Seite. Wie verhalten sich Identität und Entgegensetzung des Ich auf der Seins-Seite einerseits zur Trennung des Urteils andererseits? Diese Frage haben wir bereits beantwortet. Auf der Seins-Seite wird dem Ich eine Tätigkeit zugeschrieben, durch die es sich sich selbst entgegensetzt. Doch die ursprüngliche Teilung in der Urteilung ist kein Produkt der Tätigkeit des Ich, denn das Ich wird erst durch die Trennung in der Urteilung möglich. Entgegensetzung und Identität des Ich finden auf der Grundlage der allgemeinen Trennung des Urteils statt.

6 Im Brief an Hegel vom 26. 1. 1795 sagt Hölderlin: »das absolute Ich ist (für mich) Nichts« (Hölderlins *Werke* II, 569). Hölderlin denkt das Ichbewußtsein nicht als Für-sich-Sein eines überindividuellen absoluten Ich, sondern als Für-mich-Sein eines jeweiligen individuellen Ich. Er löst damit das Ich des Selbstbewußtseins von jeglichen spinozistischen Konnotationen, die mit ihm bei Fichte und Schelling verbunden waren, und rückt es in den Bereich des gewöhnlichen Menschenlebens.

Der Text beschreibt eine immer größer werdende Negativität der Entzweiung, denn die Urteilstrennung wird durch die Tätigkeit des Ich qua Selbstentgegensetzung und Entgegensetzung gegen das Nicht-Ich aktiv vertieft. Der Extremierung der Trennung entspricht eine Fortbestimmung der Vereinigung. Auf der Urteils-Seite wird der Gedanke der intellektualen Anschauung und die in ihr positionierte innigste Vereinigung von Subjekt und Objekt eingeführt. Auf der Seins-Seite wird sie ontologisch durch »*Seyn schlechthin*« fortbestimmt. Diese Ontologisierung der Vereinigung ist die Voraussetzung dafür, daß sie als extremster Kontrast zum Ich des Selbstbewußtseins in der Urteils- bzw. Bewußtseinssphäre erscheint.

Kommen wir zu unserer Ausgangsfrage zurück: Wie verhalten sich Urteils- und Seins-Seite zueinander? Die Urteils-Seite stellt eine zur Seins-Seite gegenläufige These auf, wie Henrich herausgearbeitet hat (vgl. Henrich 1992, 703 ff.). Doch was bedeutet dies genau?

Die Urteils-Seite stellt eine *genetische* Abfolge zwischen innigster Vereinigung und Prozeß der Urteilung dar, während die Seins-Seite das ursprünglich einige Sein nur *strukturell* vom Selbstbewußtsein unterscheidet. Der Anfang der Urteils-Seite liefert also die Begründung dazu, was im folgenden in einer näheren Erläuterung als einander kontrastiert erscheint. So läßt sich die These aufstellen, daß nur der Beginn mit der Urteilung die systematisch angelegte Seinskonzeption Hölderlins erschließt. Sie begründet den Ausgang von Reinholds Selbstbewußtseinstheorie und zugleich die Polemik gegen die Fichtesche und Schellingsche Gleichsetzung von »*Seyn schlechthin*« mit der Identität im Gedanken des Ich.

Im zweiten Absatz der Urteils-Seite skizziert Hölderlin eine Theorie der Modalitätsbegriffe, in bezug auf die sich drei Fragen stellen: 1. Wie ordnet Hölderlin die Modalitätsbegriffe an und wie ordnet er ihnen die Erkenntnisvermögen zu? 2. In welcher Weise rezipiert Hölderlin gängige Modalitätstheorien seiner Zeit? 3. Warum hat Hölderlin überhaupt eine solche Skizze der Kategorien der Modalität in den Text aufgenommen, und wie hängt der Abschnitt mit dem Gesamttext zusammen?

1. Zunächst bestimmt Hölderlin Wirklichkeit und Möglichkeit in Beziehung aufeinander, wobei er die These aufstellt, daß die Möglichkeit nur unter Voraussetzung einer ihr entsprechenden

Wirklichkeit denkbar ist. Daraufhin folgt die Bestimmung des Verhältnisses von Möglichkeit und Notwendigkeit, wobei gilt, daß sie als Gegenteil der Beziehung von Möglichkeit und Wirklichkeit aufzufassen ist. Während Wirklichkeit vorausgesetzt ist, wo Möglichkeit gedacht wird, ist Möglichkeit ausgeschlossen, wo Notwendigkeit gedacht wird. Wirklichkeit und Möglichkeit sind also in einer anderen Dimension angesiedelt als Notwendigkeit. Im Zentrum steht der Begriff der Möglichkeit, die der Wirklichkeit nachgeordnet und der Notwendigkeit vorgeordnet ist.[7]

Dieser Befund geht auch aus der Zuordnung der Modalkategorien zu den Erkenntnisvermögen hervor. Wirklichkeit und Möglichkeit unterscheiden sich wie unmittelbares und mittelbares Bewußtsein bzw. Anschauung im Sinne von Wahrnehmung und Verstand, bewegen sich also auf der Bewußtseinsebene der Trennung im Urteil. Während Wirklichkeit und Möglichkeit im Bewußtsein vorkommen, kommen die Gegenstände, von denen der Begriff der Notwendigkeit gilt, im Bewußtsein nicht adäquat vor. Gegenüber der sinnlichen Anschauung und der Wahrnehmung als unmittelbarem Bewußtsein ist der Verstand als Vermögen der Mittelbarkeit als abgeleitet bestimmt. Die Vernunftgegenstände kommen dagegen niemals adäquat im Bewußtsein vor. Sie sind als Ideen, Postulate oder Imperative zu verstehen. Damit geht der zweite Abschnitt über den philosophischen Entwurf des Gesamttextes hinaus. Er inauguriert das frühromantische dialektische Triplizitätsschema von Einheit, Trennung und wiederherzustellender Einheit, das in der Tradition Rousseaus und der Vereinigungsphilosophie steht.

Hölderlins These ist, daß ein Gegenstand real im Denken möglich ist, wenn wir von ihm wahrnehmen, daß er wirklich ist. Die

7 Die meisten Interpreten haben Schwierigkeiten mit der Einordnung der Wirklichkeit unter die Modalitätsbegriffe. Zumeist wird die Wirklichkeit dem urteilstranszendenten Sein und dementsprechend der bewußtseinstranszendenten intellektualen Anschauung zugeordnet statt dem Bewußtseinsmodus der »Wahrnemung und Anschauung« (216, 21), worunter die sinnliche, nicht die intellekutuale Anschauung zu verstehen ist (vgl. Franz 1986/87, 121 f.; Frank 1994, 52). Die ontologischen Modalitätsbestimmungen Wirklichkeit, Möglichkeit und Notwendigkeit werden von Hölderlin den in der Sphäre des Urteils angesiedelten Erkenntnisformen sinnliche Wahrnehmung bzw. Anschauung, Verstand und Vernunft zugeordnet, denen das Sein der intellektualen Anschauung vorgeordnet ist.

reale Möglichkeit eines Gegenstandes wird nur insofern durch den Verstand gedacht, als der wirklich gegebene Gegenstand in die Verstandeserkenntnis per Wahrnehmung eingeht. Notwendig sind Gegenstände, deren Realisierung uns aufgegeben ist, ganz unabhängig davon, ob ihre Realisierung gelingt. Die Gegenstände der Vernunft sind schlechthin notwendig und unterliegen keinerlei Bedingungen.

Hölderlin entwirft hier eine Ontologie der Modalität, die in vielem Hegels Dialektik der Modalitäten in der Wesenslogik vorwegnimmt. Da die Modalbegriffe als Gedanken von Gegenständen als solchen verstanden werden, kann von ihnen als ontologischen Bestimmungen die Rede sein, obgleich sie ihrerseits unter den Bedingungen von Bewußtsein thematisiert werden. Auch die Abfolge der Erkenntnisvermögen nimmt die Anordnung von Wahrnehmung, Verstand und Vernunft in Hegels *Phänomenologie des Geistes* vorweg. Der Modalitätsabschnitt ist voll von Antizipationen der spekulativen idealistischen Philosophie.

2. Der Modalitätsabschnitt enthält eine Kant-, Fichte- und Schelling-Rezeption, die zugleich wesentlich Kritik ist:

Die Zuordnung der Modalitätsbegriffe zu den Erkenntnisvermögen sinnliche Anschauung, Verstand und Vernunft übernimmt Hölderlin von Kant. Auch die Teilung der Modalitätsbegriffe in Wirklichkeit, Möglichkeit einerseits und Notwendigkeit andererseits ist kantisch (vgl. Kant, KdU, § 76). Allerdings ist die Zuordnung der Modalitätsbegriffe und der Erkenntnisvermögen bei Hölderlin eine andere. Er trennt nämlich die Notwendigkeit von Wirklichkeit und Möglichkeit ebenso wie die Vernunft von Verstand und sinnlicher Anschauung.

Der wiederholenden Rolle des Verstandes bei Hölderlin korrespondiert die passive Rolle des Verstandes in der »Deduktion der Vorstellung« bei Fichte in seiner GWL von 1794/95 (vgl. Fichtes *Werke* I, 233). Schelling hat sich schon früh für die Herleitung der Kategorien aus philosophischen Prinzipien interessiert. Sowohl in der *Formschrift* (1794) als auch in der *Ichschrift* (1795) verbindet er diese Deduktion mit einer Theorie über die Begriffe der Modalität.

Schellings *Formschrift* zufolge entspricht der Satz ›Ich = Ich‹ der bloßen Möglichkeit, die somit auf das Absolute selbst angewendet wird (vgl. Schellings *Werke* I, 108). In der *Ichschrift* kritisiert Schelling diese Auffassung einer bloßen oder reinen Möglichkeit (vgl. ebd., 224 Anm.). Hölderlin hat parallel zu dieser Selbstkritik Schellings eine Herabsetzung der Möglichkeit vorgenommen und verstärkt, denn noch in § 16 der *Ichschrift* deduziert Schelling aus dem thetischen Satz ›Ich bin‹ zuerst die Möglichkeit und erst aus der Antithese die Wirklichkeit und bestimmt die Notwendigkeit als Synthesis von Möglichkeit und Wirklichkeit in dem Sinne, daß in ihr die Wirklichkeit in die Möglichkeit aufgenommen ist.

So läßt sich folgendes sagen: Hölderlin kritisiert mit seiner Skizze die Modalitätstheorie der Konzeption Schellings, die das Absolute mit Möglichkeit zusammenbringt. Vom Sein der intellektualen Anschauung ist die Möglichkeit ebenso unterschieden wie die Identität des Ich. So wie Hölderlin gegen Fichte die Identität vom Gedanken der ursprünglichen Einigung ausschließen möchte, so wendet er sich gegen Schellings Versuch, das Absolute mit der Modalität der Möglichkeit in Zusammenhang zu bringen. Möglichkeit hat ihren Ort vielmehr im Verstand, der die in der Wahrnehmung gegebene Wirklichkeit denkend reproduziert. Hölderlins Fragment ist jeweils im letzten Absatz der Urteils- und Seins-Seite eine Fichte- bzw. Schelling-Kritik. Kritisiert wird sowohl Schellings Engführung von Absolutem und Möglichkeit als auch Fichtes und Schellings Gleichsetzung von Absolutem und Identität als Verfehlung der philosophischen Wahrheit.

3. Der wichtigste Punkt des Modalitätsabschnitts erhellt, wenn man ihn in bezug zum Gesamttext betrachtet: Die Modifikationen, die sich durch Hölderlins Konzeption in der Theorie der Modalität ergeben, lassen die Originalität von Hölderlins Entwurf deutlich erkennen. Was Hölderlin interessiert, ist die Stellung der Modalbegriffe innerhalb des Ganzen des menschlichen Bewußtseins.

In bezug auf die Dimension des Bewußtseins lassen sich folgende Stadien unterscheiden: 1. unmittelbares Bewußtsein, 2. mittelbares Bewußtsein und 3. Transzendierung des Bewußtseins. Damit ergibt sich auch, in welcher Weise der zweite Abschnitt in der Urteils-Seite lokalisiert ist. Beide Abschnitte thematisieren Bestimmungen, die für Bewußtsein ganz im allgemeinen gelten. Dabei ist der zweite Abschnitt eine Anwendung der im ersten Abschnitt skizzierten Grundlegung von Hölderlins Bewußtseinskonzeption und geht zugleich über sie hinaus. In der »Ur-

Theilung« (216, 5) treten Subjekt und Objekt auseinander und werden zu Relata innerhalb der Grundrelation endlichen Bewußtseins. Das in der Einheit der intellektualen Anschauung liegende Sein wird dabei zur durch die Vernunft aufgegebenen Notwendigkeit. Die verlorene Einheit der innigsten Vereinigung wird zur Vernunftforderung, die in der Mannigfaltigkeit des gegebenen Wirklichen realisiert werden muß. Die Einheitsforderung erklärt sich nicht aus der gegebenen Wirklichkeit, sondern aus dem dieser notwendig vorauszusetzenden Einheitsgrund, dem »*Seyn schlechthin*« (216, 26). Die Forderung ist nicht bloß subjektive Forderung, sondern Folge einer ontologisch-metaphysischen Sachlage, die mit dem Übergang des »Seyns« in die »Ur-Theilung« eintritt. Sie ist Postulat nur, insofern sie Ideal ist. Wir haben mit der uns in der Wahrnehmung gegebenen Wirklichkeit der Trennung nicht nur verständig, sondern auch vernünftig umzugehen, indem uns aufgegeben ist, Einheit in ihr zu realisieren.

Das wichtigste des Modalitätsabschnitts ist daher nicht nur – wie Henrich glaubt – die Fichte- und Schellingkritik (vgl. Henrich 1992, 716 ff., besonders 723 f.), sondern sein systematischer Stellenwert. Das in ihm entwickelte Vernunftpostulat führt nicht mehr zurück zur innigsten Vereinigung des »Seyns« als dem Urgrund, sondern hin zur in der Zukunft zu realisierenden Wiedervereinigung von Subjekt und Objekt. Da das Wesen des »Seyns« mit der »Ur-Theilung« verletzt ist und Erkenntnis in der Subjekt-Objekt-Beziehung der Urteilssphäre verbleibt, kann Philosophie die Wiedervereinigung von Subjekt und Objekt nur postulieren, nicht aber erkenntnismäßig realisieren.

II. Philosophische Probleme von Hölderlins Fragment *Urtheil und Seyn*

Nach der Erörterung des Textaufbaus möchte ich die Interpretation von Hölderlins Fragment vervollständigen und vertiefen, indem ich entscheidende Grundbegriffe des Textes nochmals grundlegend reflektiere.

1. *Die subjektivitätstheoretischen Implikationen von Hölderlins Konzeption*

In bezug auf die subjektivitätstheoretische Implikation von Hölderlins Konzeption stellen sich folgende Fragen: Erstens: Welchen spezifischen Begriff von Subjektivität entwickelt Hölderlin? Und zweitens: In welchem Kontrast steht er zu dem Fichtes und Schellings?

1. Das »Ich bin Ich« Hölderlins ist nicht das Fichtesche und Schellingsche absolute »Ich bin«. Es geht aus dem Prozeß der »Ur-Theilung« hervor, dem das »Seyn« vorgelagert ist. Das Ich Hölderlins ist daher nicht das absolute Ich wie bei Fichte und Schelling, sondern ein je individuelles Ich, das er mit Reinhold interpretiert. Zudem entsteht das Ichbewußtsein nur zusammen mit dem Weltbewußtsein. Hölderlins Ichbegriff ist also von vornherein eine scharfe Kritik des überindividuellen, weltlosen absoluten Ich.

2. Die bewußte Selbstbeziehung bzw. Identität des Ich ist nach Hölderlin nicht aus sich selbst heraus verständlich. Deshalb wird ihm das absolute Sein als Voraussetzung unterlegt, das als Ermöglichungsgrund der Identität des Ich im Ichbewußtsein fungiert. Hatten Fichte und Schelling die Struktur des Ich als ein aus sich selbst explizierbares Faktum verstanden, läßt Hölderlin es per »Ur-Theilung« aus dem einigen »Seyn« hervorgehen. Hölderlin betreibt mit seiner Konzeption eine Depotenzierung der Subjektivität, und zwar als eine Art formale Ursprungsmetaphysik des Selbstbewußtseins.

3. Was sind die Argumente für Hölderlins Konzeption? Warum kritisiert Hölderlin die Gleichsetzung des Seins mit der Identität des Ich? Hölderlin faßt die Identität des Ich mit Reinhold als Identität in der Differenz und der Entgegensetzung von Ich-Subjekt und Ich-Objekt. Das impliziert, daß der Ausdruck ›Ich‹ nach Hölderlin ohne doppelten Auftritt des »Ich bin Ich« nicht zu haben ist, ein relationsfreies Ich also undenkbar ist. Und aus keiner der Relationen der Identität oder der Differenz läßt sich für sich genommen der ganze Sachverhalt »Ich bin Ich« erklären. Zudem besteht vor allem mit der Identität des Ich ein Problem. Die Identität des Ich läßt sich ohne Gefahr eines Zirkels und damit um den Preis der Auflösung der Identität des Ich nur aus dem Ermöglichungsgrund des Seins verstehen. Jede Erklärung

der Identität des Selbstbewußtseins aus sich selbst heraus scheint nach Hölderlin zirkulär zu sein.

4. Zentral ist der Gedanke einer Seinsvoraussetzung der wissenden Selbstbeziehung bzw. der Identität des Ich. Hölderlin folgt damit Jacobis These, daß sich in der Verfassung des Ich des Selbstbewußtseins nichts findet, das sich aus sich selbst begründen und aus sich selbst verstehen läßt. Damit tritt er Fichtes und auch Schellings Begriff des sich selbst begründenden absoluten Ich entgegen. Gegen Fichte und Schelling meint Hölderlin, daß das Unbedingte nicht Ich genannt werden kann. Umgekehrt ist dieser unbedingte Grund nicht unabhängig vom Ichbewußtsein zugänglich. Aber es ist auch unmöglich, allein von ihm ausgehend zum Ichbewußtsein zu gelangen. Der Hervorgang des Selbstbewußtseins aus diesem Grund entzieht sich daher dem theoretischen Verständnis. Der Grund ist als ein sich entziehender im Ichbewußtsein vorausgesetzt, und er ist auch nur als eine solche Voraussetzung zu erschließen. Er ist daher ein dunkler »Grund im Bewußtsein« – wie Henrich treffend sagt.

5. Einem von Fichte kommenden Einwand gegenüber Reinhold muß sich Hölderlin allerdings tatsächlich stellen: Problematisch ist Hölderlins These, daß das »Ich bin Ich« nur durch einen Akt der Entgegensetzung zustande kommt, in dem dann partielle Identität aufgewiesen wird, denn der Entgegensetzung ist ja Identität bereits vorausgesetzt. Die Identität des Selbstbewußtseins läßt sich nicht aus der Differenz von Ich-Subjekt und Ich-Objekt erklären, sondern ist ein vorrangiger Gedanke, von dem auszugehen ist, auch wenn er seinerseits nicht aus sich heraus erklärbar ist. Diese von Fichte kommende Kritik an Reinhold tangiert also nicht die ursprüngliche Einsicht Hölderlins, daß der Identität des Ich die Einigkeit des Seins vorauszudenken ist.

Zudem bleibt bei Hölderlin eine unaufgelöste Spannung zwischen überindividuellem Sein und besonderem Selbstbewußtsein, der allgemeinen Form der Subjekt-Objekt-Trennung im Urteil und ihrer Aktualisierung im je besonderen, individuellen Ich bestehen. Als metaphysische Seins- und Urteilskonzeption ist Hölderlins Subjektivitätstheorie jedenfalls problematisch.[8]

8 Henrich ist der Meinung, daß Hölderlin die Spannungen zwischen dem je individuellen Für-mich-Sein des Ich und dem metaphysischen Singularetantum »Seyn« sowie zwischen der allgemeinen Form der Subjekt-Objekt-Trennung im Urteil und ihrer Aktualisierung im je

Hölderlin hat im Fragment *Urtheil und Seyn* nicht nur die gegebene philosophische Sachlage verarbeitet, sondern ihr eine neue Richtung gegeben, indem er das spekulative Denken in Ansatz bringt. In bezug auf Hölderlins Grundlegung spekulativen Denkens stellen sich die beiden Fragen: 1. Welchen Stellenwert hat der Begriff der intellektualen Anschauung bzw. der Begriff des Seins; 2. welchen Stellenwert hat der Begriff des Urteils in der spekulativen Konzeption?

1. Die intellektuale Anschauung der absoluten Einheit des Seins ist ein notwendiger spekulativer Gedanke, kein Bewußtseinsmodus des Selbstbewußtseins wie bei Fichte. Darin gleicht Hölderlins Begriff der intellektualen Anschauung demjenigen Schellings. Doch weist Hölderlins Begriff der intellektualen Anschauung nicht die Aporien auf, in die sich Schellings Begriff von ihr verstrickt. Denn sie ist bei Hölderlin keine Vergewisserungsform eines absolut Unmittelbaren, sondern die innigste Vereinigung von erkennendem Subjekt und erkanntem Objekt.

Wichtig ist, daß Hölderlins intellektuale Anschauung in keiner Weise dem menschlichen Bewußtsein zugeordnet werden kann. Sie ähnelt daher Kants Begriff der intellektuellen Anschauung. Denn schon Kant hatte den Begriff der intellektuellen Anschauung als Kontrastbegriff zur menschlichen Erkenntnisweise definiert, als intuitus originarius eines Urwesens, das seine Gegenstände in der Erkenntnis zugleich hervorbringt (vgl. Kant, *KdrV*, B 72).

Doch im Unterschied zu Kant nimmt Hölderlin eine Art von Kontinuität zwischen intellektualer Anschauung und dem natürlichen Bewußtsein an. Spekulativ ist der Gedanke der intellektualen Anschauung darin, daß in ihm alle Differenz zwischen Subjekt und Objekt, die für das normale Bewußtsein konstitutiv ist, als aufgehoben gedacht und an den Anfang der spekulativen

besonderen Für-mich-Sein des Ich zwar nicht bemerkt, aber wenigstens artikuliert hat (vgl. Henrich 1992, 456 f.). Das Ich des Selbstbewußtseins ist eine Form, die nur endlichen Subjekten zukommt. Hölderlins These ist, daß das individuelle Selbstbewußtsein Resultat eines anonymen Prozesses der »Ur-Theilung« des »Seyns« ist, in dem es aber nur durch tätige Eigenbeteiligung der Entgegensetzung zu sich selbst kommt.

Denkbewegung gestellt wird. Das endliche Bewußtsein geht aus einem Prozeß hervor, dessen Terminus a quo das Sein und dessen Terminus ad quem das Urteil ist.

2. Doch läßt sich mit Henrich ein Defizit spekulativen Denkens bei Hölderlin konstatieren (vgl. Henrich 1992, 553 ff., 586 ff.). Das Defizit an spekulativem Denken besteht darin, daß die Herleitung der Differenz aus der spekulativen Einheit nicht begriffen wird. Der Gedanke der Urteilung ist keine spekulative Begriffsform, weil er nur als Auflösung der innigsten Vereinigung des Seins verstanden wird. Hegel versucht in der Begriffslogik dieses Defizit an spekulativem Denken bei Hölderlin zu beheben, indem er das Urteil nicht aus der ursprünglichen Teilung der Einfachheit des Seins, sondern aus der Urteilung der bereits in sich differenten Einheit des Begriffs hervorgehen sieht.[9] Dieser spekulativen Betrachtung setzt Hegel die gewöhnliche Betrachtung des Urteils gegenüber, die von der Selbständigkeit der Extreme, Subjekt und Prädikat, im Urteil ausgeht.

Auch Hölderlins Begriff des Seins ist spekulativer Natur. Hölderlin verbindet im Rückgriff auf die Tradition der platonischen Vereinigungsphilosophie den Gedanken des Seins mit dem des ursprünglich Einen, um sein Konzept spekulativen Denkens zu begründen, das den nachkantischen Idealismus auf einen neuen Weg bringt. So läßt sich sagen, daß ohne Hölderlin Hegels ontologische Vereinigungs- und Versöhnungsspekulation nicht möglich gewesen wäre.

Zugleich nimmt die natürliche Bedeutung des Seins als Existenz im Sinne des Einzeldings unter dem Leitbegriff des ursprünglich Einen eine radikal gewandelte Bedeutung an: die Bedeutung des

9 Wenn Hegel in der Begriffslogik in Anlehnung an Hölderlin vom Urteil sagt, es sei »die *ursprüngliche Teilung* des ursprünglich Einen« (Hegels *Werke* 6, 304), so darf das nicht dahingehend mißverstanden werden, daß da zuerst eine unmittelbare, schlechthinnige Einfachheit des Einen vorliegt, das sich dann aus freien Stücken dirimiert. Der Begriff ist vielmehr die »absolute, ursprüngliche *Teilung seiner*« (ebd., 301) kraft seiner ihm immanenten Negativität. Hegel hat bereits früh das Defizit von Hölderlins Konzeption bemerkt: »Wie es nämlich von jenem Ursprung zur Entwicklung hat kommen können, in der sich die ursprüngliche Wahrheit in Schein verlor, so daß uns nur der Rückweg ins Verlorene offen zu stehen scheint« (Hegel an Sinclair; zit. nach Henrich 1975, 25), sei ein bei Hölderlin ungelöstes Problem.

Inbegriffs der Realität, die keine Differenz in sich aufweist. Bereits Jacobi unterscheidet das absolute Sein vom Dasein der Einzeldinge als »Seyn[s] in allem Daseyn« (Spin², 61, 398). Diesen Begriff von Sein hat zum ersten Mal in der Antike Parmenides mit dem Begriff des ἐόν aufgestellt und dann zu Beginn der Neuzeit Spinoza im Begriff der absoluten Substanz gedacht.

Hölderlin greift auf die vereinigungsphilosophische Tradition der Verknüpfung des Seins mit dem Einen zurück, weil er den Weg des spekulativen Denkens einschlägt. Die Position von *Urtheil und Seyn* bedeutet jedenfalls einen Neueinsatz in der Geschichte des Deutschen Idealismus, der diesen über die Philosophie Fichtes und Schellings hinaus allererst zu seiner spekulativen Denkform brachte.

3. Zur Begründung des dialektischen Triplizitätsschemas: Einheit des Seins, Trennung im Urteil und Wiedervereinigung

In bezug auf das sich in *Urtheil und Seyn* herauskristallisierende dialektische Triplizitätsschema stellt sich folgende Frage: In welcher Weise ist im Verhältnis von Sein und Urteil der dialektische Dreischritt: Einheit des Seins, Trennung im Urteil und Wiedervereinigung von Subjekt und Objekt spekulativ begründet?

Das Verhältnis von Urteil und Sein wird doppelt bestimmt. Zum einen wird es von seiten des Urteils als transzendentalnotwendige Voraussetzung des Seins durch das Wissen des Ichbewußtseins verstanden. Hölderlin spricht von der »nothwendigen Voraussezung eines Ganzen« (216, 7 f.) im Urteil. Zum anderen wird es von seiten des Seins als ontologisch-metaphysischer Prozeß der »Ur-Theilung« (216, 5) begriffen, durch den das Urteil an die Stelle von Sein tritt.

Der Prozeßgedanke der »Ur-Theilung« enthält die Alternative: Entweder geht die Einigkeit des Seins in der Trennung des Urteils verloren, oder sie bleibt in modifizierter Form in der Sphäre des Urteils bestehen. Nach Henrichs Interpretation, der dabei Gedanken des *Hyperion* in *Urtheil und Seyn* hineinreflektiert, ist das Sein auch nach der Urteilung in der Trennung gegenwärtig, und zwar als Natur (vgl. Henrich 1992, 656 ff.).

Was die Begründung des Triplizitätsschemas betrifft, das auf die Rückgewinnung der Einigkeit abzielt, so muß auf die zweite

Alternative zurückgegriffen werden. Denn nur wenn in der Natur das einige Sein auch nach der Urteilung in modifizierter Weise fortlebt, kann das Ich in der Trennung in bezug auf die Natur Hoffnung auf die Wiedergewinnung der ursprünglichen Einigkeit gewinnen.

Entscheidend aber ist, daß sich die Realisierung der Einheit im Bereich der Philosophie nicht erkennen, sondern nur postulieren läßt. Hier finden sich auch Anknüpfungspunkte im Fragment *Urtheil und Seyn* für Hölderlins ästhetische Konzeption.[10] Das

10 In zwei Briefen ordnet Hölderlin die intellektuale Anschauung dem Bereich der Ästhetik zu. Im Brief an Schiller vom 4. 9. 1795 unterscheidet er zwischen der Ästhetik und der philosophischen Theorie dahingehend, daß die Vereinigung von Subjekt und Objekt ästhetisch in der intellektualen Anschauung möglich, theoretisch jedoch nur in unendlicher Annäherung erreichbar sei. Darin gibt Hölderlin einem philosophischen Skeptizismus recht (Hölderlins *Werke* II, 595 f.). Im Brief an Niethammer vom 24. 2. 1796 bemerkt Hölderlin, daß er das »Prinzip finden« möchte, das ihm »die Trennungen, in denen wir denken und existiren, erklärt, das aber auch vermögend ist, den Widerstreit verschwinden zu machen, den Widerstreit zwischen Subject und Object, zwischen unserem Selbst und der Welt, ja auch zwischen Vernunft und Offenbarung«, und zwar »theoretisch, in intellectualer Anschauung, ohne daß unsere praktische Vernunft zu Hilfe kommen müßte« (Hölderlins *Werke* II, 614 f.). Dafür werde aber »ästhetische[r] Sinn« benötigt (ebd., 615). In beiden Fällen wird die intellektuale Anschauung der Ästhetik zugeordnet, die über die Philosophie hinausführt, da mit ihrer Hilfe – sei es in der theoretischen oder in der praktischen Philosophie – die Subjekt-Objekt-Vereinigung nicht zu erreichen ist. Die Poesie muß da einspringen, wo die Philosophie versagt. Hölderlins Verständnis des Verhältnisses der Philosophie zur Kunst und Dichtung geht aus einem kurzen Zitat aus dem Roman *Hyperion* deutlich hervor: »Was hat die Philosophie, erwidert' er, was hat die kalte Erhabenheit dieser Wissenschaft mit Dichtung zu thun? Die Dichtung, sagt' ich, meiner Sache gewiß, ist der Anfang und das Ende dieser Wissenschaft. Wie Minerva aus Jupiters Haupt, entspringt sie aus der Dichtung eines unendlichen göttlichen Seyns. Und so läuft am End' auch wieder in ihr das Unvereinbare in der geheimnißvollen Quelle der Dichtung zusammen« (Hölderlins *Werke* I, 684 f.). In der Dichtung findet Hölderlin den Spiegel des »unendlichen göttlichen Seyns«. Sie ist der Anfang und das Ende der Philosophie, und in ihr wird das menschliche Bewußtsein in seinen Grund zurück- und damit über sich selbst hinausgeführt.

Medium der Realisierung der Einheit liegt nicht im Bereich der Philosophie – weder im theoretischen noch im praktischen Bereich –, sondern im Bereich der Dichtkunst, in der ästhetischen Erfahrung der Schönheit.[11] Die intellektuale Anschauung des Philosophen wandelt sich von einer nicht-menschlichen Anschauungsweise im Sinn Kants in eine menschliche Anschauungsform, nämlich die ästhetische Anschauung des Künstlers. Diese neue Form der Anschauung ist auf dem Boden der starken Kluft zwischen intellektualer Anschauung und menschlichem

11 Nachdrücklich betont Hölderlin diesen Zusammenhang in der *Vorrede* zur vorletzten Fassung des *Hyperion*: »Wir hätten auch keine Ahndung von jenem unendlichen Frieden, von jenem Seyn im einzigen Sinne des Worts, wir strebten gar nicht, die Natur mit uns zu vereinigen, wir dächten und wir handelten nicht, es wäre überhaupt gar nichts, (für uns) wir wären selbst nichts, (für uns) wenn nicht dennoch jene unendliche Vereinigung, jenes Seyn, im einzigen Sinne des Worts, vorhanden wäre. Es ist vorhanden – als Schönheit« (Hölderlins *Werke* I, 558). Die Schönheit als Verkörperung der einenden Einheit des Seins sieht Hölderlin zunächst in der dem menschlichen Schicksal gegenüberstehenden Natur (»kehre wieder dahin, wo du ausgiengst, in die Arme der Natur, der wandellosen, stillen und schönen« [ebd., 614]). Doch noch innerhalb der Entstehungszeit der endgültigen Fassung des *Hyperion* (Mai 1796–August/September 1797) wird der Gegensatz von Geist und Natur in die Schönheit der Dichtung aufgehoben. Die Schönheit drückt sich im »εν διαφερον εαυτω (das Eine in sich selbst unterschiedene) des Heraklit« (ebd., 685) aus und wird so für Hölderlin zum Statthalter des unendlichen göttlichen Seins im menschlichen Bewußtsein. Die Unmittelbarkeit der Dichtung ist intellektuale Anschauung mit ästhetischem Sinn. Mit dem Wandel von der intellektualen in die ästhetische Anschauung wandelt sich auch die vordem unartikulierbare Einheit des absoluten Seins zur in sich differenten und damit artikulierbaren Einheit. Dementsprechend wird bereits im Roman *Hyperion* die intellektuale Anschauung durch eine Erinnerungskonzeption abgelöst, die jene zugleich als Moment integriert. Die Erinnerung hat den Vorteil, daß sie nicht wie die intellektuale Anschauung der Alleinheit der Natur aus der Zeit und der Geschichte herausfällt. Indem sie die wechselseitige Integration einander widersprechender Lebenstendenzen des Protagonisten Hyperion leistet, vermittelt sie die harmonische Alleinheit von Mensch und Natur in einer Weise, daß sie zugleich den Differenzen des bewußten Lebens in Lebenszeit und Lebensgeschichte Rechnung trägt (vgl. Hühn 1997, 30-33).

Bewußtsein im Fragment *Urtheil und Seyn* rein philosophisch nicht einholbar.

Eine Folge der Reflexion auf das Defizit der Philosophie ist, daß Hölderlin von seinen philosophischen Versuchen einer theoretischen Erschließung des Einheitsgrundes zu einer genuin ästhetischen Erfassung desselben gelangt. Das Fragment *Urtheil und Seyn* ist keine Begründung eines eigenen philosophischen Systems, wie Henrich meint, sondern der Anfang einer philosophischen Begründung der These von der Übergipfelung der Philosophie durch die Kunst. Das Fragment läßt sich insofern als ›Abschiedsbrief‹ an ein rein philosophisches Denken interpretieren. Gestützt wird diese Interpretation durch den Umstand, daß Hölderlin sein Leben nahezu ausschließlich der Dichtung gewidmet hat. Sein Vorhaben, in Jena Dozent für Philosophie zu werden, das Henrich so stark betont (vgl. Henrich 1992, 31 ff., und ders. 1992/93, 6 f.), hat er nie bis zur letzten Konsequenz wirklich verfolgt.

Nach der vertiefenden Interpretation der philosophischen Probleme der Hölderlinschen Konzeption von *Urtheil und Seyn* möchte ich nochmals auf den Aufbau des Textes zurückkommen und den Ertrag unserer Interpretation in die Auslegung des Textaufbaus eintragen. Das in bezug auf diese Frage wichtigste Ergebnis unserer Interpretation war, daß der Abschnitt über die Modalitätsbegriffe den strikten »Diptychoncharakter« von *Urtheil und Seyn* aufbricht. Der Modalitätsabschnitt leitet nämlich gleichsam in einem spiralförmigen Kreisgang vom »Urtheil« zum »Seyn« zurück. Statt eines dualen stellt sich ein Triplizitätsmodell ein: Die innigste Vereinigung des »Seyns« wird vom »Urtheil« abgelöst, und dieses ist wiederum bezogen auf die zukünftige Wiedergewinnung einer einigenden Einheit. Ohne daß Hölderlin ausdrücklich ein geschichtsphilosophisches Konzept formuliert, tritt hier eine Grundfigur frühromantischen teleologischen Geschichtsdenkens aus der Kritik der Fichteschen Transzendentalphilosophie hervor: Die gedankliche Bewegung der ontologischen Einheit über die Entzweiung und Entfremdung der Reflexion zur Wiederherstellung der Einheit in der Dimension des Ästhetischen. Diese dialektische Figur kehrt auch betont in der Rezeption und Weiterentwicklung Hölderlinscher Gedanken bei Sinclair und Jacob Zwilling wieder. Auch findet sie sich – wie wir sehen werden – in Novalis' philosophischer Konzeption.

Sechste Vorlesung

Novalis' Begründung seiner philosophisch-ästhetischen Konzeption in seinen *Fichte-Studien* von 1795/96

In der heutigen Vorlesung möchte ich mich hauptsächlich mit *einem* Thema beschäftigen: mit der Erörterung des Grundgedankens der frühromantischen Philosophie, wie er von Freiherr Friedrich von Hardenberg, genannt Novalis, entwickelt wird.[1]

1. Der frühromantische Grundgedanke: Die Überflügelung der Philosophie durch die Kunst

1. Wer Novalis als Dichter der »blauen Blume«, des Symbols der romantischen Sehnsucht, kennt, wird überrascht sein, wenn er sich die *Fichte-Studien* anschaut. Novalis' philosophische Texte gehören zu den schwierigsten der deutschen Philosophie. Die *Fichte-Studien* von Novalis sind der zweite bedeutsame philosophische Beitrag der Frühromantik. Novalis und Hölderlin entwickeln gemeinsam, aber ganz unabhängig voneinander den frühromantischen Grundgedanken, daß die Poesie da einspringen muß, wo die Philosophie versagt. Beide versuchen diesen Grundgedanken der Überbietung der Philosophie durch die Kunst durch eine philosophische Grundlagenreflexion einzuholen.

Dieser Grundgedanke der frühromantischen Philosophie wird erst deutlich, wenn man sich die unterschiedlichen Konzepte von Subjektivität in der idealistischen Philosophie Fichtes und der frühromantischen Philosophie von Hölderlin und Novalis in ihrem Kontrast vor Augen führt. Vor allem aber wäre zu unter-

1 Der folgende Vorlesungstext ist bis auf einige Anmerkungen identisch mit der ausgearbeiteten Fassung meines Vortrags über Novalis auf dem Fichtekongreß 1994 in Jena, der 1997 in den *Fichte-Studien*, hg. von H. Girndt und W. H. Schrader, erschien.

suchen, wie sich Hardenbergs und Hölderlins Bezugnahmen auf Fichte zueinander verhalten und voneinander unterscheiden. Novalis' Art zu philosophieren ist experimentierender und weist eine größere spekulative Beweglichkeit auf als die Hölderlins. Andererseits ist sie unruhiger und durch weniger gedankliche Strenge gekennzeichnet. Eine der entscheidenden Aufgaben der Forschung sehe ich darin, diese beiden zum nachkantischen Idealismus alternativen Theorieformen in ihrer Diskrepanz und in ihren unterschiedlichen ästhetischen Folgen im argumentationsanalytischen Vergleich zu erarbeiten.[2] Im folgenden gilt es, den philosophiegeschichtlichen Ort von Novalis' philosophisch-ästhetischer Konzeption zu bestimmen.

Novalis hat zu Beginn seines eigentlichen poetischen Schaffens ausführliche philosophische Untersuchungen angestellt, in denen er seine Position begründete, die er nur als Dichter meinte realisieren zu können. Zu den philosophischen Aufzeichnungen, bei denen es sich um Exzerpte, fragmentarische Lektürenotizen und eigenständige weiterführende Überlegungen handelt, gehören: die *Fichte-Studien*, die *Hemsterhuis-* und *Kant-Studien*, die *Vorarbeiten zu verschiedenen Fragment-Sammlungen* und das *Allgemeine Brouillon*. In diesen philosophischen Erörterungen entwickelt Novalis seine Theorie der romantischen Universalwissenschaft, die Philosophie, Kunst, die Wissenschaften und Religion synthetisiert und auf die Utopie guten Lebens ausgerichtet ist. Kern dieser romantischen Universalwissenschaft ist Novalis' Subjektivitätstheorie, die er in seinen *Fichte-Studien* in Auseinandersetzung mit Fichte entwickelt. Von dieser neuen

2 Dieter Henrich hält es für eine »reizvolle Aufgabe, [...] das Denken von Friedrich von Hardenberg (Novalis) zu dem von Hölderlin [...] in Beziehung zu setzen« (Henrich 1992, 750). Einen ersten größeren Versuch hat Manfred Frank (1994) unternommen. Henrich mache da halt, wo die eigentliche frühromantische Reflexion von Novalis und Friedrich Schlegel einsetzt (ebd., 70). Frank legt die Verbindungsglieder von Novalis und Friedrich Schlegel zur von Henrich rekonstruierten Jenaer »Konstellation« frei und interpretiert Novalis' *Fichte-Studien* und Fr. Schlegels Ironiekonzeption vor dem Hintergrund der metaphilosophischen Überlegungen des Hölderlin-Kreises. Doch in seinen inhaltlichen Ausführungen – so erhellend und Neues zutage fördernd sie im Detail sind – reproduziert Frank nur seine schon bekannten Thesen zu Novalis und Friedrich Schlegel.

Theorie vom Wesen des Ich ausgehend, entwickelt Novalis einen neuen Naturbegriff und den Grundgedanken seines Denkens und Dichtens, den Ordo-inversus-Gedanken. Wie Hölderlins hat auch Novalis' philosophisch-ästhetische Konzeption eine geschichtsphilosophische Implikation, mit der Novalis der Frage nachgeht, in welcher Weise die moderne Subjektivität aus der sie kennzeichnenden beweglichen Widersprüchlichkeit Rettung erfahren kann.

2. Novalis' *Fichte-Studien* sind keine systematische Untersuchung, sondern stellen eine Ansammlung von Fragmenten dar. Die Fragmentform macht eine der Hauptschwierigkeiten für die Interpretation aus. Eine der Fragen ist: Warum eigentlich denken die Frühromantiker in »Fragmenten«?

Um diese Frage beantworten zu können, muß man auf den Kern des Unterschieds von »romantisch« und »idealistisch« reflektieren. Romantisch ist die Philosophie, in der die philosophische Spekulation auf den Anspruch verzichtet, das Absolute durch das Denken zu erreichen. Der Zugang zum an ihm selbst unzugänglichen Absoluten kann nur adäquat im Medium der Kunst gelingen.

Die Bezweiflung der Zugänglichkeit des Absoluten für das Denken hat eine Folge, nämlich die Kritik an der Systemform der Philosophie. Beide Formen der frühromantischen Skepsis gehören zusammen. Daraus ergibt sich die »Fragmentform« der frühromantischen Philosophie. Ihre Abhandlungen sind nicht geschlossene wissenschaftliche Deduktionen, wie bei Fichte, Schelling und Hegel. Dennoch verzichten sie nicht auf Systematik, denn Fragmente sind für sie immer Bruchstücke eines Ganzen, eines Ganzen, das sich aber systematischem, begrifflichem Denken entzieht.[3]

3 Das Programm der frühromantischen philosophischen Ästhetik geht aus folgendem Fragment deutlich hervor: »Das eigentliche Philosophische System muß Freyheit und Unendlichkeit, oder, um es auffallend auszudrücken, Systemlosigkeit, in ein System gebracht, seyn. Nur ein solches System kann die Fehler des Systems vermeiden und weder der *Ungerechtigkeit*, noch der Anarchie bezogen [bezichtigt] werden« (Novalis *Schriften* 2, 288 f., Nr. 648; im folgenden werden Novalis' *Schriften* zitiert: NS 1 ff.).

II. Zu Fichtes Ichbegriff in der *Grundlage der gesamten Wissenschaftslehre* von 1794/95

Novalis gewinnt seine neue Theorie vom Wesen des Ich im Winter 1794 in einer kritischen Auseinandersetzung mit dem Ichbegriff, wie ihn Fichte in § 1 seiner GWL von 1794/95 entwickelt. Erinnern wir uns:

I. Ausgangspunkt für den Ichbegriff Fichtes ist das logische Axiom der Identität A = A als unbedingte Tatsache des Bewußtseins, die in einem zweiten Schritt auf die sie begründende Tathandlung des Ich zurückgeführt wird.

Es ist eine Eigentümlichkeit Fichtes, die logische Identität als ein Bedingungsverhältnis zu interpretieren: A = A bedeutet: Wenn A gesetzt ist, so ist A (vgl. Fichtes *Werke* I, 93). Im Satz der Identität kommt daher ein notwendiger Bedingungszusammenhang zum Ausdruck, der besonders im Hinblick auf seine Anwendung im Satz »Ich bin Ich« Bedeutung gewinnt. Im besonderen Fall des Ich handelt es sich nämlich um einen Gedanken, der immer und notwendig ein sich selbst begründender und erfüllender Gedanke ist. Das Ich ist daher die Geltungsbedingung für jeden Identitätsgebrauch. Das bedeutet, daß im Unterschied zum Satz »A = A« der Satz »Ich bin Ich« nicht nur der Form, sondern auch seinem Gehalt nach unbedingt ist. Aufgrund der Übereinstimmung von Form und Gehalt faßt Fichte den Satz »Ich = Ich« als oberste, aus sich selbst explizierbare Tatsache des Bewußtseins.

II. Aus der Rückführung der Identität auf das Ich ergeben sich drei Folgerungen für Fichtes Ichbegriff[4]:

1. Im Falle des Ich ist die Bedingung der Identität in ausgezeichneter Weise erfüllt, denn es schließt ein Sich-selbst-Setzen oder ein Sich-selbst-Begründen ein. Aus der Auslegung der Identität als Konditionalbeziehung ergibt sich in Anwendung auf den Ichbegriff die für die GWL wichtige These, der zufolge das Sein des Ich unmittelbare Folge seines Setzens ist. Sich-Setzen und Sein sind in unmittelbarer Einheit. Der erste Grundsatz ist Ausdruck einer Tathandlung, durch die das Ich schlechthin in seinem Sein gesetzt ist. Die Tathandlung des Ich hat also den Charakter der *Seins*setzung.

4 Auf diese drei Folgerungen aus Fichtes Ichbegriff weist Henrich hin: vgl. Henrich 1992, 485 ff.

2. Eine weitere Folge betrifft den Bewußtseinsmodus des Ich. Fichte unterscheidet zwei Weisen des Wissens des Ich von sich. Im reflektierten Selbstbewußtsein verhält sich das Ich, das wesentlich durch ein Nicht-Ich beschränkt ist, zu sich selbst als zu einem Quasi-Objekt. Von diesem reflektierten Wissen des Ich von sich unterscheidet Fichte das unmittelbare Bewußtsein, wie es im ersten Grundsatz zum Ausdruck kommt: das »Ich bin« und seine unmittelbare Gewißheit »Ich bin Ich«. Dieses unmittelbare Bewußtsein des »Ich bin« nennt Fichte zwar nicht in der GWL, wohl aber fortan intellektuelle Anschauung. Fichtes Ichbegriff ist also durch unmittelbare Einheit von Sich-Setzen, Sein und unmittelbarem Für-sich-Sein oder Bewußtsein gekennzeichnet.

3. Ist das Ich ein Sich-selbst-Setzen, das unmittelbar mit der Identität von Setzen und Sein verbunden ist, so folgt daraus die schlechthinnige Invarianz des Ich – ein für die Begriffsform der Wissenschaftslehre zentraler Gedanke. Als invariantes unterliegt das Ich keinerlei Differenzierungen. Die sich daraus ergebende Absolutheit des Ich, die noch zu unterscheiden ist von der Unbedingtheit seines Sich-selbst-Setzens, gibt dem Ich erst die Bestimmungen der spinozistischen Metaphysik. Wenn das absolute Ich auch die Grundlage dafür ist, daß etwas anderes als Ich ist, dann umfaßt es in gewisser Weise alle Realität in sich. Das absolute Ich ist also Alleinheit. Diese dritte Folgerung macht Fichtes Ich zum Nachfolger der spinozistischen Alleinheit. Daher Jacobis Diagnose von Fichtes Philosophie als *»umgekehrte[m]* Spinozismus« (vgl. Jacobis *Werke* III, 12).

III. Novalis' philosophische Konzeption in den *Fichte-Studien*

1. Neue Konzeption vom Wesen des Ich

Novalis widerspricht in seinen *Fichte-Studien* in seiner Analyse des Satzes »Ich bin Ich« (NS 2, 104, Nr. 1) allen drei Folgerungen, die sich aus Fichtes Rückführung der Identität auf das Ich ergeben.

1. Novalis hebt mit einer Kritik am Identitätsprinzip an, das Fichte als Grundlage seiner Exposition seines Ichbegriffs dient.

Um diese Kritik zu verstehen, müssen wir sehen, daß für Novalis die absolute, das heißt für ihn nicht-relationale Identität »A« nur im *Satz* der Identität »a ist a« (ebd.) zur *Darstellung* kommen kann. Darstellung ist für Hardenberg ein philosophischer Grundbegriff. Er bezeichnet die durch Zeichen artikulierte Verständigung über eine Sache.

Da im Satz der Identität »a ist a« die Differenz zweier Relata impliziert ist, kommt in ihm das nicht-relationale Wesen der Identität »A« nicht zum Ausdruck. Novalis spricht daher von einem »*Scheinsatz*« (ebd.), und zwar aus zwei Gründen: erstens weil die Identität in ihm nur scheinbar, nämlich nur als relationale, in sich differente dargestellt wird, und zweitens, weil gleichwohl diese Darstellung die notwendige wenn auch defiziente Erscheinung der Identität ausmacht.

Novalis' Kritik am Identitätsbegriff wirft auch Licht auf seinen Grundbegriff der Darstellung. Sie verwandelt *absolutes Sein* in *scheinhafte Erscheinung*, weil sie es ontologisch nur durch ein »Nichtseyn« (ebd.) vorstellig machen kann. Die Darstellung erreicht das Dargestellte nie. Die ›Dekonstruktion‹ der Identität in ihrer Darstellung zeigt, daß die Darstellung der absoluten Identität »Darstellung des Undarstellbaren« (NS 3, 685, Nr. 671) ist.

II. Daß mit der ›Dekonstruktion‹ des Identitätsbegriffs der Fichtesche Begriff des Ich berührt ist, zeigt die ›Anwendung‹ des Identitätssatzes auf den Satz »Ich bin Ich«.

Der Satz »Ich bin Ich« enthält nach Novalis ein »dreyfach idem« (ebd.). Gemeint sind damit die drei in der Folge zu entwickelnden Momente des Ich qua Gehalt und Form bzw. Gefühl und Reflexion und deren Wechselverhältnis, die alle drei als gleichursprünglich anzusehen sind. In Novalis' Theorie des Ich wandelt sich die Invarianz des absoluten Ich bei Fichte in die bewegte Dreiheit von Momenten.

1. Auch nach Novalis ist das Ich das thetische Vermögen, das alles umschließt, was für uns sein kann. Dies klingt ganz fichteanisch. In der Analyse des setzenden Vermögens unterscheidet Novalis jedoch Form und Gehalt, das Setzen und den Setzungsgrund des Ich. Im Unterschied zu Fichte fallen für Novalis das Sich-Setzen des Ich und das Ich*sein* als Setzungsgrund des Ich nicht zusammen. Das Sein des Ich, das Ichsein als Gehalt, geht über die Beziehung des Setzens des Ich als Form hinaus. Darin zeigt sich Novalis zusammen mit Hölderlin als Philosoph des

Seins, diesseits allen Setzens und Beziehens. Aber anders als Hölderlin faßt Novalis das Sein nicht substantial, sondern als Tätigkeit, als Urhandlung, und zwar als Einbildungskraft. Nicht Hölderlin, sondern Novalis inthronisiert die Einbildungskraft zu *der* produktiven Tätigkeit schlechthin.[5]

Mit diesem Gedanken ist zugleich der Kern der Fichteschen Theorie von der unmittelbaren Einheit von Sein und Sich-selbst-Setzen, von Gehalt und Form des Ich berührt. Das Sein des Ich ist seinem thetischen Vermögen vorauszudenken. Dieser Gedanke impliziert also eine Kritik der ersten Folgerung aus Fichtes Ichbegriff.

2. Ein weiteres Problem betrifft die Frage, ob und inwiefern das Ich Kenntnis von seinem ursprünglichen Wesensgehalt haben kann. Im nach Novalis nur reflexiv zu denkenden Für-sich-Sein oder Bewußtsein hat das Ich den allgemeinen Gehalt immer schon – wie er sagt – »außer sich versetzt« (NS 2, 105, Nr. 1). Diese Entfremdung ist nach Novalis notwendiges Produkt des Ichbewußtseins, das daher kein Wissen von seinem ursprünglichen Wesen haben kann. Der Gehalt des Ichseins als ursprüngliche Identität entzieht sich jeder reflexiven Vergewisserung und ist nur einem unmittelbaren »Gefühl« im Modus des »Glaubens« zugänglich.[6]

Das ursprüngliche Innesein des Wesens des Ich ist nicht wie bei Fichte der ursprüngliche Bewußtseinsmodus einer intellektuellen Anschauung, sondern die Unmittelbarkeit des Gefühls. Novalis rückt hier ein Motiv Jacobis – dem zufolge der Grund unserer selbst einzig und primär dem inneren Gefühl offenbar ist – in die Perspektive der transzendentalphilosophischen Ichtheorie Fichtes. Daß das Ich seine ursprüngliche Selbsterfahrung in der Unmittelbarkeit des Gefühls hat, beruht auf der philosophischen Voraussetzung, die Novalis mit Jacobi teilt, daß Unmittelbarkeit

5 Novalis' Theorie der Subjektivität stellt sich anders als Hölderlins ontologische Ursprungsmetaphysik des Subjekts im Fragment *Urtheil und Seyn* ›entontologisiert‹ als »Metaphysik des Schwebens« dar (vgl. W. Schulz 1985, 416 f.). Eine Reflexion auf die Ortlosigkeit moderner Subjektivität sieht Lore Hühn bereits in der Frühphilosophie Fichtes angelegt (vgl. Hühn 1994, 96 ff.).

6 Neben dem Glaubensbegriff geht auch der des Gefühls auf Jacobi zurück. »[…] Selbst von unserem eigenen Daseyn haben wir nur ein Gefühl; aber keinen Begriff« (Jacobis *Werke* IV, 2, 149 Anm.).

und Reflexivität unvereinbare Gedanken sind (vgl. Frank 1989, 250).

Damit zeichnet sich deutlich die Differenz von Novalis gegenüber Fichte ab. Während für Fichte der ursprüngliche Bewußtseinsmodus des Ich Selbstanschauung ist, die durch Luzidität und Selbstdurchsichtigkeit gekennzeichnet ist, setzt sich die romantische Theorie der Subjektivität von Fichte dadurch ab, daß der Wesenskern des Ich nur einem dunklen Gefühl, einem nichtthetischen Innesein, zugänglich ist, das sich selbst nicht durchsichtig, das also in sich rätselhaft ist. Damit ist die zweite Folgerung aus Fichtes Ichtheorie zurückgewiesen. Mit der Kritik am Gedanken der Seinssetzung wird auch die intellektuelle Anschauung als ursprüngliche Vergewisserungsform des Ich bei Fichte abgewiesen.

3. Novalis vertieft zugleich die Rede vom Seinsgrund des Ich und bestimmt ihn als das über das Ich selbst hinausgehende Absolute. Damit ist auch Fichtes dritte Folgerung seines Ichbegriffs, daß das Ich selbst das Absolute sei, zurückgewiesen.

Der Seinsgrund des Ich wird näherhin als »Nur Seyn« oder »Chaos« (NS 2, 106, Nr. 3) gefaßt, das in keiner Weise begriffen werden kann. Wenn Novalis vom absoluten »Nur Seyn« des Ich als vom »Chaos« spricht, so geht dies auf einen Einfluß des Mystikers Jacob Böhme zurück.[7] Dieser faßte das Absolute als unendliche Fülle oder Chaos. Daraus geht hervor, daß Novalis mit Gefühl das ozeanische, auf das Absolute bezogene Gefühl meint.[8] Das Gefühl ist als ekstatisches Innesein des Ich in einem doppelten Sinne zu verstehen: als Entäußerung des bewußten Ich ans Absolute und als Bei-sich-selbst-Sein der Subjektivität im Modus der Unmittelbarkeit.

7 Jacob Böhme bringt die chaotische Fülle Gottes auf den Begriff des Zugleich und der Akausalität von Qualitäten und Quellgeistern Gottes: »Qualität ist die Beweglichkeit, Quallen oder Treiben eines Dinges« (Böhme 1992, 76). Auch in Friedrich Schlegels Ironiebegriff ist ein Einfluß Böhmes zu verzeichnen: »Ironie ist klares Bewußtsein der ewigen Agilität, des unendlich vollen Chaos« (KA II, 263, Nr. 69). Der Ironiebegriff als bewußte Darstellung des unendlichen, pulsierenden Lebens verknüpft so Fichtes intellektualistische Bewußtseinsphilosophie und mystisch gebrochene spinozistische Substanzphilosophie.

8 »Weiter als bis zum Gefühl Gottes kann der Gedanke überhaupt nicht gehen«, erklärt Jacobi (zit. nach Hegels *Werke* 20, 327).

III. In einem weiteren Schritt macht Novalis die spinozistischen Motive in Fichtes Ichtheorie gegen diese selbst geltend. Novalis erwägt, ob es gegenüber dem »Nur Seyn« als der »absoluten Sfäre der Existenz« noch eine »höhere Sfäre« (NS 2, 106, Nr. 3) gäbe. Diese »höhere Sfäre« umschreibt Novalis als »Schweben« (ebd.) zwischen dem »Nur Seyn« des Ich und seiner Antithese, dem Nicht-Ich der Welt, und belegt sie mit dem synthetischen Begriff des Lebens. Das Leben steht höher als das »Nur Seyn«, weil es nicht nur das Wesen, sondern gleichsam den ganzen Gang des Ich umfaßt: Zum einen das unbewußt-chaotische, absolute »Nur Seyn« des Ich, das nur gefühlt werden kann, zum anderen das bewußte Leben des Ich in seiner Entgegensetzung zum Nicht-Ich und zur Welt.[9]

Zusammen aber mit dem neuen Begriff des Ich kommt bei Novalis auch ein neuer Begriff vom Nicht-Ich oder von Natur herein. Als im absoluten »Nur Seyn« des Chaos gründend ist das Nicht-Ich oder die Natur nicht das ganz Andere des Ich, sondern ein Alter ego. Das Nicht-Ich wird zu einem Du. Das Verhältnis des Ich zur Natur wird damit zu einem dialogisch-poetischen verwandelt. Damit wird das absolute »Nur Seyn« zur Alleinheit des Lebens erweitert, dessen Ziel Novalis in seinen *Hemsterhuis-Studien* wie Hölderlin platonisch als Liebe im Sinne einer Einheit von Liebe und Selbstheit beschreibt (vgl. NS 2, 360 ff.). Wenn Novalis vom ›Unbegreiflichen‹ des Lebens spricht (vgl. NS 2, 106, Nr. 3), so macht er deutlich, daß das Leben und sein Vereinigungsziel in keiner philosophischen Begriffssprache zureichend beschrieben werden kann.

Aufgabe von Philosophie und Poesie ist es, ausgehend vom gefühlten absoluten »Nur Seyn« des Ich das Leben zu rekonstru-

9 Das Schweben des Lebens bringt Novalis schließlich auf den Grundbegriff des Schwebens der Einbildungskraft: »Alles Seyn, Seyn überhaupt ist nichts als Freyseyn – *Schweben* zwischen Extremen, die nothwendig zu vereinigen und nothwendig zu trennen sind. Aus diesem Lichtpunct des Schwebens strömt alle Realität aus [...]. Ichheit und productive Imaginationskraft, das *Schweben* [...] producirt die Extreme [...]. Seyn, Ich seyn, Frey seyn, und Schweben sind Synonymen« (NS 2, 266 f., Nr. 555). Zum Schweben der Einbildungskraft bei Novalis als Zentralbegriff der Frühromantik und seiner Genese aus Novalis' Kritik an Fichtes Verwendung dieses Begriffs vgl. Hühn 1996, 569-599.

ieren, und zwar *in der Reflexion*. Ihre Rolle erschöpft sich in der reflexiven Rekonstruktion des in seiner Unmittelbarkeit nicht zugänglichen Lebens und seines Vereinigungsziels.

Novalis' philosophischer Grundgedanke der Voraussetzung eines unvordenklichen, gefühlten absoluten »Nur Seyns« als Ermöglichungsgrund der wissenden Selbstbeziehung des Ich und seines dialogischen Verhältnisses zum Nicht-Ich qua Natur begründet die Grundfigur seines Denkens und Dichtens, daß der Grund des Lebens und sein Vereinigungsziel nur in einer unendlichen philosophischen und poetischen Reflexion zu rekonstruieren ist, den berühmten Gedanken des *Ordo-inversus*.

2. Die Grundfigur von Novalis' Denken und Dichten: Der Ordo-inversus-Gedanke

Obwohl Novalis glaubt, daß wir unsere primäre Selbsterfahrung nur in dem der Reflexion unzugänglichen Gefühl haben, hat er keine Antipathie gegen die Reflexion; im Gegenteil: Erst in der philosophisch-poetischen Reflexion können wir uns über den Wahrheitsgehalt des Gefühls verständigen.

Die Reflexion des Gefühls hat indes eine Verkehrung des Gefühls zur Folge. Der Schein oder Unwahrheit produzierenden Reflexion ungeachtet gilt jedoch umgekehrt, daß es Regeln der Reflexion gibt, die den Schein der Reflexion partiell durchbrechen.[10] Dieses Thema betrifft das schwierig zu verstehende Theorem des Ordo-inversus-Gedankens.

Novalis wendet auf das Begriffspaar »Gefühl« und »Reflexion« das dualistische Begriffspaar Jacobis »unbeschränkt« und »beschränkt« (vgl. NS 2, 114, Nr. 17) an und erörtert die Bewegungsrichtung der Folgeordnung von Gefühl und Reflexion. An und für sich scheint das ozeanische Gefühl das Unbeschränkte, das Erste, die Reflexion, das Beschränkte, das Zweite zu sein. Dem natürlichen Bewußtsein, das auf das Gefühl reflektiert, erscheint es umgekehrt, und zwar deshalb, weil das Bewußtsein in

10 Winfried Menninghaus stellt in bezug auf Fragment Nr. 17 fest: »Die ganze Passage über den Zusammenhang von Gefühl und Reflexion lebt von der Ambivalenz dieses ›scheint‹ – von seiner Doppelbedeutung als Anzeige und Infragestellung einer möglichen Geltung« (Menninghaus 1987, 81).

der Reflexion auf das Gefühl von sich als dem Beschränkten ausgehen muß.

Doch der hier thematische Schein betrifft nicht nur die Bewegungsrichtung der Folgeordnung beider Bestimmungen, sondern auch dies, daß das ozeanische Gefühl in der Reflexion eine ›Verkehrung‹ (vgl. NS 2, 114, Nr. 17) erfährt, das heißt, zerstükkelt und seines ozeanischen Charakters beraubt wird. Beide Charaktere des Scheins befinden sich auf verschiedenen Ebenen. Der Schein der Folgeordnung ist auf methodischer Ebene, der Schein der ›Verkehrung‹ auf sachlicher Ebene lokalisiert.

Da das Gefühl in der Reflexion des natürlichen Bewußtseins eine Verkehrung erfahren hat, fordert Novalis dazu auf, daß das Gefühl im philosophisch-poetischen Bewußtsein rekonstruiert wird. Dies erfordert eine zweite, eine Reflexion der Reflexion. Diese kehrt die durch die erste Reflexion entstandene Verkehrung des Gefühls wieder um. Philosophie und Poesie sind nach Novalis danach bestrebt, die Verfälschungen der Reflexion des natürlichen Bewußtseins wieder zu berichtigen.[11]

Es ist nun bemerkenswert, daß Novalis auch die zweite, philosophisch-poetische Reflexion vom Schein affiziert sieht. Mit der Umkehrung der verkehrten Folgeordnung von Gefühl und Reflexion ist zwar auch die sachliche Verkehrung des Gefühls wieder richtiggestellt, ohne sie jedoch ganz aufheben zu können, denn im Wechselverhältnis von Gefühl und Reflexion gehen Schein und Wahrheit eine nicht zu entwirrende Verbindung ein. Die Wahrheit erscheint notwendig verkehrt, und nur der verkehrte Schein enthält Anzeige auf Wahrheit.[12]

11 Der Begriff der Reflexion ist terminologisch fixiert als Anschauung der »Mittelanschauung« (NS 2, 115, Nr. 17), also als zweite Reflexion. Novalis sagt: »Das Produkt dieser Anschauung wird nun Object der Reflexion« (ebd.). Mit der zweiten Reflexion ist natürlich die philosophische Reflexion des natürlichen Bewußtseins gemeint.

12 Es ist daher verkehrt, wenn Manfred Frank meint, daß die ›Reflexion der Reflexion‹ zu einer Zerstörung des Denkens führt, wodurch die Wahrheit wieder unmittelbar erfaßbar würde (vgl. Frank 1989, 260 und Frank/Kurz 1977, 78). Novalis ist da viel radikaler: Auch die Negation der Negation vollzieht sich im Schein der Reflexion. Das Absolute (Gefühl) ist nur im Schein der Reflexion rekonstruierbar. Daß die Reflexion Darstellung eines Undarstellbaren ist, war Novalis' These von Anfang an. – Wie Menninghaus richtig feststellt, räumt Novalis und überhaupt die Frühromantik im Gegensatz zu Schelling

Fassen wir zusammen: Die Erörterung der *Fichte-Studien* von Novalis hat die grundlegende Differenz zwischen idealistischer und frühromantischer Philosophie freigelegt. In Beziehung auf sie läßt sich die These aufstellen, daß sich die gesamte Spekulation der frühromantischen Philosophie unter den Begriff der Depotenzierung der idealistischen Subjektphilosophie fassen läßt. Der Frühromantik zufolge entdeckt die philosophische Theorie in der Reflexion auf das Ich eine Ursprungsdimension, die nicht mehr erkenntnismäßig zugänglich zu machen ist. Die Erfahrung der Ursprungsdimension unserer selbst, die ursprünglich ein Gefühl ist, läßt sich in der Philosophie nur im Ordo-inversus der Reflexion rekonstruieren und angemessen nur durch die Kunst und Poesie narrativ artikulieren. Aufgabe einer systematischen Interpretation von Novalis' Werken wäre es, den neuen Gedanken vom Wesen des Ich und den Ordo-inversus-Gedanken als bestimmend für die gedankliche und formale Struktur des Gesamtwerks zu erweisen.

Aus der romantischen Ichphilosophie läßt sich der Paradigmawechsel von der Neuzeit zur Moderne vorzüglich erläutern, der sich quasi im Windschatten der Entstehung des Deutschen Idealismus ereignet. Während die Neuzeit seit Descartes von der Unhintergehbarkeit der Subjektivität ausgeht, die sich in Fichtes Ichphilosophie vollendet, bildet sich in der Frühromantik zum ersten Mal so etwas wie eine moderne Subjektkritik aus. Man darf diese frühromantische Subjektkritik jedoch nicht als vorweggenommene postmoderne Proklamation des »Todes des Subjekts« mißverstehen. Die Frühromantik ist Kritik der Autarkie, nicht der Autonomie des Subjekts.

der Reflexion einen höheren Stellenwert ein, als ihn die Interpretation Franks veranschlagt (vgl. Menninghaus 1987, 78). Frank projiziert das Motiv der ›Vernichtung der Reflexion‹, das ein Motiv Schellings und des frühen Hegel ist, ungerechtfertigterweise in den Ordo-inversus-Gedanken von Novalis hinein. Obgleich andererseits Menninghaus richtig bemerkt, daß Novalis und überhaupt die Frühromantik der Reflexion einen hohen Stellenwert einräumen, ist seine These, das Absolute sei nichts anderes als das Benjaminsche Reflexionsmedium, verkehrt. Das Gefühl ist und bleibt eine auf einen transreflexiven Gehalt bezogene Instanz. Novalis hebt den Jacobischen Dualismus von Transzendenz und reflexiver Immanenz durch das Konzept einer »Konstruktion immanenter Transzendenz« (Uerlings 1991, 229) auf.

IV. Wichtige Implikationen von Novalis' Subjektphilosophie: Theorie der Zeit, Geschichtlichkeit und Utopie

Novalis' Theorie der Subjektivität, die ja eine Kryptotheorie des Absoluten ist, impliziert eine ganz radikale Theorie der Endlichkeit, Zeitlichkeit und Geschichtlichkeit mit utopischen geschichtsphilosophischen Konsequenzen.[13]

Wir haben gesehen, daß das bewußte Leben des Ich ein Pendelschlag zwischen Gefühl und Reflexion ist. Nun ist es so, daß wir das ozeanische Einheitsgefühl, das wir primär haben, in der Reflexion permanent verfehlen. Und dieses verfehlte Einheitsgefühl kann auch im Wechselverhältnis von Gefühl und Reflexion nicht instantan oder im Nu realisiert werden. Diese Verfassung des bewußten Lebens des Ich ist der Ursprung seiner Zeitlichkeit. Das von der Reflexion verfehlte Gefühl erlebt das Bewußtsein als Ablösung seines Wesens in die Vergangenheit. Auf diese Verlusterfahrung reagiert es mit dem Streben nach Wiederaneignung des Verlorenen, und dies verweist auf die Zukunft. Wir haben unser Wesen immer schon an die Vergangenheit verloren und sind bestrebt, es in der Zukunft wieder zu erlangen. Die Gegenwart ist durch diese starke Negativitätserfahrung geprägt. Es gibt in der Gegenwart keine Erfüllung.

So wie die Wunde, die die Reflexion schlägt, nur durch die Reflexion geheilt werden kann, so soll die Wunde, die die Zeit qua Vergangenheit schlägt, durch die Zeit qua Zukunft wieder geheilt werden. Doch diese Negation der Negation zeitigt kein positives Resultat. Zeit und Reflexion haben also dieselbe Struktur des Ordo-inversus. Die Wiederaneignung des Verlorenen in Zeit und Reflexion bleibt ein unendliches Streben.

Es ist eines der unausrottbaren Klischees, daß die Romantik ein kraftloses Sehnen nach gewesener Zeit sei, der griechischen Polis bzw. den schönen, seligen Zeiten des Mittelalters. Romantische Sehnsucht ist Ausrichtung auf Zukünftiges. Das in der Vergangenheit Verlorene, das wir uns in Gedächtnis und Erinnerung

13 Die Thematisierung der Zeit in der Frühromantik und bei Novalis hat Frank ausführlich erörtert in seinem Buch *Zum Problem der Zeit in der deutschen Romantik. Zeitbewußtsein und Bewußtsein von Zeitlichkeit in der frühromantischen Philosophie und in Tiecks Dichtung*, München 1972, besonders 158 ff.

anverwandeln, soll zukünftig realisiert werden. Allein Kunst und Poesie kann die Utopie des ›goldenen Zeitalters‹ in einer Prolepse antizipieren, indem sie die Zeit im ästhetischen ›Augenblick‹ auf Ewigkeit und somit die zeitliche Gegenwart auf absolute und damit ›erfüllte‹ Gegenwart durchdringt.

Novalis' Endlichkeits- und Zeitlichkeitstheorie macht deutlich, daß er der Meinung ist, daß wir an die Herrschaft der Negativität der Zeit und der Reflexion ausgeliefert sind und Rettung auch nicht durch ein harmoniesüchtiges Verliebtsein ins Absolute erhoffen können. Das Absolute hat sich im Übergang zur Endlichkeit verloren und kann nur in ihr vom poetischen Bewußtsein antizipiert werden.[14] Die Romantik ist auf diese Weise eine radikale Theorie der Negativität der Moderne, die sie auf eine Utopie hin übersteigt.

Der seit Carl Schmitt gegenüber der Romantik erhobene Vorwurf des »ästhetischen Absolutismus«[15] verkennt die philosophischen Voraussetzungen der frühromantischen Ästhetik. Der Vorwurf besagt, daß, um Kunst als Garant der Einheit des bewußten Lebens auffassen zu können, das Ästhetische verabsolutiert wird mit der Folge, daß das Leben selbst ästhetisiert wird. Damit wäre die Grenze des Ästhetischen, die ihm in der klassischen Kunstauffassung von Kant und Schiller gezogen wurde, definitiv überschritten. Dem Ordo-inversus-Gedanken zufolge kann Kunst jedoch bei Novalis nicht wie bei Schelling die Funktion haben, das Absolute in ästhetischer Anschauung objektiv zu machen. Kunst ist Darstellung eines undarstellbaren Absoluten. Kunst führt daher für Novalis nicht zur Aufhebung aller Entgegensetzung, sie enthält vielmehr das Bewußtsein ihrer Begrenztheit in der Herstellung von Synthesen. In der bei Novalis zu konstatierenden Selbstbegrenzung des Ästhetischen verweist Kunst auf die durch sie nicht aufhebbare Negativität der Moderne. Statt das Leben zu ästhetisieren, ist das Ästhetische nur regulative Idee einer gegen die Negativität der Moderne gerichteten

14 Novalis bemerkt über die Herrschaft der Zeit und ihre mögliche Suspendierung: »Die Zeit kann nie aufhören – *Wegdenken* können wir die Zeit nicht – denn die Zeit ist Bedingung des denkenden Wesens – die Zeit hört nur mit dem Denken auf. Denken außer der Zeit ist ein Unding« (NS 2, 269, Nr. 564).

15 Vgl. zu diesem Ausdruck Lypp 1972, 13; vgl. dazu auch Uerlings 1991, 145 f.

und an der Utopie vom guten Leben ausgerichteten kritischen romantischen »Lebenskunst«, die sich Versöhnung von der Zukunft erhofft.

Mit ihrer religiös-theologischen Komponente geht das frühromantische Konzept Hardenbergs allerdings zugleich über die klassische Autonomieästhetik hinaus. Sein Konzept läßt sich wie das Hölderlins als vereinigungsphilosophische Reformulierung der Autonomieästhetik begreifen. Mit der Autonomieästhetik teilt Novalis die Auffassung, daß die autonome Kunst die Einheitsstiftung des bewußten Lebens in der Entzweiung und Entfremdung ermöglicht. Er geht zugleich über sie hinaus, indem er den philosophischen Grund der durch die Ästhetik wiederherzustellenden Einheit freilegt: das Absolute oder Gott. Doch weder Philosophie noch Kunst, noch Theologie sind Novalis das Höchste, sondern die poetische Struktur des Lebens, zu deren Selbstverständigung in der romantischen »Lebenskunst« Philosophie, Kunst und Religion gehören.

v. Novalis' Konzeption im Vergleich zu der Hölderlins und Friedrich Schlegels

In meinem Versuch einer philosophischen Ortsbestimmung von Novalis' philosophisch-ästhetischer Konzeption möchte ich diese abschließend mit der Hölderlins und der Friedrich Schlegels vergleichen.

1. Während Hölderlin mehr der ontologische Einheitsdenker zu sein scheint, knüpft Novalis mit dem Gedanken der Darstellung des Unbegreiflichen an die Tradition der negativen Theologie an, der die rettende Einheit zu einem Nichtsein gerät. Zwar entwickeln beide Frühromantiker *das* wesentliche Paradigma der Moderne, auf das die neuere Philosophie, vornehmlich Heidegger, Adorno, Derrida und Lyotard, nur noch zurückgreifen muß, nämlich die Kritik an der Möglichkeit der Selbstbegründung und Selbstdurchsichtigkeit der Subjektivität. Doch während Hölderlin im Fragment *Urtheil und Seyn* dem Subjekt eine ontologische Einheit voraussetzt, die ihm seine Identität mit sich ermöglicht, besagt Novalis' Theorie: Subjektivität ist in sich durch und durch bodenlos und rätselhaft. Daraus entwickelt Novalis eine radikale Theorie der Endlichkeit und Widersprüchlichkeit, aus der nicht

die Philosophie, sondern nur die Imagination der Kunst bzw. der Kunstreligion proleptisch herausführen kann. Novalis radikalisiert die Entzweiung der Moderne zur Vielschichtigkeit, Unübersichtlichkeit, Ungeborgenheit und Widersprüchlichkeit, aus der auch nicht wie bei Hölderlin am Schluß des *Hyperion* die vereinigungsphilosophische Weltformel der Liebe herausführt: »Wie der Zwist der Liebenden, sind die Dissonanzen der Welt. Versöhnung ist mitten im Streit und alles Getrennte findet sich wieder« (Hölderlins *Werke* I, 760). Bei Novalis gibt es keine ontologisch und ästhetisch garantierte Hoffnung auf Versöhnung. Novalis' Poesie vollzieht sich daher in einer nicht enden wollenden selbstironischen Suche nach Erlösung, die sie als Konstruktion einer sich selbst erfüllenden Prophetie zur Sprache bringt. Novalis ist daher der erste wirklich kritische Theoretiker der Moderne. Sieht man dies mit aller Klarheit, so tut sich eine erhebliche Kluft zwischen Hölderlin und Novalis auf. Hölderlins Freundeskreis führt in Frankfurt zu Hegel und zu Hölderlins weiterem Weg in Theorie und Dichtung, während Novalis' philosophische Reflexion besonders über Friedrich Schlegel und Ludwig Tieck wirksam wurde. Eine der entscheidendsten Aufgaben der Forschung sehe ich darin, diese beiden zum nachkantischen Idealismus alternativen Theorieformen in ihrer Diskrepanz und ihren unterschiedlichen ästhetischen Folgen im argumentationsanalytischen Vergleich zu erarbeiten.

11. Friedrich Schlegels Ironiekonzeption erwächst aus zwei philosophischen Voraussetzungen, die Schlegel mit Novalis teilt. Wie Novalis bestreitet Schlegel den Selbst- und Letztbegründungsanspruch der idealistischen Philosophie ebenso wie ihre systematische Form. Seine Philosophie geht nicht von der intellektuellen Anschauung als von einem fundamentum inconcussum aus, sondern nimmt das Wagnis einer unendlichen Suche nach der Wahrheit auf. Diese doppelte Skepsis gegen die Erkennbarkeit des Absoluten einerseits und gegen die systematische Form der Philosophie andererseits konstituiert bei beiden Frühromantikern eine Philosophie des Fragments. Der Kerngedanke der romantischen Philosophie ist also bei Schlegel und Novalis derselbe.

Das Theorem der Nichterkennbarkeit des Absoluten hat das Theorem der Nichtpreisgebbarkeit des Endlichen zum Implikat. Aus diesen beiden Prämissen ergibt sich alles Weitere. Beide

Frühromantiker gehen so vom unaufhebbaren Zwiespalt des Endlichen und Absoluten, vom unaufhörlichen Widerstreit zwischen Unbedingtem und Bedingtem aus. Darin liegt, daß für beide der Widerspruch, das Paradox, der Wesenskern menschlicher Subjektivität ist.[16]

Allerdings scheiden sich die Geister Schlegels und Novalis' in bezug auf die Konsequenzen, die sie aus ihren gemeinsamen philosophischen Grundprämissen ziehen. Novalis zieht aus dem unaufhebbaren Zwiespalt des Absoluten und Endlichen die theoretische Konsequenz, daß das bewußte Leben des Ich ein Pendelschlag zwischen Gefühl und Reflexion ist. Das Problem der Nichterkennbarkeit des Absoluten löst Novalis mit dem Begriff des Gefühls. Aus der anderen Prämisse, dem Theorem der Unaufhebbarkeit des Endlichen, ergibt sich für ihn der Ordo-inversus-Gedanke, der Gedanke der reflexiven Verkehrung der das Gefühl verkehrenden Reflexion bzw. die poetische Konstruktion reflexionsimmanenter Transzendenz.

Schlegel verarbeitet den unaufhebbaren Zwiespalt von Absolutem und Endlichem anders. Er löst das Problem der Nichterkennbarkeit des Absoluten nicht wie Novalis durch den Begriff des Gefühls, sondern durch das, was Walter Benjamin in seiner Arbeit *Der Begriff der Kunstkritik in der deutschen Romantik* das »Medium der Reflexion« (vgl. Benjamin 1973, 21 ff.) genannt hat. Aus der Nichterkennbarkeit des Absoluten und aus der Unaufhebbarkeit des Endlichen erwächst bei Schlegel das Theorem der unendlichen Reflexion, die sich in beständiger ironischer Selbstvernichtung und Selbstpotenzierung approximativ dem Absoluten annähert, ohne es je zu erreichen. Schlegels Philosophie beruht auf einer negativen Reflexionsdialektik, die durch ein unerreichbares Absolutes ermöglicht ist. Schlegels negative Reflexionsdialektik der Ironie entspricht in gewisser Weise dem Novalisschen Ordo-inversus-Gedanken. Jedenfalls hat bei beiden Philosophen die sich reflexiv negierende und transzendierende Reflexion einen ausgezeichneten Stellenwert. Die entscheidende Differenz besteht allerdings darin, daß Schlegel jedenfalls bis zur Jenaer Transzendentalphilosophie-Vorlesung von 1800/01 ohne den reflexionstranszendenten Gefühlsbegriff aus-

16 Ausführlich untersucht Frank die philosophischen Voraussetzungen von Friedrich Schlegels Ironiekonzeption. Vgl. Frank 1989, besonders 287-306, und ders. 1992, 124-146.

kommt. Während bei Novalis die Dimension des Absoluten durch das Gefühl repräsentiert wird, ist sie bei Schlegel eine leere Stelle. Die Unmöglichkeit, das Absolute durch die Reflexion positiv zu erreichen, wird bei Novalis ergänzt durch das gefühlsmäßige Innesein des Absoluten, das zusammen mit der Reflexion zum Konzept des Magischen führt. Magie ist bei Novalis die durch die poetische Reflexion provozierte Attraktion des Gefühls des Einsseins mit dem Absoluten und der Natur.[17] Bei Schlegel wird die Unmöglichkeit, das Absolute durch Reflexion zu erreichen, nicht durch das Gefühl komplettiert.

Die verselbständigte Reflexion führt bei Schlegel zum Konzept von Witz, Allegorie und Ironie. Bei beiden Frühromantikern stehen sich die ästhetischen Konzeptionen als utopische Magiekonzeption und als Ironiekonzeption gegenüber. Beide Konzeptionen sind durch den Gefühlsbegriff getrennt. Der Gefühlsbegriff gibt dem Novalisschen Philosophie- und Poesiebegriff einen unendlich tiefen, unergründlichen und auch ernsten Sinn. Er gibt Novalis die geschichtsphilosophische Orientierung auf die über die Negativität der Moderne hinausschießende Utopie vom ›goldenen Zeitalter‹, die er poetisch ins Werk setzt. Die Entkopplung des Reflexionsbegriffs vom Gefühl ergibt unter Beibehaltung der gleichen philosophischen Prämissen Schlegels Ironiekonzeption, die durch geistreich-witzige Heiterkeit, spielerische Freiheit etc. des Über-dem-Ganzen-Schwebens, durch universale Relativierung, durch Bewußtheit, Besonnenheit, Nüchternheit, Paradoxie, Tendenz aufs Unendliche und Allegorie gekennzeichnet ist. Aufgrund ihrer fehlenden Zentralperspektive gelingt es Schlegels Ironiekonzeption jedoch nicht, der Zerissenheit der Moderne wirklich zu entkommen. Im Unterschied zum jungen Schlegel, der mit seinem ästhetischen Skeptizismus tatsächlich als Vorläufer der ›dekonstruktivistischen‹ philosophisch-ästhetischen Postmoderne gedeutet werden kann, weist Hardenbergs Konzeption auf Adornos *Negative Dialektik* voraus, für die die Negativität der Moderne gleichfalls nicht alles war.

17 Im Zentrum von Novalis' Poesie steht daher das Märchen, das in ganz ausgezeichneter Weise eine Zertrümmerung vorgegebener Welt- und Naturbilder durch die Einbildungskraft in Szene setzt und damit zugleich eine zukünftige, die Subjekt-Objekt-Trennung überwindende Welt imaginiert (vgl. Volkmann-Schluck 1967, 45-53).

Siebente Vorlesung

Hegels Begründung seiner idealistischen Vernunftkonzeption in der Daseinslogik: Der Ansatz der Daseinslogik und der Gang der Daseinslogik bis zur Kategorie der Endlichkeit

In den nächsten drei Vorlesungen möchte ich mich mit dem dritten großen Sachthema beschäftigen, mit Hegels Begründung der idealistischen Vernunftphilosophie in seiner Theorie der spekulativen Dialektik, wie er sie in der *Wissenschaft der Logik*, und zwar exemplarisch in der sogenannten Daseinslogik, entwikkelt.[1]

Das philosophische Programm der Daseinslogik besteht in zweierlei: Sie ist zum einen eine kritische Umgestaltung der bis auf die Antike zurückreichenden Ontologie individueller Substanzen, die unser natürliches Bewußtsein prägt und die auch die ontologische Grundlage der Kantischen und Fichteschen Transzendentalphilosophie darstellt, und eine Kritik der Schellingschen Philosophie des Absoluten in seiner identitätsphilosophischen Phase. Sie ist in eins damit – und zwar im Rückgriff auf Hölderlins spekulativ-dialektisches Triplizitätsschema – die Begründung der Philosophie als idealistische Vernunftphilosophie. Sie gibt im Unterschied zu Schellings Identitätsphilosophie die Begründungsstruktur der spekulativen Philosophie Hegels zu erkennen, die diese zugleich als fundamentalistische Vernunftphilosophie ausweist.

1 Die Logik des Daseins ist Inhalt des zweiten Kapitels des Ersten Buches der *Wissenschaft der Logik*, der Lehre vom Sein (Hegels *Werke* 5, 115-173; im folgenden werden nur noch die Seitenzahlen von Hegels *Werke* 5 angegeben). Da die Bewegung vom reinen Sein über das Werden zum Dasein im ersten Kapitel der Logik einen Sonderstatus besitzt, das Dasein also die erste Kategorie ist, mit dem der reguläre Gang der Seinslogik beginnt, kann der Begriff der spekulativen Dialektik in der Seinslogik anhand der Daseinslogik exemplarisch studiert werden.

Das Projekt von Hegels Daseinslogik gewinnt Konturen, wenn man sich klarmacht, was Hegel unter »Dasein« versteht. »Dasein« ist hier der Titel für das, was die Tradition »Welt« genannt hat. Hegel geht davon aus, daß wir Denkbestimmungen haben für das, was wir als »Welt« bezeichnen. Hegels These in der Daseinslogik ist nun, daß die Welt, mit der wir konfrontiert sind, nur scheinbar durch Positivität gekennzeichnet ist, in Wahrheit ist sie nichts als Negativität. Aber das vernünftige Denken hat die Kraft, diese Negativität der Welt aufzuheben und in der Welt Vernunft zu realisieren. Vernunftfundamentalistisch liegt das Ziel der Daseinslogik darin, daß aufgewiesen wird, daß letztlich die Vernunft das gründende Ganze des Daseins und dieses damit vernünftig ist.

Grob läßt sich die Daseinslogik in drei Teile untergliedern, denen ich jeweils eine Vorlesung widmen möchte: 1. Der Ansatz der Daseinslogik in Abteilung A. des zweiten Kapitels der Seinslogik »Dasein als solches« und die Entwicklung der daseinslogischen Grundkategorie des Daseins in ihren Bestimmungen bis zur Endlichkeit; 2. die Theorie der Endlichkeit in Abteilung B., in der aufgewiesen wird, daß das Dasein in Wahrheit ein Endliches ist, und was es heißt, ein Endliches zu sein; 3. die Theorie der Unendlichkeit in Abteilung C., die den Nachweis erbringt, daß die Wahrheit über das endliche Dasein dies ist, in das vernünftige Unendliche überzugehen und darin seine Versöhnung zu finden.

Bevor ich mich in der heutigen Vorlesung dem ersten Teil der Daseinslogik widme, möchte ich Ihnen einen Überblick über den Gang der Entwicklung der Daseinslogik geben. Dasein ist im Unterschied zum reinen Sein bestimmtes Sein. Thematisch ist daher wesentlich Bestimmtheit, und zwar in Gestalt von qualitativer Bestimmtheit.[2] Diese ist zu unterscheiden von quantitativer Bestimmtheit und Bestimmtheit als Maß und weiterhin von wesenslogischer Bestimmtheit.

Die Daseinslogik umfaßt zum einen die Entwicklung des Daseins qua Etwas zum Endlichen und zum anderen die Entwicklung des endlichen Etwas zum Unendlichen. Durch seine Qualität ist das bestimmte Sein oder Dasein Daseien*des* oder Etwas

2 Hegel versteht den Begriff der Qualität primär nicht subjektiv als Sinnesqualität, sondern objektiv als Gegenstandsqualität.

gegen Anderes, somit 1. *veränderlich* und 2. *endlich*. Hegel versucht, die *Statik*, in der Etwas gegen Anderes steht, in eine *Bewegung* aufzulösen, die er als Veränderlichkeit und Vergänglichkeit denkt. Das Schicksal der endlich-weltlichen Dinge – so Hegels These – ist ihr Untergang.

Die Entwicklung des endlichen Etwas ist zugleich die seiner Negativität. Das Etwas ist nicht nur gegen ein Anderes, sondern schlechthin an ihm selbst negativ bestimmt. In Bestimmtheit liegt für Hegel – mit Spinoza – Negativität. Dabei läuft die Entwicklung bei Hegel stets von einer bloß äußerlichen zur immanenten Negativität. Die Entwicklung des Daseins in seiner Endlichkeit präsentiert sich mithin als Manifestation seiner ihm immanenten Negativität. Die Daseinslogik ist somit in dem Sinne antipositivistisch, als sie den Schein reiner Positivität, in den sich das Dasein anfangs hüllt, mit der Einsicht in seine Negativität auf dem Denkweg dementiert.

Die Entwicklung der dem Endlichen immanenten Negativität ist zugleich Voraussetzung und Ermöglichung des Übergangs des Endlichen zur Unendlichkeit. In seiner Negativität steht das Endliche zunächst dem Unendlichen, grob gesprochen die Welt dem Absoluten, abstrakt gegenüber. Hegel hat zunächst einen pejorativen Begriff von Unendlichkeit, wenn er von der Unendlichkeit des Verstandes spricht. Der abstrakte Verstandesdualismus von Endlichem und Unendlichem wird in der Theorie der Unendlichkeit schließlich aufgehoben in die Unendlichkeit der Vernunft, die Einheit von Unendlichem und Endlichem ist. Die Unendlichkeitstheorie ist so wesentlich Kritik an der zweitausend Jahre alten platonistischen dualistischen Zweiweltenlehre, indem sie zugleich das konsistente Verhältnis von Unendlichem und Endlichem, von Absolutem und Welt, zu ermitteln sucht, in der Absicht, die Welt mit sich selbst zu versöhnen.

In der heutigen Vorlesung möchte ich die Gedankenschrittfolge der Kategorien der Daseinslogik bis zur Kategorie der Endlichkeit zur Darstellung bringen, wobei die Frage im Vordergrund steht, welche Art von Theorie Hegel in der Daseinslogik entwikkelt. Von vornherein steht fest, daß die spekulativ-dialektische Entwicklung der Kategorien zugleich kritische Darstellung philosophiehistorischer Positionen ist.

1. In einem ersten dialektischen Dreischritt wird in Abteilung A. des zweiten Kapitels der Seinslogik die daseinslogische

Grundkategorie des *Daseins als solches* entwickelt: *Dasein überhaupt, Qualität, Etwas.* Die Bestimmungen, in welche sich das Dasein als solches auseinanderlegt, entnimmt Hegel den Lehrbüchern der Leibniz-Wolffschen ontologischen Metaphysik (vgl. Henrich 1978, 214 f.). Der Daseinsbegriff selbst geht auf Jacobi zurück, der ihn für den metaphysischen Begriff von Welt einsetzt. Mit dem Daseinsbegriff gibt Jacobi dem Weltbegriff zugleich eine jenseits aller Vernunftvermittlung liegende Bedeutung von Einfachheit, Unmittelbarkeit und Positivität.[3] Die Daseinslogik ist basal unausdrücklich dieselbe Kritik der positivistischen Unmittelbarkeitsphilosophie Jacobis, die Hegel in der *Enzyklopädie* (§§ 61-78) explizit vornimmt (vgl. Theunissen 1978, 214). Auf dem Weg zur Vernunft bzw. zur vernünftigen Unendlichkeit nimmt Hegel seinen Ausgang von dem am weitesten von diesem Ziel entfernten Punkt: dem einfachen, unmittelbaren, positiven Dasein. Dementsprechend betont Hegel die Form der Einfachheit und Unmittelbarkeit, in der das Dasein zunächst vorliegt. Dasein ist einfaches Einssein von Sein und Nichts in der Form eines Unmittelbaren. Es erzeugt so den Schein der Erstheit und unhintergehbaren Vorgegebenheit.

Konstitutiv für das Dasein ist seine *Bestimmtheit*. Daher ist ein weiteres wichtiges Thema in Abteilung A. die logische Struktur der Bestimmtheit als solcher. Bestimmtheit hat ihren logischen Ursprung im Nichtsein. Genauso wie Spinoza sagt Hegel zunächst: alle Bestimmtheit ist Negation. Für Bestimmtheit ist aber nicht nur das Nichtsein konstitutiv. Sie ist vielmehr das Nichtsein, das ins Sein aufgenommen ist, und zwar so, daß das konkrete Ganze des Daseins zunächst in der Formbestimmung des Seins ist. Anders als für Spinoza ist Bestimmtheit also negativ und positiv zugleich. In der Anmerkung sagt Hegel Spinoza aufnehmend und zugleich umdeutend: »Die Bestimmtheit ist die Negation als affirmativ gesetzt« (121). So kommt es, daß Hegel den Satz des Spinoza ›omnis determinatio est negatio‹ auch umkehrt

3 In seinen *Spinoza-Briefen* schreibt Jacobi: »Nach meinem Urtheil ist das größeste Verdienst des Forschers *Daseyn* zu enthüllen, und zu offenbaren [...]. Sein letzter Zweck ist, was sich nicht erklären läßt: das Unauflösliche, Unmittelbare, Einfache« (Jacobis *Werke* IV,1, 72). Das unmittelbare Dasein als solches ist eine Grundbestimmung der Jacobischen Philosophie, die die Logik aufnimmt und einer kritischen Darstellung unterzieht.

und sagt, ›alle Negation ist Bestimmtheit‹. Dieser Begriff der Negation ist für Hegel grundlegend.

Zunächst ist die qualitative Bestimmtheit wie das Dasein Jacobis selbst »ein ganz Einfaches, Unmittelbares« (118), das nicht weiter erklärbar zu sein scheint. Die Unwahrheit dieser Grundbestimmung des Daseins wird nach Hegel vor allem durch ihre Unsagbarkeit indiziert: »Um dieser Einfachheit willen ist von der Qualität als solcher weiter nichts zu sagen« (ebd.).[4]

Da das Dasein sowohl die Bestimmung des Seins als auch die des Nichts enthält, ist es selbst der Maßstab dafür, daß die qualitative Bestimmtheit – nur als unmittelbare genommen – einseitig aufgefaßt ist. Wird die Qualität als unmittelbar seiende in der Bestimmung des Nichts gesetzt, so erweist sie sich als vom Dasein *unterschiedene*, reflektiert seiende Bestimmtheit.

Mit der Unterscheidung der Bestimmtheit vom Dasein ergibt sich zugleich ein zweiter Unterschied innerhalb der qualitativen Bestimmtheit, nämlich der Unterschied von *Realität* und *Negation* als je verschiedener Formen der Qualität. Realität und Negation sind für Hegel positive oder negative Wiebeschaffenheiten oder Washeiten des Daseins, seine differenten qualitativen Seinsweisen. Wichtig ist, daß Hegel bei der logischen Explikation der Bestimmtheit des Daseins Kritik am metaphysischen Paradigma von Realität und Negation übt. In der traditionellen Metaphysik wurde die qualitative Bestimmtheit nur als unmittelbare genommen. Die Realität wurde als reine negationslose Affirmation der Negation im Sinne des bloßen Mangels an Realität gegenübergestellt. Alle Bestimmung ist entweder nur Realität oder Realitätsschranke. Konstitutiv für Hegels Konzeption der Bestimmtheit ist dagegen die Überwindung des metaphysischen Dualismus von Realität und Negation. Die Widerlegung dieses metaphysischen Dogmas, daß immer Etwas oder nichts, daß es zwischen Sein und Nichtsein keinen Mittelzustand geben könne, ist überhaupt das eigentliche Grundthema des Ersten Buches der *Wissenschaft der Logik*, der Lehre vom Sein.

Hegels Grundthese im ersten dialektischen Dreischritt seiner Daseinslogik ist: Das Dasein ist je und je Daseiendes, *Etwas*.[5] Mit

4 Thomas Kesselring vergleicht die Unmittelbarkeit der Bestimmtheit mit der »*Unmittelbarkeit* in der *zweiten Bestimmung* in Hegels Ausführungen über die dialektische Methode« (Kesselring 1984, 285).

5 Der Begriff Etwas wird von Hegel äquivalent mit dem Gegenstands-

Aristoteles sagt Hegel: Es gibt nicht Dasein überhaupt, Welt überhaupt und Bestimmtheit überhaupt, sondern immer nur je und je bestimmtes Daseiendes, Etwas, also je bestimmtes In-der-Welt-Seiendes. Im dialektisch entwickelten Begriff des Daseins liegt, daß der doppelte Unterschied von Dasein überhaupt und Bestimmtheit und der innerhalb der Bestimmtheit von Realität und Negation ebenso vorhanden wie auch aufgehoben ist. Hegel gewinnt also den neuen Begriff vom Dasein als Daseiendes oder Etwas über eine Kritik am metaphysischen Dualismus von Dasein und Bestimmtheit und von Realität und Negation.

Diesen Prozeß der Selbstaufhebung des Unterschieds der qualitativen Bestimmtheit vom Dasein überhaupt, woraus das Etwas als bestimmtes Daseiendes hervorgeht, faßt Hegel als »*erste Negation der Negation*« (123). Die Individualität des Etwas bezeichnet Hegel als »*Insichsein*« (123), ein eigentümliches Auf-sich-Zurückgewendetsein, wodurch das Dasein überhaupt als Etwas Bestand gewinnt. Das Sein, die Identität bzw. die Selbstbeziehung des Etwas ist also die erste synthetische Kategorie, die durch eine doppelte Negation zustande kommt.[6] Über den Terminus der Negation der Negation wird das Etwas zugleich in den weiten Horizont der ganzen Logik gestellt. Als Negation der Negation erweist sich bereits das basale Etwas als Ausgangspunkt der vernünftigen Subjektstruktur, wenn auch in gegenständlicher Form.[7] Im Etwas sinkt daher die Negativität wieder in einfache Positivität und Unmittelbarkeit zusammen.

begriff verwendet, dessen Bedeutung nicht auf materielle Gegenstände eingeschränkt ist: »Was in der Philosophie mit Gegenständen gemeint ist, hat seinen Rückhalt nicht in dem, was wir umgangssprachlich so bezeichnen, sondern in dem, was wir umgangssprachlich mit dem Wort ›etwas‹ meinen« (Tugendhat 1976, 36).

6 Wenn Hegel von Negation der Negation im terminologischen Sinne spricht, so meint er immer die doppelte Negation selbstbezüglicher Art, weil nur sie zugleich die Selbstaufhebung von Negativität, also von Unwahrheit zum Ausdruck bringt. Der Entdecker der Figur der Selbstaufhebung von Negativität ist Sokrates in seiner Kritik der Sophistik gewesen (vgl. Hösle 1984, 290).

7 Damit ist zugleich das Anfangsstadium des Systemprogramms der *Phänomenologie des Geistes* im Bereich des Logischen reformuliert, wonach »das Wahre nicht als *Substanz*, sondern ebensosehr als *Subjekt* aufzufassen und auszudrücken« (Hegels *Werke* 3, 23) ist.

Zu unterscheiden sind also zwei Dimensionen des Etwas: die ontologische Oberflächendimension der Seiendheit und Unmittelbarkeit und die Tiefenstruktur der Negativität und der Vermittlung. Deren Verhältnis sieht so aus, daß Etwas in seiner unmittelbaren Bedeutung als Seiendes seine negativitätslogische Tiefenstruktur, durch die es in der dialektischen Entwicklung zustande kommt, nicht explizit zum Ausdruck bringt. Die Negativität hüllt sich in den Schein der Seiendheit, durch die das Etwas den Eindruck des beständigen Bestands erweckt.[8]

Es geht Hegel in der Logik generell um den Nachweis, daß die Denkbestimmungen mehr präsupponieren, als was sie in der traditionellen Metaphysik unmittelbar bedeuten. Diese impliziten Präsuppositionen legt erst ihre spekulativ-dialektische Entwicklung frei. Die Entwicklung des Etwas zu einem Endlichen in Abteilung B. ist damit nichts anderes als die Explikation der ihm immanenten Negativität, die so seine anfänglich affirmative Bestimmung dementiert und als Schein entlarvt.

II. In Abteilung B. wird in einem zweiten dialektischen Dreischritt der Begriff des Etwas überhaupt entfaltet: Die Explikation der Tatsache, daß Dasein qua Daseiendes oder Etwas anderes ausschließt, führt zum Begriff verschiedener Daseiender, *Etwas* und *Anderes*. Da also das Etwas in einer dualen Beziehung zum Anderen steht, ist es dem Prozeß des Werdens qua Veränderung unterworfen, die den Schein seiner Positivität aufhebt. Als wichtigstes Interpretament dieser Dialektik von Etwas und Anderem wird von Hegel an entscheidender Stelle die Kategorie des *Anderen seiner selbst* eingeführt.

Die Dialektik von Etwas und Anderes umfaßt drei Grundsätze: Etwas und Anderes, die inhaltlich noch ganz unbestimmt und leer sind, sind nach dem ersten Grundsatz beide Etwas. Nach dem zweiten Grundsatz erweisen sich beide, Etwas und Anderes, als Andere gegeneinander, das heißt, beide stellen sich wesentlich als Übergehen in Anderssein dar.

8 »Etwas ist im Grunde oder seiner Wahrheit nach Selbstbeziehung, aber so, daß es sich mit dem Schein der Seiendheit umgibt« (Theunissen 1978, 235). Bereits Hinrich Fink-Eitel bemerkt, daß sich die Beziehung der Negation und die Seiendheit widerstreiten: »›Beziehung‹ ist nämlich trivialerweise ein Relationsbegriff, während ›Seiend-sein‹ gerade durch den Ausschluß von jeder Beziehung definiert ist; etwas ist dadurch lediglich ›bestimmt‹, *zu sein*« (Fink-Eitel 1976, 47).

Diesen zweiten Grundsatz erläutert Hegel an der Art und Weise, wie wir auf Etwas und Anderes Bezug nehmen. Die Verwendungsweise des Demonstrativpronomens *»Dieses«* (126) gibt zu erkennen, daß die Intention auf affirmatives Etwas im Unterschied zu Anderem nicht aufrechterhalten werden kann. Da *»Dieses«* ohne Unterschied auf alle Etwas anwendbar ist, sind alle Etwas genausogut *»Diese«*, wie sie auch Andere sind. Dieser in der Verwendungsweise des Pronomens liegenden *Wahrheit* steht nach Hegel die *Meinung* über die Bedeutung dieses Pronomens gegenüber. Die Meinung, das Dieses drücke etwas »vollkommen Bestimmtes« (126) aus, übersieht, daß die Sprache nur »Allgemeines« (ebd.) ausspricht. Diese Passage der Logik korrespondiert mit Hegels Kritik der sinnlichen Gewißheit in der *Phänomenologie des Geistes* über die Allgemeinheit der Sprache, die über das affirmative Etwas bzw. aus dem Bereich der sinnlichen Dinge hinausführt.

Festzuhalten ist: Etwas und Anderes sind wesentlich Andere. Es bleibt am Ende kein Etwas mehr unterschieden von seinem Anderssein zurück. Etwas ist vollkommen in Anderes übergegangen. Dieser Gedanke leitet zum dritten Grundsatz über. Da Etwas und Anderes nach dem zweiten Grundsatz nicht nur das Andere des Etwas, sondern beide Andere sind, kann das Andere im dritten Grundsatz isoliert für sich genommen werden, ohne auf das Etwas aufgetragen zu werden: »*abstrakt* als das Andere; τὸ ἕτερον des Platon« (126).[9] Als solches ist es nicht das Andere von Etwas, sondern das Andere an ihm selbst, d. i. das Andere seiner selbst. Das Andere seiner selbst ist der Titel für das reine

9 Es hat eine breite Diskussion über die Herkunft des Hegelschen Begriffs des Anderen gegeben. Nach Dieter Henrich bezieht sich Hegel in seiner Analyse des Anderen auf Platons *Sophistes* (vgl. Henrich 1978, 219). Nach Michael Theunissen überträgt Hegel den von Platon im *Sophistes* entwickelten Gedanken des ἕτερον auf seinen Lieblingsdialog, den *Parmenides* (»ἑτέρου ὄντος ἕτερον«, 146 d 1) (vgl. Theunissen 1978, 262). In der *Enzyklopädie* § 92 Zusatz bezieht sich Hegel ausdrücklich auf Platons *Timaios*: »Platon sagt: ›Gott hat die Welt aus der Natur des Einen und des Anderen (τοῦ ἑτέρου) gemacht; diese hat er zusammengebracht und daraus ein Drittes gebildet, welches von der Natur des Einen und des Anderen ist‹«, lautet seine Übersetzung von *Timaios*, Steph. 34 f. (vgl. Hegels *Werke* 8, 202). Daraus geht hervor, daß Hegel zu Beginn der Daseinslogik vorhat, mit Platon die Dialektik der Welt der sinnlichen Dinge zu entwickeln.

Sich-Verändern des Anderen, das reine Sich-Negieren des Anderen. Die Selbstbeziehung, in der das Andere steht, führt also dazu, daß das Andere sich aus sich selbst heraus gegen sich wendet. Da aber das Andere, zu dem das sich negierende Andere wird, keine andere Eigenschaft aufweist als das sich negierende Andere, »*geht*« das Andere in seiner negativen Beziehung auf sich »*nur mit sich zusammen*« (127), was zwangsläufig die Restitution des mit sich identischen Etwas zur Folge hat, freilich auf höherer Ebene.[10]

Das restituierte Etwas ist nicht das Etwas, von dem anfangs die Rede war, sondern das, welches durch das Anderssein und die

10 Entsprechend dem Grundgedanken seines Buches unterscheidet Theunissen eine zweifache Perspektive auf den Begriff des Anderen seiner selbst, eine Perspektive der Wahrheit und eine des Scheins. Beide Perspektiven seien von Hegel illegitimerweise kontaminiert worden (Theunissen 1978, 259-267). Eine solche künstliche Trennung beider Perspektiven findet sich indes bei Hegel selbst nicht. Tatsächlich ist für Hegel das Andere seiner selbst in der Daseinslogik die wahrheitsverbürgende Figur auf dem Felde maximaler Unwahrheit, verbindet also Schein mit Wahrheit. Das Andere seiner selbst ist die daseinslogische Modifikation der generellen logischen Figur der Selbstaufhebung der Negativität. – Die Negation der Negation, die das Etwas in Abteilung A. nur »an sich« oder in äußerer Reflexion ist, wird in Abteilung B. »gesetzt«, und zwar vermittelt über die Bestimmung des Anderen. Sie kann also erst auf dem Boden der Andersheit in Wahrheit gedacht werden. Negativität und Andersheit setzen sich wechselseitig voraus. Andersheit ist ein aus der Negation als Bestimmtheit abgeleiteter Gedanke. Das Andere ist von Hegel als »Negatives des Etwas« (124) eingeführt worden. Umgekehrt realisiert sich die Negation der Negation, die das Etwas an sich ist, nur über den Begriff des Anderen, das sich in der Folge als das Andere seiner selbst erweist. So kennt bereits die Daseinslogik die Figur der zweifach verdoppelten selbstbezüglichen Negation, die hier jedoch noch an Substrate gebunden ist, während sie die Wesenslogik als substratfreie entwickelt. In der wahrhaften Unendlichkeit zeigt sich sowohl das Endliche als auch das Unendliche als Negation der Negation bzw. als das Andere seiner selbst (vgl. 160). Hegel denkt also auch das Absolute in der Gestalt des Anderen seiner selbst, die sich aber von der des Endlichen darin unterscheidet, daß es in seinem Anderen nicht zum Erliegen kommt, sondern Bestand gewinnt: »Das Absolute bezieht *sich* auf das Andere, indem es *im* Anderen sich *auf sich selbst* bezieht« (Henrich 1982, 166).

Veränderung hindurchgegangen ist, somit ein auf höherer Ebene in sich reflektiertes. Die Dialektik von Etwas und Anderem ist also ein Übergehen eines affirmativ zu nehmenden Substrats, des Etwas, in Anderssein und die Veränderung und der Umschlag dieses Andersseins und Veränderung in substrathaftes Etwas. Weil das Etwas aus diesem Prozeß des Anderen seiner selbst wieder resultiert, kann Hegel resümierend feststellen: »Das Etwas *erhält* sich in seinem Nichtdasein« (127).

Die Dialektik von Etwas und Anderem stellt sozusagen das Präludium für die weitere dialektische Entwicklung der Daseinslogik dar. Hegels These ist, daß das Dasein bzw. die Welt der sinnlichen Dinge aus zwei Prinzipien besteht: dem Etwas als Substrat und dem durch das Anderssein bedingten Prozeß der Veränderung. Das Substrat geht in den Prozeß der Veränderung ein, und dieser restituiert das Substrat.

III. Mit der Entwicklung des Etwas durch die Andersheit hindurch gewinnt das Etwas eine neue Stellung zum Anderen wie zu sich selbst, aus der sich die Relationsprädikate des Etwas *Sein-für-Anderes* und *Ansichsein* ergeben, die in einem dritten dialektischen Dreischritt entwickelt werden. Bei der Erörterung dieser Begriffe wird deutlich, wie Hegel bei der spekulativ-dialektischen Entwicklung von Begriffen verfährt. Zunächst werden die neuen Kategorien Sein-für-Anderes und Ansichsein aus der Analyse des Resultats der Dialektik von Etwas und Anderes hergeleitet. Sodann erfolgt die Darstellung der Dialektik des Übergehens beider Bestimmungen. Diese zeigt kritisch auf, daß die traditionelle Trennung von Ansichsein und Sein-für-Anderes nicht aufrechterhalten werden kann, weil sich beide Bestimmungen wechselseitig implizieren. Die Dialektik von Ansichsein und Sein-für-Anderes resultiert schließlich in einer neuen synthetischen Einheit von Ansichsein und Sein-für-Anderes.

Kommen wir zunächst auf die Herleitung der Kategorien Sein-für-Anderes und Ansichsein zu sprechen. Aus der Tatsache, daß sich Etwas in seinem Nichtdasein, im Prozeß seiner Veränderung, auch erhält, geht hervor, daß Etwas nunmehr in *Beziehung* auf sein Anderssein steht, für die zunächst der Begriff des Sein-für-Anderes eingesetzt wird. Diese Kategorie bezeichnet also eine Beziehungsweise des Etwas gegenüber dem Anderen, die ihm als Ergebnis der Dialektik des Übergehens von Etwas und Anderem ineinander erwächst.

Jokers Restseller
Friedrich Carre
Friedrichstraße 148
10117 Berlin
030 20 45 84 [illegible]

Q U I T T U N G

[illegible] 3,95

Total [illegible] 3,95 EUR

Bar [illegible] EUR
[illegible] EUR

[illegible] enthält 0,26 EUR MWSt
7,00% 0,26
[illegible]nummer: 146/644/3[illegible]
[illegible] 19:20:43

Vielen Dank für Ih[illegible]

Jokers Restseller
Friedrich Carre
Friedrichstraße 148
10117 Berlin
030 - 20 45 84 23

Q U I T T U N G

...buch 3,95

Total[1] 3,95 EUR

Bar 10,00 EUR
Zurück 6,05 EUR

...Betrag enthält 0,26 EUR MwSt
... 0,26
...ernummer: 148/641/25411
...02.2006 14:20:43 ...

Wir danken für Ihren Einkauf!

Aus der Tatsache, daß sich Etwas in seinem Nichtdasein, im Prozeß seiner Veränderung, auch erhält, geht jedoch nicht nur die Kategorie des Sein-für-Anderes, sondern auch das Ansichsein hervor. Ansichsein ist das »Sein« des Etwas, »aber nicht Sein überhaupt«, sondern »Beziehung auf sich *gegen* seine Beziehung auf Anderes« (128). Ansichsein und Sein-für-Anderes sind also nicht mehr die Bestimmungen Etwas und Anderes selbst, sondern die Beziehungsweisen des Etwas in seiner Stellung zum Anderen. Ansichsein und Sein-für-Anderes haben eher den Status von Prädikaten als den von Pronomina, die für Subjektausdrücke, also indirekt für Gegenstände stehen.

So wie sich Etwas und Anderes in der Dialektik ihres Übergehens ineinander als sich wechselseitig implizierende Momente erweisen, löst sich auch die abstrakte Unterscheidung von Ansichsein und Sein-für-Anderes in ihrer dialektischen Betrachtung auf. Wie argumentiert Hegel? Die Dialektik des Ansichseins kommt in Gang, indem deutlich wird, daß das Ansichsein, gerade weil es mit der Negation des Sein-für-Anderes identisch ist, auf eben das von ihm Verleugnete hinweist. Auch das Sein-für-Anderes weist gerade in der Negation des Ansichseins auf dieses hin. In der Darstellung der Dialektik des Aufeinanderhinweisens zeigt Hegel auf, daß die traditionelle Trennung von Ansichsein und Sein-für-Anderes nicht aufrechterhalten werden kann, weil beide Bestimmungen sich wechselseitig implizieren.

Aus der Kritik der Trennung von Ansichsein und Sein-für-Anderes ergibt sich eine neue Einheit, eine neue Synthese in Form der Identität beider Bestimmungen. Hegel legt Wert auf die Identität beider Bestimmungen im Begriff des Etwas. Etwas ist Ansichsein und *darin* zugleich Sein-für-Anderes. Das Ansichsein hat als reflektiertes das Sein-für-Anderes *»an ihm«* (129). Mit dem Terminus *An-ihm-Sein* wird die Einheit von Ansichsein und Sein-für-Anderes terminologisch festgehalten.

Von der Warte der Identität von Ansichsein und Sein-für-Anderes aus ergibt sich Hegels Kritik am Kantischen Begriff des unerkennbaren Ding-an-sich. Hegel rügt den Kantischen Begriff vom Ding-an-sich als eine »sehr einfache Abstraktion« (129), die per definitionem inhaltsleer ist. Der Begriff des Ding-an-sich ist ein widersprüchlicher Begriff, bei dem die Angabe einer Bestimmung unmöglich ist, eben weil er ohne Bestimmung ist. Hegel substituiert den Kantischen Begriff vom Ding-an-sich, den er mit

Schellings Absolutem vergleicht, in dem Alles eins ist, durch seinen eigenen Begriff vom Ding-an-sich, nämlich durch den Begriff des *Begriffes* als Zusammenhang seiner Bestimmungen, der konkret und in sich erkennbar ist. Die Einsicht in die Inkonsistenz des Kantischen Begriffs vom Ding-an-sich ist eines der wichtigsten Argumente für den Übergang von Kants Transzendentalphilosophie zum Idealismus Fichtes, Schellings und Hegels. Sie ist wesentlich durch Jacobi auf den Weg gebracht worden.[11]

IV. Mit der Kritik am Ding-an-sich sind wir zugleich zur nächsten, der vierten Stufe der daseinslogischen Dialektik gelangt. Die Herleitung der Kategorien *Bestimmung* und *Beschaffenheit* erfolgt wieder aus der Analyse des Resultats der Dialektik von Ansichsein und Sein-für-Anderes. Beide Kategorien ergeben sich aus der bestimmten Konstellation, in der Ansichsein und Sein-für-Anderes zueinander zu stehen kommen.

Die Bestimmung ist die Bestimmtheit des Etwas, die aus seinem Sein-für-Anderes erwächst und in das Ansichsein aufgenommen wird. Das Ansichsein nimmt die Bestimmtheit solchermaßen in sich auf, daß es diese zur Bestimmung internalisiert. Die nicht internalisierbare Bestimmtheit des Etwas, die außer der Bestimmung verbleibt, ist diejenige Bestimmtheit, die nur Sein-für-Anderes ist. Sie bezeichnet Hegel als Beschaffenheit. Beide Kategorien können als die konkreten Beschreibungsprädikate von Etwas begriffen werden.

Die Kategorie der Bestimmung hat für Hegel zwei Bedeutungen: 1. Die grundlegende Bedeutung von Bestimmung ist Selbst-

11 Jacobi entdeckte in der Kantischen Erkenntnistheorie folgenden Widerspruch: Das Affiziertsein der Sinnlichkeit soll durch das Ding-an-sich verursacht sein, andererseits gehört der Begriff der Ursache, die Kategorie der Kausalität, zur Verfassung des transzendentalen Subjekts und kann sich daher nur auf die Erscheinungen beziehen, nicht aber darauf, wie die Dinge an sich selbst sind. »Ich muß gestehen«, erklärt Jacobi in *David Hume oder Über den Glauben*, »daß dieser Umstand bey dem Studio der Kantischen Philosophie nicht wenig aufgehalten hat, so daß ich verschiedene Jahre hintereinander die Kritik der reinen Vernunft immer wieder von vorne anfangen mußte, weil ich unaufhörlich darüber irre wurde, daß ich *ohne* jene Voraussetzung in das System nicht hineinkommen, und *mit* jener Voraussetzung darinn nicht bleiben konnte« (Jacobis *Werke* II, 304).

behauptung und Selbsterhaltung, in der das Etwas sein eigenes qualitatives Sein gegenüber Anderem affirmiert. 2. Etwas ist in seiner Bestimmung nicht nur faktisch kongruent mit sich, sondern enthält einen Erfüllungsanspruch, daß das faktische Dasein, seine Bestimmtheit, seinem Ansichsein entspreche.[12] Letztlich erweist sich die Bestimmung des Etwas als ein nicht erfüllbares »*Sollen*« (133), weil sie im buchstäblichen Sinn mit nicht einverleibtem Dasein konfrontiert ist.

Die Kategorie der Beschaffenheit trägt dem Umstand Rechnung, daß Etwas äußerem Einfluß, der Verwicklung mit Anderem, preisgegeben ist. Mit der Kategorie der Beschaffenheit ist eng der Begriff der Veränderung verknüpft, weil im Ausgeliefertsein an seine Umgebung die Möglichkeit gegeben ist, daß Etwas sich ändert. Die Veränderung betrifft jedoch zunächst nur die Beschaffenheit (externe Bestimmtheit) von Etwas, so daß die Bestimmung (interne Bestimmtheit) unberührt vom Wandel der Beschaffenheit bleibt. Bestimmung und Beschaffenheit klaffen so völlig auseinander.

Die Dialektik des Übergehens von Bestimmung und Beschaffenheit zeigt auf, daß dies in Wahrheit nicht der Fall ist. Die Dialektik der Kategorien hat die Aufgabe, ihre abstrakte Unterscheidung aufzuheben und sie in ihrem Übergehen ineinander darzustellen. Zunächst wird in äußerer Reflexion die schlußlogische Vermittlung von Bestimmung und Beschaffenheit sichergestellt. Beide sind nämlich nur unterschiedliche Formen von Bestimmtheit. Sodann führt Hegel den Nachweis des Übergehens für Bestimmung und Beschaffenheit getrennt durch.

In seiner Bestimmung ist Etwas anscheinend gleichgültig gegen seine Veränderung, die nur seine Beschaffenheit betrifft. Da die Bestimmung aber Identität von Ansichsein und Sein-für-Ande-

12 Bestimmung wird hier in dem Sinne verwendet, in dem die gleichnamige Schrift Fichtes von der »*Bestimmung* des *Menschen*« (132) handelt, auf die Hegel hier rekurriert. Die Bestimmung des Menschen ist den Idealisten zufolge die »denkende Vernunft« (ebd.). »Denken überhaupt« (ebd.) ist die »einfache *Bestimmtheit*« (ebd.), wodurch der Mensch vom Tier unterschieden ist und die sein Ansichsein gegenüber seinem Sein-für-Anderes, seiner Natürlichkeit und Sinnlichkeit, ausmacht. Der Mensch erfüllt seine Bestimmung, indem sein Ansichsein, das Denken, auch an ihm ist, sein konkretes Dasein ausmacht, das heißt sein Leben gestaltet.

res ist, ist die Bestimmung von Etwas gar nicht abgeschirmt, wie es bisher schien, sondern »offen« (134) gegenüber dem Verhältnis zu Anderem, das so qua Veränderung in das Ansichsein der Bestimmung hineingebracht wird. Hierdurch wird die Bestimmung selbst zur Beschaffenheit »herabgesetzt« (ebd.), wie Hegel sagt. Daß die Veränderung die Bestimmung nicht tangiert, ist also ein Schein, den der Übergang von Bestimmung in Beschaffenheit auflöst. Die Veränderung greift also auf die Bestimmung und damit auf das Etwas selbst über.

Nachdem Hegel aufgezeigt hat, inwiefern die Bestimmung zur Beschaffenheit herabgesetzt ist, weist er dann umgekehrt nach, daß auch die Beschaffenheit – konsequent gedacht – nichts anderes als Bestimmung ist.

Den Schein der abstrakten Trennung der Beschaffenheit von der Bestimmung destruiert Hegel, indem er jene in ihrer ganzen Unwahrheit als »isoliert und für sich gesetzt« (134) nimmt. Darin sei sie »dasselbe, was das Andere als solches, das Andere an ihm selbst, d. i. seiner selbst ist« (ebd.). Der entscheidende Punkt in diesem Argument besteht also im Vergleich zwischen der Beschaffenheit und der daseinslogischen Hauptkategorie des Anderen seiner selbst. Beschaffenheit – so wurde gesagt – ist der Veränderung unterworfen, so geht sie zunächst über in andere Beschaffenheit. Da diese andere Beschaffenheit aber wesentlich keine andere Eigenschaft aufweist, als sich verändernde Beschaffenheit zu sein, »*geht*« diese in jener »*nur mit sich zusammen*« (127). So läßt sich sagen: Als das Andere seiner selbst hört die Beschaffenheit auf, Beschaffenheit zu sein, und erweist sich in Wahrheit als »*sich auf sich beziehendes* Dasein«, welches die »*Bestimmung*« des Etwas ist (134).

Bevor Hegel die Kategorie der Grenze einführt – mit ihr ist die letzte Station erreicht, die das Etwas vor seinem Übergang zur Endlichkeit, die seinen Untergang darstellt, überhaupt definiert –, bevor also Hegel die Kategorie der Grenze einführt, hält er die durch die Dialektik von Bestimmung und Beschaffenheit hervorgerufene entwickelte Bestimmung des Etwas und die veränderte Konstellation in der Beziehung von Etwas und Anderem fest.

Als Resultat der Dialektik von Bestimmung und Beschaffenheit wird in bezug auf das Etwas zweierlei festgehalten: 1. Die Veränderung ist nicht mehr nur eine abstrakte oder oberflächliche, sondern ist nunmehr am Etwas selbst gesetzt, tangiert also das Etwas selbst in seiner Bestimmung, ergreift also den Kern des Etwas selbst. 2. Das Etwas ist aufgrund der ihm immanenten Negation »entwickeltes Insichsein« (134). Für das nun vorliegende Etwas gilt also zweierlei: Es wird von der Veränderung selbst erfaßt, und es erhält sich zugleich in seiner Veränderung. Darin ist es *entwickeltes Insichsein*, entwickelte Individualität. Beschaffenheit und Bestimmung verhalten sich gegenläufig zueinander und gehen zugleich ineinander über. Etwas erfüllt hier das Motto, das Sie sicher von dem Sänger Wolf Biermann her kennen: *Nur wer sich ändert, bleibt sich gleich.*

Mit der Dialektik von Bestimmung und Beschaffenheit beginnt Hegel, die Dialektik der Welt der sinnlichen Dinge, die wesentlich auch für Platon durch das principium individuationis und durch Veränderung gekennzeichnet ist, und zwar auf dem Weg vom Abstrakten zum Konkreten im begrifflichen Denken zu rekonstruieren. Der Anspruch, eine solche begriffliche Rekonstruktion der sinnlichen Welt leisten zu können, gehört zum vernunftfundamentalistischen Programm von Hegels Logik.

Mit der Dialektik von Bestimmung und Beschaffenheit hat sich auch die Konstellation in der Beziehung von Etwas und Anderem geändert. Wir sind an einem Punkt angelangt, wo wir im Hegelschen Sinn *begriffen* haben, wie sich Etwas und Anderes tatsächlich zueinander verhalten. Hegel hält in diesem Zusammenhang fest: Etwas und Anderem ist die Negation nicht mehr äußerlich, sondern immanent, so daß ihre Selbstaffirmation nicht mehr unmittelbar, sondern durch das »Aufheben[...] des Andersseins« (135) vermittelt ist, welches daher jeweils als Moment in den Etwas enthalten ist. Diese Struktur gilt also auch für das dem Etwas gegenüberstehende Andere, das genauso ein Etwas ist, so daß Hegel sagen kann, daß hier »Zwei Etwas« (134) vorhanden sind, deren Sein als Negation der Negation gesetzt ist. Beide verhalten sich daher *»aus sich selbst«* (135) heraus zum Anderen.

Doch trotz des Umstands, daß Etwas und Anderes jeweils als Moment im jeweils Anderen aufgehoben und enthalten sind, sind sie auch qualitativ unterschieden. Über dieses doppelte Verhältnis des Enthalten- und des Unterschiedenseins von Etwas und Anderem wird die Kategorie der Grenze in ihrer komplexen Negationsstruktur eingeführt. Da in ihr beide sowohl Insichsein oder »Negation der Negation« (135) sind als auch beide per »einfacher Negation« (ebd.) negiert werden, verbindet die Grenze beide und scheidet sie zugleich voneinander ab.

Der Grenzabschnitt ist interpretatorisch nur zu erschließen, wenn man sich am Leitbegriff des Widerspruchs orientiert. Hegel kündigt ja selbst an, daß sich die Entwicklung der Kategorie der Grenze als »Verwicklung und Widerspruch« (136) darstellt. Bereits in der Dialektik von Etwas und Anderem, von Ansichsein und Sein-für-Anderes und der Dialektik von Bestimmung und Beschaffenheit ist der Widerspruch angelegt, der mit der Grenzbestimmung explizit wird. Der Widerspruch besteht sogleich darin, daß sich Etwas und Anderes aufgrund ihrer Grenze ideell enthalten und reell unterschieden sind.

Die Kategorie der Grenze wird in drei Abschnitten entwickelt: In Abschnitt α) wird zunächst ein strikter Widerspruch von Sein und Nichtsein des Etwas entwickelt, der dann anschließend in Abschnitt β) seine vorstellungs- bzw. verstandesmäßige Auflösung erfährt, indem versucht wird, das Dasein und die Grenze von Etwas und Anderem auseinanderzuhalten. Schließlich wird in γ) gezeigt, daß das Dasein des Etwas von der Grenze nicht loskommt und somit auch den Widerspruch nicht von sich abschütteln kann, der es in »Unruhe« (138) versetzt und über sich hinaustreibt.

Abschnitt α) enthält zunächst zwei Grundaussagen: 1. Die Grenze des Etwas ist sein Sein und das Nichtsein des Anderen. 2. Da das Andere selbst ein Etwas ist, ist die Grenze auch das Nichtsein des ersten Etwas. Als Resultat aus 1. und 2. ergibt sich der Widerspruch, daß Etwas und Anderes in der Grenze sowohl ihr Sein als auch ihr Nichtsein haben. Hegel gibt dem Widerspruch der Grenze dann eine negationstheoretische Interpretation. Der eben erwähnte Widerspruch – so Hegel – sei nur die »äußere Erscheinung« dessen, daß die Grenze des Etwas »einfache Negation oder die *erste* Negation« ist, das Andere als »die Negation der Negation« zugleich das »Insichsein« und damit das Wesen des Etwas darstellt (136). Was sich auf der Erscheinungsoberfläche als Widerspruch zwischen Sein und Nichtsein des Etwas zeigt, erweist sich in der negationstheoretischen Tiefendimension als strikter Selbstwiderspruch. In seiner Grenze scheidet das Etwas in einfacher Negation das Andere von sich ab, das als Negation der Negation das Wesen seines Insichseins ausmacht. Daher negiert das Etwas in der negierenden Abscheidung des Anderen zugleich sich selbst. In der Grenze liegt somit nicht nur die wechselseitige Negation zweier Momente, sondern die Selbstnegation eines jeden der Momente vor.[13]

Abschnitt β) versucht die verstandes- bzw. vorstellungsmäßige Auflösung des Widerspruchs durch den Gedanken, daß Etwas und Anderes ihr Dasein jenseits voneinander und von ihrer Grenze haben. Die Vorstellung des Verstandes hält an der Verschiedenheit des Daseins des Etwas von seiner Grenze fest, indem sie die Grenze vom Dasein abtrennt. Mit der Grenze bloß »behaftet« (139), bleibe das Etwas affirmatives, ruhiges Dasein.

Abschnitt γ) enthält zunächst zwei Grundaussagen, die die Vorstellung des Verstandes destruieren sollen: 1. Außerhalb ihrer Grenze sind Etwas und Anderes dasselbe, nämlich Dasein. 2. Mit der Trennung der Grenze vom Dasein ist dieses gesetzt mit der Bestimmtheit als Grenze, die die »*gemeinschaftliche* Unterschiedenheit« (137) von Etwas und Anderem ausmacht, denn Grenze bedeutet ja nichts anderes als Trennung. Daraus folgt, daß Etwas und Anderes ihr Dasein nur *in* der Grenze haben. In einem dritten Schritt wird gezeigt, daß das Dasein und die Grenze von Etwas und Anderem keineswegs identisch miteinander, sondern das Negative voneinander sind. Doch der Versuch des Verstandes, das Dasein von der Grenze abzuhalten, reproduziert nur die Tatsache, daß Etwas sein Dasein nur *in* seiner Grenze hat und damit den Widerspruch der Grenze. Der infinite Regreß der verstandesmäßigen Abtrennung des Daseins von der Grenze zeigt nur, daß Etwas in seinem Dasein der Grenze *preisgegeben* ist. In ihr allein hat das Etwas sein principium individuationis.

In einem letzten Schritt werden die beiden Bestimmungen des mit seiner immanenten Grenze gesetzten Etwas festgehalten. Die eine Bestimmung ist die, daß Etwas das, was es *ist*, nur in seiner Grenze ist. Die andere ist die, daß das Etwas in seiner Grenze auch die *Negation seiner* in sich selbst hat und aufgrund dieses

13 In der zweiten Auflage der Seinslogik hat sich Hegel verstärkt darum bemüht, die Kategorienentwicklung negationstheoretisch abzusichern. Eine logische Kategorie, die als entwickelte *Negation der Negation* zugleich zu einer *einfachen Negation* herabgesetzt ist, bezeichnet immer den unaufgelösten Widerspruch einer *negativ* bleibenden Selbstbeziehung. Dies gilt für alle Kategorien der Endlichkeit.

Widerspruchs in sich unruhig ist und über sich hinausgetrieben wird. Was hier hinzukommt, ist, daß der Widerspruch eine Bewegungsform hervorruft, die das Etwas über sich hinausschickt. Diese beiden Bestimmungen: Grenze des Etwas und dessen Darüber-hinaus-Streben aufgrund des Widerspruchs der Grenze konstituiert das Etwas als Endliches.

Hegel konstruiert hier den Übergang der Grenze in die Endlichkeit, indem er die strikt räumlich gedachte Grenze in eine Bewegung überführt, aus der eine zeitlich gefaßte und zugleich geschichtlich gedachte Endlichkeit herausspringt. Diese Entwicklung, in der das zunächst räumlich angesetzte Phänomen der Grenze des Etwas zu dem zeitlichen Phänomen des Endlichen wird, hat die Form, daß das Etwas aufgrund des Widerspruchs seiner Grenze über sich hinausgetrieben wird. So kann die These aufgestellt werden, daß die Verlaufs- und Bewegungsform (die »Unruhe« [138]) des Widerspruchs der räumlich gefaßten Grenze die zeitlich strukturierte Endlichkeit konstituiert. Hegels generelle These ist, daß das Etwas Endliches ist, weil es in seiner Veränderung keinen Bestand hat. Die Veränderlichkeit wird zur Vergänglichkeit entschränkt, indem deutlich wird, daß das Etwas sein Sein in seinem Nichtsein hat, weil sein Sein in seiner Grenze ganz dem Nichtsein preisgegeben ist.

Für den Übergang zur Endlichkeit ist mithin zweierlei notwendig: 1. der Nachweis, daß die Grenze dem Etwas immanent ist, das heißt, daß es tatsächlich der Grenze preisgegeben ist; und 2. die Explikation des der Grenze des Etwas immanenten Widerspruchs in seiner Bewegungsform. Damit kündigt Hegel an, daß die Theorie der Endlichkeit im ganzen nur als Theorie des Widerspruchs zu verstehen ist.[14]

14 Zur Gesamtkonstruktion der Daseinslogik läßt sich folgendes sagen: Auf der vierten dialektischen Stufe ergibt sich mit der Kategorie der Grenze des Etwas die Merkwürdigkeit, daß hier der Widerspruch und die Synthese im dritten Moment der Stufe zusammenfallen, ja daß der Widerspruch den synthetischen Charakter der Kategorie des endlichen Etwas ausmacht. Dies ist insofern merkwürdig, als man den Widerspruch doch als negative Bestimmung einordnen würde. Diese Merkwürdigkeit ergibt sich jedoch aus der Gesamtkomposition der Daseinslogik, deren sechs Stufen von dialektischen Dreischritten sich in den Dreischritt einer Stufe konzentiert zusammenfassen lassen: Ausgangspunkt ist die unreflektierte Positivität des

Mit dem vierten dialektischen Dreischritt von Etwas und Anderem in ihrer Bestimmung, Beschaffenheit und Grenze hat Hegel Platons These von der Dialektik der sinnlichen Dinge eingeholt. Platonisch ist die Auslegung der endlichen Dinge als eines Seins, das ein Nichtsein ist. Platonisch ist auch und vor allem der Versuch, das endliche Etwas aufgrund seines Widerspruchs nicht nur als Veränderung, sondern als Vergehen zu denken. Hegels philosophische Leistung im Ansatz seiner Daseinslogik ist also, daß er mit Platon aufzeigt, daß Jacobis Auffassung von der Unmittelbarkeit und Positivität des Daseins der Dinge der Welt unhaltbar ist. Die genetische Rekonstruktion des Etwas in seiner Endlichkeit legt dessen immanente Negativität frei, die den Schein seiner anfänglichen Positivität auf dem Denkweg dementiert.

In den nächsten beiden Vorlesungen müssen wir erstens untersuchen, wie es dem Denken des Verstandes und dem Denken der Vernunft gelingt, mit der Negativität und dem Widerspruch der endlichen Dinge fertig zu werden. Da Hegel in der Dialektik der Welt der sinnlichen Dinge ganz den Standpunkt Platons einnimmt, müssen wir zweitens kritisch prüfen, wie er sich in der durchgeführten Theorie der Endlichkeit und Unendlichkeit zu dem von Platon ausgehenden, zweitausend Jahre alten Dualismus von Endlichkeit und Unendlichkeit in der Geschichte der Philosophie verhält.

Daseins und Etwas (I., II. Stufe), die in einem zweiten Schritt durch die Entwicklung des Etwas in seiner Negativität, Widersprüchlichkeit und Endlichkeit dementiert wird (III., IV. Stufe). Der Widerspruch der Grenze als synthetische Kategorie der vierten Stufe ist also zugleich die höchste Stufe der Entzweiung in der Gesamtentwicklung der Daseinslogik. In der Theorie der Endlichkeit und Unendlichkeit (V., VI. Stufe) führt Hegel die Endlichkeit und Unendlichkeit in ihrer Negativität und Widersprüchlichkeit zur wahren Unendlichkeit, in der Absicht, die Negativität und Widersprüchlichkeit in neue Affirmation und Konsistenz zu überführen. Vgl. zur Interpretation der Daseinslogik in einem Sechs-Stufen-Modell Kesselring 1984, 283 ff.

Achte Vorlesung

Daseinslogik (II): Hegels Theorie der Endlichkeit

In der heutigen Vorlesung möchte ich Hegels Theorie der Endlichkeit genauer betrachten. Hegel entwickelt seine Theorie der Endlichkeit in Abteilung Bc der Daseinslogik. Die Theorie der Endlichkeit läßt sich als Endpunkt der in der Daseinslogik praktizierten Unterminierung der Logik des gesunden Menschenverstandes ansehen, der von der Ursprünglichkeit selbständiger Einzeldinge ausgeht.

Zunächst soll uns ein Überblick über diese komplizierte Theorie Orientierung geben. Im Vorspann zu Bc wird die Kategorie der Endlichkeit in einer kursorischen Nachzeichnung ihrer Genese aus der Dialektik der Grenze eingeführt. Das Wesen der Endlichkeit wird als Widerspruch zwischen Sein und Nichtsein gefaßt, dessen Bewegungsform das Vergehen ist. In Bcα »Die Unmittelbarkeit der Endlichkeit« wird zunächst die spezifische Negativitätsstruktur des Endlichen erörtert. Sodann kritisiert Hegel hauptsächlich die Verstandesansicht der Endlichkeit und stellt dieser die Vernunftansicht gegenüber. Während der Verstand sich an die unmittelbare Bedeutung der Endlichkeit hält, expliziert die Vernunft den dialektischen Begriff der Endlichkeit, der das Endliche über sich in das Unendliche hinaustreibt. Schließlich wird als Programm die Auflösung des Widerspruchs des Endlichen proklamiert.

Abschnitt Bcβ über »Die Schranke und das Sollen« verhält sich zu Abschnitt Bcα wie die konkrete Durchführung der Theorie der Endlichkeit zu ihrer Exposition. Mit den Kategorien *Schranke* und *Sollen* wird der Widerspruch der Endlichkeit in seinen konkreten Erscheinungsformen entwickelt. In Abschnitt Bcγ schließlich vollzieht Hegel den Übergang vom Endlichen zum Unendlichen, indem er das positive Resultat der Auflösung des Widerspruchs des Endlichen aufzeigt. Wie dieser kurze Überblick über die Theorie der Endlichkeit zeigt, entwickelt sie Hegel als eine komplexe Theorie des Widerspruchs.

1. Da wir in der letzten Vorlesung ausführlich erörtert haben,

wie sich die Kategorie der Endlichkeit aus der Bewegungsform des Widerspruchs des Etwas mit seiner Grenze ergibt, können wir gleich zu Hegels Exposition der Kategorie der Endlichkeit übergehen. Wenn es so ist, daß die endlichen Dinge *sind*, so aber, daß das *Nichtsein* ihre Natur, ihr Wesen und Sein ausmacht, dann ist ihrer Selbstbeziehung die negative Beziehung eingeschrieben, so daß sie sich negativ auf sich selbst beziehen. In ihrer *negativen Selbstbeziehung* haben sie die Bestimmung, sich über sich selbst hinauszuschicken. »Sie *sind*, aber die Wahrheit dieses Seins ist ihr *Ende*« (139), sagt Hegel.

Beim Endlichen liegt somit ein beständiges Übergehen von Sein in Nichtsein vor, das daher nicht Veränderung, sondern Vergehen ist. Zu konstatieren ist, daß das Vergehen die bislang stärkste Form der Negativität im Verlauf der Daseinslogik ist. Michael Theunissen spricht hier von einer »Entschränkung des Vergehens« (Theunissen 1978, 275), wodurch Hegel sogar das platonische *Phaidon*-Denken radikalisiere. Das Wesen der endlichen Dinge ist Vergehen nicht bloß in dem Sinne, daß sie zunächst affirmativ bestünden und dann irgendwann einmal vergingen; vielmehr vergehen sie immer und von Anfang an. Das Sein der Dinge hat den Keim des Vergehens von Anfang an in sich; »die Stunde ihrer Geburt ist die Stunde ihres Todes« (140). Hegel gibt die Vergänglichkeit, auf die hin er Endlichkeit interpretiert, also als Sterblichkeit aus.[1]

Im Abschnitt Bcα »Die Unmittelbarkeit der Endlichkeit« steht der Begriff der Unmittelbarkeit für die Isoliertheit, Unvermitteltheit und Abgetrenntheit der Endlichkeit von der Unendlichkeit. Das Endliche wird hier genommen, wie es unmittelbar vorgefunden wird. Aufgabe dieses Abschnitts ist es, zu zeigen, daß das Endliche nicht isoliert zu denken ist. Dies tut Hegel, indem er den prinzipiellen Widerspruch des Endlichen aufzeigt, der dann seine Konkretion in der Durchführung der Endlichkeitstheorie im Abschnitt Bcβ über Schranke und Sollen erfährt.

Hegel entwickelt zunächst die spezifische ontologische Negativitätsstruktur der Endlichkeit. Er kennzeichnet sie als »die auf

1 Hegel knüpft hier an die uralte Sentenz an, daß das Leben nichts anderes als ein lebenslanges Sterben sei. Mit diesem Gedanken erfährt die das nachhegelsche Denken prägende Figur eines »Sein[s] zum Tode« (Heidegger, SuZ, 235) eine spekulative Vorausdeutung.

die Spitze getriebene qualitative Negation« (140), die den Dingen keine affirmative Bestimmung mehr läßt, die unterschieden wäre von ihrer Bestimmung zum Untergang. Während in den bisher erörterten Kategorien der Daseinslogik die negativen Bestimmungen mit den affirmativen verträglich sind, steht die Endlichkeit als vom Verstand »*an sich fixierte* Negation« dem »Affirmativen schroff gegenüber« (ebd.). Aufgrund dieser – wie Hegel sagt – »qualitativen Einfachheit der Negation, die zum abstrakten Gegensatze des Nichts und Vergehens gegen das Sein zurückgegangen ist«, ist die Endlichkeit »die hartnäckigste Kategorie des Verstandes« (ebd.).

Wenn Hegel im folgenden zur Kritik am Verstandesdenken der Endlichkeit übergeht, so ist das nicht so zu verstehen, als wäre die hergeleitete Negativitätsstruktur der Endlichkeit nur eine verstandesmäßig gedachte, bei der der affirmative Aspekt übersehen worden wäre. Hegel meint vielmehr: Wir müssen die grundlegende ontologische Negativitätsstruktur der Endlichkeit ernst nehmen. Auch und gerade das spekulative Denken kann über diese nicht hinwegsehen und dem Endlichen etwa ein positives Sein – unterschieden von seinem Nichtsein – substituieren. Damit wären wir in der Entwicklung wieder vor das Endliche zurückgefallen.

Der Verstand nimmt die Negativitätsstruktur des Endlichen positiv und weigert sich, das Endliche im Unendlichen seine Affirmation und Versöhnung finden zu lassen. Indem der Verstand so denkt, begeht er eine Inkonsistenz, die ihm natürlich nicht bewußt ist. Denn gerade damit macht der Verstand das »Nichtsein« der Endlichkeit »*unvergänglich* und *absolut*«, ja »*ewig*« (140). Paradoxerweise wird damit ihre Vergänglichkeit zu ihrer unveränderlichen, unvergänglichen Qualität. Indem der Verstand die Negativitätsstruktur des Endlichen positiv nimmt, reproduziert er zugleich den objektiven Widerspruch des Endlichen in seinem Denken und befestigt ihn.

Dem philosophischen Standpunkt der sich auf sich versteifenden und insofern verabsolutierten Endlichkeit ordnet Hegel seit *Glauben und Wissen* (1802) die Kantische, Jacobische und Fichtesche »Reflexionsphilosophie« zu. Zur endlichen Konzeption der Philosophie gehören aber auch die antike Sophistik, der hellenistische sowie der neuzeitliche Skeptizismus, insofern sie das Endliche im Sinne des Sinnlichen negativ setzen. Von der endlichen Konzeption unterscheidet sich die wahrhafte, synthetische Konzeption der Philosophie, die Hegel selbst entwickeln will.

In *Glauben und Wissen* führt Hegel aus, daß die Jacobische Philosophie zwar der Kantischen Philosophie entgegengesetzt ist, aber innerhalb der ihnen gemeinsamen Sphäre der absolut gesetzten Endlichkeit. Während die Kantische die abstrakte Subjektivität und Endlichkeit in Begriffsform setzt – Erkenntnis gibt es nur von endlichen Gegenständen möglicher Erfahrung, und das Absolute kann nur geglaubt werden –, befreit die Jacobische Philosophie die Endlichkeit von ihrer Begriffsform und setzt sie in ihrer Unmittelbarkeit. Beide Philosophien postulieren einen absoluten Gegensatz zwischen Endlichkeit und Unendlichkeit. Für beide ist das wahrhaft Absolute ein Jenseits für die Erkenntnis und nur im Glauben oder im Gefühl zugänglich. An Fichte kritisiert Hegel die Endlichkeit bzw. das Schweben des Ich zwischen Endlichkeit und Unendlichkeit. In des frühen Fichte Bestimmung des Ich als eines zwar absoluten, aber zugleich endlichen, durch ein Nicht-Ich bzw. einen Anstoß erst zu bestimmenden liegt nach Hegel ein unaufgelöster Widerspruch.

Hegel unterscheidet in der Logik zwei Ansichten des Endlichen, die Verstandes- und die Vernunftansicht. In der Verstandesansicht, die auf dem Standpunkt der Endlichkeit steht, bleibt die Vergänglichkeit bestehen. Der Verstand macht damit das Vergehen bzw. das Nichts zum »*Letzten* des Endlichen« (141) und behauptet hierdurch die Unverträglichkeit des Endlichen mit dem Unendlichen.[2] Die Vernunft erkennt, daß die Vergänglich-

2 Als Indiz dafür, daß der Verstand im Widerspruch des Endlichen verharrt, führt Hegel an, daß er das Ende des Endlichen nicht im Affirmativen sieht, sondern als »das *Nichts*« (141) faßt. Worin besteht der Widerspruch im Denken des Nichts? Dem »Denken oder Anschauen« (83) des Nichts – heißt es am Anfang der Logik – »gilt es als ein Unterschied, ob etwas oder *nichts* angeschaut oder gedacht wird« (ebd.). Da so das Denken des Nichts im Kontrast zum Denken des Seins eine »Bedeutung« (ebd.) erhält, »so *ist* (existiert) Nichts in unserem Anschauen oder Denken« (ebd.), wodurch der Widerspruch entsteht, als ob das Nichts, das »*nur* Nichts sein soll« (141), ein existierender Inhalt wäre und als ob es ein Denken gäbe, durch das ein solcher inhaltsloser Inhalt gedacht werden könnte. Dieser Widerspruch läßt das Nichts in das Sein übergehen bzw. immer schon übergegangen sein und leitet damit die Kategorie des Werdens ein.

keit und das Vergehen des Endlichen selbst vergeht.[3] Und zwar erkennt die Vernunft, daß die absolut gesetzte Endlichkeit inkonsistent ist; ist alles vergänglich – lautet das Argument –, so auch der Satz, daß alles vergänglich ist; dieser Satz widerstreitet sich selbst und gibt so dem Unendlichen wieder Raum. Konsequent gedacht, ist also das Endliche und Vergängliche selbst vergänglich.

Der Verstand kann, weil er an der Kategorie der Endlichkeit festhalten will, diese Möglichkeit nicht zugeben und verweist auf die strikte Unverträglichkeit zwischen dem Endlichen und dem Unendlichen. Indem der Verstand explizit behauptet, daß das Endliche »*perennierend*« (141) dem Unendlichen gegenübersteht, hält er an dem Widerspruch fest, daß das Endliche als Nichtiges sei bzw. als Vergängliches Bestand habe.

Die weitere Entwicklung des Endlichen, wie sie in der Durchführung der Endlichkeitstheorie in Abschnitt Bcß »Die Schranke und das Sollen« erfolgt, zeigt, daß das Endliche als dieser unaufgelöste Widerspruch »in sich zusammenfällt«, also unwahr und unhaltbar ist, und dieser nur dadurch aufgelöst werden kann, »daß das Vergehen, das Nichts, nicht das Letzte ist, sondern vergeht« (142). Die Durchführung der Endlichkeitstheorie soll also den Verstand über den Widerspruch seiner hartnäckigsten Kategorie aufklären und ihn durch diese Selbstreflexion im Hegelschen Sinn zur Vernunft bringen. Der Vernunft zufolge hebt sich das Endliche als Vergehen des Vergehens selbst auf und geht

3 Jacobi war es, der den Idealismus allgemein zu einem Nihilismus erklärte (vgl. Jacbis *Werke* III, 44). Die Gefahr in Fichtes Philosophie bestehe darin, daß in ihr das Denken alles außer sich zerstöre, die Gegenstände in ein bloßes Nichts verwandle. Auch zu Hegels Idealismus gehört ein gegenüber der Positivität der endlichen Dinge skeptischer Nihilismus. Hegel wirft Fichte sogar vor, zu wenig nihilistisch zu sein: »Das Erste der Philosophie aber ist, das *absolute* Nichts zu erkennen, wozu es die Fichtesche Philosophie so wenig bringt, so sehr die Jacobische sie darum verabscheut. Dagegen sind beide in dem der Philosophie entgegengesetzten Nichts; das Endliche, die Erscheinung hat für beide absolute Realität; das Absolute und Ewige ist beiden ein Nichts für das Erkennen« (Hegels *Werke* 2, 410). Doch Hegel bleibt bei der Nichtigkeit der endlichen Dinge nicht stehen, sondern erkennt, daß die nichtige Vergänglichkeit der endlichen Dinge nicht das Letzte ist. Insofern enthält seine Theorie der Endlichkeit auch eine Nihilismuskritik.

in Unendlichkeit über. Die Transzendierung einer widersprüchlichen Kategorie besteht also darin, daß man sie auf sich selbst anwendet. Daß die Auflösung des Widerspruchs des Endlichen – das Vergehen des Vergehens – nicht nur das negative Resultat des Nichts, sondern auch ein affirmatives Resultat hat, versucht Hegel im letzten Abschnitt von Abteilung Bc zu zeigen. Die alles entscheidende Frage ist, inwiefern das Endliche dadurch im Unendlichen seine Versöhnung erfährt.

Fassen wir zusammen: Hegels Kritik an der »Unmittelbarkeit der Endlichkeit« enthält drei Behauptungen: 1. Der Widerspruch ist nicht nur eine akzidentelle Bestimmung des Endlichen, sondern das Wesen des Endlichen. Der Verstand, der auf dem Standpunkt der Endlichkeit beharrt, bleibt bei diesem Widerspruch als einem unaufgelösten stehen. Das Beharren im Widerspruch ist inkonsistent; darin ist die Verstandesansicht des Endlichen kritikabel. 2. Das Endliche muß sich, eben weil es widersprüchlich ist, auflösen (»in sich zusammenfallen«), vergehen und mit ihm der Verstand. 3. Das Ende des Endlichen, das Resultat des Vergehens des Vergehens ist nicht Nichts. Aus der Auflösung oder Aufhebung der Endlichkeit und ihres Widerspruchs entsteht vielmehr ein Höheres, nämlich die Unendlichkeit der Vernunft.

Nach Hegels in der Wesenslogik ausgearbeiteter Widerspruchstheorie verhält es sich so, daß dasjenige, das in einem unaufgelösten Widerspruch befangen ist, an diesem Widerspruch zugrunde geht. Das wesenslogische Zugrundegehen korrespondiert mit dem daseinslogischen Zusammenfallen oder Vergehen. Dasjenige jedoch, was den Widerspruch aufzulösen imstande ist, geht nicht nur zugrunde, sondern in seinen Grund zurück. Die daseinslogische Vorform des positiven Zum-Grunde-Gehens ist das Vergehen des Vergehens, worin die Selbstaufhebung des Endlichen geschieht.[4]

Ich möchte nun versuchen, Hegels kritische Darstellung der Kategorie der Endlichkeit gegen Theunissens Hegelkritik in seinem Buch *Sein und Schein* zu verteidigen. Für Theunissen kann die Hartnäckigkeit, mit der der Verstand auf die Endlichkeit pocht, nicht ausschließlich der Kritik verfallen. Theunissen will die unentdeckte Wahrheit im Schein der Endlichkeit aufspüren

4 Zur wesenslogischen Theorie des Widerspruchs vgl. Iber 1990, 441 bis 513.

(vgl. Theunissen 1978, 267 ff.). Die Hegelsche Kritik am Verstand müsse eine Differenz in der Absolutsetzung des Endlichen berücksichtigen: Zum einen sehe der Verstand vom Vergehen ab, zum anderen mache er das Vergehen zum Letzten. Während letzteres der Kritik anheimfalle, enthalte ersteres etwas Richtiges. Das Festhalten nämlich der Differenz zwischen dem Vergehen*den* und dem Vergehen. Über ihr Nichtsein und Ende dürfe das Sein der endlichen Dinge nicht vergessen werden (vgl. ebd., 274 f.). Theunissens Hegelkritik zielt auf eine Rettung des Endlichen gegen die eschatologische Auflösung des Endlichen. Theunissens Hegelkritik ist hier durchaus der Feuerbachschen verpflichtet, die gegenüber der Bewegung der Negation und der Negation der Negation ein auf sich selbst beruhendes affirmatives Sein des Endlichen geltend macht. Kritisch ist hier anzumerken, daß Theunissen damit mit der grundlegenden Negativitätsstruktur der Endlichkeit, wonach dem Endlichen kein positives Sein unterschieden von seinem Nichtsein verbleibt, die er selbst als die Wahrheit über das Dasein festhält (vgl. ebd., 269), nicht ernst macht.

Die ganze Kritik Theunissens richtet sich gegen Hegels Grundbehauptung, Endlichkeit bedeute die Auflösung aller seienden Substrate in Nichtigkeit. Für ihn besteht der Fehler Hegels in der Gleichsetzung der Endlichkeit mit dem Vergehen. Damit werde das Subjekt des Vergehens, das Vergehe*nde*, durchgestrichen. Ist es aber nicht gerade der Witz von Hegels Endlichkeitstheorie, daß diese den Schein eines positiven Subjekts (Etwas) durchstreicht? Macht Theunissen nicht unkritisch nur das Sein des Endlichen gegenüber seinem Nichtsein geltend? Jedenfalls scheint Theunissen unkritisch auf den Schein der Positivität des Daseins des Etwas zu rekurrieren.

Hegels These über das Endliche steht zu der Theunissens konträr: Die Rettung des Endlichen – und auch Hegel möchte das Endliche retten – erfolgt nicht gegen seine Auflösung und gegen sein Zugrundegehen. Nur wenn das Endliche in seiner Unmittelbarkeit und Isoliertheit vom Unendlichen zugrunde geht, kann es gerettet werden, nämlich über das Unendliche. Tatsächlich gibt Hegel die Möglichkeit preis, daß das Endliche aus sich selbst heraus seine Affirmation erhält. Das Endliche kann nur in einer Prolepse des Unendlichen gerettet werden – eine Gedankenfigur, der sich Theunissen ansonsten strengstens verpflichtet weiß.

In Abschnitt Bcγ versucht Hegel zu zeigen, daß die Auflösung des Widerspruchs des Endlichen – das Vergehen des Vergehens – nicht nur das negative Resultat des Nichts, sondern auch ein affirmatives Resultat hat.

Hegel skizziert hier zwei Möglichkeiten, den Widerspruch zu beheben: Die erste, näherliegende, wäre, daß das Resultat des Widerspruchs, das Negative überhaupt, nämlich daß das Endliche vergeht und *nur* vergeht, als seine »*Bestimmung*« (148) zu nehmen ist. Aber damit würde gerade das Endliche *als* Endliches affirmiert, dessen Wesen es ist, nur zu vergehen. Das Resultat wäre daher »zunächst nur ein *anderes* Endliches geworden, welches aber ebenso das Vergehen als Übergehen in ein anderes Endliches ist, und so fort etwa ins *Unendliche*« (ebd.). Es entsteht also eine unendliche Reihe von vergänglichen Endlichen. Wir kommen so aus der Negativität des Endlichen nicht heraus.

Die zweite Möglichkeit ergibt sich aus einer näheren Betrachtung des ersten Resultats. In diesem hat sich ja die Struktur ergeben, daß ein Endliches in ein anderes übergeht, das die gleichen Eigenschaften aufweist wie es selbst – nämlich überzugehen in anderes Endliches –, so daß es darin »*mit sich selbst zusammen*«-geht (148), wie Hegel sagt. Diese »*Identität mit sich*« des Endlichen im Anderen sei als »die Negation der Negation« (148 f.) die wirkliche Negation des negativen Endlichen, das Unendliche. Das positive Resultat ist demnach keine abstrakte Alternative zum infiniten Regreß negativer Endlicher, sondern dessen Konsequenz. Denn die »*Identität mit sich*« des Endlichen läßt sich – wenn überhaupt – nur *im* infiniten Regreß von dessen Negativität auffinden. [5] Das »affirmative[...] Sein«, als das sie sich

5 Hegel beschreibt den infiniten Regreß anhand der beiden Momente des Endlichen, Sollen und Schranke, von denen zweierlei gilt: 1. Jedes Moment ist dem vohergehenden strukturell gleich, alle sind »Endliche«. 2. Die Art der Transzendierung jedes Moments bleibt »dieselbe Entzweiung des *Ansichseins* [= des der Beschränkung nicht unterworfenen Moments] und des *Daseins* [= des beschränkten Moments]« (148). So kann tatsächlich gesagt werden, daß in diesem Prozeß das Endliche »nur mit sich zusammen«geht (ebd.). Die Pointe von Hegels Gedanke des Übergangs vom Endlichen zum Unendlichen ist, daß der infinite Regreß des Endlichen nur faßbar und bewältigbar ist, wenn man auf das unscheinbare Wörtchen »usw.« reflektierend eine allgemeine Struktur als solche in ihm erkennt. Ebendamit ist er aber bereits als infiniter Regreß transzendiert (vgl. Hösle 1990, 158).

präsentiert, ist in Gestalt des »Andere[n] des Endlichen« »*das Unendliche*« (ebd.).[6]

Doch der Preis, den das Endliche für das positive Resultat der Auflösung seines Widerspruchs zu zahlen hat, ist nicht unerheblich. Das Endliche findet seine Identität mit sich im Unendlichen nur um den Preis der Selbstvernichtung. Was nunmehr nur vorhanden ist, ist *nicht* das Endliche *und* das Unendliche, sondern *nur* das Unendliche, das Hegel vergegenständlichend hypostasiert. Das Verschwinden des Endlichen im Übergang vom Endlichen zum Unendlichen nützt Hegel strategisch für die Grundlegung des Vernunftfundamentalismus in seiner Unendlichkeitstheorie aus. Versöhnung findet das Endliche im Unendlichen nur, wenn das hypostasierte Unendliche im Endlichen Versöhnung mit sich selbst erfährt.

11. Hegel beschreibt den Widerspruch des Endlichen anhand der beiden Momente des Endlichen, Schranke und Sollen, die

6 Die »*Identität mit sich*« (148 f.) ist das positive Resultat, das sich im infiniten Regreß der sich negierenden Endlichen auffinden läßt. Sie beruht auf einer »Negation der Negation« (149) im Sinne der Selbstaufhebung des widersprüchlichen Endlichen. Das »affirmative[...] Sein« (ebd.), das Hegel dem Unendlichen zuspricht, ist indes nur das »Andere des Endlichen« (ebd.). Das Unendliche ist nach dem Etwas die zweite Kategorie, deren affirmative Selbstbezüglichkeit durch eine Negation der Negation zustande kommt. Diesem Umstand trägt Hegel in der Überarbeitung des Ersten Buches der *Wissenschaft der Logik* Rechnung. Während die erste Auflage der *Wissenschaft der Logik* die Negation und die Negation der Negation erst im Übergang zur Unendlichkeitstheorie einführt (vgl. Hegel, WL [A], 75 ff.), erfolgt ihre Einführung in der zweiten Auflage bereits bei der Entwicklung der Kategorie des Etwas in Abteilung A. der Daseinslogik »Dasein als solches« (vgl. 118 ff.). Das Unendliche wird als ein unhintergehbarer Begriff durch die Inkonsistenz seiner Negation, nämlich des Endlichen, erwiesen. Auch bei der Kategorie des Unendlichen kommt es darauf an, ob in ihr als dem affirmativen Resultat die Negativität, durch die sie generiert, festgehalten werden kann. Andernfalls wird sie sich wie die Kategorie des Etwas in den Schein der Unmittelbarkeit und Seiendheit hüllen. Dieser letztgenannte Sachverhalt gilt für alle synthetischen Kategorien der Seinslogik. Der tiefere Grund dafür ist, daß die seinslogischen Kategorien die spekulative Einheit von affirmativer Selbstbezüglichkeit und Negativität nur in defizienter Weise erfüllen, weil sie an ihnen selbst den Aspekt der Negativität nicht explizit machen können.

beide selbst endlich sind. Die konkrete Struktur des Widerspruchs des Endlichen erfordert daher eine Entwicklung dieser beiden wichtigen Kategorien der Endlichkeit. Betrachten wir also den schwierigen Abschnitt Bcß über Schranke und Sollen.

In der Exposition der Endlichkeitstheorie in Bcα hat sich Hegel darauf beschränkt, den Widerspruch des Endlichen damit zu erklären, daß das Endliche trotz seiner Vergänglichkeit Bestand hat. Diese Erläuterung ist jedoch zu »abstrakt« (142), um die entwickelte Struktur des Widerspruchs des Endlichen zu fassen. Es ist also zu erwarten, daß dieser Widerspruch in seiner Struktur ausführlicher als bisher expliziert wird. Dies versucht Hegel über die Bestimmungen der Schranke und des Sollens in Abschnitt Bcß.

In einer zusammenfassenden Wiederholung des Übergangs von der Grenze zur Endlichkeit wird allmählich die Basis zur Einführung der Titelkategorien gelegt. Das Etwas ist nicht mehr »abstrakt« (142) wie noch in Abteilung Bb, sondern gesetzt als entwickeltes Insichsein, das nicht nur eine Bestimmung und Beschaffenheit, sondern eine Grenze an ihm hat, die dem Etwas immanent seine Qualität und Endlichkeit ausmacht. In der Folge analysiert Hegel die in diesem Begriff des endlichen Etwas enthaltenen Momente. Ziel dieser Analyse ist, den abstrakten Grundwiderspruch des endlichen Etwas in die Widersprüche seiner kategorialen Momente als in seine Erscheinungsformen zu entfalten.

Zunächst – so resümiert Hegel – fallen Bestimmung und Beschaffenheit am Etwas abstrakt auseinander. Doch hat das Etwas als Bestimmung bereits das Anderssein in sich. Die Dialektik von Bestimmung und Beschaffenheit des Etwas vollzieht sich als Dialektik von Innerlichkeit und Äußerlichkeit des Andersseins.

Indem das Anderssein als Grenze dem Etwas ganz immanent wird, wird »die Einheit des Etwas mit sich« »seine gegen sich selbst gekehrte Beziehung« (142). Die Grundfrage dieses Abschnitts ist nun, auf welche Weise das Etwas das Anderssein als Grenze, in welcher sich das Etwas widersprüchlich gegen sich selbst wendet, verarbeitet.

Den Terminus »gegen sich selbst gekehrte Beziehung« expliziert Hegel damit, daß sich das Etwas als »ansichseiende[...] Bestimmung« negierend auf seine »immanente Grenze« (142) bezieht, die ja die widersprüchliche Qualität seines entwickelten

Insichseins ausmacht. Die Bestimmung des Etwas bezieht sich damit auf die Grenze, die »sein eigenes Nichtsein« (ebd.) impliziert (darin besteht ja seine Endlichkeit), und zwar als »Negation der Negation« (ebd.), also als dasselbe negierend. Dadurch, daß das Etwas seine Grenze als sein eigenes Nichtsein negiert, das, weil die Qualität seines Insichseins ausmachend, zugleich Dasein in ihm behält, bleibt das Etwas zwar selbst Dasein, ohne aber seine Grenze und deren Widerspruch ganz abstreifen zu können. Vielmehr wird dieser Widerspruch auf neuer Ebene reproduziert.

Fassen wir zusammen: Der abstrakte, unaufgelöste Widerspruch des Endlichen als negative Beziehung auf sich selbst ist gesetzt in seiner konkreten Gestalt als negierende Beziehung seiner ansichseienden Bestimmung auf seine immanente Grenze.

Die Grenze des Etwas, von diesem als Negatives, das zugleich wesentlich ist (weil die Qualität seines Insichseins darstellend), gesetzt, ist nicht nur Grenze, sondern *Schranke*. Schranke ist also die *negiert gesetzte Grenze*, so aber, daß diese dadurch nur einen anderen Status erhält.

Aus der negativen Beziehung auf die Grenze generiert nicht nur der Begriff der Schranke, sondern auch der des *Sollens*. Dies ergibt sich aus der ›Zweischneidigkeit‹ (vgl. 143), die in der Negation der Grenze liegt.[7] Die Zweischneidigkeit dieser Negation besteht darin, daß sie einerseits die Grenze negiert, andererseits das Ansichsein des Etwas selbst tangiert. Dieses nimmt in der negativen Beziehung des Etwas auf seine von ihm auch unterschiedene Grenze den Charakter des Sollens an, weil sich das Etwas darin auf sich selbst als Negatives bezieht. Anders ausgedrückt: Weil die Grenze zum Ansichsein der Bestimmung selbst gehört, bezieht sich das Ansichsein in der Negation seiner auch von ihm unterschiedenen Grenze zugleich negativ auf sich selbst. Daher nimmt das Ansichsein in der Negation der Grenze den Status des Sollens an. Schranke und Sollen stellen sich hiermit als die zwei Aspekte der negativen Beziehung des Etwas auf sich als Grenze dar.

Fassen wir zusammen: Schranke und Sollen sind Nachfolgeterme von ansichseiender Bestimmung und immanenter Grenze des endlichen Etwas. Durch die negative Beziehung der ansichseien-

7 Die Zweischneidigkeit der Negation der Grenze reproduziert nur die Zwitternatur der Grenze, die ja einerseits das Seinsprinzip derer ist, die sie begrenzt, und andererseits zugleich deren Nichtsein.

den Bestimmung des Etwas auf seine immanente Grenze wird diese zur Schranke. Weil die Grenze wesentlich zum Ansichsein gehört, bezieht sich das Ansichsein in der Negation seiner Grenze zugleich negativ auf sich selbst und wird so zum Sollen. Die negative Beziehung des Etwas auf sich selbst ist also sowohl für die Schranke als auch für das Sollen konstitutiv. Die konkreten Kategorien des Endlichen, Schranke und Sollen, ergeben sich somit aus dem entfalteten Widerspruch des endlichen Etwas mit seiner Grenze.

Nach der komplexen Herleitung der Kategorien gibt Hegel – wie üblich – eine Darstellung der *Dialektik* von Schranke und Sollen, die zugleich kritische Darstellung traditioneller Auffassungen dieser Kategorien ist. – Kommen wir zunächst auf die Dialektik der Schranke zu sprechen. Damit die Grenze zur Schranke wird, muß über die Grenze hinausgegangen werden. Diese Fähigkeit zur immanenten Überwindung der Grenze gehört zur Bestimmung des Etwas. Insofern aber die Grenze, über die das Etwas als Schranke hinaus ist, zur Bestimmung des Etwas selbst gehört, geht das Etwas darin auch »*über sich selbst* hinaus« (143). Die Kraft des über die Grenze und damit über sich selbst Hinausgehens des Etwas ist mit dem Begriff des Sollens ausgedrückt. Die Dialektik der Schranke liegt also im folgenden: Im Unterschied zur Grenze impliziert die Schranke ein Über-sich-selbst-Hinausstreben des Etwas, also das Gegenteil ihrer selbst, das Sollen.

Die Dialektik der Schranke ist Kritik an der transzendentalphilosophischen Auffassung der Schranke als prinzipiell unüberwindbar. Hegel destruiert den Schein einer Schranke, über die nicht hinausgegangen werden kann. Wie stets geht es Hegel darum, den Schein des Ansichseins der Kategorien aufzuheben. Die transzendentalphilosophische Rede von der Schranke des Denkens bzw. der Vernunft, über die nicht hinausgegangen werden könne, enthält die »Bewußtlosigkeit« (145), daß darin, daß etwas als Schranke bestimmt ist, bereits über sie hinausgegangen worden ist. Es macht einen Widerspruch aus, von der prinzipiellen Beschränktheit unseres Erkennens reden zu wollen, weil man mit dem Wissen um die Schranken über sie bereits hinaus ist. Hegel weist darauf hin, daß als beschränkt nur gewußt werden kann, worüber das Denken hinaus ist, daß also das Denken nicht einen prinzipiellen Mangel von sich wissen kann. Das Verstandesdenken macht sich nicht klar, welchen Gehalt die Kategorie der Schranke aufweist, und macht dementsprechend unkritischen Gebrauch von dieser Kategorie. Hegel verweist dieses Denken auf den dialektisch entwickelten Begriff dieser Kategorie.

Der Widersinn einer Vernunftkritik, die die Vernunft bzw. das Denken als prinzipiell beschränkt behauptet, besteht nach Hegel darin, daß sie damit eine Instanz charakterisiert, deren Wesen darin liegt, pinzipiell über alle Schranken hinaus zu sein. Allerdings fällt das Hinausgehen über die Schranke nicht schon zusammen mit einer »wahrhaften Befreiung von derselben« (146 f.). Die »wahrhafte Affirmation« (147) überwindet den Dualismus von Sollen und Schranke insgesamt. »[...] das Sollen selbst ist ein solches unvollkommenes Hinausgehen« (ebd.), sagt Hegel. Damit sind wir auf Hegels Kritik des Sollens verwiesen.

Hegel expliziert die Dialektik des Sollens, indem er zunächst eine doppelte Bestimmung des Sollens festhält. Diese besteht darin, daß das Sollen zum einen als ansichseiende Bestimmung gegen die Negation als Grenze auftritt, zum anderen selbst als ansichseiende Bestimmung ein Nichtsein darstellt. Die Kategorie des Sollens ist also doppelsinnig – hat eine affirmative und eine negative Bestimmung. In der Dialektik des Sollens wird diese zunächst versteckte negative Bestimmung herausgearbeitet.

Das Endliche ist nun mit seinen Momenten Schranke und Sollen in seiner konkreten Struktur vollständig bestimmt. Doch ist die Schranke als endlich »*gesetzt*« (143), während das Sollen nur »an sich« (ebd.) endlich ist. Die negative Bestimmung des Sollens ist in den Schein der affirmativen Bestimmung des Ansichseins eingehüllt. – Das ist der Grund dafür, daß das Sollen als das Unendliche, die Schranke als das Endliche angesehen wird. Diesen Schein zerstört Hegel, indem er aufzeigt, daß beide Kategorien endlich sind. Das heißt, Hegel hat vor allem zu zeigen, daß das Sollen nicht über die Endlichkeit hinausgeht.

Die Kategorie der Sollens erweist sich als der Widerspruch des Ansichseins und Nichtseins. »Was sein soll, *ist* und *ist* zugleich *nicht*« (145). Für das Sollen ist der negative Aspekt also genauso konstitutiv wie der positive. Das Sollen hat daher wesentlich eine Schranke. Der Schein seines bloßen Ansichseins und damit seiner Unendlichkeit ist aufgelöst.

Hegel erläutert den Widerspruch des Sollens in der Negationsterminologie (vgl. 144). Wie in der Dialektik von Grenze und

Schranke ist hier eine doppelte selbstbezügliche Negation zur einfachen oder ersten Negation herabgesetzt. Obgleich hier von Negation der Negation im Sinne einer selbstbezüglichen Negation bzw. einer Beziehung der Negation auf sich die Rede ist, fällt sie scheinbar in zwei Negationen auseinander, die andere gegeneinander sind: die negierende Negation als Ansichsein und die negierte Negation als Grenze. Die Beziehung der Negation auf sich ist noch eine negative, hat noch keine affirmative Selbstbeziehung freigegeben. Bei der Dialektik von Sollen und Schranke handelt es sich um eine selbstbezügliche Negation, wo die Negation noch *als Negation vorhanden* ist, wo die negierende Beziehung der Negation auf sich noch zu keinem affirmativen Resultat gelangt ist. Zur affirmativen Selbstbeziehung kommen wir erst, wenn die selbstbezügliche Negation selbst negiert ist. Der Ausdruck »Negation der Negation« bedeutet bei Hegel daher ein Zweifaches: Zum einen die selbstbezügliche Negation als solche, zum anderen die Negation der selbstbezüglichen Negation. Diese ambivalente Ausdrucksweise macht Hegels Negationstheorie so schwierig und undurchschaubar.

Das Sollen bewegt sich also nur scheinbar im Dualismus von negierendem Ansichsein und negierter Grenze. Da die gemeinschaftliche Bestimmung von Sollen und Schranke oder das, worin beide identisch sind, die Schranke bzw. die Negation ist, haben wir es beim Sollen mit der Schranke oder Negation zu tun, die sich selbst negiert. Der Schein der affirmativen Bestimmung des Sollens ist endgültig aufgelöst.

Mit der Freilegung der dialektischen Struktur des Sollens ist zugleich eine Kritik am transzendentalphilosophischen Begriff des Sollens verbunden, der ganz in den Schein des Affirmativen gehüllt ist. So wie das transzendentalphilosophische Verstandesdenken verkennt, daß in der Kategorie der Schranke das Moment des Hinausgehens über sie, also das Sollen enthalten ist, so sieht es andererseits nicht, daß das Sollen, das Hinausgehen über die Schranke, ein nur »*endliches Hinausgehen*« (147) ist. Es hat seine Gültigkeit nur im Felde der Endlichkeit, ist also nur bedingt gültig, weil es im Hinaussein über die Schranke diese ebenso wieder erzeugt.

In der Kantischen und Fichteschen Moralphilosophie ist die Bestimmung der Pflicht als Sollen »gegen den besonderen Willen, gegen die selbstsüchtige Begierde und das willkürliche Interesse gekehrt« (147). Das »Sollen der Moral« (ebd.) hat seine Berechtigung in der Kritik an der Abweichung des Willens von der sittlichen Norm. Allerdings darf die Moralität nicht beim Sollen stehenbleiben, »was dasselbe« sei, als ob »die Endlichkeit absolut wäre« (148). Das Sollen kann für Hegel nicht die absolute Grundlage der Moral sein. Das ist für ihn abstrakter Subjektivismus, in die Innerlichkeit eingesperrte Moral. Den moralischen Willen zur Welt hin aufmachen, auf daß er gehaltvoll werde, ist nach Hegel die Aufgabe. Hegel setzt dem Sollen der Moralität das gelebte Sein gehaltvoller Sittlichkeit gegenüber. Sittlichkeit *ist*, und sie ist nach Hegel im Sinne einer sich selbst machenden Unendlichkeit. Die moralischen Normen dürfen nach Hegel kein Sollen, keine Gebote bleiben, sondern sollen gelebt werden.

Die Moralität bleibt bei der Entgegensetzung von Sinnlichkeit (Endlichkeit) und Vernunft (Unendlichkeit) und der Negation der ersteren durch die letztere stehen. Die Realisierung der Vernunft ist ein Sollen, wird ins Unendliche hinausgeschoben, bleibt schlechthin Aufgabe. Kant und Fichte sehen in der Wirklichkeit Vernünftigkeit als noch nicht Vorhandenes, unendlich in der Idee Aufgegebenes, während für Hegel die Wirklichkeit im Kern, an sich, vernünftig und deshalb ihre Vernünftigkeit nur zur Darstellung zu bringen ist. Bei Kant und Fichte haben wir sozusagen das nackte Sollen, bei Hegel das Sein der Vernunft in ihren unterschiedlichen Gestaltungen. Die Darstellung der Vernünftigkeit der Wirklichkeit hebt in der Daseinslogik als Übergang von der Endlichkeit zur Unendlichkeit an. Zugleich legt Hegel diesen Übergang vernunftfundamentalistisch aus. Vernunft ist in der endlichen Wirklichkeit nicht nur zu realisieren, sondern *ist* bereits realisiert. Darin liegt der ganze Vernunftpositivismus, der in Hegels Moralitätskritik zum Tragen kommt.

Fassen wir Hegels Kritik am Sollen zusammen: Obgleich das Sollen »*erhaben*« (144) über die Schranke ist, ist es beschränkt. Das Erhabensein des Sollens über die Schranke geht mit der Beschränktheit des Sollens einher. Macht und Ohnmacht sind im Sollen verquickt. Sollen und Schranke sind also »untrennbar« (ebd.). Das über die Schranke Hinausgehen des Sollens, das die Grenze hinter sich läßt, ist nur ein endliches, denn es geht mit seiner Beschränktheit einher.

Obgleich Sollen und Schranke einander qualitativ entgegengesetzt sind, enthalten sie sich wechselseitig als Momente. Darin besteht der entwickelte Widerspruch der Endlichkeit. Die entscheidende Frage ist, ob dieser Widerspruch aufzulösen und damit der Dualismus der Endlichkeit, der Dualismus von Schranke und Sollen überwindbar ist? Gibt es einen Weg vom Endlichen zum Unendlichen? Gibt es eine »wahrhafte Befreiung« (146) von der Endlichkeit? Diese Fragen hat Hegel bereits in Abschnitt Bcγ mit einem eindeutigen Ja beantwortet.

Abschließend möchte ich Überlegungen zur Methode der Begriffsentwicklung in der Daseinslogik anstellen. Ein Kategorienpaar (Thesis–Antithesis) wird hergeleitet und in seiner Bedeutung analysiert, wodurch die Bestimmungen den Charakter der Unmittelbarkeit verlieren. Die dialektische Entwicklung der Begriffe geht über deren unmittelbare Bedeutung hinaus auf das, was sie implizit präsupponieren. Zumeist gipfelt die dialektische Entwicklung der Begriffe im Aufzeigen ihrer Negativitätsstruktur, was identisch ist mit dem Aufweis ihres Widerspruchs. Die Aufhebung ihres Widerspruchs führt dann zu einer neuen synthetischen Kategorie. Die Struktur der Eingliederung von Negativität beherrscht ebenso die Kategorienentwicklung wie die des Aufzeigens des Widerspruchs und seiner Auflösung.

Trotz der entscheidenden Rolle, die die Negativität in der Begriffsentwicklung spielt, geht Hegel von der Priorität der Positivität vor der Negativität aus. Darin läßt sich auf methodischer Ebene Hegels Vernunftfundamentalismus ansiedeln. Die synthetische Kategorie hat zumeist die Struktur, daß eine positive Bestimmung einer positiven und einer negativen übergeordnet ist. In dem Maße, wie die Negativität als solche festgehalten und als Moment integriert werden kann, ist deren Macht gebannt. Die synthetischen Kategorien der Daseins- und Seinslogik insgesamt weisen jedoch die Defizienz auf, daß sie ihre Negativitätsstruktur nicht voll explizit machen können, die Form der Unmittelbarkeit und Seiendheit nicht loswerden, so daß ihre Negativität wieder ausgelöscht scheint. Sie werden daher wieder in den Prozeß der Negation und der Aufhebung einbezogen, der sich mit aller Macht gegen die Unmittelbarkeit und Seiendheit geltend macht.

Bei Hegels Methode darf also nicht einseitig die Negativität im Sinne der negativen Selbstbeziehung betont werden, ebenso ist deren Selbstaufhebung zu einem positiven Selbstbezug zu berücksichtigen.[8] Nur so kann Hegels Negativitätstheorie zugleich

8 Gegen Dieter Henrich wird man daran festhalten müssen, daß Selbst-

Versöhnungstheorie sein. Dementsprechend – ich erwähnte es schon – muß man beim Ausdruck »Negation der Negation« unterscheiden, ob mit ihm die selbstbezügliche Negation als solche oder das Gegenteil, die Negation der selbstbezüglichen Negation, gemeint ist. Aber es kommt noch etwas Weiteres hinzu: Soweit die Selbstaufhebung der Negativität im positiven Selbstbezug nicht beständig mitgedacht werden kann – und dies kann sie letztlich in keiner seinslogischen Kategorie –, sinkt das vermittelte Positive wieder zu einem Unmittelbaren zusammen. Ob sich diese Überlegungen zur Methode bewahrheiten, möchte ich in der nächsten Vorlesung über Hegels Theorie der Unendlichkeit prüfen.

bezüglichkeit und Negation bei Hegel nicht in einer »autonomen Negation« zusammenfallen (vgl. Henrich 1976, 208-230). Weil er beides ursprünglich zusammennimmt, läßt Henrich der Negativität Priorität zukommen und vernachlässigt die Positivität als Ausgangs- und die affirmative Selbstbeziehung als Zielpunkt der Bewegung. Die Struktur der Selbstbezüglichkeit als solche ist das der Negation und *ihrer* Selbstbeziehung vorgängige Prinzip. Ja, ohne Selbstbezüglichkeit vorauszusetzen, kann die Figur der selbstbezüglichen Negation nicht gedacht werden. Nur weil die Negation bei Hegel Negation von positiver Selbstbeziehung ist, ist sie ihrerseits selbstbezüglich. Nicht Reflexivität und Selbstbezüglichkeit als solche ist der Grund für Widersprüche und Inkonsistenz, sondern allein negativer Selbstbezug bzw. selbstbezügliche Negation als solche, der auch als solcher Hegels Kritik gilt. Und schließlich muß man sehen, daß bei Hegel die Negation der Negation im Sinne der Negation der negativen Selbstbeziehung zu einer affirmativen Selbstbeziehung führt. Das Russell-Wittgensteinsche Reflexivitätsverbot, das ihrer Typentheorie zugrunde liegt und an dem sich Thomas Kesselring bei seiner Hegelinterpretation orientiert (vgl. Kesselring 1981, 215 ff.), führt im übrigen zum infiniten Regreß von Metaebenen und hat in der Philosophie ziemlichen Schaden angerichtet. Es hat zur Reduktion der Philosophie auf Empirismus und analytische Philosophie geführt (vgl. Hösle 1990, 169, Anm. 30).

Neunte Vorlesung

Daseinslogik (III): Hegels Theorie der Unendlichkeit

In der heutigen Vorlesung möchte ich mich mit Hegels Theorie der Unendlichkeit beschäftigen, wie er sie in der dritten Abteilung der Daseinslogik »C. Die Unendlichkeit« entwickelt. Ich denke, mit der Interpretation dieser Theorie können wir uns abschließend Rechenschaft über Hegels spekulativ-dialektische Begründung seiner idealistischen Vernunftkonzeption in der Daseinslogik geben.

Mit der Theorie der Unendlichkeit versucht Hegel einen *Beweis* für die Position des Vernunftidealismus zu führen. Endlichkeit und Unendlichkeit sind genuine Bestimmungen des objektiven Idealismus, die auch Schelling verwendet, um seine philosophische Position zu erläutern. Hegels philosophisches Programm richtet sich erstens gegen den zweitausend Jahre alten platonistischen Dualismus von Endlichkeit und Unendlichkeit in der »Reflexionsphilosophie« Jacobis, Kants und Fichtes und zweitens gegen die vom Absoluten bzw. dem Unendlichen ausgehende Identitätsphilosophie Schellings. Die Unendlichkeitstheorie gibt somit die Begründungsstruktur der Philosophie Hegels im Unterschied zu derjenigen Schellings zu erkennen. Die Wahrheit steht bei Schelling am Anfang, bei Hegel am Ende der Entwicklung, ist Resultat. Was der identitätsphilosophische Schelling dogmatisch voraussetzt, will Hegel entwickeln, nämlich daß die Vernunft das gründende Ganze der endlichen Wirklichkeit ist.

Die Dialektik von Endlichkeit und Unendlichkeit ist für die Hegelsche Philosophie von außerordentlicher Bedeutung. Bereits in der *Differenzschrift* und in *Glauben und Wissen* betont Hegel die Notwendigkeit einer konsistenten Verbindung von Endlichem und Unendlichem. Eine solche konsistente Vereinigung versucht Hegel unter dem Titel affirmative Unendlichkeit zu entwickeln. Mit der Kategorie der affirmativen Unendlichkeit haben wir die logische Grundstruktur des Grundbegriffs von Hegel, nämlich des Begriffs des Geistes vor uns. Es ist also nicht übertrieben zu sagen, daß Hegel in der Daseinslogik das Grundgerüst seiner Philosophie im ganzen entwickelt.

1. Hegel kündigt an, daß das Unendliche in dreifacher Weise bestimmt wird. Auf der ersten Stufe ist das Unendliche »in *einfacher Bestimmung* das Affirmative als Negation des Endlichen« (149). Genau diese einfache Bestimmung des Unendlichen ist Gegenstand von Abschnitt Ca. Hier hebt Hegel zweierlei hervor: 1. Das Unendliche entsteht in der Selbstaufhebung des Endlichen. Es ist das Wesen des Endlichen, zum Unendlichen zu werden. Darin liegt die These, daß das Unendliche nur über das Endliche und seine Selbstaufhebung zu erweisen ist, daß es also verkehrt ist, vom Unendlichen den Ausgang zu nehmen, wie es Schelling im Rekurs auf Jacobi tut. Die ganze logische Hinführung zum Begriff des Unendlichen in Kritik am Endlichen fehlt bei Schelling. 2. Im affirmativen Resultat der Selbstaufhebung des Endlichen ist das Endliche im Unendlichen zunächst »verschwunden«, so daß »nur« das Unendliche vorhanden ist (vgl. 150). Dies ist der Punkt, wo Hegel Schellings ontologische Bestimmung der Unmittelbarkeit der Unendlichkeit einträgt. Von diesem einfachen Unendlichen nimmt Schellings Philosophie ihren Ausgang. Zugleich kommt hier Hegels Ambivalenz zu Schellings Standpunkt zum Vorschein. Einerseits kritisiert er Schellings unvermittelten Ausgang vom einfachen Unendlichen, andererseits versucht er ihn kritisch zu rekonstruieren, eben weil er gleichfalls auf dem Standpunkt des Unendlichen steht.

Auf der zweiten Stufe in Abschnitt Cb der Unendlichkeitstheorie geht es um Hegels Kritik am Unendlichen des Verstandes, an der schlechten Unendlichkeit und an der Wechselbestimmung von Endlichem und Unendlichem. Wichtig ist zu sehen, wie sich aus dem einfachen Begriff des Unendlichen das Schlecht-Unendliche in seiner dualistischen Wechselbestimmung mit dem Endlichen ergibt.

Ausgangspunkt für die Entwicklung von Abschnitt Cb ist die Überlegung: Obgleich das Unendliche einen immanenten Fortschritt über das absolut gesetzte Endliche darstellt, stellt das einfache Unendliche als Negation des Endlichen noch keinen zureichenden Begriff von Unendlichkeit dar. Denn das Verschwinden des Endlichen ist keine konsistente Alternative zum Bestehenbleiben des Endlichen.[1]

1 Michael Theunissens Kritik, Hegel setze zu Beginn der Unendlich-

Auf der dritten Stufe in Abschnitt Cc ist schließlich das »*wahrhafte Unendliche*« (149) Thema, das Hegel im Vorspann als einen Prozeß des Sichaufhebens des Schlecht-Unendlichen *und* des Endlichen beschreibt. Das läßt erkennen, daß Hegel das wahrhafte Unendliche als prozessuale Einheit von Unendlichem und Endlichem versteht und damit als Kritik sowohl am selbständigen Endlichen als auch am einseitigen Unendlichen.

Ich möchte noch einmal fragen: Was für einen Begriff von Unendlichkeit entwickelt Hegel? Hegel entwickelt in der Theorie der Unendlichkeit einen Begriff vom Unendlichen, in welchem das Verhältnis von Endlichem und Unendlichem konsistent, also nicht widersprüchlich gedacht werden kann. Dieser Begriff der Unendlichkeit ergibt sich im Durchgang durch und Kritik an unzureichenden Unendlichkeitsbegriffen. Deshalb macht Hegel ja eine ganze Theorie der Unendlichkeit. Ein zureichender Begriff von Unendlichkeit ergibt sich nicht mit einem Mal, sondern muß defizienten Begriffen von Unendlichkeit abgewonnen werden.

Hegels Begriff der Unendlichkeit läßt sich vor dem Hintergrund von Jacobis Kantkritik und Schellings Jacobi-Rezeption profilieren. Kants Begriff des Unendlichen oder Unbedingten ist Konsequenz der Aufklärungsphilosophie des 17. und 18. Jahrhunderts – Hegel nennt sie Verstandesaufklärung – und der mit ihr erfolgten Festschreibung des kausal-mechanistischen Weltbildes. In einem solchen Weltbild hat die Vorstellung eines Unbedingten keinen sinnvollen Platz mehr. Das Unbedingte wird zum Jenseits der natürlichen Welt. Aus Kants These, daß für uns be-

keitstheorie für das Endliche »das Verschwinden als Alternative zum Bleiben« (Theunissen 1978, 288) an, übersieht erstens, daß für Hegel nicht nur das Bleiben des Endlichen, sondern auch das Unendliche als Negation des Endlichen inkonsistent ist, und damit zweitens, daß Hegels Unendlichkeitstheorie auf eine dritte Möglichkeit für das Endliche abhebt. Daß das Verschwundensein des Endlichen im Resultat seiner Selbstaufhebung, dem Unendlichen, die Wahrheit nicht sein kann, ergibt sich schon aus Hegels methodischem Konzept der bestimmten Negation: »Das Positive in *seinem* Negativen, dem Inhalt der Voraussetzung, im Resultate festzuhalten, dies ist das Wichtigste im vernünftigen Erkennen« (Hegels *Werke* 6, 561; vgl. auch Hegels *Werke* 3, 74). Zu Beginn seiner Unendlichkeitstheorie entwickelt Hegel eine Dialektik von Bleiben, Verschwinden und Wiedererweckung des Endlichen in kritischer Absicht.

weisende, das heißt kausal-mechanistische Erkenntnis nur vom Endlichen möglich ist, folgt nämlich, daß für uns die Vorstellung des Unbedingten jenseitig, leer und ohne Realität ist.

Diese Behauptung Kants verstößt nach Jacobi gegen die tiefsten und unmittelbarsten Überzeugungen des Menschen. Jacobis Gegenthese ist, daß die Vorstellung des Bedingten und damit die vermittelte, kausal-mechanistische Erkenntnis real die Vorstellung des Unbedingten und damit die unmittelbare Erkenntnis oder den Glauben voraussetzt. Von Jacobis These der Realität des Unbedingten, von der auszugehen sei, geht auch Schelling aus. Aber anders als Jacobi läßt er das Unbedingte und das Bedingte nicht dualistisch auseinanderfallen, sondern synthetisiert sie in einer Einheit. Diese Gedankenfigur der Einheit von Unendlichem und Endlichem, die Schelling in seiner philosophischen Erstlingsschrift *Über die Möglichkeit einer Form der Philosophie überhaupt* von 1794 konzipiert, steht am Anfang des nachkantischen Idealismus.[2] Sie ist die gemeinsame Position Schellings und Hegels, nur ihre Begründung sieht bei beiden unterschiedlich aus. Das wahre Unendliche kann für Hegel nicht das einfache Unendliche am Anfang sein, sondern nur in einer Kritik am selbständigen Endlichen und an einem einseitigen Unendlichen erreicht werden. Was bei Schelling fehlt, ist erstens der logische Beweis des Begriffs des Unendlichen über den Nachweis der Inkonsistenz der Annahme des selbständigen Endlichen und zweitens die kritische Untersuchung des Unendlichkeitsbegriffs selbst.

Zusammenfassend läßt sich sagen: Für Schelling und Hegel ist es das Verdienst Jacobis, der Religionskritik der deutschen Aufklärung entgegengetreten zu sein, die von Gott oder dem Unbedingten nichts als den »*Todtenkopf* eines abstrakten leeren Wesens« übrigließ, »*das nicht erkannt werden könne*« (Hegels *Gesammelte Werke* 15, 8). Hegel war allerdings der Meinung, daß Jacobi seine eigene Einsicht nicht zureichend als Grundlage seiner Philosophie ausweisen konnte, dazu fehlten ihm die logischen Mittel. Was bei Jacobi und Schelling als unbeweisbare, aber

2 Schelling bestimmt in der *Formschrift* in einer Uminterpretation der drei Grundsätze der Fichteschen Wissenschaftslehre die »Urform aller Wissenschaft« als »Form der *Unbedingtheit*, der *Bedingtheit* und der durch *Unbedingtheit bestimmten Bedingtheit*« (Schellings *Werke* I, 101).

notwendige Voraussetzung am Anfang steht, das Unendliche, muß auf dialektischem Wege in seiner Unhintergehbarkeit aufgezeigt werden.

Übrigens reformuliert der nachkantische Idealismus in dieser Gedankenfigur nur, was schon bei dem antiken Idealisten Platon vorlag. Platon nimmt im *Philebos* – diesen Dialog führt Hegel in der *Enzyklopädie* § 95 Anm. als Kronzeugen seiner eigenen Position an – vier Grundkategorien des Seienden an: 1. Das Unbegrenzte (ἄπειρον), 2. die Grenze (πέρας), 3. das aus beiden Zusammengesetzte (κοινόν) und 4. die Ursache dieser Verbindung (αἰτία). Also schon Platon zielt auf eine Überwindung des Gegensatzes von Unendlichem und Endlichem ab. Aber ähnlich wie Schelling nimmt Platon den Ausgang vom Unendlichen. Platons These im *Philebos* ist, daß das gute Leben ein Gemischtes aus Lust und Vernunft ist. Auf diese Einheit von Sinnlichkeit und Intelligibilität ist auch Hegel aus, und zwar in ihrer logischen Form als Einheit von Endlichkeit und Unendlichkeit. Auch für die Idealisten ging es darum, die Theorieform mit dem Leben kompatibel zu machen. Es war vor allem Jacobi, der die Meinung vertreten hat, Philosophie sei Verständigung über das Leben.

II. Gehen wir zum Haupttext in Abschnitt Cb über. Wichtig ist, wie das Unendliche anfangs eingeführt wird: Der einfache Begriff des Unendlichen – die Betonung liegt auf dem Terminus ›einfach‹ – wird als Negation des Endlichen eingeführt, wobei diese Negation zunächst – und das ist wieder wichtig – zum Verschwinden des Endlichen führt. Das Unendliche tritt damit als eines auf, worin das Endliche gleichsam unsichtbar ist, so daß es darin nicht berücksichtigt werden kann. Was »*ist*«, ist »nur« das Unendliche (vgl. 150). Das Unendliche wird so in seiner unmittelbaren Bedeutung genommen, als Un-Endliches. Wir haben es gleichsam mit dem abstrakt-monistischen Unendlichen zu tun.

Den Übergang vom einfachen Unendlichen zum Schlecht-Unendlichen am Anfang von Abschnitt Cb können wir durch das Schlagwort ›Übergang vom abstrakt-monistischen Unendlichen zum Dualismus von Unendlichem und Endlichem‹ näher charakterisieren. Die Sache sieht dann folgendermaßen aus:

Dieser Übergang in den Dualismus von Unendlichem und Endlichem erfolgt mit dem Rückfall des einfachen, monistischen Unendlichen in die »Kategorie des Etwas mit einer Grenze«

(151). Dieser Rückfall tritt ein, weil dem einfachen, monistischen Unendlichen die Bestimmung der Unmittelbarkeit und Seiendheit zukommt. Das Problem dieser ontologischen Bestimmung des monistischen Unendlichen ist, daß es zwar als Negation der selbstbezüglichen Negation des Endlichen eine höhere Konsistenz aufweist als das inkonsistente sich selbst negierende Endliche, daß es aber seine Genese aus dem inkonsistenten Endlichen in ihm nicht explizit machen kann.

Das monistische Unendliche ist nicht selbstbezügliche Negation wie das Endliche, sondern Negation der selbstbezüglichen Negation und in diesem Sinne konsistente Negation der Negation. In seiner Unmittelbarkeit und Seiendheit ist es aber zugleich abgeschnitten von seiner Vermittlung, dem inkonsistenten Endlichen in seiner Selbstnegation. Daher kann Hegel sagen, was »*ist*«, ist »nur« das Unendliche, in dem das Endliche »verschwunden« (150) ist. Aber genau damit kommt es zum Rückfall in die Kategorie des seienden Etwas, dem ein anderes Seiendes äußerlich gegenübersteht. Der Rückfall des Unendlichen in die Kategorie des seienden Etwas führt also zur Wiedererweckung des Endlichen, das sich dem Unendlichen gegenüber als Anderes aufbaut.

Fassen wir zusammen: Die Bestimmung der Unmittelbarkeit macht das reine Sein des monistischen Unendlichen zu einem Seienden.[3] Die Ontologisierung des monistischen Unendlichen bei Schelling, in der der Prozeß seiner Genese aus dem inkonsistenten Endlichen nicht mehr festgehalten werden kann, führt zum Dualismus von Unendlichem und Endlichem, die sich gegenüberstehen wie Etwas und Anderes.

Entscheidend ist nun, wie Hegel diesen Übergang vom monistischen Unendlichen in den Dualismus von Unendlichem und

3 Hegel zeichnet damit die Kritik Heideggers an der Metaphysik vor. Das Unendliche, das anfangs als das »wahrhafte Sein« (150) auftritt, wird vom Verstand zu einem Seienden vergegenständlicht. Dies entspricht Heideggers Kritik der metaphysischen Zuordnung des Seins zum Seienden, der gegenüber er die ontologische Differenz zwischen Sein und Seiendem geltend macht. Während Heidegger die Verstandesmetaphysik von der Warte eines vor-rational gedachten Waltens der ontologischen Differenz aus kritisiert, hebt Hegel die Verstandesrationalität durch die Bewegung der Negativität in Vernunftrationalität auf.

Endlichem in der Negationsterminologie interpretiert. Das Unendliche, obgleich als »Negation der Negation« (151) im Sinne der Negation des sich negierenden Endlichen bestimmt, wird aufgrund seiner ontologischen Fassung bei Schelling zu einem Unendlichen als »erste und unmittelbare Negation« (152) im Sinne der dualistischen Abgrenzung vom Endlichen herab»gesetzt« (152), das ihm so als Anderes gegenübersteht. Wieder haben wir in der Daseinslogik (vgl. die Entwicklung des Etwas in seiner Grenze, seiner Schranke und seinem Sollen) eine als Negation der Negation bestimmte logische Kategorie, die zu einer einfachen Negation herabgesetzt ist. Dies läßt sich als ein Indiz für die Schwierigkeit interpretieren, die Unendlichkeit als Negation des Endlichen abstrakt monistisch zu bestimmen. Die negationstheoretische Aufgabe besteht im folgenden darin, Unendliches und Endliches, die in ihrem Dualismus zunächst als einfache Negationen auftreten, in ihrer inkonsistenten selbstbezüglichen Negationsstruktur zu entwickeln.

Die nächste Frage ist also: Wie kritisiert Hegel die Verstandeskonzeption des Schlecht-Unendlichen und den Dualismus von Unendlichem und Endlichem als Folgeerscheinung des abstraktmonistischen Unendlichen?

Was Hegel an der Verstandeskonzeption des Unendlichen auszusetzen hat, ist, daß sie einen Widerspruch, und zwar einen unaufgelösten Widerspruch darstellt. Hegel behauptet, daß die Verstandeskonzeption des Unendlichen aufgrund ihres Widerspruchs inkonsistent ist. Hegel kritisiert also die Unendlichkeit des Verstandes, indem er in ihr einen inneren Widerspruch nachweist. Kritik besteht für Hegel – wie wir ein weiteres Mal sehen – im Aufweis von Widersprüchen. Hegels Vorhaben ist, den Verstand zum Bewußtsein über die Widersprüchlichkeit seiner Unendlichkeitskonzeption zu bringen, und zwar in der Analyse der Widersprüche, in die sich die Praxis des Verstandes bei Anwendung und Explikation dieser Kategorien verstrickt. Hegel entwickelt seine Unendlichkeitstheorie und seine Kritik am Unendlichen des Verstandes also wieder mit Hilfe einer komplexen Widerspruchskonzeption. Der Verstand geht selbst in Vernunft über, wenn er zum Bewußtsein über seine Widersprüche kommt. Die Vernunft ist gleichsam das Bewußtsein des Verstandes über sich selbst. Über das Verhältnis von Verstand und Vernunft gibt ein Aphorismus aus Hegels Wastebook eine aufschlußreiche

Auskunft: »Die Vernunft ohne Verstand ist nichts, der Verstand doch etwas ohne Vernunft. Der Verstand kann nicht geschenkt werden« (Hegels *Werke* 2, 551).

Der Widerspruch der Verstandeskonzeption des Unendlichen wird zunächst in seiner Grundform und dann in zwei ausdrücklicheren Erscheinungsformen entwickelt[4]: Worin besteht nun der Grundwiderspruch des Schlecht-Unendlichen? Der Grundwiderspruch des Schlecht-Unendlichen besteht nach Hegel darin, daß es gemäß der Zweiweltentheorie selbst endlich ist. Das Unendliche, dem das Endliche als Anderes gegenübersteht, erfüllt genau die Bedingungen, die sein Gegenteil, das Endliche, auszeichnet, nämlich sich ein Anderes gegenüber zu haben. Es ist eben eine zweite Welt. Der Grundwiderspruch des Schlecht-Unendlichen besteht also darin, daß es die Definitionsbedingungen seines Gegenteils erfüllt, es ist das *endliche Unendliche* – für Hegel ein hölzernes Eisen. Sodann wird die Widersprüchlichkeit im Dualismus von Unendlichem und Endlichem aufgezeigt und schließlich die Widersprüchlichkeit der Verstandesansicht des Endlichen und Unendlichen je für sich angeführt.

Das Programm, den Grundwiderspruch des Schlecht-Unendlichen zu ausdrücklicheren Erscheinungsformen zu entwickeln, geht einher mit der Entwicklung der Wechselbestimmung des Unendlichen und des Endlichen, die für Hegel die Gestalt des infiniten Progresses hat. An der Wechselbestimmung arbeitet Hegel die implizite Einheit von Unendlichem und Endlichem heraus, die ihre Wahrheit ist. Durch kritische Darstellung der Widersprüche des Verstandes in Anwendung und Explikation dieser Kategorien hindurch stößt Hegel zu deren Einheit und

4 Dem Widerspruch der Verstandeskategorie des Unendlichen kommt eine für die Seinslogik im ganzen repräsentative Bedeutung zu. Der Widerspruch, der alle Seinsbestimmungen durchdringt, verdichtet sich im Unendlichen. In der Wesenslogik sagt Hegel ausdrücklich, daß das Unendliche »der Widerspruch ist, wie er in der Sphäre des Seins sich zeigt« (Hegels *Werke* 6, 75). Hegels Entfaltung eines Grundwiderspruchs einer Kategorie in die Widersprüche ihrer konkreten Erscheinungsformen hat Karl Marx in seinem Theorieprogramm des *Kapitals* aufgenommen, wo er versucht, die Widersprüche auf der Erscheinungsoberfläche der bürgerlichen Gesellschaft auf den Grundwiderspruch von Lohnarbeit und Kapital zurückzuführen bzw. jene aus diesem zu entwickeln.

Wahrheit vor. An diesem Vorgehen wird Hegels These exemplarisch deutlich, daß nur durch den Schein hindurch die Wahrheit zu erreichen ist.

Kommen wir nun zur ersten Erscheinungsform des Grundwiderspruchs, dem Widerspruch im Dualismus von Unendlichem und Endlichem. Der Widerspruch im Dualismus von Unendlichem und Endlichem besteht darin, daß ihre absondernde Negation oder Grenze zugleich Beziehung und diese zugleich Absonderung ist. Hier haben wir den Widerspruch des Dualismus, der im trennenden Beziehen und im beziehenden Trennen des Verstandes begründet liegt.

Der Grundwiderspruch schlägt sich auch im Widerspruch in der Verstandesansicht von Endlichem und Unendlichem je für sich nieder. Der Widerspruch in der Verstandesansicht des Endlichen besteht darin, daß ihr zufolge das Endliche trotz seines Übergangs ins Unendliche neben ihm bestehen bleibt. Beide werden nur durch ein »*auch*« (153) verbunden. Der Widerspruch in der Verstandesansicht des Unendlichen besteht darin, daß vom Unendlichen einerseits behauptet wird, es sei mit Negation und Endlichem behaftet, andererseits zugleich behauptet wird, daß die »Abstraktion der sich auf sich beziehenden Affirmation« (153) seine Bestimmung ausmache, also das Endliche nicht in sich enthalte.

In der Analyse der Widersprüche von Endlichem und Unendlichem in ihrer vom Verstand verliehenen scheinhaften Selbständigkeit stößt Hegel auf die den Bestimmungen zugrunde liegende Einheit, die aber zunächst noch »*verborgen*« bzw. »*innerlich*[...]« (154) ist, weil sie durch ihre dualistische Trennung, die ihnen der Verstand verleiht, verschleiert ist. Hegels These ist, daß die Einheit von Endlichem und Unendlichem immer schon vorausgesetzt ist, auch wenn sie geleugnet wird.

Die äußere Erscheinungsform der wahren Einheit von Unendlichem und Endlichem, wie sie vom Verstand allein realisiert wird, ist der *Umschlag* beider Bestimmungen ineinander, den Hegel auf den Begriff der »*Wechselbestimmung des Endlichen und Unendlichen*« (155) bringt. In der abwechselnden Hin- und Herbewegung der als selbständig gedachten Bestimmungen realisiert der Verstand faktisch die Einheit, ohne sie jedoch zu begreifen. Daß die Beziehung der als selbständig erachteten Momente für den Verstand eine äußerliche ist, bezeugt, daß die an sich vorhandene Einheit, die für Hegel die »Triebfeder« (156) des Progresses ist, vom Verstand nicht begriffen ist.

Kritisch ist die Darstellung des unendlichen Progresses der Wechselbestimmung des Endlichen und Unendlichen, indem Hegel ihn auf den ihm zugrunde liegenden unaufgelösten Widerspruch der Bestimmungen zurückführt. Damit haben wir es bisher mit vier Stationen der Entwicklung des Widerspruchs zu tun: 1. Der Grundwiderspruch des Schlecht-Unendlichen, der darin besteht, daß das Unendliche endlich ist, 2. der Widerspruch im Verhältnis der dualistisch gesetzten Bestimmungen Endliches und Unendliches, 3. der Widerspruch der Verstandesansicht des Endlichen und Unendlichen je für sich und 4. der Widerspruch der Wechselbestimmung von Endlichem und Unendlichem, den Hegel so formuliert, daß der Verstand diese Bestimmungen als selbständig annimmt und zugleich auch ihre Relativität setzt. Der unendliche Progreß ist nur die entwickelte Darstellung des unaufgelösten Grundwiderspruchs des Schlecht-Unendlichen. Es ist daher für Hegel unhaltbar, daß der Progreß ins Unendliche »als ein *Letztes* gilt« (155).

Aus Konsistenzgründen muß also über das Hinausgehen der Wechselbestimmung seinerseits hinausgegangen werden. Die Transzendierung einer widersprüchlichen Struktur besteht nach Hegel – wie wir bereits mehrfach gesehen haben – in der Anwendung auf sich selbst.[5] Was daraus entsteht, ist die Konzeption einer Unendlichkeit, die weder das Endliche nicht berücksichtigt wie das einfache Unendliche, weil das Endliche darin verschwunden ist, noch das Endliche als Anderes sich gegenüber hat, sondern es als im guten Sinne ›aufgehoben‹ in sich enthält. Die wahre Rettung des Endlichen findet also nach Hegel in der affirmativen Unendlichkeit statt.

5 Hegels These von der Selbstaufhebung der Negativität bzw. der Selbstauflösung des Widerspruchs, die er in der Wesenslogik entwikkelt, läßt sich auf formaler Ebene wie folgt ausdrücken: In den Ausdruck für den Widerspruch »A $\wedge$ nicht-A« werde für A der gesamte Ausdruck, also A: = »A $\wedge$ nicht-A« eingesetzt, so ergibt sich: »A $\wedge$ nicht-A $\wedge$ nicht-(A $\wedge$ nicht-A)«. Damit ist der Satz des Widerspruchs, eben wenn man seine Negation, den Widerspruch gewähren und sich auf sich beziehen läßt, in seiner (nunmehr bedingten) Gültigkeit restauriert (vgl. zu diesem Argument Hösle 1984, 282; vgl. auch Iber 1990, 280 ff.).

III. In Abschnitt Cc »Die affirmative Unendlichkeit« geht es Hegel darum, die wahre, spekulative Begriffseinheit von Endlichem und Unendlichem explizit zu setzen, die im infiniten Progreß der Wechselbestimmung noch eine »schiefe[...] Bestimmung« (157) aufweist. Wahrheit versteht Hegel als synthetische Kategorie, als konsistente Einheit und damit als Kohärenz. Die Theorie der affirmativen Unendlichkeit ist überhaupt eine Theorie der Wahrheit im Sinne von wahrhafter Einheit. Diese wird einer schiefen, unwahren oder verkehrten Einheit abgewonnen. Hegel verpflichtet Wahrheit auf Einheit. Die Widersprüchlichkeit und damit Verkehrtheit der meisten logischen Kategorien besteht dagegen für ihn hauptsächlich darin, daß sie isoliert, einseitig sind und damit scheinhafte Selbständigkeit aufweisen.[6]

Es werden zwei Betrachtungsweisen des Endlichen und Unendlichen angeführt, deren Funktion es ist, die Denknotwendig-

6 Gemäß seiner Unterscheidung von Verstand und Vernunft unterscheidet Hegel einen äußeren, korrespondenztheoretischen von einem spezifisch philosophischen Wahrheitsbegriff. »Gewöhnlich nennen wir Wahrheit Übereinstimmung eines Gegenstandes mit unserer Vorstellung. Wir haben dabei als Voraussetzung einen Gegenstand, dem unsere Vorstellung von ihm gemäß sein soll. – Im philosophischen Sinn dagegen heißt Wahrheit, überhaupt abstrakt ausgedrückt, Übereinstimmung eines Inhalts mit sich selbst. Dies ist [...] eine ganz andere Bedeutung von Wahrheit als die vorher erwähnte« (*Enzyklopädie* § 24 Zus. 2; Hegels *Werke* 8, 86). Eine einzelne Aussage ist natürlich immer in bezug auf den von ihr bezeichneten Sachverhalt wahr oder vielmehr richtig oder falsch. Dies nennt Hegel den »äußeren Prüfstein der Wahrheit« (*Enzyklopädie* § 6; Hegels *Werke* 8, 47). Werden aber mehrere Aussagen über einen Gegenstand gemacht, die sich zu einer Theorie zusammenfügen, so genügt nicht mehr dieser äußere Prüfstein. Das innere Wahrheitskriterium der Aussagen ist ihr konsistenter argumentativer Begründungszusammenhang untereinander. Widersprüche in der Argumentation verweisen auf die Unwahrheit einer philosophischen Theorie. Wahrheit im philosophischen Sinne ist die Übereinstimmung der theoretisch erfaßten Sache mit sich selbst. Dieser kohärenztheoretische Wahrheitsbegriff liegt Hegels *Wissenschaft der Logik* zugrunde: »Die Betrachtung der Wahrheit in dem hier erläuterten Sinn, der Übereinstimmung mit sich selbst, macht das eigentliche Interesse des Logischen aus. [...] Das Geschäft der Logik kann auch so ausgedrückt werden, daß in ihr die Denkbestimmungen betrachtet werden, inwiefern sie fähig sind, das Wahre zu fassen« (*Enzyklopädie* § 24 Zus. 2; Hegels *Werke* 8, 86).

keit einer spekulativen Einheit von Endlichem und Unendlichem überhaupt aufzuzeigen. Die erste Betrachtungsweise betrachtet die Bestimmungen in ihrer Beziehung aufeinander, die zweite in ihrer Beziehungslosigkeit und Isolation. Die zweite Betrachtungsweise wird notwendig, weil die erste das Ziel – die aufzuweisende Einheit – bereits zirkulär vorauszusetzen scheint. Beide Betrachtungsweisen führen zu ein und demselben Resultat, nämlich daß sich beide Bestimmungen implizieren. Dieses Resultat genügt Hegel, um eine vorläufige Strukturbeschreibung der spekulativen Einheit des Endlichen und Unendlichen anzuführen. Das affirmative Unendliche ist Einheit zweier Momente, nämlich Endlichem und Unendlichem, die selbst wiederum zwei solche Einheiten sind. Demgemäß unterscheidet Hegel drei Einheiten, die »einfache, allgemeine Einheit des Unendlichen und Endlichen« (159) und die »gedoppelte Einheit des Unendlichen und Endlichen« (ebd.). Hegels Vernunftidealismus ist also ein spekulativ-dialektischer, triadischer Monismus der Unendlichkeit.

Diese dreifache spekulative Einheitsstruktur wird durch das philosophische Verstandesdenken beständig verfälscht. Versuchen wir uns in Hegels Verfälschungstheorie zu orientieren: Zunächst geht es um die Verfälschung der einfachen und gedoppelten Einheit von Unendlichem und Endlichem durch die Positivierung dieser Bestimmungen durch den Verstand. Dieser Verfälschungsaktion wird sodann die Explikation der Negativitätsstruktur von Endlichem und Unendlichem als ihre vernunftgemäße Wahrheit gegenübergestellt.

Zunächst stellt sich die Frage, warum Hegel überhaupt auf die Theorie der Verfälschung der spekulativen Einheit durch den Verstand zu sprechen kommt, nachdem er doch bereits die wahre Einheit gewonnen hat. Die Theorie der Verfälschung der spekulativen Einheit durch den Verstand hat die Aufgabe, die bereits gewonnene Wahrheit der Vernunft über die Erzeugung der Unwahrheit des Verstandes zu bewähren und damit weiter zu explizieren. Es geht hier also nicht um die Rekapitulation des Übergangs vom Verstand zur Vernunft, sondern um die Bekräftigung der Vernunft *als* Vernunft über die kritische Darstellung der Verfälschung der Vernunftresultate durch den Verstand.

Nachdem Hegel behauptet hat, daß der Verstand die einfache, allgemeine Einheit des Unendlichen verfälscht, liefert er eine Beschreibung, wie der Verstand auch die gedoppelte Einheit, die

Einheit des Unendlichen zu einem »*verendlichte*[*n*] *Unendliche*[*n*]« (159) einerseits, die Einheit des Endlichen zu einem »*verunendlichte*[*n*] Endlichen« (ebd.) andererseits verfälscht. Beides sind verfälschte Einheiten, weil in ihnen Unendliches und Endliches nicht als negierte Momente vermittelt, sondern miteinander verquickt sind wie Ansichsein mit einer qualitativen Bestimmtheit, also seinem Gegenteil. Falsche Einheiten sind widersprüchliche Verknüpfungen unverträglicher, entgegengesetzter selbständig seiender Bestimmungen.

Hegel führt diese Verfälschung darauf zurück, daß der Verstand in beiden Einheiten am Unendlichen und am Endlichen als nicht negierten Bestimmungen positiv festhält, weil er in der Einheit von Unendlichem und Endlichem »nichts als den Widerspruch« erkennt und »nicht auch die Auflösung desselben« (159). Die Verfälschung der gedoppelten Einheit besteht also darin, daß deren Momente trotz ihrer erwiesenen Einheit noch als selbständig gefaßt werden. Die Verfälschung gründet also in der Positivierung der Bestimmungen durch den Verstand.[7]

Vor dem Hintergrund dieser Verstandesverfälschung breitet Hegel die ganze Wahrheit der Einheit von Endlichem und Unendlichem aus, indem er deren Negativitätsstruktur freilegt. Hegels Theorie der affirmativen Unendlichkeit präsentiert sich als komplexe Einheits- und Negativitätstheorie. Die falsche Einheit von Endlichem und Unendlichem muß von der wahren, spekulativen Einheit beider unterschieden werden. Bei Hegel kann die wahre Konzeption der Philosophie nur in einem negativen Beweis, nämlich in der Kritik an unwahren Konzeptionen der Philosophie gewonnen werden.

Hegel will nicht nur zeigen, *daß* die spekulativ-dialektische Einheit zu denken ist, sondern *wie* die wahre Vernunfteinheit

7 Der Verstand verfälscht die Einheit, weil er eher eine Konzeption für inkonsistent hält, die Endliches und Unendliches vereint. Und umgekehrt erscheinen ihm die Kategorien in ihrer Trennung als völlig widerspruchsfrei. Diese Täuschung des Verstandes ist notwendig, weil der Widerspruch der Kategorien nicht auf der Bedeutungs- bzw. Inhaltsebene, sondern zwischen dem immer schon Implizierten und dem ausdrücklich Behaupteten dieser Bestimmungen besteht und nur einer Reflexion auf derartige Voraussetzungen zugänglich ist. Nur die dialektische Entwicklung der Kategorien, die ihre innere Struktur an ihnen selbst untersucht, entdeckt ihren Widerspruch.

konkret zu denken ist. Zunächst hat Hegel aufgewiesen, *daß* die spekulative Einheit denknotwendig ist. Über die kritische Darstellung der Verfälschung dieser Einheit zeigt Hegel dann weiterhin, *wie* diese Einheit konkret gedacht werden muß, das heißt, welche kategoriale logische Struktur sie aufweist.

Gegen die Verfälschung, die der Verstand mit dem Endlichen und Unendlichen vornimmt, macht Hegel geltend, daß beide nicht nur einfache Negation eines positiv Bestehenden sind, sondern Negation von einem, das selbst ein Negatives oder Negation ist, also Negation der Negation im Sinne der selbstbezüglichen Negation. Beide sind nur das »*Aufheben* seiner selbst« (160) und damit das »Andere ihrer selbst« (ebd.). Damit ist ihre hypostasierte Selbständigkeit definitiv dementiert.

Somit kann Hegel die vorhandene Negativitätsstruktur beider Bestimmungen angeben: Die Negation der Negation, die beide Bestimmungen sind, ist in zwei Aspekte untergliedert: sie ist a) die »*Vermittlung*, welche die Negation der Negation« (161) ist, und b) »*an sich* Beziehung auf sich selbst« (160) oder »Affirmation« (ebd.). Wie sind diese beiden Aspekte der Negation der Negation zu verstehen?

Die beiden Aspekte der Negation der Negation verhalten sich wie affirmativer Resultatsinn zum negativen Prozeßsinn der Negation der Negation. Wir haben bereits in der letzten Vorlesung gesehen: Offensichtlich hat bei Hegel der Ausdruck »Negation der Negation« einen entgegengesetzten Doppelsinn, zum einen kann mit ihm die selbstbezügliche Negation als solche, die einen negativen Selbstbezug einschließt, zum anderen kann mit ihm das positive Resultat, die Negation der selbstbezüglichen Negation, gemeint sein, das einen affirmativen Selbstbezug einschließt.

Wohl spielt bei Hegel der negative Selbstbezug eine entscheidende Rolle, aber man wird mit Hösle (1988, 205 ff.) und gegen Henrich (vgl. 1976, 208-230) und Kesselring (vgl. 1984, 140 ff.) daran festhalten müssen, daß Hegel auch einen affirmativen Selbstbezug kennt. Dieser – und das ist entscheidend – kommt zu seiner Wahrheit, insofern er durch den negativen Selbstbezug vermittelt wird. Der affirmative Selbstbezug ist für Hegel Voraussetzung *und* Resultat des negativen Selbstbezugs der Negation. Nur weil Hegel allen Kategorien der Logik Selbstbezüglichkeit zuspricht, kann deren Negation ihrerseits selbstbezüglich sein. Nur weil die Negation basal Negation der Selbstbeziehung ist, kann sie ihrerseits selbstbezüglich sein. Umgekehrt kommen wir aus dem Widerspruch der selbstbezüglichen Negation nur heraus, wenn sich die selbstbezügliche Negation ihrerseits negiert.

Alle synthetischen Kategorien sind – auch und gerade als Negation der Negation – durch einen positiven Selbstbezug ausgezeichnet, der sich durch Selbstaufhebung des negativen Selbstbezugs bewahrheitet und damit dem Widerspruch enthoben ist. Wahre Einheit, Synthesis ist für Hegel durch Übereinstimmung mit sich selbst, das heißt durch affirmativen Selbstbezug, gekennzeichnet. Die einseitigen Kategorien Endliches und Unendliches beziehen sich negativ auf sich, heben sich selbst auf. Ihr widersprüchlicher Zustand hat keine Wahrheit. Wahrheit haben sie nur als synthetische Kategorien, in der positiver und negativer Selbstbezug in Einheit sind, so aber, daß dem positiven Selbstbezug in dieser Einheit Priorität zukommt. Das über das bloß dialektische hinausgehende spekulative Moment kommt mit dem Überstieg vom negativen Selbstbezug zum positiven Selbstbezug herein. Hegels Theorie affirmiert nicht die selbstbezügliche Negation als solche. Sie ist Kritik derselben. Nach Hegel ist Negativität darin absolut, daß sie Negativität (selbstbezügliche Negation) *und* Aufhebung der Negativität (Negation der selbstbezüglichen Negation), Herstellung von Affirmation ist. So läßt sich sagen, daß Hegels Theorie der Negativität eine Theorie ist, die vom untrennbaren Zusammenhang von Inkonsistenz und Konsistenz ausgeht, indem sie die These aufstellt, daß Konsistenz nur aus Inkonsistenz hervorgehen kann, also Negation von Inkonsistenz ist.

Im letzten Teil der Theorie der Unendlichkeit geht es darum, den wesentlichen Zusammenhang beider Aspekte der Negation der Negation in der Korrektur ihres Gesetztseins im unendlichen Progreß von Endlichem und Unendlichem herzustellen. Beide Bestimmungen sind zwar im unendlichen Progreß gesetzt, aber noch nicht in ihrer letzten Wahrheit, nämlich nicht in ihrer Einheit, sondern auseinanderfallend. In einer nochmaligen Analyse des infiniten Progresses geht es Hegel daher um die Korrektur an dieser ihrer Art des Gesetztseins, wodurch die Noch-nicht-Wahrheit zur Wahrheit werden soll. Ist diese Korrektur geschehen, so zeigt sich, daß die affirmative Selbstbeziehung einer jeden

Bestimmung (also von Endlichem und Unendlichem) aus dem Prozeß ihrer Selbstnegation, also aus dem Prozeßsinn der wahren Unendlichkeit resultiert, der in der Folge zu explizieren ist.

Hegel expliziert den Prozeßsinn der Negativitätsstruktur der wahren Unendlichkeit im Rekurs auf die Analyse dessen, was *im* unwahren unendlichen Progreß des Verstandes *vorhanden* ist. Im unendlichen Progreß werden Endliches und Unendliches vom Verstand erstens beide negiert, zweitens als unterschiedene für sich positiv gesetzt (vgl. 161). Der unendliche Progreß spricht aber noch mehr aus. In ihm zeigt sich, daß Endliches und Unendliches nicht einfach positive Bestimmungen sind, die dann einfach negiert werden. Sie sind vielmehr Negative, die, wenn sie negiert werden, sich selbst negieren. Wir haben es also beim Endlichen, das ins Unendliche übergeht, und beim Unendlichen, das ins Endliche übergeht, mit einer zweifach selbstbezüglichen Negation zu tun.

Auf den ersten Blick kann die Negation des Endlichen und Unendlichen als einfach und aufeinander folgend genommen werden, doch zugleich ist der »*Zusammenhang*« (161) dieser beiden Bestimmungen gesetzt, der sich zunächst als »Übergang und Abwechslung« (ebd.) präsentiert. Die nähere Betrachtung des unendlichen Progresses ergibt erstens, daß beide Negationen, also die Negation des Endlichen und die Negation des Unendlichen, selbstbezügliche Negationen sind, und zweitens, daß darin Endliches und Unendliches eine *Rückkehr zu sich selbst* vollziehen. So wie das Endliche auf dem Weg seiner Selbstnegation über sein Gegenteil, das Unendliche, zu sich selbst zurückkehrt, so kehrt auch das Unendliche auf dem Weg seiner Selbstnegation über sein Gegenteil, das Endliche, zu sich zurück.

Mit der Figur der »Rückkehr in sich« (162) glaubt Hegel eine vernünftige Struktur *im* infiniten Progreß gefunden zu haben, die diesen in seiner Negativität als solchen transzendiert. Es geht also wieder darum, nun aber konkret gezeigt am unendlichen Progreß des Verstandes, die Negativitätsstruktur von Endlichem und Unendlichem herauszuarbeiten, indem die scheinbar einfache Negation von Endlichem und Unendlichem als zweifach doppelte bzw. selbstbezügliche Negation mit zweifachem affirmativem Resultat freigelegt wird.

Beide Bestimmungen, Endliches und Unendliches, sind also dieselbe Rückkehr- und Vermittlungsbewegung, denn beide sind affirmatives Resultat der Negation der selbstbezüglichen Negation, haben also die gleichen Eigenschaften synthetischer Kategorien. Und so zeigt sich, daß Hegels spekulativ-dialektischer Monismus der affirmativen Unendlichkeit durch eine zweifach selbstbezügliche Negation der unwahren, selbständigen Verstandesbestimmungen von Endlichem und Unendlichem in ihrem Gegensatz zustande kommt. Der Verstand dagegen hält an ihnen als selbständigen und einseitigen Kategorien fest, d. i. in dem, »was sie in der Bestimmung ihres *Anfangs* sind« (162), wie Hegel sagt.

Auch die letzte Korrektur der ›Schiefheit‹ des Resultats, die mit seiner Zweiheit gegeben ist, welche auf die Zweiheit des Ausgangspunktes zurückzuführen ist, ist nach Hegel im unendlichen Progreß selbst angelegt. Hegels These lautet, daß, da im Prozeß des Progresses der Ausgangspunkt negiert wird, das Resultat auch den Dualismus des Anfangs nicht reproduziert.

Im unendlichen Progreß erwächst Endlichem und Unendlichem ein »*Doppelsinn*« (163), dessen prozessuale Explikation schließlich das »*wahrhaft Unendliche*[*s*]« (ebd.) darstellt. Als Ausgangsmomente oder -elemente des linear ausgerichteten infiniten Progresses sind die beiden durch einander begrenzt, also »*gemeinschaftlich das Endliche*« (ebd.). So faßt sie der Verstand auf. Die Vernunft zeigt auf, daß beide sich im Progreß selbst negieren und als synthetische Kategorien affirmativ zu sich zurückkehren. Jedes ist beides. Durch den Prozeß des Progresses wächst also dem Begriff des Unendlichen wie auch dem des Endlichen ein ganz neuer synthetischer Sinn zu. Das wahrhaft Unendliche ist der ganze vernünftig strukturierte Prozeß, der imstande ist, sowohl den verselbständigten Verstandes- als auch den synthetischen Vernunftsinn von Endlichem und Unendlichem zu explizieren, wodurch sich der Prozeß somit von einer Linie zu einem Kreis schließt.

Daß die affirmative Unendlichkeit die abschließende Kategorie der Daseinslogik ist, zeigt sich erstens daran, daß sie alle wesentlichen Kategorien der Daseinslogik – Sein, Werden und Dasein – reformuliert und zweitens aufgrund ihrer Kreisstruktur den logischen Prozeß der Daseinslogik in sich zurücklaufen läßt und somit zum Abschluß bringt.

Die wahrhafte Unendlichkeit ist allerdings noch nicht die abschließende Kategorie der Logik, sie geht ins *Fürsichsein* über. Sie kann – so darf man vermuten – nicht völlig ohne Defizite sein. Doch kann sie zumindest mit Recht für sich beanspruchen, den Widerspruch zwischen Endlichem und Unendlichem aufgehoben, gelöst zu haben. Für das konsistente Verhältnis des Endlichen zum Unendlichen steht der Terminus »Idealität« (165). Idealität ist der Ausdruck für die Art und Weise, wie das Endliche im Unendlichen im berühmten Dreifachsinne aufgehoben ist und darin ein Moment bildet. Von Bedeutung ist der Ausdruck Idealität also dadurch, daß er nicht gleichbedeutend ist mit »Negation des endlichen Daseins« (ebd.). Mit ihm wird auch das Affirmative, das in der Aufhebung des Endlichen liegt, zum Ausdruck gebracht. Damit ist das Endliche definitiv vor seinem Untergang gerettet bzw. gerettet vor der inkonsistenten Alternative zwischen Verschwinden im monistischen Unendlichen Schellings und dem äußerlich dem Unendlichen gegenüber Stehenbleiben in der Verstandeskonzeption des Dualismus von Endlichem und Unendlichem bei Kant, Jacobi und Fichte. Der Nachweis der Idealität des Endlichen begründet nach Hegel den objektiven Idealismus der Philosophie, den er mit seiner Theorie der Unendlichkeit geleistet zu haben glaubt.[8]

8 In der Anmerkung 2 zur Kategorie der Unendlichkeit heißt es: »Der Satz, daß das *Endliche ideell ist*, macht den *Idealismus* aus. Der Idealismus der Philosophie besteht in nichts anderem als darin, das Endliche nicht als ein wahrhaft Seiendes anzuerkennen. Jede Philosophie ist wesentlich Idealismus oder hat denselben wenigstens zu ihrem Prinzip, und die Frage ist dann nur, inwiefern dasselbe wirklich durchgeführt ist« (172). In der *Enzyklopädie* notiert Hegel: »Diese Idealität des Endlichen ist der Hauptsatz der Philosophie und jede wahrhafte Philosophie ist deswegen *Idealismus*« (§ 95 Anm.; Hegels *Werke* 8, 203). Es kommt also alles darauf an, ob eine Philosophie das idealistische Prinzip aller Philosophie konsequent oder inkonsequent durchführt. Natürlich ist Hegel der Meinung, daß seine eigene Philosophie erst die konsequente Durchführung des idealistischen Prinzips der Philosophie darstellt.
Die gedankliche Aufhebung der Realität in die Idealität des Gedankens leistet freilich nicht jenes Wunder, das der Idealist Hegel ihm zutraut: die endliche Realität als solche und damit die Differenz von Endlichem und Unendlichem zum Verschwinden zu bringen. Der Fehler Hegels besteht offensichtlich darin, die Aufhebung des Gegensatzes von endlicher Realität und unendlichem Gedanken im Prozeß des Erkennens mit der Überwindung ihrer Differenz gleichzusetzen

Das Defizit der affirmativen Unendlichkeit liegt nun gerade darin, worin sie über die schlechte Unendlichkeit des linearen Progresses hinausgeht, in ihrer Kreisstruktur. Schein – so könnte man mit Theunissen sagen – reproduziert sich gerade dort, wo das Wahrhafte Hochkonjunktur hat (vgl. Theunissen 1978, 293 ff.). Die affirmative Unendlichkeit ist also nicht die Wahrheit schlechthin, sondern nur die auf dem seinslogischen Stand mögliche relative Wahrheit, die selbst noch korrigiert werden muß.

Obgleich die Kreisstruktur der affirmativen Unendlichkeit einen Fortschritt über die Linearbewegung der schlechten Unendlichkeit darstellt, enthält sie ihrerseits eine Defizienz, die den logischen Prozeß zum Abschluß bringt, da sie als Kreisstruktur alles Fortschreiten ausschließt und somit in einfache Unmittelbarkeit zusammenfällt. Erst die Wesenslogik überwindet die seinslogische Alternative von infinitem Progreß einerseits und in einfache Unmittelbarkeit zusammensinkende Kreisstruktur andererseits, so daß sie die Sphäre des Seins insgesamt verläßt (vgl. Iber 1990, 182). Der Grund für die in einfache Unmittelbarkeit zusammensinkende Negativität liegt darin, daß die Kategorie der Unendlichkeit als Kategorie der Seinslogik ihre Negativitätsstruktur noch nicht reflexionslogisch explizieren und sich daher der seinslogischen Unmittelbarkeit nicht erwehren kann. Dieses beständige Zusammensinken von Negativität in einfache Unmittelbarkeit in der Seinslogik läßt sich als beständiger Übergang von Inkonsistenz in nur defizitäre Konsistenz interpretieren. Erst in der Wesenslogik wird Unmittelbarkeit zur Form der Selbstbeziehung der Negativität oder der Inkonsistenz; dann hat die Unmittelbarkeit nicht mehr die ontologische Form der Einfachheit, sondern ist nur noch als sich selbst aufhebende Unmittelbarkeit oder als *Gesetztsein* im Sinne von Konstituiertsein zu

und damit die endliche Welt als solche letztlich für Schein zu erklären. Es ist daher Marx recht zu geben, wenn er feststellt: »Hegel geriet daher auf die Illusion, das Reale als Resultat des sich in sich zusammenfassenden, in sich vertiefenden, und aus sich selbst sich bewegenden Denkens zu fassen« (Marx, *Grundrisse*, 22). In diesem Fehler ist Hegels Theoretizismus begründet: Daß die theoretische Tätigkeit den Menschen zum wahrhaften Subjekt macht, ist angesichts der bleibenden Gegenständlichkeit der Welt, die er ideell in die seinige verwandelt, nur Schein. Erst durch die vom Wissen bestimmte Praxis, durch die Veränderung der Welt, unterwirft er diese seinen Zwecken.

denken. Aus dieser sich selbst durchsichtigen logischen Form der Inkonsistenz erwachsen alle einzelnen inkonsistenten Bestimmungen in der Wesenslogik, die sich somit als universale Sphäre der Inkonsistenz erweist. Doch die Begriffslogik restituiert wieder die Kreisstruktur der affirmativen Unendlichkeit, in der sich also Hegels Vernunftfundamentalismus von Anfang an bereits in der Daseinslogik vollendet. Aber die logische Kreisstruktur des Begriffs in der Begriffslogik beansprucht, keine bloß defizitäre Form von Konsistenz zu sein, wie die seinslogische Kategorie der affirmativen Unendlichkeit. Und dies kann sie, weil sie durch die Sphäre der universalen Inkonsistenz in der Wesenslogik hindurchgegangen ist.

So kann abschließend der Zusammenhang von Seins-, Wesens- und Begriffslogik angegeben werden: Ausgangspunkt in der Seinslogik ist die einfache Beziehung auf sich oder die seinslogische Unmittelbarkeit, also defizitäre Konsistenz, deren implizite Negativität in ihrer Widersprüchlichkeit entwickelt wird, die aber immer wieder in einfache Unmittelbarkeit, also bloß defizitäre Konsistenz zusammensinkt. Ausgangspunkt in der Wesenslogik ist die selbstbezügliche Negativität selbst, aus deren Widerspruch die selber widersprüchlichen Bestimmungen generieren, die somit nur gesetzte sind. Defizitär konsistente Unmittelbarkeit erweist sich damit als sich selbst aufhebender Schein. In der Begriffslogik wird definitiv deutlich, daß die positive Selbstbeziehung, die aus der Aufhebung des Widerspruchs der sich auf sich beziehenden Negation resultiert, Vorrang vor der negativen Selbstbeziehung des Widerspruchs hat. Die Begriffslogik restituiert daher die einfache Unmittelbarkeit des Seins in der Reflexivität des vernünftigen Begriffs. Damit ist Hegels Vernunftfundamentalismus in der Logik definitiv zum Abschluß gekommen: Der vernünftige Begriff des Begriffs erweist sich in seiner reflexiven Selbstbegründung im kritischen Gang durch den Widerspruch aller defizienten Kategorien der Logik als das gründende Ganze der Wirklichkeit – bis auf eines, *daß* es ihn selbst gibt. Genau an diesem Punkt knüpft der späte Schelling mit seiner Kritik an Hegels Vernunftfundamentalismus an, mit der wir uns in der elften Vorlesung beschäftigen werden.

Zehnte Vorlesung

Hegels dialektische Methode nach dem Schlußkapitel der Logik und ihre subjektivitätstheoretischen Implikationen

Mit seinen Überlegungen zur dialektische Methode am Schluß seiner Logik beabsichtigt Hegel keine »Einführung« in seine Dialektik, sondern gleichsam eine »Ausführung«, nämlich den Nachweis, daß die in der Logik befolgte Methode sich selbst durchsichtig wird. Am Ende der Logik gibt sich Hegel ganz abstrakt – also unabhängig vom Inhalt besonderer Begriffe – Rechenschaft über die Art und Weise, wie die Dialektik der Begriffsbewegung abläuft. Das Methodenkapitel ist sozusagen das »Fürsichsein« der Logik im ganzen. Die Methode ist nichts anderes als der sich begreifende Begriff. Ich denke, mit der Interpretation des Methodenkapitels können wir uns abschließend Rechenschaft über Hegels spekulative Dialektik geben.

Bei der Interpretation des Methodenkapitels möchte ich mich auf die Darstellung des ersten dialektischen Dreischritts in einer Begriffsentwicklung überhaupt konzentrieren und die schwierige Frage des Übergangs von einem dialektischen Dreischritt zum nächsten abblenden.[1] Bei der Interpretation des ersten dialektischen Dreischritts können wir uns von folgenden Fragen leiten lassen: 1. Wie und wodurch kommt überhaupt ein dialektischer Dreischritt zustande, und was sind seine Gesetzmäßigkeiten? 2. Wie erläutert Hegel die Bewegung vom Ersten zum Zweiten? 3. Welche Aspekte unterscheidet Hegel bei der Analyse des Zweiten? 4. Wie erläutert Hegel die Bewegung vom Zweiten bis zum Wendungspunkt und die vom Wendungspunkt zum Ende der Bewegung beim Dritten?

Am interessantesten scheint mir die Erörterung der Bewegung vom Zweiten bis zum Wendungspunkt und von diesem bis zum Ende der Bewegung beim Dritten. Denn hier können Fragen erörtert werden, die auch in der Unendlichkeitstheorie von Be-

1 Einen plausiblen Interpretationsvorschlag zum Übergang vom ersten zum zweiten dialektischen Dreischritt gibt Kesselring 1984, 268-282.

lang waren und die die Negation, den Widerspruchsbegriff und die Synthese in Hegels *Wissenschaft der Logik* betreffen. Die Frage nach der Synthese in der dritten Bestimmung ist deswegen so wichtig, weil nach Hegels Anspruch Dialektik eine Methode sein soll, die aus dem Widerspruch im zweiten Schritt hinauszuführen vermag. Diese Frage tangiert auch das Verhältnis von dialektischem und spekulativem Moment der logischen Methode (vgl. *Enzyklopädie* §§ 79-82; Hegels *Werke* 8, 168-179).

Nach meiner speziellen These läßt sich die dialektische Bewegung des logischen Denkens in der Methode mit Hegels Darstellung der historischen Entwicklung der Philosophie in einem Zyklus (Antike, Mittelalter, Neuzeit), wie er sie in den §§ 26-78 über die drei Stellungen des Gedankens zur Objektivität in der *Enzyklopädie* darstellt, parallelisieren. Würde sich diese Parallele herstellen lassen, wäre Hegels vielbestrittene These von einer Entsprechung von logischen Kategorien und philosophiehistorischen Positionen erhärtet.

Hegel beginnt mit der Darstellung und Erörterung der dialektischen Bewegung vom Ersten zum Zweiten. Diese Bewegung stellt sich als ein Fortgang von einem Unmittelbaren zu einem Vermittelten, Negativen oder Anderen bzw. als ein Übergang vom Allgemeinen zum Besonderen dar, wodurch sich ein allgemeines Erstes als »das Andere seiner selbst« (Hegels *Werke* 6, 561)[2] erweist. Dieser Fortgang tritt dadurch ein, daß irgendeine logische Kategorie, die am Anfang eines dialektischen Dreischritts steht – daher der Titel »ein allgemeines Erstes« (ebd.) –, »*an und für sich betrachtet*« (ebd.) und also dem Denken zu dem Behuf unterworfen wird, sie auf ihren Gehalt hin zu untersuchen.[3] Hegel beschreibt die Bewegung vom Ersten zum Zweiten mit seins-, wesens- und begriffslogischen Mitteln, wobei die be-

2 Im folgenden werden bei Zitaten aus dem Methodenkapitel nur die Seitenzahlen von Hegels *Werken* 6 angeführt.

3 Diese Betrachtungsweise ist überhaupt spezifisch für die Hegelsche Logik. Die Denkbestimmungen werden an und für sich betrachtet, sofern sie nicht bezogen sind auf inhaltliche Substrate, sondern frei von den sinnlichen Substraten, den Substraten der Vorstellung (vgl. Hegels *Werke* 5, 61). Nach Hegel ist es ein »unendliches Verdienst der Kantischen Philosophie, [...] den Anstoß zur Wiederherstellung der Logik und Dialektik, in dem Sinne der Betrachtung der *Denkbestimmungen an und für sich,* gegeben zu haben« (559 f.).

griffslogischen den Rahmen abstecken. Der Standpunkt der Methode integriert also alle Teile der Logik in sich.

Wesentlich ist die Hervorhebung zweier Aspekte der Bewegung vom Ersten zum Zweiten: Nach dem ersten Aspekt ist das Erste im Anderen »*untergegangen*« (561), wie ja gewöhnlich das Resultat der Dialektik als das leere Nichts angesehen wird, so daß das Zweite dem Ersten als antithetisches Moment gegenübertritt. Nach dem zweiten Aspekt enthält das Zweite »*die Bestimmung des Ersten*« (ebd.) in sich. Dieser zweite Aspekt wird als unabdingbar für die immanente Begriffsbewegung erachtet und ermöglicht es, den begrifflichen Fortgang rational zu gestalten.

Zunächst sieht es so aus, als ob ein Zweites dem Ersten äußerlich gegenübergetreten wäre. Aber daraus, daß das Erste *sich* als »das Andere seiner selbst« zeigt und als Bestimmung im Anderen enthalten ist, geht hervor, daß das Erste selbst das Zweite geworden ist. Das Andere ist also kein nur von außen Hinzugebrachtes, sondern zugleich die Fortbestimmung desjenigen, dessen anderes es ist. Gleichwohl kommt Neues hinzu.

Mit welcher philosophiehistorischen Position ist nun das Erste einer dialektischen Bewegung zu parallelisieren? Das Erste hat seine philosophiehistorische Entsprechung meines Erachtens in Positionen positiver bzw. thetischer Metaphysik. Zu denken wäre etwa an Parmenides in der Antike, Thomas von Aquin im Mittelalter und Spinoza in der Neuzeit. Sofern auf die Naivität und Unmittelbarkeit dieses metaphysisch-substanzialen Denkens reflektiert wird, hebt es sich selbst auf. Das zunächst reflexionslose metaphysische Denken erweist sich damit als das »Andere seiner selbst«.

Nach der Darstellung der Bewegung vom Ersten zum Zweiten wird das Zweite analysiert, wie es nun vorhanden ist: Gemäß der genannten zwei Aspekte lassen sich zwei Seiten am Zweiten unterscheiden: Obgleich es das Vermittelte ist, kann es zunächst unmittelbar als einfache Bestimmung genommen werden, und zwar entsprechend dem ersten Aspekt, wonach das Erste im Zweiten untergegangen ist. Nach der anderen Seite ist das Zweite keine einfache Bestimmung, sondern in sich differenziert, denn es enthält auch das Erste sichtbar in sich. Zur Charakterisierung des In-sich-differenziert-Seins des Zweiten dient Hegels Hinweis auf das Unzulängliche der Form des Satzes, das Spekulative auszudrücken.

Hegel geht dann zur Erörterung des Zweiten unter einem neuen Gesichtspunkt über, die schließlich zur Freilegung seines Widerspruchs und damit der Dialektik, die im Zweiten liegt, führt. Das »*Vermittelte*« (561) ist das Zweite, insofern es die Fortbestimmung des Ersten ist. Das »*Vermittelnde*« (564) ist das Zweite, weil es das Erste sichtbar in sich enthält und damit das Erste und Zweite beides in einem ist. Das Zweite ist somit »*Beziehung* oder *Verhältnis*« (562), wie Hegel sagt. Als das Andere an sich selbst und als das Andere eines Anderen sei das Zweite der Widerspruch, die »*gesetzte Dialektik ihrer selbst*« (ebd.). Das Zweite widerspricht sich selbst, weil es das Andere selbst beinhaltet, das es von sich ausschließt. Die Entzweiung des Zweiten vom Ersten führt zu einer Entzweiung des Zweiten mit sich selbst, die Hegel auf den Begriff des Widerspruchs bringt.[4]

Das Zweite findet seine philosophiegeschichtliche Entsprechung in Positionen des Empirismus und des Skeptizismus, die die Antithese zur thetischen Metaphysik darstellen, indem sie das Negative zur metaphysischen Positivität betonen. In einer entsprechend antithetischen Form wie das dialektische Denken verläuft auch die Philosophiegeschichte innerhalb eines Zyklus. In der *Enzyklopädie* macht Hegel deutlich, daß der Empirismus entsprechend der zwei Seiten des Zweiten eine merkwürdige Verquickung von unmittelbarer Erfahrung und metaphysischen Kategorien darstellt, also selbst metaphysische Momente enthält, obgleich er letzteres nicht wahrhaben will (vgl. *Enzyklopädie* § 38 Anm.; Hegels *Werke* 8, 108 f.). Während der Empirismus auf reale Andersheit Bezug nimmt, wodurch die reale Mannigfaltigkeit der Phänomene der Welt in die Philosophie hereinkommt, löst der Skeptizismus diese reale Andersheit in Negativität auf. Die Kritik des Skeptizismus hat dieses Beharren auf Negativität als Inkonsistenz aufzuweisen.

Hegel kommentiert die zwei gegenläufigen Bewegungen im dialektischen Dreischritt, der vom Ersten zum Zweiten und von

4 Wenn Hegel den Widerspruch der zweiten Bestimmung als »*die gesetzte Dialektik ihrer selbst*« bezeichnet, macht er auf die protreptische Rolle des Widerspruchs im Entwicklungsprozeß des Denkens aufmerksam. Der Widerspruch ist der »Ursprung der Bewegung« (Fulda 1978, 148), weil er für das Denken der Grund dafür ist, über die zweite Bestimmung hinauszugehen. Anders formuliert: der Widerspruch ist unhaltbar.

diesem zur neuen Einheit verläuft, um das Zweite als Sphäre des Widerspruchs herauszustellen, vor der das Verstandesdenken versagt. Das Verstandesdenken kann die Denkbestimmungen in ihrer Widersprüchlichkeit nicht begreifen, weil es dem Satz der Identität bzw. in seiner negativen Version dem Satz des (ausgeschlossenen) Widerspruchs folgt und so den widersprechenden Inhalt in der sinnlichen »Sphäre der Vorstellung« (563) auseinanderfallen läßt. Die besondere Attraktivität, die in der dialektischen Logik liegt, besteht darin, daß sie die Eindimensionalität des »formelle[n] Denkens« (ebd.) ablöst durch ein Denken, das die entgegengesetzten Bestimmungen in ihrer Widersprüchlichkeit zu begreifen vermag, indem es ihre gesetzte Beziehung realisiert. Das setzt voraus, daß die Denkbestimmungen von der Trübe der sinnlichen Vorstellung gereinigt werden und *als* Gedankenbestimmungen thematisiert werden. Dies ist Aufgabe der *Wissenschaft der Logik*.

Mit dem folgenden Passus gelangt Hegel zu einer Schlüsselstelle in der dialektischen Bewegung des Begriffs, indem er den Widerspruch des Zweiten mit negationstheoretischen Mitteln zu reformulieren versucht. Ich zitiere:

»Die betrachtete Negativität macht nun den *Wendungspunkt* der Bewegung des Begriffes aus. Sie ist der *einfache Punkt der negativen Beziehung* auf sich, der innerste Quell aller Tätigkeit, lebendiger und geistiger Selbstbewegung, die dialektische Seele, die alles Wahre an ihm selbst hat, durch die es allein Wahres ist; denn auf dieser Subjektivität allein ruht das Aufheben des Gegensatzes zwischen Begriff und Realität und die Einheit, welche die Wahrheit ist. – Das *zweite* Negative, das Negative des Negativen, zu dem wir gekommen, ist jenes Aufheben des Widerspruches, aber ist so wenig als der Widerspruch ein *Tun einer äußerlichen Reflexion*, sondern das *innerste, objektivste Moment* des Lebens und Geistes, wodurch ein *Subjekt, Person, Freies* ist« (563).

Diesem Passus zufolge liegt die Quelle aller »geistigen Selbstbewegung« und insofern der Entwicklung des begrifflichen Denkens in der »*negativen Beziehung* auf sich«, die Hegel zuvor mit dem Terminus »das Andere seiner selbst« benannt hat. Der Begriff des Widerspruchs wird hier auf den Begriff der »*negativen Beziehung* auf sich« gebracht.[5] Das Zweite oder Negative, das

5 Thomas Kesselring hat die antinomische Struktur von Hegels Begriff der doppelten, selbstbezüglichen Negation im Detail studiert (Kessel-

sich darin widerspricht, daß es das enthält, was es ausschließt, schließt sich von sich selbst aus oder bezieht sich eben negativ auf sich selbst.

Es kommt hier aber noch ein anderer Aspekt hinzu: Die »*negative Beziehung* auf sich« ist nicht nur der Widerspruch des in sich entzweiten Negativen, sondern als »das Negative des Negativen« auch die Aufhebung desselben. Diesen Nachweis erbringt nicht die äußere Reflexion; diese Aufhebung ergibt sich vielmehr aus den Prämissen, die im Zweiten selbst liegen. Der Widerspruch und seine Aufhebung ist somit »das *innerste, objektivste Moment* des Lebens und Geistes«. Die Differenz zwischen dem Widerspruch des Negativen und dessen Selbstaufhebung macht Hegel an einer terminologischen Differenz fest. Die »*negative*[...] *Beziehung* auf sich« ist als »*Beziehung des Negativen auf sich selbst*« (563) auch die Selbstaufhebung des in sich entzweiten Negativen und insofern der »*Wendungspunkt*« der dialektischen Bewegung des Begriffs. Das Stehenbleiben beim Widerspruch wäre der Kollaps der dialektischen Bewegung.

Dem Wendungspunkt in der dialektischen Methode korrespondieren philosophiegeschichtlich Positionen der Überwindung des Skeptizismus, der sich in Negativität verliert. Zu nennen wären in der Antike Sokrates, in der Neuzeit Kant. Sokrates und Kant haben sich selbst als ›Wende‹ in der Philosophiegeschichte verstanden. Der Wendungspunkt in der Bewegung des Begriffs in der Methode korrespondiert auch mit der »*Umkehrung des Bewußtseins*« in der *Phänomenologie des Geistes* (vgl. Hegels *Werke* 3, 79).

Die Selbstreferenz der Negation ist bei Hegel deswegen von höchster Bedeutung und wird daher das Explicandum der Logik, weil sie in *einer* Figur Negativität (negative Beziehung des Negativen auf sich) *und* Aufhebung der Negativität (Negation des selbstbezüglichen Negativen kraft seiner Beziehung auf sich

ring 1984, 140 ff.) und vor allem das Methodenkapitel auf dieses Problem hin interpretiert (ebd., S. 250 ff.). Dabei arbeitet er die Selbstbezüglichkeit und die Negation, und zwar die Negation der Selbstbezüglichkeit als die beiden Grundmomente fast aller bekannten Antinomien heraus. Mit Vittorio Hösle ist jedoch zu bemängeln, daß Kesselring beim Widerspruch und der Antinomie stehenbleibt und so das Spekulative im Unterschied zum Dialektischen an Hegels Methode nicht genügend zu würdigen weiß (vgl. Hösle 1988, 207).

selbst), das heißt Wiederherstellung der Positivität (letztere als Resultat der Negation des selbstbezüglichen Negativen) verbindet. Es ist gerade die Stärke Hegels, daß bei ihm absolute Negativität zum Prinzip wird; er ist durch sie zum einen vor einem Rückfall in eine Metaphysik unmittelbarer Positivität gefeit; zum anderen wird durch die Figur der Selbstaufhebung der Negativität der Standpunkt bloßer, sich auf sich versteifender Negativität überwunden, wie er etwa im Skeptizismus vorliegt. Die negative Selbstbeziehung in ihrem Widerspruch macht demgemäß nicht nur die positivitätskritische Seite der Dialektik, sondern auch die konstruktive Seite derselben aus. Sie veranlaßt das Denken, über den Standpunkt bloßer Negativität hinauszugehen. Die Entwicklung des begrifflichen Denkens geht also wesentlich auf eine Auseinandersetzung mit Negativität und Widerspruch zurück.

Hegel faßt nun die wesentlichen Momente der bisher betrachteten Bewegung der Methode zusammen und interpretiert sie vor begriffslogischem Hintergrund in der Form eines Schlusses:

Die Aufhebung des Widerspruchs, die Hegel als Synthese versteht, wird mit dem Terminus »*Beziehung des Negativen auf sich selbst*« belegt und begriffslogisch als zweite Prämisse des Schlusses bezeichnet. Deutlich wird hier, daß die »*negative Beziehung* auf sich« und die »*Beziehung des Negativen auf sich selbst*« nicht dasselbe sind, wenngleich sie zwei Aspekte ein und desselben, des Negativen, darstellen. Die »*Beziehung des Negativen auf sich selbst*« ist aber auch noch nicht das positive Resultat, aber der entscheidende Schritt *auf dem Weg* dorthin: das Moment der Selbstaufhebung des Negativen in seiner Beziehung auf sich selbst zu einem positiven Selbstbezug.

Hegel gibt einen Rückblick auf die Bewegung vom Zweiten über den Wendungspunkt zum Endpunkt der Bewegung. Die Entstehung des Zweiten als in sich Unterschiedenem aus dem Ersten, nennt Hegel das »*analytische* Moment« (563). Das Unmittelbare hat sich als solches *aufgelöst* und in das vermittelte Zweite *entzweit*. Die Entwicklung dieses entzweiten Zweiten zur neuen Einheit ist für Hegel demgegenüber »synthetisch« (ebd.), weil sich in ihr die Unterschiedenen und Entzweiten wieder zusammenfügen. Die Methode der Dialektik ist also sowohl analytisch als auch synthetisch.

Mit der Unterscheidung zwischen analytischem und synthetischem Moment verbindet Hegel zwei Betrachtungsweisen in bezug auf die zweite Bestimmung, die das »*Vermittelnde*« (564) ist. Es wird deutlich, daß sich Hegel große Mühe bei der Aufklärung der Struktur des Zweiten macht, weil sie für das Verständnis der dialektischen Bewegung entscheidend ist.

Die zwei Bestimmungen, das Erste oder Unmittelbare und das Zweite oder Negative, welches das Negative des Negativen ist, werden einerseits »äußerlich bezogen« (564); in diesem Fall ist das Zweite, das Negative, »nur das vermittelnde *Formelle*« (ebd.), (gemäß dem analytischen Aspekt) das »*Vermittelnde*« (ebd.). Als die »absolute Negativität« (ebd.) ist das »negative Moment der absoluten Vermittlung« (ebd.) andererseits die »Einheit« (ebd.) beider Bestimmungen, durch welche das äußere Verhältnis internalisiert wird. Zum einen muß also das negative Zweite als Antithese zum positiven Ersten verstanden werden, zum anderen als Überwindung dieser Antithese und Herstellung einer neuen Synthese. Mit der absoluten Negativität in ihrer widerspruchauflösenden, synthetisierenden Funktion verbindet Hegel »Subjektivität« (563) und »Seele« (ebd.).[6]

Zugleich wird die ganze Bewegung des Logischen in die begriffslogische Figur des Schlusses eingezeichnet. Die Bewegung des Begriffs ist der Schluß, in dem sich das Denken vermittelt über die Negation seiner selbst – irgendein äußerer Realitätsgehalt – mit dieser Realität als mit *seiner* Realität zusammenschließt. Der Schluß besteht formal aus drei Termini: dem Subjekt (terminus maior), dem Prädikat (terminus minor) und dem Mittelbegriff (terminus medius). Diese werden in den beiden Prämissen und der Konklusion aufeinander bezogen. Der Fortgang vom Anfang war schon als Urteil charakterisiert worden, in dem sich das Allgemeine dem Besonderen mitteilt. Auch die bisherige Entwicklung des Zweiten wird schlußlogisch als zweite Prämisse bezeichnet. Zugleich läßt sich die vom Wendungspunkt ausgehende Bewegung zum vorläufigen Abschluß des ersten Zyklus als Konklusion bestimmen. Die Bewegung des Schlusses führt dahin, daß sich die Subjektivität des Begriffs innerhalb eines Zyklus durch die Vermittlung der Besonderheit und der Ne-

6 Hegels Begriff der Negativität und des Widerspruchs als synthetisches Prinzip innerhalb der Logik ist eine originelle Antwort auf die Frage nach den synthetischen Sätzen a priori, mit der der Deutsche Idealismus anhebt (vgl. Iber 1990, 511).

gativität mit seiner Realität zusammenschließt und dadurch in einen neuen Zyklus eintritt. Die logische Struktur des Schlusses ist: A-B-E. Ausgangspunkt ist das Allgemeine, sein Mittleres – Vermitteltes und Vermittelndes zugleich, das Besondere – und sein anderes Extrem – das durch die Vermittlung mit sich zusammengeschlossene Subjekt, das Einzelne.

Nach der Darstellung der Bewegung vom Wendungspunkt zum Ende der Bewegung beim Dritten geht Hegel zur Erörterung des Dritten über. Das Dritte ist die Stelle, wo die Unmittelbarkeit zum dritten Mal auftritt. Mit dem Wendungspunkt der Selbstaufhebung des Widerspruchs und der Negativität ist der konstruktive und weiterführende Aspekt des dialektischen Prozesses bezeichnet. Der Durchgang durch eine dialektische Stufe resultiert in der Wiederherstellung der ersten Unmittelbarkeit, des Positiven, Identischen und Allgemeinen. Damit ist die Ausgangsstruktur wieder erreicht, aber nunmehr als Ausgangspunkt einer höheren dialektischen Stufe. Weil die logische Struktur des Dritten dieselbe Beschaffenheit hat wie jenes Unmittelbare, von dem die Begriffsentwicklung ihren Ausgang nahm, kehrt die »*erste*[...] *Unmittelbarkeit*« (564) wieder. Die Unmittelbarkeit des Dritten ist also nicht dieselbe Unmittelbarkeit wie die des Zweiten, sondern wie die des Ersten. Das Zweite war ein Unmittelbares, insofern das Erste in ihm verschwunden schien und es isoliert auftrat. Das Erste war ein Unmittelbares, weil es in sich ununterschieden eine positive, abstrakte Einheit war, also das nicht zum Ausdruck brachte, was es an sich enthält. Das Zweite war unmittelbar, solange sein Verhältnis zum Ersten in ihm noch nicht sichtbar war. Das Dritte ist unmittelbar, weil die Vermittlung aufgehoben ist, durch die es hindurchgegangen ist. Das Dritte bringt also als Einheit von Unmittelbarkeit und Vermittlung im Unterschied zum Ersten das explizit zum Ausdruck, was es implizit enthält. – Das Dritte hat sein Pendant in Positionen synthetischer Denker, zu denen in der Antike Platon, im Mittelalter Cusanus und zu denen Hegel in der Neuzeit seinen eigenen philosophischen Standpunkt zählt.

Hegel versucht die dialektische Entwicklung im Überblick zu systematisieren und auf verschiedene Weise zu unterteilen[7]:

7 Es ist ein Verdienst Kesselrings, die verschiedenen Zählweisen der dialektischen Schrittfolge im Detail entziffert zu haben (vgl. Kesselring 1984, 266 f.).

Zunächst werden zwei verschiedene Dreiteilungen vorgeschlagen, die beide dann in einer dritten Einteilung, die vier Glieder aufweist, integriert werden:

I.	II.
1. Erstes Unmittelbares	1. Erstes Negatives
2. Vermitteltes	2. Zweites Negatives
3. Zweites Unmittelbares	3. Zweites Unmittelbares

Diese Dreiteilungen sind nicht direkt ineinander überführbar. Denn das erste Unmittelbare fällt nicht mit dem ersten Negativen zusammen. Hegel betont, daß »jenes erste Negative schon der zweite Terminus ist« (564). Die Dreiteilung (I) läßt auf das erste Unmittelbare das Vermittelte folgen, in das jenes untergegangen war, so daß es »gleichfalls unmittelbar genommen« (561) werden konnte. Alle Momente sind unmittelbar, weil sie nicht miteinander in Beziehung stehen. Dies entspricht der seinslogischen Dialektik. Die Dreiteilung (II) berücksichtigt auch die Beziehung der drei Momente untereinander. »Negative« sind bei Hegel Momente, die miteinander in Beziehung stehen. Dies entspricht der wesenslogischen Dialektik der (zweistelligen) Relationen.

Die Quadruplizität bildet die Integration der beiden Einteilungen und stellt die begriffslogische Einteilungsversion dar:

III.

1. Erstes Unmittelbares
2. Das erste Negative
3. Das zweite Negative (absolute Negativität)
4. Zweites Unmittelbares

Hegel gibt für diese Einteilung folgende Begründung: Wenn das erste Negative als der zweite Terminus gezählt wird, rückt das zweite Negative an die dritte Stelle, sofern das erste Unmittelbare mitgezählt wird. Dann muß aber die Dreiteilung auf vier Glieder erweitert werden. »Das Negative oder der *Unterschied* ist auf diese Weise als eine Zweiheit gezählt« (564).

Insofern integriert das dritte Modell die beiden ersten in sich, was der Stellung der Begriffslogik zu den vorhergehenden Logikteilen entspricht. Das Negative ist hier ein Ausdruck für das Vermittelte, worin das erste Negative und das zweite Negative einander zugeordnet werden. Diese Anweisung behandelt das Negative als Unterschied und gliedert es in zwei Momente auf.[8]

Hegel geht nun auf das dritte bzw. vierte Moment gesondert ein: Das dritte ist die Einheit des ersten und zweiten, des Unmittelbaren und des Vermittelten. Bei der Analyse des dritten müssen demnach zwei Aspekte berücksichtigt werden, seine Unmittelbarkeit und seine Vermittlung. Trotz des Vorrangs der Unmittelbarkeit im dritten muß daran festgehalten werden, daß es nicht bar jeder Vermittlung ist, sondern diese als aufgehobene, das heißt als Moment enthält. Dieser synthetische Doppelaspekt des dritten ist auch für die Weiterführung der dialektischen Entwicklung in der nächsten Stufe von Bedeutung.

Hegel kritisiert jedes Philosophieren, das sich an äußere Einteilungen hält. Insbesondere distanziert er sich von dem »leere[n] *Schema*« der »Triplizität« (565), obgleich er sich andererseits selbst in seinem gesamten Werk mit Vorliebe an dieses Dreierschema hält. Ja, er hebt dieses Schema sogar lobend hervor, nachdem er es vorher kritisch beargwöhnt hat. Insbesondere sei es das »unendliche[s] Verdienst der Kantischen Philosophie« (564 f.), auf die Triplizitätsstruktur der Vernunft aufmerksam gemacht zu haben. Zur schematischen Verfahrensweise der Philosophie zählt Hegel auch das Schellingsche »*Konstruieren*, das in nichts besteht, als jenes formelle Schema ohne Begriff und immanente Bestimmung überall anzuhängen und zu einem äußerlichen Ord-

8 Die tetradische Einteilung revidiert also keineswegs die triadische, insofern sie im Rückgriff auf den in sich gedoppelten Charakter des negativen Moments der Trias eingeführt wird und daher den dialektischen Charakter der Trias allererst ans Licht bringt: Eine wahre Einteilung, sagt Hegel, »ist insofern zunächst dreiteilig; indem dann aber die Besonderheit sich als ein Gedoppeltes darstellt, so schreitet damit die Einteilung auch zur Vierteiligkeit fort« (*Enzyklopädie* § 230 Zus.; Hegels *Werke* 8, 382). Auf die sachlichen Vorzüge der tetradischen Einteilung von Hegels System (I. Logik [1], II. Natur [2], endlicher Geist [3] und III. objektiver/absoluter Geist [4]) gegenüber der gewöhnlichen triadische Systemeinteilung (I. Logik, II. Natur und III. Geist) geht Hösle ein, indem er sie begriffsimmanent zu rechtfertigen versucht (vgl. Hösle 1988, 130-154).

nen zu gebrauchen« (565). Die dialektische Methode dagegen kümmert sich um die Gesetzmäßigkeiten, wodurch diese drei Schritte miteinander zusammenhängen.

Der offenkundige Mangel auch der Quadruplizität ist, daß sie eine vermittelnde Instanz nur zwischen der zweiten Position des Vermittelten und der dritten Position des zweiten Unmittelbaren ansiedelt, nicht aber zwischen der ersten Position des ersten Unmittelbaren und der zweiten Position. Sinnvoll wäre jedenfalls eine weitere Differenzierung, die auch zwischen erster und zweiter Position eine Übergangsposition ansetzt. So hätten wir je zwischen These und Antithese bzw. Antithese und Synthese eine Zwischenposition. Durch diese Erweiterung des Dreier- bzw. Vierermodells zu einem Fünferschema käme es zu einer Verbindung von dialektischem und linearem Prozeß, weil es zwischen den entgegengesetzten Positionen vermittelnde Instanzen gäbe.[9] Mit diesem Fünferschema der dialektischen Methode könnte auch eine Verbindung zu Hegels Interpretation der philosophiegeschichtlichen Phasen als Abfolge von je fünf Positionen, insbesondere zu seiner Interpretation der neuzeitlichen Philosophiegeschichte als Abfolge von Metaphysik (I), Empirismus (II), Skeptizismus (III), Kritizismus (IV) und Idealismus (V) hergestellt werden (vgl. *Enzyklopädie* §§ 26 ff.; Hegels *Werke* 8, 93 ff.).[10]

9 Eine solche Erweiterung einer Trias über Zwischenstufen zu einem Schema von fünf Epochen findet sich in Fichtes Vorlesung über die Weltgeschichte *Grundzüge des gegenwärtigen Zeitalters* (1804/05) (vgl. Fichtes *Werke* VII, 9 ff. und 17 ff.), die Fichte in seiner späten Wissenschaftslehre von 1804 prinzipientheoretisch grundgelegt hat, wo er von einer »drei- oder fünffachen Modifikation« der absoluten Einheit des Wissens in ihrer Disjunktion in Denken und Sein spricht (vgl. Fichtes *Werke* X, 122.).

10 In seinem Buch *Wahrheit und Geschichte* (1984) hat Hösle anhand einer umfassenden Interpretation von Hegels *Vorlesungen zur Geschichte der Philosophie* in Übertragung der logischen Abfolge der philosophiegeschichtlichen Positionen, die Hegel für die Neuzeit als die drei Stellungen des Gedankens zur Objektivität entwickelt, auf die Philosophiegeschichte im ganzen eine Zyklentheorie der Philosophiegeschichte entwickelt und vor allem auf die strukturellen Ähnlichkeiten in der Abfolge der Positionen dogmatische Metaphysik, Empirismus, Skeptizismus, Kritik des Skeptizismus und objektiver Idealismus in allen Perioden der Philosophiegeschichte abgehoben. Aufgrund von Hösles unkorrigiertem Hegelianismus ergibt sich aus

Die dialektische Bewegung des Begriffs beschriebe im Bereich des Logischen dieselbe Abfolge wie der philosophiehistorische Prozeß.

Bevor Hegel den Übergang vom ersten zum zweiten dialektischen Dreischritt thematisiert, rekapituliert er, wie das dritte (bzw. vierte) Moment – das neue Unmittelbare – zustande gekommen ist. Diese Analyse führt zu aufschlußreichen Bestimmungen des dritten bzw. vierten, abschließenden Moments der ersten dialektischen Stufe.

Dem dritten kommt der Charakter der Unmittelbarkeit nur insofern zu, als die Vermittlung, der es sich verdankt, aufgehoben ist. Dieser Umstand unterscheidet es von der Art der Unmittelbarkeit des ersten. An dieser Stelle wird deutlich, daß Hegel auch eine positive Selbstbeziehung kennt, wenn er vom Positiven oder Identischen als von der »*einfache*[*n*] Beziehung auf sich« (565) spricht, die der Begriff durch das Aufheben seines Andersseins hergestellt hat. Das Positive ist zwar durch das Negative vermittelt, aber durch dessen Selbstaufhebung. Das Positive als Resultat der Selbstaufhebung der Negativität ist gegenüber dem Positiven des Anfangs dadurch ausgezeichnet, daß in es Negativität einbezogen ist, deren Macht so gebannt ist. Es ist quasi verarbeitete Negativität. Das Positive des Anfangs dagegen war der Macht der Negativität unterworfen. Die Begriffspaare, die Hegel hier für die Resümierung verwendet, stammen wieder aus allen drei Logikteilen.

Das dritte hat nach Hegel den Charakter von Wahrheit und den der Subjektivität. Beides steht für Hegel nicht am Anfang, sondern ist nur als Resultat der dialektischen Entwicklung zu begreifen. Beides sind für Hegel unhintergehbare Strukturen, das heißt solche Strukturen, die nicht sinnvoll, das heißt ohne Widerspruch, geleugnet werden können. Die Negation von Wahrheit und Subjektivität ist ohne Selbstwiderspruch undenkbar. Ersteres hat Platon, letzteres haben Fichte und Schelling erkannt. Die Hegelsche Logik bzw. die dialektische Methode ließe sich als negativer, indirekter Beweis dieser unhintergehbaren Sachverhalte interpretieren. Beide Charaktere geht Hegel nacheinander durch:

dieser Theorie die etwas barock anmutende Forderung einer Erneuerung des objektiven Idealismus auch innerhalb der modernen Philosophie.

Wahrheit ist Resultat der Bewegung des Begriffs. Sie ist das, was sich im Prozeß des Denkens ergeben hat. Daher ist im dritten nicht nur seine Unmittelbarkeit, sondern auch seine Genese, seine Vermittlung zu berücksichtigen. Hegel rügt wiederum die Formen des Urteils als ungenügend, die Wahrheit des dritten als Einheit von Unmittelbarkeit und Vermittlung zu fassen, weil diese nur als »sich mit sich selbst vermittelnde Bewegung und Tätigkeit« (565) zu denken ist.

Hegel resümiert den dialektischen Dreischritt in der begriffslogischen Triade Allgemeinheit, Besonderheit und Einzelheit. Das erste Unmittelbare ist das Allgemeine. Das zweite Unmittelbare oder das dritte ist das »*Einzelne, Konkrete, Subjekt*« (566). Das Allgemeine ist das im Subjekte »*gesetzt*[*e*]« (566), weil es darin zu sich selbst gekommen, »*für sich*« (ebd.) ist. Das erste Moment der dialektischen Begriffsentwicklung ist bloß »das an sich seiende Allgemeine« (ebd.), das zweite »das für sich seiende Negative« (ebd.). Beide Momente sind abstrakt und unwahr und deshalb dialektisch. Das dritte Moment, das »Anundfürsichseiende« (ebd.), ist das »*Allgemeine*« (ebd.), das als das »*Identische seiner Momente* gesetzt« (ebd.) und damit »*für sich*« (ebd.) ist oder den Charakter der Subjektivität hat.

Der zu sich selbst gekommene Begriff hat also den Charakter der Subjektivität. Hegels Dialektiktheorie ist überhaupt eine Theorie der sich entwickelnden Subjektivität. Für Hegel ist die Struktur von Subjektivität im Element des Logischen vorgeprägt. Hervorzuheben ist, daß die Begriffsstruktur, nicht etwa die Reflexionsstruktur des Wesens, das wesentliche Merkmal von Subjektivität ausmacht, und dies deshalb, weil in der Begriffsstruktur die positive Selbstbeziehung vor der negativen Selbstbeziehung den Vorrang hat. Näherhin ist Subjektivität Einheit von Allgemeinheit und Besonderheit, von Unmittelbarkeit und Vermittlung, von Positivität und Negativität und nicht zuletzt von Selbstbeziehung und Beziehung auf Anderes.

So können wir die Erörterung über Hegels spekulative Dialektik ins Verhältnis zur Sachproblematik der Subjektivität setzen, mit der wir uns am Anfang dieses Semesters beschäftigt haben. Hegel wirft der Transzendentalphilosophie Kantischer und Fichtescher Provenienz vor, das metaphysische Erbe des Cartesianismus zu reproduzieren. Er kritisiert an ihnen, die Vorstellung des Ich zu einer apriorischen Voraussetzung zu hypostasieren, die außerhalb der Vermittlung und des Zusammenhangs der Denkbestimmungen verbleibt. Theunissen hat dies die »heimliche Metaphysik der Transzendentalphilosophie« (Theunissen 1978, 52) bezeichnet. Hegel wirft Kant und Fichte vor, die Struktur des Ich als unhinterfragtes Faktum vorauszusetzen, statt diese Voraussetzung in ein Wissen seiner Bestimmtheit aufzulösen. Hegel tut dies, indem er die scheinbar vorausgesetzte Subjektivität im genetischen, spekulativ-dialektischen Zusammenhang der Denkbestimmungen allererst entwickelt. Hier zeigt sich, daß Subjektivität Einheit von Selbstbeziehung und Beziehung auf Anderes ist.[11]

Die Leistung von Hegels Subjektivitätstheorie besteht so darin, die Aporien der Kantischen und Fichteschen Subjektivitätstheorie zu vermeiden. Bei Kant wird die Vorstellung von etwas, das Gegenstandsbewußtsein, zur Bedingung von Ich. Demgegenüber ist für Fichte das selbstbezügliche Ich Voraussetzung für Gegenstandsbewußtsein. In beiden Ansätzen der Erklärung des Ich ist ein Zirkel verborgen. Das Kantische Gegenstandsbewußtsein ist nur möglich, wenn es eine vorgängige selbstbezügliche Instanz gibt. Das bedeutet: Das Ich, das für Kant aus dem Gegenstandsbewußtsein erfaßt werden soll, muß bereits vorausgesetzt werden. Auch Fichtes Ausgang vom selbstbezüglichen Ich ist zirkulär, denn es zeigt sich, daß das Ich ohne Gegenstandsbewußtsein nicht denkbar ist. Der Schwierigkeit entgeht Hegel, indem er Subjektivität als Einheit von Selbst- und Gegenstandsbewußtsein entwickelt. Der fehlerhaft zirkuläre Verweis von einem auf das andere wird überwunden durch den Topos der spekulativen Einheit von Selbst- und Fremdbezug. Hegels Theorie

11 In ihrem Buch *Fichte und Schelling oder: Über die Grenze menschlichen Wissens* (1994) vertritt Lore Hühn die bedenkenswerte These, daß das idealistische »Projekt einer Grundlegung neuzeitlicher Subjektivität« (1) von einer verhängnisvollen Dialektik geprägt sei. Gehe es Fichte und Schelling in ihrer Frühphase darum, Subjektivität in ihrer Selbstbezüglichkeit als den alles tragenden Grund zu etablieren, so seien sie in ihrer Spätphilosophie aufgrund der sich erweisenden Bodenlosigkeit einer solchen Subjektivität dazu genötigt, diese ihrerseits in einem unvordenklichen Grund zu fundieren. Hegels Theorie der Subjektivität des Begriffs läßt sich als Versuch interpretieren, einer solchen negativen Dialektik von Selbstbeziehung und Beziehung auf Anderes zu entkommen.

der spekulativen Dialektik kann somit auch als Beitrag zur Lösung von Problemen der Theorie der Subjektivität begriffen werden, mit der der Deutsche Idealismus auf den Weg kam.[12]

12 Es wäre ein Desiderat der Forschung, Hegels Theorie der Subjektivität im Konzert der Theorien des Subjekts in der frühromantischen und idealistischen Philosophie genau zu bestimmen. Einen Anfang dazu hat Petra Braitling gemacht, die Hegels Theorie der Subjektivität in der Logik im Hinblick auf die Überwindung der Aporien der Kantischen und Fichteschen Theorien der Subjektivität untersucht (vgl. Braitling 1991, 40-51). Ihr zufolge entkommt Hegel diesen Aporien durch die spekulative Subjektivitätsstruktur des Begriffs, »*wonach Selbstbezug nur unter der Voraussetzung des Fremdbezugs und dieser wiederum nur unter der Voraussetzung des Selbstbezugs möglich wird*« (ebd., 163). Hegels Dialektik zeigt auf, daß Selbstbezug und Fremdbezug, Positivität und Negativität notwendig in einer spekulativen Einheit integriert werden müssen.

Elfte Vorlesung

Schellings Idealismus- und Vernunftkritik in der Spätphilosophie: Anfang, Gang und Ende der negativen Philosophie und Übergang zur positiven Philosophie

Die Hauptaufgabe der heutigen Vorlesung über Schellings Spätphilosophie ist recht elementar: Schellings Spätphilosophie ist in ihren systematischen Grundlagen, grundsätzlichen Anliegen, ihren Grundbegriffen und Gedankenfiguren bis heute noch in ein Halbdunkel gehüllt. In einer Interpretation der von Manfred Frank herausgegebenen sogenannten *Paulus-Nachschrift* der ersten Berliner Vorlesung Schellings vom Wintersemester 1841/42 möchte ich das philosophische Potential der späten Philosophie Schellings erschließen.[1] Dabei werden wir Schellings voraussetzungsvolle, uns heute nicht mehr leicht verständliche Terminologie zu entschlüsseln haben.

Wir haben in der *Paulus-Nachschrift* das Ganze der Spätphilo-

1 Schellings Antrittsvorlesung wurde als Sensation empfunden. Sie war geradezu ein gesellschaftliches Ereignis, an dem die intellektuelle und politische Prominenz teilnahm. Manfred Frank hat dies in seiner von ihm besorgten, neu aufgelegten Ausgabe sehr schön dokumentiert (vgl. Schelling, *Philosophie der Offenbarung 1841/42*, hg. und eingeleitet von Manfred Frank, Frankfurt am Main, 2. Auflage 1993). Die *Paulus-Nachschrift*, von der neuerdings das Gerücht kursiert, wegen böswilliger Fälschung von Schellings Gedanken nicht mehr zitierfähig zu sein (vgl. Ehrhardt 1995, 6), bietet, wenn auch nicht den Vorteil der Authentizität wie andere spätphilosophische Schriften und Nachschriften, so doch den für eine Vorlesung wichtigen Vorteil, daß wir Schellings Spätphilosophie in ihren Grundzügen als Ganzes, und zwar in komprimierter Form vor uns haben. Der Fund der Abschrift der Vorlage von Schellings Münchener Vorlesung über Philosophie der Offenbarung von 1831/32 ist für die weitere Erforschung von Schellings Spätphilosophie ein Glücksfall von unschätzbarem Wert (vgl. F. W. J. Schelling, *Urfassung der Philosophie der Offenbarung*, hg. von W. E. Ehrhardt, Hamburg 1992). Ihre interpretatorische Auswertung ist ein Desiderat der Forschung.

sophie vor uns. Dies bedeutet, daß wir den Zusammenhang zwischen der sogenannten negativen Philosophie und der sogenannten positiven Philosophie freizulegen haben. Mir geht es um eine kritische Darstellung der Denkbewegung der Spätphilosophie in ihrer Zweiheit von negativer und positiver Philosophie. Die zweigeteilte Konzeption der Spätphilosophie wirft insbesondere das Problem auf, ob es eine systematische Einheit der Spätphilosophie gibt oder ob diese in einen inkonsistenten Dualismus auseinanderbricht.[2] Zugleich geht es mir darum, die Aporien der Spätphilosophie Schellings auf ihren produktiven Erfahrungsgehalt hin zu befragen.

Bevor wir in die Interpretation der *Paulus-Nachschrift* einsteigen, möchte ich Schellings Grundthese benennen, die die ganze Spätphilosophie anleitet. Für den späten Schelling ist die Philosophie Grundlagenwissenschaft in zweierlei Hinsicht: erstens, sofern sie die Frage nach dem Woher, dem Warum, dem Wesen und die Frage nach dem Zweck, Sinn und Grund von Welt und ihrer rationalen, vernünftigen Durchdringung aufwirft, und zweitens, insofern sie damit nach den Voraussetzungen aller anderen Wissenschaften fragt. Hauptstoßrichtung der Spätphilosophie ist eine unüberbietbare Legitimation des Christentums, der geistigen Grundlage des Abendlandes seit dem 4. Jahrhundert n. Chr., mit dem Ziel, die geistesgeschichtliche Krise der Moderne zu bewältigen und damit aus der Negativität der Moderne herauszuführen.[3]

2 Schellings Philosophiekonzeption ist von Anfang an von einem Dualismus durchzogen. Bereits in der *Ichschrift* von 1795 wehrt sich Schelling gegen das Ansinnen Fichtes, einseitig für den Kritizismus und gegen den Dogmatismus Partei zu ergreifen. Die *Briefe* von 1795/96 verteidigen explizit die Gleichmöglichkeit dieser beiden philosophischen Systeme. Seit 1797 bewegt sich Schellings Denken in der Zweiheit von Natur- und Transzendentalphilosophie. Einen philosophischen Monismus hat Schelling eigentlich nur in der Hochphase der Identitätsphilosophie vertreten. Mit der *Freiheitsschrift* von 1809 bricht sich der konzeptuelle Dualismus (zwischen Grund von Existenz und Existierendem, zwischen Freiheit und Vernunftsystem etc.) wieder Bahn, der in den *Weltaltern* sogar zu einem methodischen Pluralismus führt, um in der Spätphilosophie in die Scheidung von negativer und positiver Philosophie zu münden.

3 Anders als Hegel, der in seiner Religionsphilosophie von der Voraussetzung ausgeht, daß eine philosophische Legitimation des Christen-

Das Bedürfnis nach Philosophie, das Verlangen nach Antwort auf diese fundamentalen Fragen, resultiert nach Schelling aus der fundamentalphilosophischen Negativität der geschichtlichen Welt, der Schelling zugleich eine zeitdiagnostische Wendung gibt. Als diese Negativität bestimmt Schelling die universale Fremdheit der Menschen gegenüber der Welt und sich selbst, die in der Moderne zur Erfahrung der universalen Sinnlosigkeit führt. Diese Fremdheit erklärt Schelling als Folge des Sündenfalls, des in der Freiheit der Menschen begründet liegenden Abfalls von Gott. Diese universalgeschichtliche Negativität werde durch die mangelnde philosophische Kenntnis der letzten Gründe in der neueren geschichtlichen Zeit fortgeschrieben. Mit seiner Diagnose der »Unseligkeit alles Seyns« (Schellings *Werke* XIII, 7), seiner Eitel-, Nichtig- und Sinnlosigkeit, die er vor allem in der ersten Vorlesung der *Einleitung in die Philosophie der Offenbarung* vom WS 1842/43 herausstreicht, rekurriert Schelling – wie Romano Pocai herausgestellt hat – auf die alttestamentarische Tradition negativer Welterfahrung einerseits und antizipiert zugleich andererseits vierzig Jahre vor Nietzsches *Zarathustra* dessen Nihilismusdiagnose.[4] Im Unterschied zu Nietzsche, der

tums den Schwund des Glaubens in der modernen Welt nicht nur impliziert, sondern auch nicht in der Lage ist, ihn aufzuhalten (vgl. Hegels *Werke* 17, 343), ist Schelling mit seinem Konzept der philosophischen Religion ganz entschieden der Auffassung, daß nur eine philosophische Rettung des Christentums in der Lage ist, uns aus der Negativität der Moderne herauszuführen. Gegen Hegels These vom Ende der Religion ist Schelling der Meinung, daß nur ein wirklicher Gott uns retten kann. Gleichwohl ist Schellings Spätphilosophie nicht christliche Philosophie, sondern der philosophische Versuch, das Christentum als höchste Stufe der Welt- und Religionsgeschichte zu begreifen. Die positive Philosophie kann die christliche Offenbarung nur begreifen, indem sie sie in einen »höheren geschichtlichen Zusammenhange« (Schellings *Werke* XIII, 143) stellt, »das heißt in einem der über sie selbst und das Christenthum als specielle Erscheinung hinausgeht« (ebd.).

4 Vgl. Pocai 1996, 157. Romano Pocai, der Schellings Philosophie der Offenbarung mit Heideggers *Was ist Metapyhsik?* vergleicht, interpretiert Schellings Spätphilosophie im Rückgriff auf Schulz (1975) und Theunissen (1976) als Versuch der »Verhinderung eines universalgeschichtlichen Nihilismus« (156). Heidegger radikalisiere die bei Schelling offenbarungsphilosophisch begründete Verohnmächtigung

den Nihilismus als notwendiges Produkt der Weltgeschichte aktiv affirmiert, denkt Schelling den Nihilismus nicht als unumkehrbare Tendenz seiner Zeit. Der Nihilismus ist vielmehr negativer Fluchtpunkt der Moderne, aus dem nur eine erneuerte Philosophie herausführen kann.

Um die Philosophie seiner Zeit, die ja im ganzen Vernunftphilosophie und mit dem Namen Hegels untrennbar verbunden ist, in den Stand zu setzen, Mittel zur Heilung der Negativität der Moderne zu sein, muß sie zunächst in einer Selbstreflexion auf den Stand der gegenwärtigen geschichtlichen Welt gebracht werden. Dabei erkennt sie, daß die Vernunft selbst nicht von der Negativität der gegenwärtigen Welt frei ist, sondern diese in sich reproduziert. Daraus erwächst Schellings Idee einer Neukonzeption der Philosophie. Grundlegend für die Neukonzeption der Philosophie ist für Schelling ein neuer Wirklichkeitsbezug, die Anerkennung einer fundamentalen vernunfttranszendenten Wirklichkeit, die im tiefsten und letzten Grunde als Wirklichkeit Gottes verstanden wird, denn nur mit deren Hilfe kann die Philosophie ihrer Intention auf wirkliche, nicht nur illusorische Versöhnung gerecht werden. Darin unterscheidet sich Schelling grundlegend von Hegel, daß er der Vernunft allein nicht zutraut, die Negativität der bestehenden Welt aus sich selbst heraus zu überwinden.

Die philosophiegeschichtliche Standortbestimmung beginnt also mit einer Auseinandersetzung mit der inneren Ohnmacht der Vernunft. Nur wenn die Philosophie ihre eigene Negativität überwindet, kann sie die der gegenwärtigen geschichtlichen Zeit überwinden. Damit sind wir bereits beim Thema des ersten Teils der Spätphilosophie, der sogenannten negativen oder reinrationalen Philosophie. Dieser Teil enthält das eigentlich Neue der Spätphilosophie gegenüber der Weltalterphilosophie des mittleren Schelling: die Kritik nicht nur der Verstandesaufklärung, sondern der dialektischen Vernunft selbst.

Meine Erörterung von Schellings negativer Philosophie unterteilt sich in drei Schritte. Zunächst geht es mir um die Erstellung

und Verendlichung der Vernunft angesichts der realhistorischen Negativität, indem er deren existentiellen Erfahrungsgrund befindlichkeitstheoretisch in den Stimmungen der Angst und der Langeweile freilegt und die Ohnmacht der Subjektivität des Daseins seinsmetaphysisch begründet (vgl. ebd., 154-190).

eines Interpretationsmodells der negativen Philosophie nach der *Paulus-Nachschrift* (I). Sodann möchte ich Schellings Darstellung der Notwendigkeit der Scheidung oder »Krisis« von negativer und positiver Philosophie in seiner Hegelkritik beleuchten (II). Schließlich möchte ich auf den problematischen Zusammenhang von negativer und positiver Philosophie selbst eingehen (III).

I. Bei der Interpretation von Schellings Konzept der negativen Philosophie können wir uns an die Gliederung des Textes der *Paulus-Nachschrift* halten. Schellings Erörterung der Vernunftwissenschaft ist deutlich dreigeteilt. Zu unterscheiden ist der Anfang (Paulus, 98-100), die methodische Durchführung (ebd., 100-107) und das Ende der negativen Philosophie (ebd., 107 bis 110).

1. Zunächst erörtert Schelling das Verhältnis der Philosophie zur Wirklichkeit und das Problem des Anfangs der Vernunftwissenschaft. An allem Seienden sei das Quid, *was* das Seiende ist, und das Quod, *daß* das Seiende ist, zu unterscheiden. Dieser aristotelisch-scholastischen Unterscheidung korrespondiert die von Begriff und Erfahrung.

Mit der Hereinnahme von Quod und Erfahrung in die Vernunftwissenschaft stellt Schelling im Rückgang auf Kants Vernunftkritik[5] die grundlegende Differenz zu Hegel heraus. Sie besteht darin, daß für Schelling die Aufstellung der Denkbestimmungen der Wirklichkeit nicht damit zusammenfällt, daß die begriffene Wirklichkeit auch existiert. Die Faktizität der Existenz kann nicht durch den Begriff, sondern nur durch die Erfahrung ermittelt werden.

Ausgangspunkt der Wissenschaft ist die Potentialität der Vernunft mit ihren gleichursprünglichen Momenten *»unendliche Potenz des Seins«* und *»unendliche Potenz des Erkennens«* (Paulus, 100). Der Potenzbegriff kann über das allgemeine Verständnis der Möglichkeit im Unterschied zur Wirklichkeit erhellt werden. Vernunft hat hier den Status von Möglichkeit, der eine davon unterschiedene Wirklichkeit korrespondiert. Das Wesen der Möglichkeit besteht darin, die Dinge auf ihre Denkbarkeit

5 Kants *Kritik der reinen Vernunft*, deren Prinzipiierung und Transformierung in ein System der Vernunft die Absicht des jungen Schelling in der *Ichschrift* war, bleibt der wesentliche Bezugspunkt auch von Schellings spätphilosophischem Denken.

hin zu befragen. Die Potentialität der Vernunft unterstellt also alles Seiende dem Anspruch auf rationale Durchdringung. Das ist sozusagen der Machtanspruch, der in der Potentialität der Vernunft steckt. Andererseits ist die Möglichkeit zwar ein Erstes, aber eben keine Wirkung von sich selbst. Sie verweist von sich aus auf den Vorrang der Wirklichkeit. Die hier zugrundeliegende Gedankenfigur ist die der nachträglichen Apriorizität der Vernunft. Thomas Buchheim hat auf eine Fehlbeurteilung des Potenzbegriffs aufmerksam gemacht. Potenz ist zwar als Macht, aber nicht als von sich selbst ausgehende, aus sich selbst quellende Macht zu verstehen. Potenz ist keine wirkliche Ursprungsmacht, sondern im Gegenteil Menetekel der Ohnmacht der Vernunft, die auf ein ihr Anderes, nämlich die Wirklichkeit, verwiesen ist.[6]

2. Schelling unterscheidet zwischen dem Anfang der reinen Vernunftwissenschaft als reiner Potentialität der Vernunft, wofür die Begriffe »*Urpotenz*« (Paulus, 102) oder »*Urmöglichkeit*« (ebd., 107) einstehen, und der Durchführung der Wissenschaft als Tätigkeit des Denkens. An dieser Differenz ist abzulesen, daß für Schelling anders als für Hegel Vernunft nicht ursprünglich Tätigkeit ist. Der Beginn der negativen Philosophie ist durch die logische Situation der Potentialität gekennzeichnet, die als erster Schattenentwurf alles Vernunftinhalts interpretiert werden kann, dessen diskursive Erarbeitung aussteht. Weil Schelling also von Anfang an die Vernunft als ursprüngliche Tätigkeit, als Wirklichkeit schlechthin kritisiert, setzt er sie unter den Begriff der Potentialität oder Möglichkeit. Auf der Basis dieser Potentialität beginnt dann die Aktivität des Denkens.

6 Vgl. Buchheim 1992, 12 f. Thomas Buchheim, dessen Anliegen es ist, in einer Interpretation der *Darstellung des Naturprocesses* von 1843/44 (vgl. Schellings *Werke* XI, 303-390) die grundlegenden Grundbegriffe und Gedankenfiguren sichtbar zu machen, die Schellings spätphilosophischem Denken insgesamt zugrunde liegen, kritisiert die Ungenauigkeit vieler Autoren bei Auslegung des Anfangs der negativen Philosophie, die vor allem in einer Fehlinterpretation des Potenzbegriffs besteht, und prägt für Schellings Potenzbegriff den Begriff »nachträglicher Präpositionalität der Möglichkeit« (ebd., 63). Doch seine Darlegung der Stichhaltigkeit einzelner elementarer Termini geht auf Kosten des Defizits, das Ganze der Gestalt von Schellings Altersphilosophie wirklich vor Augen zu bringen.

Was den zweiten Teil der Vernunftwissenschaft betrifft, so besteht der erste Schritt des Denkens darin, als unendliche Potenz ins Sein überzugehen und den Inhalt der Welt zu interpretieren. Aus dem Übergang der Urpotenz ins Sein ergeben sich aus der Urmöglichkeit ausdifferenzierte bestimmte Möglichkeiten der Weltinterpretation, die erste Möglichkeit des Seinkönnens des schrankenlosen materiellen Seins, die zweite Möglichkeit des Nichtseinkönnens des rein Seienden und die dritte Möglichkeit des Geistes.

Die Beantwortung folgender Fragen kann den Fortgang der Vernunftwissenschaft erhellen, die Schelling als Potenzenlehre auslegt: Wie charakterisiert Schelling den ersten Übergang der Vernunft ins Sein, und wie differenzieren sich die drei bestimmten Möglichkeiten des Denkens aus? Wie charakterisiert Schelling die drei Möglichkeiten? Wie verhalten sie sich untereinander, und wie verhalten sie sich zur Urpotenz oder Urmöglichkeit der Vernunft? Wie könnte ein Modell der reinen Vernunftwissenschaft nach der *Paulus-Nachschrift* aussehen?

a) Der erste Schritt des Denkens ist die unendliche Potenz der Vernunft im Übergang ins Sein. Wichtig ist, daß der Fortgang nicht wie in Hegels Logik den Charakter der logischen Notwendigkeit hat, sondern sich aus der Explizitheitsstruktur des Denkens ergibt, die man mit Buchheim als »Struktur logischer Entschiedenheit« (Buchheim 1992, 123) interpretieren kann.[7]

Der Übergang selbst wird als Selbstverlust von Potentialität gedacht. Es ist dies der beständige »*Umsturz* der Vernunft« (Schellings *Werke* XIII, 152), der den eigentlichen Inhalt der Ver-

7 Der Vollzug des Denkens im Übergang von der unendlichen Potenz zur ersten, bestimmten Möglichkeit des Seins legt Schelling auch als »Übergang vom Nichtwollen zum Wollen« (Paulus, 103) aus. Dies entspricht in etwa dem ersten *Weltalter*-Entwurf von 1811, wo Schelling im Absoluten zwei Willen unterscheidet: den nichts wollenden Willen und den Willen zur Existenz (vgl. *Weltalter* I, 17). Die Entscheidung als Bedingung eines bestimmten Denkens erscheint als Wollen. Schelling hat eine tiefgreifende Wollenstheorie. Wollen basiert auf einer Entschiedenheit zunächst nicht zwischen bestimmten Alternativen, sondern als Zulassung einer Bestimmung als Möglichkeit. Wollen ist Ermöglichung einer Bestimmung, eine ›Transitivierung‹ von Urmöglichkeit, die Entfaltung der bestimmten Möglichkeiten des Denkens aus der intransitiven Urpotenz des Seins.

nunftwissenschaft ausmacht, in deren Sog sie sich als objektivierende Wissenschaft auf die Welt stürzt, um diese zu begreifen. In der *Paulus-Nachschrift* bezeichnet Schelling diesen Selbstverlust der Potenz als ›Entgeistung‹: »Denn *Geist* heißt *Macht, Potenz über das Sein*« (Paulus, 102). Sie läßt sich näherhin als »kehrseitige Verquickung von ›Einnehmen‹ des Seins und ›Verfallen‹ an es« (Buchheim 1992, 153) interpretieren. Hinter der These vom Selbstverlust der Potentialität steckt die idealismuskritische These, daß die bestimmten Möglichkeiten des Denkens, die Begriffe, mit denen das Denken die Struktur des Seienden zu erfassen sucht, nicht mehr aus der Grundverfassung des Denkens selbst abgeleitet werden können. Demgemäß ist die Vernunft in der negativen Philosophie in eine Dialektik von Macht und Ohnmacht eingebunden.[8]

Die Bewegungsform der Vernunftwissenschaft ist die einer mythischen Schicksalsnotwendigkeit. Als eine schicksalhaft getriebene stürzt die Vernunftpotenz auf das Seiende fort, getrieben von der Suche nach der Wahrheit des Seins. Der späte Schelling ist der erste Denker, der die von Horkheimer und Adorno in ihrem Buch *Dialektik der Aufklärung* explizierte These aufstellt, daß die neuzeitliche, aufgeklärte Vernunft in Mythologie zurückfällt. Im Rückblick von der positiven Philosophie, deren erster Teil die Philosophie der Mythologie ist, erscheint die Tätigkeit der Vernunft als Folge des Sündenfalls, des Abfalls des Menschen von Gott. In der positiven Philosophie wird also die Analyse der inneren Ohnmacht der Vernunft in der negativen Philosophie religionsphilosophisch, und zwar sündentheologisch, rekonstruiert. Der späte Schelling verschärft mithin seine Vernunftkritik im Hinausgehen über die negative zur positiven Philosophie und führt die Ohnmacht der Vernunft auf deren Grund zurück.[9]

8 Als Dialektik von Macht und Ohnmacht der Vernunft interpretiert Theunissen die Schellingsche Spätphilosophie. Schelling gehe es darum, »die *Ohn*macht in der Macht der Vernunft« aufzudecken (Theunissen 1976, 6; vgl. auch ders. 1977, 176, und ders. 1994, 44).

9 Axel Hutter gebührt das Verdienst, den Zusammenhang zwischen dem ersten Teil der positiven Philosophie, der Philosophie der Mythologie, und der Darstellung der reinrationalen Philosophie in Schellings negativer Philosophie aufgezeigt und damit eine Verbindung zwischen Vernunft- und Mythologiekritik beim späten Schelling auf-

b) Erfolgt also der Übergang von der Vernunftpotenz zum Sein, was sich – wie gesagt – aus der Explizitheitsstruktur des Denkens ergibt, so differenzieren sich aus der ursprünglich intransitiven Urmöglichkeit bestimmte, transitive Möglichkeiten des Denkens mit schicksalhafter Notwendigkeit aus. Die erste Möglichkeit ist das unmittelbare Seinkönnen des schrankenlosen Seins, für die die Begriffe »existamenon« (Paulus, 102) (das außer sich Geratene), »prima materia« (ebd., 104) und »hypokeimenon« (ebd.) stehen. Mit ihr tritt die Vernunft aus sich heraus und auf die Welt zu, um sie zum Gegenstand der Erkenntnis zu machen. Die erste Möglichkeit setzt per negativem Ausschluß die zweite Möglichkeit des Nichtseinkönnens in Kraft, eine Bestimmung, die in der Urmöglichkeit zunächst ungeschieden mit der Bestimmung des Seinkönnens enthalten ist, aber eben durch die Inkraftsetzung der ersten Möglichkeit aus der »Gelassenheit« (ebd.) herausgerissen wird und damit in negierenden Gegensatz zur ersten Möglichkeit tritt. Daraus erwächst der Widerspruch der Vernunftpotenzen. Schellings Vernunftphilosophie ist im ganzen wie die Hegels kritische Widerspruchstheorie, nur daß sie die Aufhebung und Auflösung des Widerspruchs unter den Vorbehalt der Potentialität der Vernunft setzt.

c) Schelling entwickelt dann die von den *Weltaltern* her bekannte Theorie, wonach das durch die ›Potenz im Übergang‹ gesetzte herakliteische, grenzenlose, entgeistete Sein der Materie der Welt durch das Wirken der zweiten Möglichkeit des plotinisch gedachten rein Seienden in einem Prozeß von Stufenfolgen ins Können der Vernunft zurückgebracht wird, dessen höchste Stufe »ein Sichselbstbesitzendes«, »*Sichselbstbewußtes*« (ebd., 105) ist. Dieser Prozeß ist identisch mit der Auflösung des Widerspruchs zwischen erster und zweiter Möglichkeit und führt in einer dritten Möglichkeit zu einer Verträglichkeitsstruktur, die Schelling als Identität von Potenz und Sein begreift und Geist nennt. Das Seiende der Welt wird also in seinen Grundmöglichkeiten aus der Urpotenz der Vernunft begriffen. Die vernünftige

gewiesen zu haben. Mit seiner These, daß Schelling »*das mythologische Bewußtsein in systematischer Hinsicht von der Neuzeit her, die Negativität des neuzeitlichen Bewußtseins in geschichtlicher Hinsicht jedoch von der Mythologie her darstellt*« (vgl. Hutter 1996, 372), kann er der Philosophie der Mythologie eine bisher in der Schelling-Forschung nicht gesehene grundsätzliche Relevanz zusprechen.

Betrachtung der Welt exponiert diese in ihren begrifflichen Grundmöglichkeiten.

3. Mit der dritten Potenz des Geistes beginnt zugleich die Erörterung des Endes der Vernunftwissenschaft. Mit dem Begriff des Geistes ist die Vernunft aus der Entäußerung an die Welt zu sich zurückgekehrt, die Potentialität anscheinend wiederhergestellt. Im Geist, der als menschliches Selbstbewußtsein die Schnittstelle zwischen Natur- und Geistphilosophie darstellt, den beiden Teile der »apriorischen Wissenschaft« (ebd., 107), erfaßt die Vernunft den Begriff von sich selbst. Damit wäre der Abschluß der Vernunftwissenschaft erreicht.

Zugleich wird aber mit dem Schritt zum Geist der Rahmen der Vernunftwissenschaft insgesamt gesprengt. Schellings These ist, daß die negative Philosophie keine Antwort auf die Frage nach der Existenz bzw. der Faktizität der Vernunft geben kann. Die Vernunftwissenschaft kann im Geist nur das Was, nicht das Daß der Vernunft erfassen. Die selbstbezügliche Vernunft kann also das Problem ihrer eigenen Faktizität nicht lösen. Sie hat ihr Daßsein im Rücken, kann ihre Faktizität nicht begründen. Warum überhaupt Vernunft und nicht Unvernunft ist (vgl. Schellings *Werke* X, 252), kann die Vernunft von sich aus nicht erklären. Schellings radikale These ist, daß der christliche Gott die einzige durch die Vernunft nicht einholbare Bedingung der Vernunft ist, weil er ihr und auch der Welt existenzsetzendes Prinzip ist.

Der christliche Gott wird in der positiven Philosophie im Ausgang vom unvordenklich notwendig Existierenden, dem einzig wahrhaft Seienden, her gewonnen, das am Ende der Vernunftbewegung steht. Das unvordenklich notwendig Existierende, das die negativierte Vernunft als ihre Grenze anzeigt, ist allerdings etwas von ihr selbst, wenn auch bloß negativ, und zwar durch Ekstasis, durch das Heraustreten der Vernunft aus sich selbst, *Konstituiertes*. Es kommt also nicht einfachhin vor. Es verdankt sich als das durch die Erarbeitung und damit Ausscheidung aller Wasgehalte nur noch Existierende der Abstraktionsleistung der Vernunft.

Dieser antipositivistischen Tendenz der positiven Philosophie Schellings steht die positivistische Tendenz gegenüber, das unvordenklich notwendig Existierende, das ganz Andere der Vernunft, von dieser abzutrennen und als das ganz Wahre an den absoluten Anfang der Philosophie zu stellen. Zum Vernunftgrund wird dieses ganz Andere der Vernunft, das bloß Existierende, allerdings nur als aufgehobenes, als Gott, der als der Herr des Seins begriffen wird. So findet diese positivistische Tendenz selbst in der positiven Philosophie ihre Korrektur.

Das Vorhaben der Spätphilosophie ist wie das von Schellings früheren Philosophiekonzeptionen deutlich durch die Letztbegründungsabsicht der Philosophie bestimmt. Das Originelle der Spätphilosophie besteht darin, daß die Etablierung des letztbegründenden Prinzips in zwei Schritten in Angriff genommen wird: Zwar soll ein letzter Grund für die Vernunft ausgemacht werden, der die Letztbegründung für die Vernunft leistet. Doch dieser letzte Grund liegt nicht in der Vernunft, sondern ist der Gott des Christentums, der eine philosophische Religion begründet (vgl. Iber 1994, 277 f.).

Diese doppelte Bestimmung im Letztbegründungsprogramm der Spätphilosophie rührt von der Ablehnung des Gedankens einer reflexiven Selbstbegründung der Vernunft her und findet ihren Ausdruck in Schellings Unterscheidung von negativer und positiver Philosophie. Das Denken kann sich nicht reflexiv selbst begründen, sondern ist auf eine Instanz verwiesen, die gerade nicht Denken ist, nämlich Gott. Schellings Spätphilosophie versteht sich geradezu als Kritik der Selbstbegründung der autonomen Vernunft. Damit zielt sie tatsächlich auf so etwas wie eine innere Selbstbegrenzung und Selbstbescheidung des Idealismus. Und mit dieser Zurücknahme des Vernunftanspruchs hat Schelling durchaus recht, muß doch dem Hegelschen Vernunftbegriff eine Selbstüberschätzung in Sachen Versöhnungsleistung zugesprochen werden.

11. Obgleich das Neue der Spätphilosophie die kritische Darstellung der Vernunft in der negativen Philosophie ist, ist das philosophische Selbstverständnis des späten Schelling durch die Konzeption der positiven Philosophie bestimmt. Die explizite Darstellung dieses Selbstverständnisses findet sich in Schellings Versuch, den Neuansatz der positiven Philosophie von seinen früheren Konzeptionen dadurch abzugrenzen, daß er diese zur negativen Philosophie herabsetzt. Die negative Philosophie stellt daher auch eine idealtypische Rekonstruktion von Schellings Früh- bzw. Identitätsphilosophie dar, indem er zugleich eine kritische Skizze des nachkantischen Idealismus insgesamt gibt (vgl. Paulus, 111-139), in welchem sich Schelling zufolge die ganze

europäische Metaphysik platonisch-aristotelischer Herkunft vollendet.

Der nachkantische Idealismus vollendet sich seinerseits nach Schelling in seiner eigenen Identitätsphilosophie, weil erst sie die Intention auf reine Rationalität realisiert. Das Identitätssystem wird also innerhalb des Systems der Spätphilosophie zur rein rationalen Philosophie herabgesetzt. Über deren Standpunkt sei im Grunde auch Hegels Philosophie nicht hinausgekommen. In Wahrheit ist nach Schelling Hegels Philosophie aber weder negative noch positive Philosophie. Damit wird sie als »Episode« (Schellings *Werke* X, 128), als ephemere Erscheinung der Philosophiegeschichte eingestuft.[10]

Der Vorwurf des Rückfalls hinter die negative Philosophie betrifft vor allem Schellings Einschätzung von Hegels Logik (vgl. Paulus, 126-131). Hegels Logik falle als bloße Begriffslehre hinter die negative Philosophie zurück, die in Gestalt der Identitätsphilosophie bzw. Vernunftwissenschaft die Natur in sich integrieren kann und daher auch die apriorischen Formen der Natur entwickelt, während die Logik Hegels die Natur von sich ausschließe und die Begriffe vor aller Natur als subjektive, willkürliche Abstraktionen behandele. Mit dem Vorwurf der Zurücknahme des Logischen ins bloß Subjektive bestreitet Schelling die Kategorialität und den spekulativen Standpunkt von Hegels Logik. Damit ist Hegel kein Repräsentant der negativen Philosophie.

10 Schellings Hegelkritik in der *Paulus-Nachschrift* (Paulus, 121-139) und seine Hegelkritik in der Münchener Vorlesung *Zur Geschichte der Philosophie* (vgl. Schellings *Werke* X, 126-164) stimmen bis in Einzelheiten miteinander überein. Dennoch gibt es Differenzen. Es gibt einzelne Punkte, die in der *Paulus-Nachschrift* pointierter herausgestellt werden oder ganz neu hinzukommen und umgekehrt. Walter Schulz vermutet, daß Hegel in der *Paulus-Nachschrift* anerkennender behandelt werde als in der Münchener Vorlesung (vgl. Schulz 1975, 104). Schelling ist aber nur verbal moderater, gleichwohl fortiter in re. Im Unterschied zu anderen nachhegelianischen Hegel-Kritiken ist Schellings Kritik an Hegel die letzte inneridealistische Auseinandersetzung vor dem Absprung in den Nachidealismus. Einerseits ist hier größte Nähe zwischen beiden Denkern zu spüren – für beide ist das Denken der Vernunft unhintergehbarer Raum für die Konstitution der Philosophie –, andererseits zeigt sich hier die denkbar weiteste Entfernung Schellings von Hegel.

Dieser Vorwurf Schellings ist allerdings unhaltbar. Schellings Annahme der Wirklichkeitsferne der logischen Idee Hegels beruht auf dem Mißverständnis, daß das logische Denken die Bedeutung des Rückzugs auf das im psychologischen Sinne Subjektive habe. Die logische Idee sichert vielmehr als Einheit von Begriff und Realität gerade auch die Kategorialität der Vernunft, das heißt die Einheit von Denken und Sein in Hegels Logik.

Doch ist Schellings Logikkritik selbst durch und durch zwiespältig. Einerseits gehört die Logik Hegels nicht und dann doch wieder zur negativen Philosophie. Die Zwiespältigkeit der Logikkritik scheint ein bei Schelling unaufgelöster Widerspruch zu sein. Klaus Brinkmann erklärt sie sich mit einem Standpunktwechsel (vgl. Brinkmann 1976, 190). Vom Standpunkt der Identitätsphilosophie handelt die Logik mit Begriffen vor aller Natur, das heißt mit subjektiven, willkürlichen Abstraktionen. Das führt zur Bestreitung der Kategorialität und zum Vorwurf des Rückfalls hinter die negative Philosophie. Vom Standpunkt der Spätphilosophie führt die Logik zugleich einen Existenzbeweis Gottes, der als Gott des Begriffs am Ende das wichtigste Merkmal der negativen Philosophie aufweist. Also ist die Logik doch negative Philosophie.

Von dieser Warte erscheint die Entgegensetzung von Logik und Natur innerhalb des Systems Hegels und der Übergang von der Logik in die Naturphilosophie als defiziente Fassung des Übergangs von der negativen zur positiven Philosophie. Dies ist der zweite Generalvorwurf Schellings gegenüber Hegel, er habe sich nicht wirklich auf den Standpunkt der positiven Philosophie gestellt. Und tatsächlich scheint mir an diesem Punkt Schellings Spätphilosophie wirklich eine Alternative zu der Hegels zu sein. Deshalb interpretiert Schelling den Übergang von der Logik zur Naturphilosophie als gescheiterten Versuch einer Schöpfungslehre, bei der ein inadäquater Gottesbegriff vorausgesetzt wird.[11]

11 Neben der Logik und dem Übergang der Logik in die Naturphilosophie kritisiert Schelling in der *Paulus-Nachschrift* auch Hegels Lehre vom absoluten Geist (vgl. Paulus, 134-137). An Hegels Einordnung der drei Gestalten des absoluten Geistes in die Philosophie des Geistes kritisiert Schelling erstens, daß er die Religion ganz in die Vernunftwissenschaft integriert, zweitens nicht sieht, daß Kunst und Religion die Vernunftwissenschaft bereits überschreiten, und drittens, daß er die Philosophie als letzte Gestalt der Vernunftwissen-

Was kritisiert Schelling an Hegels Gottes- und Schöpfungsbegriff? Drei Punkte springen hierbei ins Auge (vgl. Paulus, 131 bis 133):

1. Schelling kritisiert vor allem Hegels Konzeption der »*Selbstverwirklichung*« (ebd., 132) Gottes: Am Ende des Systems sei von Hegel zwar nicht nur die Idee Gottes, sondern der wirkliche Gott intendiert, allerdings nur als Resultat der ganzen Bewegung durch Natur und Geist. Wenn Gott aber erst am Ende als wirklicher hervortritt, dann ist er am Anfang ein anderer als am Ende, nämlich ein unvollkommener, der einen Prozeß der Selbstverwirklichung durchmachen muß. Dieser Gedanke der Selbstverwirklichung ist inadäquat für den christlichen Gottesbegriff.

2. Schelling versteht den Übergang von der Logik zur Naturphilosophie in der Denkfigur der Entäußerung der absoluten Idee als nur scheinhafte Realisierung einer »freie[n] Weltschöpfung« (ebd., 133). Scheinhaft sei Hegels Schöpfungslehre, weil er die absolute Idee bzw. die Idee Gottes, wie sie am Ende der Logik als Resultat herauskommt, zum Prinzip der Naturphilosophie mache.

Die Differenz Schellings zu Hegel kommt heraus, wenn man den Übergang von der Logik zur Naturphilosophie mit dem von der negativen zur positiven Philosophie vergleicht. Nach Schelling kann der Gott am Ende der negativen Philosophie nicht das Prinzip abgeben, mit dem die positive Philosophie beginnen kann, denn er ist nur Idee, gedachter Gott, nicht aber, wie er wirklich ist, also nicht so, wie er zu denken ist, um wirklicher Schöpfergott zu sein, der *im Anfang* Himmel und Erde schuf. Genau diesen Fehler macht Hegel. Er macht das Resultat der Logik zum Prinzip der Natur.

3. Neben dem Fehler, daß Hegel das Resultat der Logik zum Prinzip allen Seins macht, läßt er Gott in seiner Weltschöpfung tatsächlich übergehen in die Natur. Gott ist damit dem Prozeß selbst anheimgegeben. Dies führt einerseits zur defizitären Idee der »*Selbstverwirklichung*« Gottes, andererseits zur Schöpfung als einem »ewigen Tun[...]« (ebd.). Gott wird in Hegels System

schaft setzt. Damit fällt sie faktisch hinter Kunst und Religion zurück. Nach Schelling vollendet sich die Philosophie nicht in einer selbstgenügsamen Selbstreflexion, sondern überschreitet sich im Projekt einer philosophischen Religion.

als ein Geschehen gedacht, das sich ewig im Kreise vom Prinzip zum Resultat und vom Resultat zum Prinzip dreht. Der Hegelsche Gott als ewige Zirkelbewegung von Resultat und Prinzip ist ein von der reinen Vernunftphilosophie usurpierter Gott – die ›ewige Wiederkehr des Gleichen‹, um mit Nietzsche zu sprechen. Mythischer Wiederholungszwang wandert in Hegels Vernunftgott ein. Und tatsächlich leidet Hegels Vernunftbegriff nicht nur in der Theorie der Unendlichkeit, sondern auch im System überhaupt an der Defizienz der sich wiederholenden Kreisstruktur, wenn sich auch in Teilsystemen des Systems, zum Beispiel in der Wesenslogik, darüber hinausweisende Momente finden.

Schellings Spätphilosophie will all diesen unerwünschten Folgen für den Gottesbegriff aus dem Weg gehen. Zu diesem Behuf trennt er die positive von der negativen Philosophie. Schöpfung kann erst dann zum Thema werden, wenn ein absoluter Anfang gedacht wird. Resultat der negativen Philosophie und Anfang der positiven Philosophie fallen nicht zusammen. Schöpfung ist als absolut freie Tat ein einmaliges Geschehen, das durch eine logische Philosophie nicht rekonstruiert werden kann. Zudem ist Gott nach Schelling wirklich freier Schöpfergott nur dann, wenn er sich aus der eigentlichen Schöpfung heraushalten kann. Schöpfung ist kein Übergang Gottes in die Welt.[12]

Es bedarf – wie wir sehen werden – umfangreicher Theoriekonstruktionen, um den Bestand christlicher Glaubensinhalte adäquat ausmachen zu können, die über notwendige Vernunftverhältnisse hinausgehen. Sie werden in der positiven Philosophie in Angriff genommen. – Die Hegelkritik endet also mit der Forderung nach Trennung und Scheidung von negativer und positiver

12 Bei den Linkshegelianern ist der Gedanke, daß Gott einem Werden unterworfen ist, so aufgefaßt worden, daß Gott erst im Menschen sein Selbstbewußtsein erreicht. Diese Einziehung der Differenz von göttlichem und menschlichem Selbstbewußtsein, die exemplarisch bei dem Linkshegelianer Bruno Bauer auftritt, sieht Schelling in Hegels Gottes- und Geistbegriff angelegt (vgl. Bruno Bauer, *Die Posaune des jüngsten Gerichts über Hegel den Atheisten und Antichristen*, Leipzig 1841). »*Dies ist wirklich die tiefste Not des Popularisierens*« (Paulus, 133). Diese Popularisierung läuft nach Schelling auf eine Vermenschlichung Gottes bzw. auf eine Vergöttlichung des Menschen hinaus. Bruno Bauer lehrt die Geburt Gottes aus dem Selbstbewußtsein des Menschen.

Philosophie (vgl. Paulus, 138 f.), also mit der Forderung nach »Krisis«.[13]

Aufgabe der Philosophie ist demzufolge nach Schelling, die Trennung von negativer und positiver Philosophie zu etablieren, die mehr als nur scheinhaft ist. Nur dann versagt die Philosophie einerseits nicht vor der Kategorialität der Vernunft (im Gegensatz zu Hegels Logik), andererseits nicht vor dem Faktum der Existenz von Welt und Vernunft (das von Hegels Schöpfungslehre in keiner Weise erklärt wird). Weder darf eine Seite der Philosophie unterdrückt noch dürfen beide »vermischt« (ebd., 139) werden. Mit der dualistischen Trennung der Philosophie stellt sich aber die Frage nach ihrer systematischen Einheit.

Die Etablierung einer Trennung von negativer und positiver Philosophie unterscheidet auch die Spätphilosophie Schellings von seiner Weltalterphilosophie: Die Spätphilosophie plädiert nicht einseitig für oder einseitig gegen die Rückkehr in die logische Einheit des Absoluten (im Sinne Hegels ist sie nach Schelling ohnehin unmöglich), sondern für eine entschiedene Scheidung von ›logischer‹ und ›geschichtlicher‹ Methode bzw. von negativer und positiver Philosophie, die im *Weltalter*-Projekt noch vermischt waren.

Die Spätphilosophie krankt aber damit an dem Widerspruch, daß sie die Einheit der Philosophie nur realisieren kann über ihre Scheidung. Der gegenwärtige Standpunkt der Philosophie bleibt von der Entzweiung und der Negativität der gegenwärtigen Zeit und die Philosophie vom negativen Dualismus in negative und positive Philosophie geprägt. Während die Einheit real der Zukunft vorbehalten bleibt, bleibt das System gegenwärtig dem Schein des negativen Dualismus verhaftet. So läßt sich die These aufstellen, daß der Dualismus der Spätphilosophie gleichsam die realhistorische Negativität des gegenwärtigen Zeitalters reflektiert.

Schellings Hegelkritik hat deutlich gemacht, daß die Scheidung oder Krisis der Philosophie in eine negative und eine positive das Ziel der Philosophie ist und die umfassende Sicherung der Er-

13 Der Begriff der »Krisis«, der in den *Weltalter*-Fragmenten noch die Bedeutung der Selbstscheidung und Selbstverzeitlichung Gottes innerhalb der einen Philosophie der *Weltalter* hat, wandelt sich in der Spätphilosophie zur Kennzeichnung der Scheidung der positiven von der negativen Philosophie (vgl. Lanfranconi 1992, 9, 44 ff.).

kenntnis Gottes endlich erreichbar machen soll, die in der Tradition des Rationalismus oder der rationalen Vernunftphilosophie nicht möglich war. Die Scheidung der Philosophie nimmt jedoch der Vernunftwissenschaft die Bedeutung, *die* Philosophie zu sein. Was nun ansteht, ist die Erkundung des definitiven Verhältnisses von negativer und positiver Philosophie.

III. Bevor wir dies mit Schelling tun, soll ein kurzer Blick auf Schellings Skizze der Ansätze negativer und positiver Philosophie in der Geschichte der Philosophie geworfen werden. Und zwar stellt diese Skizze eine zweite zur bisher angeführten konkurrierenden Skizze der geschichtlichen Entwicklung der Philosophie dar. In der ersten philosophiegeschichtlichen Skizze erscheint die Vernunftwissenschaft in einem zeitlich-historischen Sinne der positiven Philosophie vorangestellt. Schelling arbeitet hier die Entwicklung der unbedingten Vernunftwissenschaft bis zur von ihm selbst vorgenommenen Etablierung der positiven Philosophie auf, indem er eine »genetische Entwicklung der philosophischen Systeme von Cartesius bis auf die neueste Zeit« (Schellings *Werke* XIII, 16) entwirft. Zumeist beschränkt sich Schelling allerdings auf die Darstellung der Systeme: Kant – Fichte – identitätsphilosophischer Schelling – Hegel – später Schelling. In der *Paulus-Nachschrift* entwirft Schelling aber noch eine zweite Skizze der philosophischen Entwicklung. Diese läßt die negative und die positive Philosophie in ihrem Gegensatz gleichzeitig erscheinen und zeichnet ihre Entwicklung nach (vgl. Paulus, 139-150). Schelling thematisiert Ansätze von negativer und positiver Philosophie in der Antike, dem Mittelalter und der Neuzeit. Bereits die mythologischen Ursprünge der abendländischen Philosophie bei Hesiod weisen nach Schelling Züge der positiven Philosophie auf.

Wie verhalten sich beide Skizzen zueinander? Zumindest in bezug auf die Selbstdarstellung der eigenen Entwicklung ergeben sich hier Schwierigkeiten. Einerseits wird behauptet, daß die Philosophie des frühen Schelling bloß negative Philosophie gewesen sei, andererseits wird diese Behauptung mit dem Hinweis auf die *Philosophischen Briefe über Dogmatismus und Kritizismus* von 1795/96 dementiert (vgl. Paulus, 137), wo bereits die Ahnung einer positiven Philosophie vorhanden gewesen sein soll. Dieser Widerspruch läßt sich aber auch in bezug auf die Geschichte der Philosophie insgesamt ausdehnen. Entweder ist sie eine Geschichte, die von der bloß negativen Philosophie ausgeht und zur positiven Philosophie führt, oder die Geschichte der Philosophie entwickelt sich von Anfang an als Gegensatz von negativer und positiver Philosophie. Beide historisierenden Erläuterungen der Spätphilosophie werfen ein je verschiedenes Licht auf das systematische Ganze der Spätphilosophie. Das genetische Schema betont die Einheit der Spätphilosophie und den Vorrang der positiven Philosophie in ihr, das dualistische Strukturschema kehrt den Gegensatz von negativer und positiver Philosophie heraus, wodurch die Einheit der Spätphilosophie erst eigentlich zum Problem und Thema wird. Bleibt es beim Gegensatz, oder kann er überwunden und die Einheit der Philosophie erwiesen werden? Ist letzteres der Fall, so stellt sich die Frage nach der Beschaffenheit dieser Einheit.

Schelling behauptet letztlich jedenfalls die Aufhebung der Zweiheit der Philosophien. Die Spätphilosophie wäre damit eine Konzeption, die den Gegensatz von negativer und positiver Philosophie aufhebt. Wie ist diese These Schellings zu verstehen?

Um die gestellte Frage zu beantworten, geht Schelling erneut hinter diesen Gegensatz zurück, um die Notwendigkeit der Scheidung der Philosophie in zwei Philosophien darzutun (vgl. ebd., 150-153). Mit diesem Ansatz geht Schelling über die bisher bloß historisch-phänomenologisch konstatierte Zweiheit der Philosophien hinaus. Es geht ihm um die ›Logik‹ der Entzweiung der Philosophie. In der Perspektive von Schellings Darstellung des Übergangs von der negativen zur positiven Philosophie zeichnet sich die verborgene Einheit der Philosophie selbst ab, indem sich zugleich die Bedeutung der Ausdrücke negativ und positiv verschiebt.

Schellings These ist, daß die negative Philosophie Philosophie nur insofern ist, »als sie die positive außer sich setzt und zu ihr hinstrebt« (ebd., 153). In dieser Setzung partizipiert sie selbst an der positiven Philosophie und ist insofern selbst positiv. »Sie ist die sich selbst suchende positive Philosophie« (ebd., 152). Das bedeutet, die Einheit der Philosophie liegt nicht über der negativen und positiven Philosophie, sondern in einem Teil der Philosophie, der positiven Philosophie. Ihr allein spricht Schelling Selbständigkeit zu. Die negative Philosophie wird damit zur Propädeutik herabgesetzt und marginalisiert. Ihr wird daher sogar schließlich der Titel »Philosophie« abgesprochen (vgl. ebd.).

Hält man jedoch an der negativen Philosophie als notwendigem Teil der Philosophie fest, dann muß gesagt werden: Die verborgene Einheit der Philosophie, die in der positiven Philosophie liegt, kommt nur zutage, indem die negative Philosophie in die positive übergeht. Aber damit steht zugleich fest: Aufgehoben wird die Zweiheit der Philosophie allein dadurch, daß die negative die positive »außer sich« setzt, ebendamit aber die Zweiheit der Philosophie konstituiert.

Die Spätphilosophie krankt also an dem Widerspruch, daß sie die Einheit der Philosophie nur realisieren kann über ihre Scheidung. Weil allein die Entzweiung der Philosophie die Einheit konstituiert, liegt ihre Einheit in der Zweiheit. Die Rede von einer wirklichen Einheit beider Philosophien bleibt daher aufgrund des entfalteten Gegensatzes beider abstrakt. Sie kann nur eingelöst werden, wenn die negative Philosophie aus der Philosophie selbst ausgestoßen, zur Propädeutik herabgesetzt wird. Sie fungiert dann nur mehr als ›Leiter‹ zur positiven Philosophie. – Die ungute Alternative ist also: entweder Einheit in der Entzweiung der negativen und positiven Philosophie, also Dualismus, oder Monismus der positiven Philosophie.[14]

Will man diese Aporie der Spätphilosophie Schellings auf ihren produktiven Erfahrungsgehalt hin interpretieren, so legt sich folgende Deutung nahe: Die Aporie der Spätphilosophie reflektiert die herrschende Entzweiung und Negativität des gegenwärtigen Zeitalters, die Schelling mit ihr überwinden wollte. Die Einheit der Spätphilosophie kann auf dem Standpunkt des gegenwär-

14 Diese konzeptionelle Schwierigkeit durchschreitet Schelling historisch im Entwurf seiner Spätphilosophie sukzessive. Während er in der Münchener Zeit noch einen weiteren Begriff von positiver Philosophie konzipiert, der alle philosophischen Disziplinen umfaßt und demgegenüber die negative Philosophie quasi nur ein historisches Präludium darstellt, wird die positive Philosophie in der Berliner Zeit auf Religionsphilosophie, das heißt auf Philosophie der Mythologie und der Offenbarung, eingeschränkt und die negative Philosophie zu einem selbständigen Teil der Philosophie mit Begründungsanspruch ausgearbeitet. Das Problem der Einheit der Philosophie in der Zweiheit der philosophischen Wissenschaften taucht also erst in der Berliner Zeit auf, war doch in der Münchener Zeit die positive Philosophie noch umfassende, selbstgenügsame philosophische Wissenschaft (vgl. Baumgarten/Korten 1996, 148 f., 211 ff.).

tigen Zeitalters nicht mehr im System selbst repräsentiert werden, sondern nur noch im ›Geist des Autors‹. Dem System selbst kommt nur noch die Bedeutung zu, eine indirekte Selbstdarstellung jenes Geistes zu sein, während sich der Autor selbst als die wiederhergestellte Einheit der Weisheit in Szene setzt. Sie allgemein zu verwirklichen bleibt dem kommenden utopischen Zeitalter der Zukunft vorbehalten.

Zwölfte Vorlesung

Rückgang in die Weltalterphilosophie Schellings: Kritik des realhistorischen Nihilismus durch die Konstruktion einer ›höheren Geschichte‹ des Absoluten

In der heutigen Vorlesung möchte ich in bezug auf den zweiten Teil der Spätphilosophie Schellings, die sogenannte positive Philosophie, Ursprungsforschung betreiben, indem ich ihre Genese in der Weltalterphilosophie des mittleren Schelling freizulegen versuche. Es kann durchaus die These aufgestellt werden, daß die *Weltalter* in der Spätphilosophie ihre Fortsetzung erfahren haben. Zwar hat die Spätphilosophie hinsichtlich ihres Theoriestatus und hinsichtlich ihres Ausarbeitungsgrades eine ganz andere Gestalt als die Weltalterphilosophie. Interessant sind jedoch die Transformationen, durch die aus der Weltalterphilosophie die Spätphilosophie erwächst. Von daher kann mit Aldo Lanfranconi für eine Entdramatisierung der Rede vom »Scheitern« der Weltalterphilosophie plädiert werden (vgl. Lanfraconi 1992, 59, und ders. 1996, 60 f.).

Schelling selbst hat diese Abhebung formal mit der Unterscheidung von *Fragment* und *System* gekennzeichnet. Das von Schelling selbst für den Titel »Spätphilosophie« benannte sachliche Kriterium ist die Unterscheidung der Philosophie in eine negative und positive Philosophie einerseits und die Unterscheidung innerhalb der positiven in Philosophie der Mythologie und Philosophie der Offenbarung andererseits. Damit lassen sich zwei inhaltliche Punkte der Absetzung der Spät- von der Weltalterphilosophie erkennen: die Kritik an der neuzeitlichen Vernunft in der negativen Philosophie und die Kritik am mythologisierenden Denken seiner eigenen mittleren Weltalterperiode am Anfang der positiven Philosophie in der Philosophie der Mythologie.

Die Entstehungsgeschichte der *Weltalter*-Texte umfaßt den Zeitraum von 1810 bis 1833. Die erste Phase geht bis zur Jacobi-Streitschrift von 1812 (*Schellings Denkmal der Schrift von den göttlichen Dingen etc. des Herrn Friedrich Heinrich Jacobi*; vgl.

Schellings *Werke* VIII, 19-136). Das zunächst zügig in Angriff genommene Projekt der *Weltalter* gerät jedoch ins Stocken und beginnt schmerzlich zu werden. Schelling setzt die Arbeit an den *Weltaltern* zunächst zugunsten der Jacobi-Streitschrift aus.

Es ist zu vermuten, daß neben der unvollendeten Druckfassung von 1811, die nur die »Vergangenheit« umfaßt, Notizen und Entwürfe existieren, die die beiden Bücher »Gegenwart« und »Zukunft« betreffen. Auch die zweite nur schleppend anlaufende Drucklegung befriedigt Schelling jedoch nicht. Im Sommer 1813 dürfte er sie abgebrochen haben. Die Ausarbeitung der *Weltalter* verschiebt sich immer mehr zu einer repetitiven Umarbeitung der »Vergangenheit«, also des ersten Buches. Schellings Weltalterphilosophie erweist sich so immer mehr als mythologisierende Philosophie des ewigen Anfangs. Schelling scheint wie gebannt von den mythologischen Schicksalsgewalten des Anfangs zu sein. Neben der Arbeit an den *Weltaltern* nimmt dann das Studium über Mythologie einen immer größeren Raum ein. So kann vermutet werden, daß Schellings immer kritischere Stellung zur Mythologie ihn vom ursprünglichen Konzept der *Weltalter* abgebracht hat. Das daraus erwachsene *System der positiven Philosophie* setzt einerseits das *Weltalter*-Projekt fort, andererseits setzt es sich von diesem ab.

Man kann zwischen frühen und späten *Weltalter*-Texten unterscheiden, je nachdem sie als Fassungen nur des ersten Buches der *Weltalter* (»Vergangenheit«) oder als Fassungen des Systems der Weltalterzeiten dienen. Von den späteren *Weltalter*-Fassungen gibt es mehrere: das Loer-Fragment von 1819/1820, die Enderlein-Nachschrift der *Erlanger Vorlesung* von 1820/21 und die Helmes-Nachschrift der Münchener Vorlesung vom WS 1832/33 und SS 1833. Schelling liest erstmals vollständig sein *System der Weltalter* im WS 1827/28. Diese Vorlesung ist als Lasaulx-Nachschrift überliefert und wurde von Siegbert Peetz 1990 publiziert. Den Titel *Weltalter* scheint Schelling aber dann nach 1833 nicht mehr verwendet zu haben.

Eines der größten Mißverständnisse ist, die *Weltalter* als ein geschichtsphilosophisches Werk zu lesen. Dieser in der Schelling-Literatur mehrfach verbreiteten Deutung liegt eine Verwechslung zwischen Philosophie der Geschichte und geschichtlicher Philosophie zugrunde. Die *Weltalter* sind keine Geschichtsphilosophie, sondern eine geschichtliche Theorie des

Absoluten.[1] In den *Weltaltern* transformiert Schelling sein ungeschichtliches Identitätssystem des Absoluten in eine Theorie des sich geschichtlich entwickelnden Absoluten, mit der er sich Hegels Konzeption eines bloß logisch fundierten Absoluten entgegenstellen will. Thema der *Weltalter* sind die durch die *Scheidung von sich selbst* des Absoluten erzeugten ewigen Zeiten oder Weltalter des Absoluten »Vergangenheit«, »Gegenwart« und »Zukunft«.[2]

Der Akt des Absoluten – diese *Scheidung von sich selbst*, um die die ganze Weltalterkonzeption zentriert ist, wie Aldo Lanfranconi erkannt hat[3] – ist insofern ein geschichtliches Ereignis, als er erstens Ausdruck eines Willens ist und zweitens auch nur über einen geschichtlichen Prozeß selbst erschließbar ist. Der geschichtliche Prozeß zerfällt in eine ›höhere‹, ›göttliche‹ Geschichte und seit dem Abfall des Menschen von Gott in eine menschliche Geschichte, die in ihrer Negativität das Weltalter der Gegenwart repräsentiert. Das Weltalter der Gegenwart ist überhaupt die weltliche im Unterschied zur vor- und nachweltlichen

1 In seiner Spätphilosophie betont Schelling ausdrücklich, daß seine positive Philosophie »geschichtliche Philosophie« ist, diese aber nicht als das zu verstehen sei, »was man sonst Philosophie der Geschichte nennt« (Schellings *Werke* XIII, 139, Anm.). Doch darf nicht übersehen werden, daß Schelling mit seiner »höhere[n] Geschichte« (Schellings *Werke* XIV, 30) der Offenbarung Gottes in Jesus Christus auf eine Darstellung und Kritik der realhistorischen Geschichte abzielt.

2 Schellings Konzeption der Weltalterzeiten ist durch Dantes *Divina Comedia* inspiriert. Vgl. F. W. J. Schelling, *Über Dante in philosophischer Beziehung* (1803), in: Schellings *Werke* V, 152-163; vgl. auch Hogrebe 1989, 31 ff. Die Vergangenheit entspricht dem *inferno*, die Gegenwart dem *purgatorio* und die Zukunft dem *paradiso*.

3 Aldo Lanfranconi läßt sich bei seiner »Lektüre« der *Weltalter* von der These leiten, »daß sich im Ausdruck Krisis die *philosophische Thematik* der ›Weltalter‹ gleichsam [...] *semiotisch zusammenfaßt* und [...] Schelling diejenige Möglichkeit eröffnet [...], welche dieser in seiner Theorie der Krisis der Philosophie selbst wahrzunehmen gesucht hat« (Lanfranconi 1992, 56 f.). Lanfranconi hat mit seinem Buch die Interpretation der *Weltalter* auf ein neues Niveau gehoben. Die Wortbedeutung von Krisis, die Schelling in ihrer ganzen Breite aufnimmt, reicht von »Entscheidung« über den »kritischen Punkt«, auf dem die Entscheidung fällt, bis zur »Ausscheidung«, die diese entscheidende Zäsur zur Folge hat: »Jede Ausscheidung ist Krisis« (Schellings *Werke* XIII, 68). (Vgl. Schulz 1975, 59 f.; Hühn 1994, 202).

Zeit. Die Negativität des gegenwärtigen Zeitalters ist daher vor allem mundane Negativität. Die Weltalterphilosophie läßt sich als Kritik der Negativität des gegenwärtigen Zeitalters durch die Konstruktion einer höheren Geschichte des Absoluten verstehen, die auf eine die Negativität des gegenwärtigen Zeitalters aufhebende Zukunft zusteuert.[4] Die spekulative Geschichtstheorie des Absoluten versucht, ausgehend von der Deutung der Negativität des gegenwärtigen Zeitalters, die höhere Geschichte und deren Realgrund, die Scheidung des Absoluten von sich selbst, zu rekonstruieren. Sie vollzieht sich als hermeneutische Sinnerschließung inner- wie außerchristlicher Glaubensdokumente, wobei ein Rückgang auf älteste Mythologien vorvernünftiger Mächte und Gewalten bei Schellings Deutung der Entstehung des Absoluten oder Gottes zu verzeichnen ist.

Die Ausarbeitung der *Einleitung* war eine der ersten Aufgaben, denen sich Schelling 1810/11 bei der Realisierung der *Weltalter* zugewandt hat. Hier reflektiert er auf die Methoden der Darstellung der Entwicklung des Absoluten. Wie in der Identitätsphilosophie geht Schelling auch in den *Weltaltern* von der Konzeption einer Selbstdarstellung des Absoluten aus. Aber anders als in der Identitätsphilosophie traut Schelling der Vernunft allein nicht mehr zu, diese Selbstdarstellung adäquat zu explizieren. Schelling sucht daher nach Mitteln und Methoden, die einen Weg zu der vorerst unzugänglichen Selbstdarstellung des Absoluten eröffnen können. Die *Weltalter* möchten in diesem Sinne ein »Geheimniß« (Schelling *Weltalter* I, 5, 54; im folgenden zitiert als WA I) ergründen.

Schelling orientiert sich in den *Weltaltern* an der Erzählform, die in theosophische Reminiszenzen gehüllt ist. Dabei ist es vornehmlich die Sprache Jacob Böhmes, die sich in der *Einleitung* und in den frühen *Weltalter*-Texten niederschlägt. Die Sprache der Theosophie, die Schelling zur Sprache des Volkes zählt, wird von ihm damit zum Medium der indirekten Selbstdarstellung des

4 Die Nihilismusdiagnose mundaner Negativität und die Möglichkeit ihrer philosophischen Überwindung ist für Schelling seit *Philosophie und Religion* (1804) und der *Freiheitsschrift* (1809) leitend, die im Gegenzug zur affirmativen Weltsicht der Identitätsphilosophie die Frage nach dem Abfall der Natur vom Absoluten und dem Ursprung menschlicher Freiheit als Möglichkeit und Wirklichkeit des Bösen behandeln.

Absoluten gemacht. Erzählung versteht Schelling als Mythos, insofern dieser keine bloße Erfindung ist. Daraus erwächst Schellings Ideal einer neomythischen Narration als Darstellungsform des Absoluten.

Indirekt ist die mythologisch erzählte Selbstdarstellung des Absoluten, weil der in der Vergangenheit liegende Anfang der Genese des Absoluten nur in einer platonisierenden Konzeption von Erinnerung erschlossen werden kann. In die anamnetische Grundstruktur der Historiogenese geht wesentlich Schellings früherer Begriff der intellektualen Anschauung ein. Sie weist zugleich auf den Begriff der Ekstasis in der *Erlanger Vorlesung* von 1820/21 voraus, in der sich der Philosophierende von sich selbst scheidet.

Bevor die Philosophie aber wirklich zur Erzählung werden kann, muß sie sich im gegenwärtigen Zeitalter einer Selbstreflexion als Wissenschaft unterwerfen. Die Selbstreflexion der Philosophie als Wissenschaft zeigt, daß die Erzählung auf die argumentative Kontrolle der Dialektik angewiesen ist. Im gegenwärtigen Reflexionszeitalter kann auch das Erzählen nicht einzige Artikulationsform sein. Das Vergangene ist uns in einer Weise entrückt, daß es nicht einfach erzählt werden kann. Das Zeitalter des Mythos ist vorbei. Die Wissenschaft der Dialektik wird notwendig angesichts der Verblendung des gegenwärtigen Zeitalters. Die *Weltalter* zielen demgemäß auf eine Vermittlung von Erzählung und Dialektik, deren Vorbild Platons *Sophistes* ist, wo das »Denken und die Rede« als das »innere Gespräch der Seele mit sich selbst« (263e4) definiert wird. Die Philosophie soll sich im Zwiegespräch mit sich selbst entwickeln, in dem sich gleichsam die Scheidung des Philosophen von sich selbst vollzieht. Die Philosophie wird darin aber nur ein »Streben« (WA I, 5) nach Wiedergewinnung der Selbstdarstellung des Absoluten sein. Die volle Erinnerung der Entwicklung des Absoluten und damit der volle Sinn der Scheidung von sich selbst ist in der durch Negativität gekennzeichneten gegenwärtigen Zeit unerreichbar.[5] Die

5 Am Anfang des sogenannten *Frühesten Konzeptblattes*, der Keimzelle der *Weltalter*, reflektiert Schelling nachdrücklich auf die mit der historischen Standortbestimmung der Philosophie im gegenwärtigen Zeitalter einhergehende Unergründlichkeit des Absoluten, indem er das Leitmotiv des verschleierten Isisbildes als Motto dem gesamten Unternehmen voranstellt: »Ich bin das, was da war, was <da> ist und was

Remythologisierung der Philosophie verweist auf die Zukunft jenseits der gegenwärtigen Zeit. In dieser bleibt die poetische Mythologie des Absoluten Ideal und die Philosophie auf Dialek-

<da> seyn wird, meinen Schleyer hat kein Sterblicher aufgehoben‹, so redete, nach einiger Erzählung, unter dem Schleyer des Isisbildes das geahndete Urwesen einst im Tempel zu Sais den Wanderer an« (WA, 187).

Im *Frühesten Konzeptblatt* stehen die methodischen Grundsätze – »Das Vergangene wird gewußt, das Gegenwärtige wird erkannt, das Zukünftige wird geahndet. Das Gewußte wird erzählt, das Erkannte wird dargestellt, das Geahndete wird geweissagt« (WA, 189) – am Ende einer Argumentation, die deutlich macht, daß sich das Problem der drei unterschiedlichen Erkenntnismodi und Darstellungsweisen der drei Weltalter aus der historischen Entstehungszeit der *Weltalter* ergibt, die wie die menschliche Geschichte überhaupt zum Weltalter der Gegenwart gehört, auf die die menschliche Erkenntnis restringiert ist, während die Vergangenheit und die Zukunft nur gewußt bzw. geahndet werden können, die Erkenntnis aller Weltalterzeiten aber einer ungewissen Zukunft vorbehalten bleibt. Indem die methodischen Grundsätze in der *Einleitung* zu den *Weltalter*-Fragmenten zur Eröffnungsformel werden, erhalten sie jedoch grundsätzliche Geltung. Die Textumstellung der methodischen Grundsätze dokumentiert, daß der geschichtshermeneutische Orientierungsrahmen des *Weltalter*-Projekts in der Geschichtlichkeit des Absoluten selbst begründet liegt. Die die Relativität der Darstellungsunterschiede begründende historische Standortbestimmung des *Weltalter*-Projekts führt Schelling auf den die reale Geschichte als menschliche Verfallsgeschichte begründenden Abfall des Menschen von Gott im Weltalter der Gegenwart zurück, die ihren Höhe- und Wendepunkt in der historischen Gegenwart des Reflexionszeitalters erfährt. Dementsprechend wird nun die in der Eröffnungsformel genannte Korrelation von Gegenstand, Einsicht und Darstellungsform des in den *Weltaltern* allein zur Ausführung gekommenen Weltalters der Vergangenheit im Hinblick auf die beiden Darstellungsformen des zeitgenössischen Denkens, die Dialektik der philosophischen Wissenschaft und die Erzählung der Theosophie, diskutiert. Die Umstellung der methodischen Grundsätze und ihre Verwandlung zur Eröffnungsformel diskutiert kritisch Thorsten Windt, »Bild und Geschichte. Die Voraussetzungen philosophischer Darstellung in Schellings ›Die Weltalter‹«. Magisterarbeit FU Berlin 1995. Schelling zielt damit auf einen in der Geschichtlichkeit des Absoluten fundierten »Gestaltwandel des Idealismus« (Oesterreich 1996, 90) zu einer »kritische[n] Grenzreflexion der historischen Vernunft« (ebd., 93) ab.

tik angewiesen. Die Weltalterphilosophie bewegt sich somit im Spannungsfeld zwischen Mythologie und Vernunftdialektik.

Schelling unterscheidet die Bestimmung der Philosophie als dialektische Scheidung von sich selbst von derjenigen der mystischen Versenkung ins Absolute. Diese wird repräsentiert durch die Theosophie. Das Verhältnis der *Weltalter* zur Theosophie läßt sich als philosophische Auslegung der theosophischen Systeme interpretieren. So wie nach Apostel Paulus das ›Reden in Zungen‹ für die Gemeinde allein durch seine Auslegung von Nutzen sein kann, so ist das, was die theosophischen Systeme bekunden, erst noch kritisch zu scheiden und dialektisch zu entwickeln. Was in der Theosophie unmittelbar, aber auch unartikuliert anwesend ist – jene Genese des Urwesens –, wird in der Philosophie dialektisch, und das heißt vernünftig, entwickelt.

Die Spätphilosophie beansprucht, die Krisis, die Scheidung der Philosophie von sich selbst so konsequent durchgeführt zu haben, daß sie bereits in der gegenwärtigen Zeit positiv der Darstellung des Absoluten fähig ist. Die positive Philosophie, deren Inhalt wie bei den *Weltaltern* die Selbstdarstellung des Absoluten ist, versteht sich nicht mehr als Vorbereitung, sondern als Übergang zur philosophischen Religion, mithin als – wenn nicht realisierte, so doch sich realisierende – Einheit von Vernunft und Religion, von Vernunft und Glaube und von Vernunft und Geschichte in einer positiven Denkform. Das setzt voraus, daß methodisch die Verknüpfung von narrativer Neomythologie und Vernunftdialektik gelöst wird. Die Vernunftdialektik wird in der negativen Philosophie kritisch an die Grenze ihrer Reichweite geführt und in eine positive Denkform überführt, die sich dem gänzlich Anderen der Vernunft, der unvordenklichen Wirklichkeit des Absoluten, wirklich zu versichern weiß.

Dabei ist Schelling in der Spätphilosophie bestrebt, Gott als den Vernunftgrund von der Besetzung durch mythisch schicksalsschwere Mächte und Gewalten freizuhalten. Daher wird in der Spätphilosophie die narrative Neomythologie ganz verworfen. Deshalb ist von Geschichte in der positiven Philosophie auch ganz anders die Rede als in der Weltalterphilosophie. Geschichte wird zur allmählichen Offenbarung der Freiheit Gottes. Diese ist das Prius und nicht mehr die mythische Notwendigkeit, der die göttliche Freiheit in den *Weltaltern* in einer ›furchtbaren‹ Genese abgewonnen werden muß.

Kommen wir nun auf den Ansatz der ursprünglichen Weltalterphilosophie im frühesten Fragment von 1811 zu sprechen. Gegenstand der *Weltalter* ist »die Geschichte der Entwickelungen des Urwesens« (WA I, 10), und zwar ausgehend vom »ersten noch unaufgeschlossenen Zustand, der vorweltlichen Zeit« (ebd.). Diese Vergangenheit haben wir uns in einer erinnernden Wiederholung zu erschließen. Die vorweltliche Vergangenheit ist eine vom Urwesen durch reale Scheidung von sich selbst als solche überwundene Vergangenheit, ebenso wie die weltliche Gegenwart und die nachweltliche Zukunft durch diesen Akt des Absoluten entstehen.

Schelling bezeichnet diese reale Scheidung auch als »Zeugung« (WA I, 56). (Männlich verstandene) Sexualität ist gleichsam der Wesenskern Gottes. Schelling redet jedenfalls hier nicht vom Gebären. Die durch den Akt der Scheidung oder Zeugung gesetzten Zeiten bilden das System der Weltalterzeiten, das organisch verfaßt ist, weil sich diese Zeiten wechselseitig implizieren.

Schauen wir uns die Charakteristika der durch die reale Scheidung konstituierten Weltalterzeiten an:

1. Durch die reale Scheidung Gottes, der eine vergangene Entwicklung vorangeht, wird die Vergangenheit Gottes, die nie Gegenwart war, *als* Vergangenheit gesetzt. Der Anfang der Zeit und der Zeitenfolge der Weltalter ist »kein Anfang *in* der Zeit«, sondern »ewiger Anfang« (WA I, 78). Die in der göttlichen Ewigkeit beschlossen liegende Abfolge der Weltalterzeiten erscheint aber als eine solche von getrennten Zeiten nur aus der Perspektive des Weltalters der weltlichen Gegenwart, das von der ewigen vorweltlichen Vergangenheit als dem Zeit-Erzeugungs-Prozeß ebenso getrennt ist wie von der nachweltlichen Zukunft. Von beiden Zeitfolgen der vorweltlichen Vergangenheit und der weltlichen Gegenwart ist schließlich der Prozeß des endlosen Endes der Zeit oder der Rückkehr der Zeit in die ewige Simultaneität der Zeiten als dem Weltalter der nachweltlichen Zukunft abgehoben. Vom Standpunkt des Absoluten erscheint die Abfolge der Weltalterzeiten in einem anderen Licht, nämlich als göttliche Geschichte, als Zeitenfolge des Lebens Gottes und damit – wie Platon im *Timaios* (37d) sagt – als organisches, bewegliches Abbild der Ewigkeit, das wieder in die Ewigkeit zurückläuft.[6]

6 In der Identitätsphilosophie fungiert die Zeit als Ursprung der Endlichkeit. In der Weltalterphilosophie wird die Zeit dem Absoluten

2. Das System der Weltalterzeiten ist also organisch verfaßt. Jede einzelne Zeit enthält alle anderen Zeiten in sich, weil sie Entwicklungsmomente ein und desselben Wesens sind. Es ist eben das Leben Gottes, das sich in den Weltalterzeiten auseinanderlegt. Die Wechselimplikation der Zeiten bedeutet aber, daß jede der einzelnen Zeiten »die ganze, jetzt noch nicht seyende Zeit selber (deutlicher vielleicht die absolute Zeit zu nennen) in sich enthalte, also ein wirkliches Bild von ihr sey« (WA I, 81). Der Umstand, daß das realisierte Ganze der Zeit die Zukunft und damit die Zeit selbst aufheben würde, macht deutlich, daß die Zeit selbst durch das Noch-Nicht-Sein der ganzen Zeit oder der Prozeß der Zeit durch die Zukunft bestimmt ist: »Die ganze Zeit aber ist die Zukunft« (WA I, 82). Aus dem Vorrang der Zukunft im Gefüge der Zeiten, mit dem Schelling einen entscheidenden Gedanken von Heideggers existenzialontologischer Zeitlichkeitstheorie in *Sein und Zeit* vorwegnimmt, geht die Endlichkeit der Weltalterzeiten deutlich hervor.

3. Nicht nur in bezug auf das Absolute, sondern auch in bezug auf »die Dinge oder die Welt« (WA I, 78) stellt Schelling fest, daß sie sich in die Zeitdimensionen der Vergangenheit, Gegenwart und Zukunft auseinanderlegen. Schelling spricht von der *»allgemeine[n]* Subjektivität der Zeit« (WA I, 78). Alles hat »nur eine

zugeordnet. Die Idee einer im Absoluten selbst fundierten Zeit, die notwendig eine Verzeitlichung des Absoluten impliziert, findet sich bereits – wenn auch in kantianisierender Terminologie – in der *Ichschrift* von 1795: *»Schema des reinen* (*außerhalb aller Zeit* gesetzten) Seyns ist Daseyn in *Zeit überhaupt«* (Schellings *Werke* I, 228). Obwohl bereits in den Frühschriften das Selbstbewußtsein als Darstellung des absoluten Ich nicht ohne Bezug zur Zeit zu fassen ist, wird der Hiatus von absolutem Ich und Endlichem erst in Schellings Konzeption des Geistes als ursprünglichem Widerstreit von Unendlichem und Endlichem, Absolutem und Zeitlichem in einer Theorie der Evolution von Natur und menschlichem Geist überwunden (vgl. *Abhandlungen zur Erläuterung des Idealismus der Wissenschaftslehre* von 1796/97, in: Schellings *Werke* I, 367 ff.) und mündet im *System des transzendentalen Idealismus* in die Idee einer »Geschichte des Selbstbewußtseyns« (vgl. Schellings *Werke* III, 399). In der Identitätsphilosophie treten Zeitlichkeit und Geschichtlichkeit in den Hintergrund, bis sie sich wieder seit der *Freiheitsschrift* von 1809 ankündigen. Einen guten Überblick über Schellings Philosophie unter anderem entlang des Motivs des Themas der Zeit gibt Boenke (1996, 17-69).

innre, eigne, ihm eingeborne und inwohnende Zeit« (ebd.). In diesem Sinne bildet die Zeit, wie Schelling sagt, »ein System eines nach innen oder dynamisch unendlichen, nach außen aber allerdings endlichen oder geschlossenen Organismus der Zeiten« (WA I, 82).[7]

Im folgenden möchte ich die Entwicklung im *Weltalter*-Fragment von 1811 in sechs Schritten zur Darstellung bringen:

I. Ausgangspunkt der Entwicklung in den *Weltaltern* von 1811 ist das Absolute im Zustand der vorweltlichen Zeit, der allerältesten Vergangenheit. Das Prinzip des Absoluten ist die »ewige Freyheit« (WA I, 14), »die absolute Einheit von Subjekt und Objekt« (WA I, 15 f.), die selbst »über aller Zeit ist, und in aller Entwicklung sich offenbaren will« (WA, 14). Die »ewige Freyheit« ist als »Nichts« das Vermögen, »Alles« zu sein, und als solches »der Wille, der nichts will« (WA I, 15). Ausgangspunkt der *Weltalter* ist also wie im Identitätssystem die absolute Identität, die nun aber willenstheoretisch als nichts wollender Wille ausgelegt wird.

II. Das als absolute Identität gefaßte absolute Urwesen schließt jeden Gegensatz aus sich aus. Da aber nur im Gegensatz Leben und Wirklichkeit des Absoluten aufkommt, muß der Aufweis

7 Dem metaphysischen Akt der Scheidung Gottes von sich selbst, aus dem sein Existieren in den Weltalterzeiten erwächst, gibt Schelling in allen *Weltalter*-Fragmenten eine existenzielle und auch für den Menschen konstitutive Bedeutung, die erst wieder die moderne Existenzphilosophie erfaßt hat: »Wie wenige kennen eigentliche Vergangenheit! Ohne kräftige, durch Scheidung von sich selbst entstandene, Gegenwart, gibt es keine. Der Mensch, der sich seiner Vergangenheit nicht entgegenzusetzen fähig ist, hat keine, oder vielmehr er kommt nie aus ihr heraus, lebt beständig in ihr« (WA I, 11). In den *Weltaltern* von 1813 heißt es: »Der Mensch, der sich nicht scheiden kann von sich selbst, sich lossagen von allem, was ihm geworden und ihm sich thätig entgegensetzen, hat keine Vergangenheit oder vielmehr kommt nie aus ihr heraus, lebt beständig in ihr« (WA II, 119). Im *Weltalter*-Entwurf von 1814/15 notiert Schelling ergänzend: »Der Mensch, der nicht sich selbst überwunden, hat keine Vergangenheit, oder vielmehr kommt nie aus ihr heraus, lebt beständig in ihr. Wohlthätig und förderlich ist dem Menschen, etwas, wie man sagt, hinter sich gebracht, das heißt als Vergangenheit gesetzt zu haben; heiter wird ihm nur dadurch die Zukunft und leicht, auch etwas vor sich zu bringen« (Schellings *Werke* VIII, 259).

des Entspringens eines solchen Gegensatzes im Absoluten geleistet werden. Dieser kommt nur als Opposition zum »Willen, der nichts will«, als »der Wille, der Etwas will« (WA I, 18), herein. Während die ewige Freiheit des nichts wollenden Willens absolute Einheit ist, ist der Wille, der etwas will, »der Gegensatz, und zwar der Gegensatz schlechthin« (WA I, 20), denn in ihm offenbart sich die Differenz zwischen Wollendem und Gewolltem, die in ihrer Differenz identisch bleiben, weil das Etwas, auf das sich der Wille bezieht, selber Wille ist.

Es gibt nach Schelling keinen Übergang vom ersten zum zweiten Willen. Der andere Wille erzeugt sich selbst und ist somit ebenso absolut wie der nichts wollende Wille. Zugleich stellt dieser andere Wille den eigentlichen »Anfang zur Existenz« (WA I, 17), »die Kraft der Existenz« (WA I, 21) dar. Solange dieser Wille nicht aktualisiert wird, sondern nur als Möglichkeit einer Wirkung vorhanden ist, stellen beide Willen nur entgegengesetzte Aspekte eines und desselben Wesens dar, welches die Einheit der Einheit und des Gegensatzes als Indifferenz ist.

Zur Erklärung der absoluten Identität führt Schelling also den Ausdruck »Wille« ein. Dieser ist nicht nur eine theosophische Reminiszenz, sondern findet seine Legitimation in der Erzählung der philosophischen Wissenschaft. Sie erzählt die Geschichte der Entwicklung des Absoluten als Folge und Ausdruck eines ihr zugrunde liegenden Willens. Näherhin legt Schelling die absolute Identität als nichts wollenden Willen aus. Dieser ist älter als die reale Scheidung, also als Gott, aber doch nicht das älteste Wesen allein. Denn ihm steht ein zweiter, sich selbst erzeugender Wille der Existenz zur Seite. Der zweite, sich selbst erzeugende Existenzwille ist gleichsam die Kompensation der Einseitigkeit des Urwesens, das als absolute Identität gedeutet wird. Zugleich wird die Zeit tief in der Willenstheorie verankert, denn der erste Wille ist das Prinzip der überzeitlichen Ewigkeit und der zweite Wille »das erste Setzende der Möglichkeit einer Zeit« (WA I, 18). Schelling spricht in diesem Zusammenhang ganz affirmativ vom ersten, noch »zarteste[n] reinste[n] Dualismus« (WA I, 89) von Ewigkeit und Zeit im Absoluten.

III. Mit dem Beginn einer »neue[n] Epoche der Betrachtung« (WA I, 22) werden die Willen nicht mehr in ihrem Gegensatz, sondern in ihrer Synthese, als »Ein Wesen« (WA I, 33) betrachtet. Den aus beiden zusammengewachsenen Willen nennt Schelling

»den ersten wirkenden Willen« (WA I, 22) oder das »erste Wirkliche« (ebd.). Während im Willen, der nichts will, »keine Unterscheidung, weder Subjekt noch Objekt, sondern höchste Einfalt« (WA I, 22) ist, scheidet der andere Wille, der Wille zur Existenz, Wollendes vom Gewollten, indem er den nichts wollenden Willen ergreifend sich sowohl zum Subjekt als auch zum Objekt macht und damit zugleich zum zerreißbaren »Band zwischen Subjekt und Objekt« (ebd.).

Der Wille zur Existenz gewinnt im Zusammenhang des ersten wirkenden Willens den Platz einer Potenz, des Vermögens zu wirken, während der nichts wollende Wille der ewigen Freiheit dagegen als das Potenzlose erscheint. Der erste wirkende Wille, das erste Wirkliche, ist ein Verhältnis von Prinzip und Prozeß, von »Einwickelung« und »Entwickelung« (vgl. WA I, 23). Vor seiner Wirkung, vor seiner Verwirklichung, befindet sich der Wille, und zwar als nichts wollender, in »wirkliche[r] Indifferenz« (WA I, 29), die zunächst »die völligste Einheit« (ebd.) und ewige Freiheit ist, andererseits gibt es im Willen zur Existenz wenigstens virtuelle Differenz und damit Zeit. Diese ideelle Differenz zwischen Subjekt und Objekt stellt sich als ideelle, »mit sich selbst gleichsam spielende Thätigkeit des contrahirenden Princips« (WA I, 30), also des zweiten Willens dar, die sich in den Ideen oder »ewigen Ur-Bildern« (WA I, 31) des Absoluten als Geist niederschlagen. Das ist aber nur das Vorspiel für die wirkliche »Entwickelung« des Absoluten im System der Weltalterzeiten.

Schellings These ist: »Alle Entwickelung setzt Einwickelung zum voraus« (WA I, 23). Das Verhältnis von »Einwickelung« und »Entwickelung« folgt nach Schelling dem »Gesetz« (WA I, 24), wonach die »Potenzen des Seyns« zugleich die Zeit-»Perioden des Werdens« (WA I, 25) sind. Ein und dasselbe, was sich in der »Einwickelung« als ideelle Genese des Absoluten zeigt, stellt sich in der »Entwickelung« als reale Genese des Absoluten im System der Weltalterzeiten dar.

Der erste wirkende Wille impliziert die Komplexion eines Widerspruchs zwischen erstem und zweitem Willen und damit zwischen Ewigkeit und Zeit, aus der das Absolute zur Wirklichkeit gelangt. Mit dem Willen zur Existenz beginnt der große, nur mythologisch erzählbare Prozeß des Ganzen, aber damit noch nicht die reale Geschichte des Absoluten. Er ist die »Einwickelung« vor der realen Scheidung und dem Anfang der Weltalterzeiten. Dieser Prozeß führt zur »eigentliche[n] *Entscheidung*« (WA I, 63), wie es Schelling dramatisch ausdrückt, in der der Widerspruch der beiden Willen zur realen Scheidung kommt, wodurch zugleich die widersprüchliche Einheit von Ewigkeit und Zeit in die Dimensionen der Weltalterzeiten auseinandergetrieben wird.

IV. Sobald die Differenz im wirkenden Willen nicht nur virtuell, sondern reell gesetzt wird, tritt an der indifferenten Einheit von Einheit und Gegensatz der Widerspruch hervor. Der zunächst nichts wollende Wille gerät als wirkender im Willen zur Existenz in Widerspruch mit sich selbst, dem gegenüber die Lauterkeit der ewigen Freiheit als das an sich Widerspruchslose »an sich selbst stets die wesentliche Einheit« (WA I, 34) bleibt. Schelling sagt: Durch den »Widerspruch mit dem Gegensatz [dem zweiten Willen zur Existenz, d. V.], in den sie [die ewige Freiheit des nichts wollenden Willens, d. V.] versetzt ist«, empfindet die ewige Freiheit »die Einheit ihres eigenen Wesens« und »verlangt [...] ferner weder Subjekt noch Objekt zu seyn, sondern frey zu werden, um als die sanfte stille Einheit auszugehen von beyden« (WA I, 34).

Im wirkenden Willen entwickelt sich also selbst der Widerstreit zwischen erstem und zweitem Willen, »ein Wechsel von Expansion und Contraction, indem ihn die Liebe zur Scheidung, der eigne Wille aber zur Anziehung treibt« (WA I, 35). Da der wirkende Wille jedoch zugleich wesentlich beides ist, Scheidung und Anziehung, »entsteht unmittelbar aus der Expansion wieder Contraction« (ebd.), daraus aber »eine unwillkührliche Bewegung, die einmal angefangen sich immer von selber macht« (ebd.).

Diese Rotation von Expansion und Kontraktion bezeichnet Schelling im Rekurs auf Jacob Böhme als »Rad der Geburt« (WA I, 43). Der Hinweis auf den weiblichen Vorgang des Gebärens verweist auf die weibliche Seite der Sexualität in der Theorie des Absoluten. Der die Rotation auslösende Widerstreit hat erstens die »Auflösung« (WA I, 37) der »geistige[n] Materie« (WA I, 32) in »Chaos« (WA I, 37) zur Folge, und zweitens versetzt er die mit dem wirkenden Willen verwachsene »ewige Freyheit« in den Zustand unermeßlicher, sich zum Wahnsinn steigernder »Angst«, in der sie »alle Schrecknisse« ihres »eignen Wesens empfindet« (WA I, 41). Paradoxerweise soll aber gerade der Widerstreit, der die Einheit der ewigen Freiheit aufzulösen droht, diese aus ihrem Verwickeltsein in den wirkenden Willen erlösen. Aus dem Widerstreit entsteht das »Verlangen nach Scheidung« (WA I, 34), das Schelling in eindrücklich-plastischer Weise schildert:

»Im Verhältniß aber, als die Kräfte im Seyn [im wirkenden Willen, d. V.] und damit Seyn und Seyendes [Wollen und Gewolltes, d. V.] selber geschieden werden, bricht aus dem Mittelpunkt derselben die Freyheit oder das Wesen der uranfänglichen Lauterkeit in einem verzehrenden Glanze hervor, nicht anders als im elektrischen Prozeß, je mehr die getrennten Kräfte in Brunst gegen einander gerathen, in der Scheidung selbst das elektrische Feuer als Blitz erscheint« (WA I, 41).

Die Beschreibung der Negativität dieses mythischen Zustandes des höchsten Widerstreits, in der sich das absolute Urwesen bei seiner Geburt befindet, kann für Schelling nicht drastisch genug ausfallen. Schelling soll wieder selbst zu Wort kommen:

»Denn dem Menschen hilft der Mensch, hilft selbst Gott; dem Urwesen aber in seiner schrecklichen Einsamkeit kann nichts helfen; es muß diesen chaotischen Zustand allein und für sich durchkämpfen« (WA I, 43). Und weiter heißt es: »Die größte Bestätigung der Wahrheit unserer Beschreibung liegt darinn, daß jenes drehende Rad der Geburt, jener wilde sich selbst zerreißende Wahnsinn noch jetzt das Innerste aller Dinge, und nur beherrscht und gleichsam zugutgesprochen durch das Licht eines höheren Verstandes, die eigentliche Kraft der Natur und aller ihrer Hervorbringung ist« (ebd.).

v. Bisher wurde nur das Prinzip, die »Einwickelung«, entwikkelt, der reale Prozeß jedoch, die »Entwickelung«, die wirkliche Scheidung, kommt erst in einem zweiten Schritt zur Darstellung. Der bisher rekonstruierte »Keim oder potentielle Zustand Gottes« (WA I, 44) ist nur die Bedingung der Möglichkeit der realen Scheidung. Die systematische Rekonstruktion der Möglichkeit der realen Entwicklung tritt jedoch immer auch als Erzählung einer wirklichen Begebenheit (vgl. WA I, 10) auf. Das bedeutet, daß die mythologische Erzählung die Möglichkeitsbedingung der Wirklichkeit, der realen Genese, selbst als Wirklichkeit darstellt.

So ergibt sich in der Darstellung der Genese des Absoluten ein Zusammenhang zwischen Erzählung und Dialektik. Während das Geschehen vor der realen Scheidung, die von der Erzählung vom Rad der Geburt verdeutlicht wird, die Antwort auf die Frage nach der Möglichkeit des Übergangs von der Identität zur Differenz und von der Ewigkeit zur Zeit gibt, kann die reale Scheidung als Antwort auf die Frage nach dem wirklichen Eintritt der Entbindung der Weltalterzeiten gelten. Die Darstellung dieser doppelten Scheidung, von Geburt und Zeugung, erfolgt ihrerseits zweifach: als Erzählung und als dialektische Erörterung, wobei in der hier erörterten ersten *Weltalter*-Fassung von 1811 eindeutig die Erzählung Priorität hat. Die Erzählung stellt die ideale Scheidung dar, als ob sie eine reale wäre, und zwar als weibliches Rad der Geburt. Die anschließende dialektische Interpretation dieser Erzählung deckt im Zusammenhang mit der Darstellung der realen Scheidung der männlichen Zeugung das Bildliche oder Mythische der Erzählung auf. Der Fortgang erscheint zugleich als Transformation des weiblichen Vorgangs des Gebärens zur männlichen Seite des Zeugens. Das kann so gedeutet werden, daß Sexualität nach Schelling der Ursprung der Wirklichkeit des Absoluten und der Welt ist.

Die dialektische Erörterung zeigt auf, daß der Widerspruch des wirkenden Willens in der Vergangenheit des Rads der Geburt sowie sein Resultat, die reale Scheidung des Urwesens, dem Prozeß der Widerspruchsvermeidung folgen. Nach Schellings entwickelter Widerspruchstheorie vermag allein der Widerspruch selbst den Widerspruch aufzulösen. Die Selbstaufhebung des Widerspruchs ist in einem Position und Negation des Widerspruchs.

Zugleich verbindet Schelling seine Widerspruchstheorie mit seiner Kopulatheorie (vgl. WA I, 28 f.). Die dialektische Erörterung der Kopula dient der Klärung des Identitätssinns der absoluten Identität des Urwesens. Die Kopula legt sich in die Dreiheit von Einheit, Gegensatz und Einheit von Einheit und Gegensatz auseinander und ist als das X das Vierte, das sowohl alle drei Bestimmungen als auch weder die eine noch die andere ist. Die Kopulatheorie zeigt auf, daß das Absolute als absolute Identität Entgegengesetzter, also als Widerspruch, zugleich Setzung und Aufhebung des Widerspruchs ist.

VI. Der zweite Teil der *Weltalter* beginnt mit der Frage: »Wodurch ist dieser Zustand zur Vergangenheit geworden?« (WA I, 53). Aus der Wahrnehmung der Diskrepanz zwischen dem chaotischen Umtrieb der »göttlichen Natur« und dem »beruhigten

Ansehen der Natur« der Welt (ebd.) ergibt sich das Problem des Anfangs der wirklichen Entwicklung.

Die Beilegung des Widerstreits wird nach Schelling durch die Zeugung des Absoluten möglich, in der sich das ganze Urwesen in die beiden untergeordneten Formen des wirkenden Willens – die Kontraktion und Expansion –, die so je in sich das Ganze sind, verdoppelt. Schelling sagt: »Also Zeugung, Selbstverdoppelung des im Seyn eingeschloßnen Wesens wäre die endliche, wäre die einzig mögliche Auflösung des höchsten Widerstreits« (WA I, 56).

Der Widerstreit in der »Einheit der Einheit und des Gegensatzes« (WA I, 63) wird kraft der Selbstverdoppelung des Absoluten durch die Scheidung oder die Entgegensetzung von »Einheit« und »Gegensatz« abgelöst, die der Welt der Natur und des menschlichen Geistes entsprechen, aber nur, damit »das Ewige sich durch sie offenbare als Einheit der Einheit und des Gegensatzes« (ebd.). Der Akt der Zeugung oder Selbstverdoppelung des Absoluten erscheint so als Möglichkeitsbedingung für die Wiederherstellung der absoluten Einheit von Einheit und Gegensatz in und durch die gegenwärtige Negativität des Gegensatzes von Einheit und Gegensatz auf höherer Ebene. Die durch die Liebe des Sohnes wiederhergestellte ursprüngliche Einheit ist eine »dritte Art der Einheit« (WA I, 65), eine prinzipiell »*zukünftige*« (WA I, 66). Die das wahnsinnige Rad der Geburt ablösende Zeugung konstituiert die »Genealogie der Zeit« (WA I, 75), indem sie die »Einheit«, den »Gegensatz« und die »Einheit der Einheit und des Gegensatzes« in verschiedenen Zeiten und dennoch zugleich setzt, die vergangene Zeit des Vaters, die gegenwärtige Zeit des Sohnes und die zukünftige Zeit des heiligen Geistes.

Das Zugleich der Zeiten erklärt sich aus folgendem Umstand, der in der Zeugung beschlossen liegt: Der Vater ist aufgrund der am Anfang eingetretenen Zeugung des Sohnes immer schon »in die Potentialität, Vergangenheit, Innerlichkeit zurückgetreten« (WA I, 59). In dieser Gestalt bildet er den potentiellen Zustand Gottes vor der Zeugung. Schelling betont, daß der Vater nur früher als der Sohn ist aufgrund ihrer Gleichzeitigkeit in der Zeugung, die den absoluten Anfang macht. Die Zeugung ist ein absolut freier, »vorzeitlicher Akt« (WA I, 78), ein »ewiger Anfang« (ebd.), durch den »in jedem Augenblick *Zeit* [entsteht], und zwar als *ganze* Zeit, als Zeit, in der Vergangenheit, Gegenwart und Zukunft dynamisch auseinander gehalten, aber eben damit zugleich verbunden sind« (WA I, 74).

In der Konzeption verschiedener, aber dennoch gleichzeitiger Zeiten, kommt die dialektische Erörterung des Widerspruchs und seiner Selbstaufhebung zum Abschluß. Der Widerspruch hebt sich nach Schellings drittem *Weltalter*-Entwurf in den Satz des Grundes auf (vgl. *Schellings* Werke VIII, 301). Ein und dasselbe soll als das eine, als der Grund, das Vorausgehende (der Vater), und als das andere, als das Existierende, das Folgende (der Sohn) sein. Damit hat Schelling die aus der *Freiheitsschrift* bekannte Unterscheidung zwischen »dem Wesen, sofern es existirt, und dem Wesen, sofern es bloß Grund von Existenz ist« (Schellings *Werke* VII, 357), in den *Weltaltern* dialektisch wiedergewonnen.

Das Auseinandertreten der Weltalterzeiten wird also als Aufhebung des Widerspruchs von erstem und zweitem Willen und damit von Ewigkeit und Zeit im Absoluten ausgelegt. Der sich selbst aufhebende Widerspruch des Absoluten überführt den ewigen Willen in das System der Weltalterzeiten. Das, was die absolute Identität in Wahrheit ist, das Vierte der Kopula, die den nichts wollenden Willen der ewigen Freiheit repräsentiert, bleibt von der Notwendigkeit dieses schrecklichen Lebens freigestellt. Aber daß der nichts wollende Wille *wollen* kann, impliziert Leben und damit Widerspruch und seine Aufhebung. Die an sich »unbegreifliche[...] Urthat« (Schellings *Werke* VIII, 304) der Zeugung, Selbstverdoppelung, Entscheidung oder »Ent-schließung« (ebd.) des Absoluten, mit dem es den Widerspruch seiner vorweltlichen Vergangenheit überwindet, äußert sich also notwendigerweise als Entstehung des Systems der Weltalterzeiten.

Die Konstitution der Weltalterzeiten, zunächst als göttliche Trinität bestimmt, stellt sich zugleich als universaler Welterzeugungsprozeß dar. Die *Weltalter* sind daher eine Theogonie und eine Kosmogonie in einem. Die Zeugung ist auch ein Anfang »der Welt inwiefern diese die jedesmalige Gestalt des göttlichen Lebens nicht an sich zwar, aber in seiner Offenbarung ist« (WA I, 78), sagt Schelling.

Im Hinblick auf den Akt der Zeugung wird das Zusammenspiel von Erzählung und Dialektik besonders deutlich. Durch den Akt der Zeugung des Sohnes wird der Vater als vergangen gesetzt. Als

Produkt der realen Scheidung muß der Vater zugleich als die Vergangenheit des Sohnes erscheinen, die als der realen Scheidung vorangehendes Geschehen zu erzählen ist – und erzählt wird vom wahnsinnigen Rad der Geburt –, während die dialektische Erläuterung klarstellt, daß der realen Scheidung im Grunde ein aufzulösender Widerspruch vorangeht. Die mythologisierende Erzählung faßt die männliche Zeugung bereits als Resultat einer Entwicklung Gottes aus seiner weiblichen Vergangenheit, was alle bisherige Philosophie verdrängt hat. Der potentielle Zustand Gottes vor der Zeugung wird als Widerspruch zwischen Expansion und Kontraktion gefaßt, von dem der Mythos des wahnsinnigen Rads der Geburt erzählt.

Fassen wir die Entwicklung zusammen: Die Einheit des absoluten Urwesens entwickelt sich über den anfänglichen Zustand der Indifferenz zu einem Zustand höchsten inneren Streits und Widerspruchs, der schließlich zu einem beständigen Wechsel von Expansion und Kontraktion im Rad der Geburt verschärft wird, einer Bewegung, die sich schließlich im Akt der Zeugung entlädt, in welchem »aus dem Mittelpunkt der Contraction des ewigen Vaters der ewige Sohn geboren« (WA I, 58) wird.

Die rotatorische Bewegung von Expansion und Kontraktion in der widersprüchlichen Einheit von Einheit und Differenz mündet in eine Entwicklung, in der Vater und Sohn als Kontraktion und Expansion sich als vorweltliche Vergangenheit und weltliche Gegenwart real scheiden. Diese Scheidung von Vater und Sohn suspendiert die ursprüngliche Einheit von Einheit und Gegensatz und setzt sie als kommendes Reich des heiligen Geistes, der nachweltlichen Zukunft. Diese erscheint als Befreiung von der mundanen Negativität der weltlichen Gegenwart von Natur und menschlichem Geist, die den Qualen und Wonnen des sexuellen göttlichen Ursprungsgeschehens in der vorweltlichen Vergangenheit korrespondiert, und zwar durch die Liebe des Sohnes. Dem rotatorischen Ursprungsgeschehen geht die ursprüngliche indifferente Einheit des Urwesens als ewige Freiheit voran, die, nachdem sie sich zunächst im schrecklichen Zustand höchster Negativität, dem Gegensatz von Einheit und Gegensatz befindet, dann schließlich als befreiende Einheit von Einheit und Gegensatz erscheint.

Gegenüber der mythologischen Vorgeschichte Gottes erscheint die reale Entwicklung des Urwesens als christliche Trinitätslehre.

Der Vater steht für die widersprüchliche Einheit von Einheit und Gegensatz, die durch die reale Scheidung aufgehoben wird; der Sohn für die Scheidung von Einheit und Gegensatz und ihre Wiederversöhnung durch die Liebe; der heilige Geist für die durch die Scheidung von Einheit und Gegensatz zur neuen Einheit der Einheit und des Gegensatzes entwickelten Einheit, also für die versöhnende Differenzeinheit im Status der vollendeten Entwicklung, die wesentlich zukünftig ist.

Doch ist in der Trinitätslehre das sexuelle Ursprungsgeschehen Gottes zur Unkenntlichkeit herabgesetzt. Während die mythologisierende Erzählung die ideelle Genese Gottes als notwendigen Übergang aus dem rotatorischen Rad der Geburt darstellt, betont die dialektische Erörterung, daß die Scheidung, durch die die reale Genese in Gang kommt, ein völlig freiwilliger Akt sei. Gott ist frei, den Akt der Scheidung zu vollziehen. Hat er sich aber einmal entschieden, dann steht die gesamte Entwicklung allerdings nicht mehr in seinem Belieben. In der Spätphilosophie wird Schelling darum bemüht sein, den Gott des Christentums um willen seiner Souveränität und Herrlichkeit von derart mythologischen Ursprungsmächten freizuhalten.[8]

Der auf dem Standpunkt des gegenwärtigen Zeitalters sich zeigenden Unmöglichkeit der Selbstdarstellung der Entwicklung des Absoluten tragen die *Weltalter* also durch die beiden Darstellungsweisen Erzählung und Dialektik Rechnung. Die Konfundierung von logisch-dialektischem und realem geschichtlichen Prozeß wird in der Spätphilosophie durch die Unterscheidung

8 Thomas Oser macht mich darauf aufmerksam, daß Schelling in der philosophischen Auslegung der christlichen Trinitätslehre auf rein personale Verhältnisse abhebt, aus der alle sexuellen Konnotationen bis auf den Begriff der Zeugung verbannt sind, der selbst die metaphorische Bedeutung eines rein geistigen Erzeugungsprozesses annimmt, der das Absolute von den Qualen und Schmerzen, aber auch den Wonnen des Sexuellen befreit. Entscheidend für diese Bedeutungsverschiebung von Zeugung ist Schellings Deutung der Schöpfung als ein »Sich-Aussprechen« (WA I, 58) reinster personaler Liebe. Die Verdrängung des sexuellen Ursprungsgeschehens, das schließlich in der Spätphilosophie ganz verschwindet, geht einher mit Schellings Bedürfnis in der Spätphilosophie, den christlichen Gott von aller Mythologie zu reinigen. Mit der spätphilosophischen Unterscheidung von Mythologie und Offenbarung wird die Mythologie zur paganen Vorgeschichte der christlichen Offenbarung herabgesetzt.

von negativer und positiver Philosophie auf zwei Instanzen abgelöst. Näher besehen wird die dialektische Vernunft in sich zweigeteilt, in eine, die an der mundanen Negativität partizipiert, und eine, die im Rekurs auf das unvordenkliche Sein eine positive Denkform ausbilden kann. Indem die positive Denkform der Vernunft die Selbstdarstellung des Absoluten zu deuten imstande ist, verliert die mythologische Erzählung ihre Funktion. In der Philosophie der Mythologie fällt sie sogar einer scharfen Kritik anheim. Eine vergleichbare poetische Verdichtung des Gedankens, wie sie das Programm der Verknüpfung von Erzählung und Dialektik der philosophischen Wissenschaft in den *Weltalter*-Texten auszeichnet, entbehrt daher die Spätphilosophie, auch wenn sie sich mit Recht als Fortsetzung des *Weltalter*-Projekts versteht.

Dreizehnte Vorlesung

Rückkehr zu Schellings vernunftkritischer Spätphilosophie: Die Grundbestimmungen der positiven Philosophie

Nachdem wir uns in der letzten Vorlesung mit der Weltalterphilosophie beschäftigt haben, kehren wir heute zu Schellings Spätphilosophie zurück. Das System der positiven Philosophie, auf das die Spätphilosophie Schellings abzielt, umfaßt die Gotteslehre (I), die Schöpfungslehre (II), die Lehre vom Sündenfall (III) und die Philosophie der Mythologie und der Offenbarung, die wesentlich Christologie (IV) ist. Erst mit der Explikation dieser Grundthemen der positiven Philosophie ist nach Schellings Auffassung die Möglichkeit der Überwindung des mundanen Nihilismus und der vernunftimmanenten Negativität gegeben. Mit der positiven Philosophie kehrt Schelling, der Sohn eines protestantischen Pfarrers, zu seinen radikalprotestantischen Ursprüngen zurück.

Vergegenwärtigen wir uns zunächst den Ausgangspunkt der positiven Philosophie nach der *Paulus-Nachschrift* (vgl. Paulus, 154-160). Der Übergang von der negativen zur positiven Philosophie ergibt sich aus der Problematik des Gottesbegriffs. Der Gott der negativen Philosophie ist ein abgeleiteter, möglicher, nicht wirklicher Gott. In der positiven Philosophie soll Gott als wirklicher entwickelt werden. Dabei darf die Vernunft nicht mehr von sich, von ihrem eigentümlichen Inhalt, sondern muß von ihrem schlechthin Anderen ausgehen, angesichts dessen sie in Ekstasis tritt. In der negativen Philosophie ist die Vernunft bei sich, hat nur mit sich selbst zu tun. In der positiven Philosophie geht die Vernunft außer sich, tritt in Ekstase. Nur ein Hiatus über die Vernunft hinaus führt zum Anfang der positiven Philosophie.

Es gibt keinen argumentationslogischen Übergang zur positiven Philosophie. Schelling rekurriert daher auf Glauben, Hoffnung und vor allem auf den Willen. Den »Salto mortale« – um mit Jacobi zu sprechen (vgl. Jacobis *Werke* IV,1, 59) – über die Vernunft hinaus zu einem allem Denken vorausliegenden Sein als

Anfang der positiven Philosophie vollzieht Schelling in einer Uminterpretation des traditionellen ontologischen Arguments von der Existenz Gottes. Während das traditionelle Argument vom Begriff auf die Existenz Gottes schließt, also in der Hypothetizität der Vernunft verbleibt, liegt für Schelling das Daß der Existenz allen Vernunftschlüssen, allem Denken, allem Begriff voraus. Das Daß der Existenz ist für Schelling durch kein Verfahren der Vernunft zu gewinnen.

Mit der Abtrennung der Existenz vom Vernunftbegriff Gottes geht zunächst notwendig eine Profanierung der Existenz einher. In dieser Abtrennung liegt zugleich der positivistische Zug der Schellingschen Spätphilosophie begründet. Nicht vom Begriff Gottes geht also die positive Philosophie aus, sondern vom bloß Existierenden, das Schelling mit den Termini das »*Blindseiende*«, das »*Notwendigseiende*« (Paulus, 154), das »*allem Denken zuvorkommende Sein*« oder das »*geradezu Seiende*« (Paulus, 156) bezeichnet. Von diesem ausgehend wird Gott als wirklicher entwickelt.

Zu Beginn der positiven Philosophie geht es um die Erhebung des unvordenklichen Seins zur Idee Gottes und damit um die Entwicklung des spätphilosophischen Gottesbegriffs (vgl. Paulus, 160-176). Die unvordenkliche Existenz ist der erste Status des Absoluten, das noch nicht Gott selbst ist. Das Seinkönnende ist die Potenz, mit deren Hilfe sich das Absolute zu sich selbst als Herr des Seins erhebt, um so zum absoluten Geist als dem göttlichen Status des Absoluten zu gelangen. Diese Erhebung geschieht durch Potentialisierung des unvordenklichen Seins, also in der und durch die Vernunft.

An der Entwicklung des Gottesbegriffs ist deutlich zu erkennen, daß der Fluchtpunkt der Spätphilosophie nicht die Affirmation des unvordenklichen Seins ist. Dieses ist zwar in seiner existentiell nicht auflösbaren Befremdlichkeit anzuerkennen, aber zugleich als zu überwindender Ausgangspunkt auf einen Gott ausgerichtet, welcher als Herr des Seins jedenfalls nicht mit dem Heideggerschen Seinsgeschick zu verwechseln ist.

Darin liegt folgende in sich gegenläufige Bewegung: Einerseits ist die Basis oder Natur Gottes das der Vernunft schlechthin transzendente unvordenkliche Sein, andererseits ist Gott als er selbst nur als das der Vernunft immanent gemachte transzendente unvordenkliche Sein zu denken. Schellings Spätphilosophie bewegt sich zwischen Vernunfttranszendenz und Vernunftimmanenz, möchte also die Alternative von Vernunft und Widervernunft unterlaufen. Nachdem die Vernunft in der negativen Philosophie ihre Ohnmacht erfahren hat, wird sie über ihr ganz Anderes wieder in ihre Macht eingesetzt, ohne daß jedoch ihre erfahrene Ohnmacht zurückgenommen würde. Vernunft ist Macht nicht aus sich heraus. Daraus ist erkenntlich, daß Schellings Spätphilosophie die Intention verfolgt, Vernunft nicht total zu verohnmächtigen, wie es der späte Heidegger tut. Vernunft hat ihren Grund und Ausgangspunkt im Vernunftlosen, das man sogar als vernunftwidrig ansehen kann. Aus ihm heraus anhebend, kommt sie allererst zu sich selbst. Mit diesem Grundgedanken hat der späte Schelling Hegels Vernunftfundamentalismus, der zugleich ein Vernunftimmanentismus ist, der nichts als Vernunft anerkennt, von innen heraus überwunden.

I. Schauen wir uns zunächst Schellings Gotteslehre (vgl. Paulus, 160-176) etwas genauer an:

1. Zunächst hält Schelling das Ergebnis des »Salto mortale« über die Vernunft hinaus zum unvordenklichen Sein fest, wie es sich im Übergang zur positiven Philosophie ergeben hat. Ausgangspunkt ist in der positiven Philosophie nicht die Potenz, sondern das »unzweifelhaft Existierende« (Paulus, 160). Dieses muß als das dem Denken Entgegenstehende überwunden werden. Dies geschieht durch Potentialisierung des unvordenklichen Seins. Die positive Philosophie geht zwar vom unbegreiflichen Sein aus, ohne aber auf das Wissen, auf die Explikation des Was dieses Seins zu verzichten. Damit stellt sich das Problem der Rolle der Vernunft in der Auslegung des unvordenklichen Seins, denn *»Gott in der Unbegreiflichkeit seines Seins ist nicht der wahre Gott. Das wahre Wesen Gottes ist sein Begreifliches«* (ebd., 161).

2. Das unvordenkliche Sein kann sich »nach der Hand«, also »a posteriori« (ebd., 162) – wie Schelling sagt – als das Seinkönnende erweisen, weil sich ihm von Ewigkeit an die Möglichkeit eines anderen Seins, nämlich die Möglichkeit der Welt, als etwas zu ihm dualistisch Hinzutretendes, also nicht aus ihm Ableitbares zeigt. Schelling arbeitet also mit dem Gedanken der »Erscheinung« der »Urmöglichkeit« (Paulus, 164) eines anderen Seins, welche dem unvordenklichen Sein gegenübertritt. Im unvordenklichen Sein selbst liegt diese Möglichkeit keineswegs einge-

schrieben. Das unableitbare In-Erscheinung-Treten dieser Möglichkeit, dieses Neuen, ist der entscheidende Gedanke der Konstruktion. Er entscheidet letztlich darüber, ob das unvordenkliche Sein sich der Herrschaft Gottes unterordnet und als absoluter Geist begreiflich wird.

3. Mit der Erscheinung dieser Möglichkeit wird das Absolute davon befreit, das *»nur blind, zufällig Existierende*[...]« (ebd., 167) zu sein, nimmt ihm also den Status eines Seins, für das es nichts kann, über das es nicht verfügen kann. Indem sie dem Absoluten einen Gegenstand des Wollens zeigt, konstituiert dieses sich in doppelter Weise zum Herrn: erstens zum Herrn eines dem unvordenklichen Sein entgegengesetzten Seins, das als weltliches Sein ein Kontingentes ist, weil es ganz in die Entscheidungsbefugnis des Absoluten fällt, ob es ist oder nicht; zweitens zum Herrn des unvordenklichen Seins, über das er aber nicht in der Weise der Macht des Setzens, sondern nur in der Weise der Macht des Verfügens und Begrenzens herrscht.[1]

Daß vom unvordenklichen Sein fortgeschritten werden kann, liegt also nicht in ihm selbst begründet. Insofern ist der Fortgang kein immanenter, aus der Verfassung des unvordenklichen Seins motivierter, sondern allein durch die Erscheinung der Möglichkeit eines anderen Seins vermittelt. Worin ist diese ihrerseits begründet?

Das unvordenkliche Sein ist wie das Absolute der Frühschriften ein in sich unterschiedsloses Absolutes, das nicht aus sich heraus kann. Es erscheint als in sich verschlossene apriorische Faktizität. Schelling wendet sich gegen den Hegelschen Gedanken des *Anderen seiner selbst*, durch welchen das Absolute in der

1 In seiner spätphilosophischen Gotteskonstruktion bezeichnet Schelling als »zufällig« ein völlig verschiedenes Sein: Zum einen ist das weltliche Sein zufällig im Sinne von kontingent, zum anderen hat das Absolute in seinem anfänglichen Zustand ein blindes, zufälliges Sein an sich, das nicht in seiner Verfügung steht. Das bloß vorgefundene, nicht frei gewählte absolut notwendige Sein des Absoluten ist ein zugefallenes Sein. Begrifflich ist es das Zufällige, weil es dem Begriff Gottes zuvorkommt. Zufällig meint hier das »Nichtgewollte«, »Unversehene« (Paulus, 167). Die Aufgabe der Gotteskonstruktion ist es, das Absolute von einem *»nur zufällig notwendigen Existieren«* (ebd., 166) zu einem »der Natur nach Notwendigen« (ebd.) zu erheben, wodurch das Absolute zum Begriff seiner selbst gelangt.

Gestalt des notwendig Existierenden immanent über sich hinausgetrieben würde. Schelling möchte mit seiner Konstruktion deutlich machen, daß der Fortgang vom unvordenklichen Sein nur durch das Hereinkommen von etwas nicht herleitbarem Neuem vonstatten gehen kann. Auch mit diesem Gedanken geht Schelling über den Immanentismus der Vernunft im Sinne Hegels hinaus, der das Andere der Vernunft nur als Vorform der Vernunft begreift.[2]

Die Rekonstruktion des Gottesbegriffs fördert noch ein weiteres produktives Motiv von Schellings Reduktion alles Seienden auf das unvordenkliche Sein, das nicht von sich aus weiter fortschreiten kann, zutage. Sie ist von der Intention getragen, Gott als den Vernunftgrund von den mythologischen Gewalten und Mächten, wie sie noch in der Natur Gottes in den *Weltaltern* herrschten, freizuhalten, weil er nur so als die von der Notwendigkeit und Negativität befreite Vernunft zum Herrn des Seins inthronisiert werden kann. Der letzte Grund der Erscheinung des anderen Seins ist daher das »Gesetz der Gottheit selbst«

2 Daniel Sollberger (1996) hat sich um die Entschlüsselung der positiven Denkform in der Spätphilosophie Schellings verdient gemacht, die er überhaupt und im ganzen als philosophische Suchbewegung interpretiert. Er entschlüsselt sie als »Rätsellogik« (379), die eine unvordenkliche Wirklichkeit zu erraten versucht. Sollberger zeigt, daß sich auch der Erweis der Gottheit des unvordenklichen Seins aus der »Inventionslogik positiven Denkens« (370) ergibt, das sich prinzipiell unabschließbar ebenso in die Vergangenheit als auch in die Zukunft erstreckt, weshalb die positive Philosophie auch wesentlich geschichtliche Philosophie sei. Die positive Denkform gründet ihm zufolge in einer »diagnostische[n] Rationalität« (386), die im Kontrast zum Rationalitätsbegriff Hegels steht: »Die systematische Offenheit gegenüber Andersartigkeit und Fremdheit im Denken kann als das wesentliche Charakteristikum metaphysischen Denkens nach Schelling gelten: Metaphysisches Denken ist inventives, nie abgeschlossenes, sondern je und je neu ansetzendes, geschichtlich-diagnostisches Umgehen mit fremdem, rätselhaftem und möglicherweise nie gänzlich begreifbarem Sein« (389). Allerdings bleibt Sollberger bei der Analyse der Methode positiven Denkens stehen, ohne diese Denkform an ihren religionsphilosophischen Gehalt wirklich zurückzubinden. Die Spätphilosophie Schellings ist nämlich deshalb eine unendliche Suchbewegung, weil der von ihr gesuchte Wissensinhalt letztlich mit dem Offenbarungsgeschehen Gottes identisch ist.

(ebd., 168).[3] Schellings These ist, daß nur der nicht-mythisch gedachte Gott des Christentums die Vernunft zur wahren Herrschaft über das unvordenkliche Sein und damit zu sich selbst befreien kann.

4. In einem weiteren Schritt werden die Potenzen als Potenzen Gottes in ihrer Vernunftdialektik entwickelt. Während der Prozeß der Potenzen in der negativen Philosophie ein vom Absoluten losgelöster Prozeß war, ist er in der positiven Philosophie ein Gott zugehöriger geworden. Der Prozeß der Potenzen ist gleichsam die Auslegung des wirklichen Gottes als Geist.[4] Während die

3 Allein durch das in Ansatz gebrachte »Gesetz« der »Idee der Gottheit, die über dem actu Seienden« (Paulus, 168) ist, taucht als alternierendes Prinzip zum unvordenklichen Sein die Erscheinung der Möglichkeit eines anderen Seins auf, durch die Gott seiner *»starren Ewigkeit«* (ebd., 169) entrissen und gegen sein blindes Sein in Freiheit gesetzt wird. Schelling affirmiert also mit der Gesetzesforderung in der Entwicklung des Gottesbegriffs aus dem unvordenklichen Sein einen Dualismus, der den Monismus der spinozistischen Substanz von innen aufsprengt und die Freiheit Gottes freisetzt. Man darf daher die produktiven Potentiale des Dualismus in Schellings Theorie des Absoluten seit der *Freiheitsschrift* und den *Weltaltern* nicht übersehen, den ich in meiner Habilitationsschrift nur kritisch beurteilt habe (vgl. Iber 1994, 197 f., 209, 255 f., 309). – Das »Gesetz« reformuliert auf der Ebene der positiven Philosophie die Explizitheitsstruktur des Denkens – *»das höchste Gesetz alles Seins«* verlangt, *»daß nichts unversucht, Alles offen, klar und entschieden sei«* (Paulus, 168) – und firmiert im Gegensatz zum Gesetz der formellen Dialektik in der negativen Philosophie unter dem Titel *»Gesetz der realen Weltdialektik«* (ebd.).

4 Die Potenzendialektik entfaltet sich wie in der negativen Philosophie als Dialektik dreier Möglichkeiten. Wird das unvordenkliche Sein des Absoluten in seiner Zufälligkeit mit dem In-Erscheinung-Treten der ersten Möglichkeit aufgehoben, so erblickt es sogleich die zweite Möglichkeit, nämlich das Seiende der ersten Möglichkeit, durch die es *»in Spannung«* (Paulus, 172) versetzt wird, zu negieren. Mit der Negation der ersten Möglichkeit durch die zweite, mit diesem doppelten Negationsvorgang, tritt die dritte Möglichkeit ein, die Schelling wie in der negativen Philosophie als Geist bezeichnet. Dieser ist durch die doppelte Fähigkeit des Sein- und Nichtseinkönnens ausgezeichnet. *»Geist ist, was frei ist zu wirken und nicht zu wirken«* (Paulus, 173). Diese Formel kehrt bei Schelling immer wieder. Schelling pointiert den Geistbegriff gegen den Hegels. Geist ist nicht wie bei Hegel Manifestation, sondern Geist ist, was an sich halten kann, was als Herr

Vernunft in der negativen Philosophie bloß potentiell bleibt, das Seiende und sein Prinzip nur hypothetisch entwirft, wird sie in der positiven Philosophie als Auslegung des wirklichen Gottes des Christentums verstanden. Damit kehrt in der positiven Philosophie die negative als Theorie der reinen Vernunft wieder, aber nunmehr als dem wirklichen Absoluten untergeordnet. Auf diese Weise sollen nach Schellings Intention Theosophie und Mystik vermieden werden.

Die Differenz zwischen dem Absoluten als unvordenklichem Sein und Gott selbst ist entscheidend für Schellings spätphiloso-

seiner selbst die Macht ist, sich zu allem entschließen, aber auch allem verweigern zu können. In dieser seiner Macht ist seine absolute Freiheit begründet, durch die er – wie Schelling mit Jacobi und gegen Spinoza sagt – nicht Grund, sondern vielmehr die »Ursache der Vernunft« (Schelling, UFPhilOff, 71) ist: »Der absolute Geist geht über alle Formen hinaus. Er ist der von seinem Geist sein freie Geist – das Geist sein ist ihm nur eine Form des Seins. Diese Freiheit von sich selbst gibt ihm erst die überschwängliche Freiheit, die – sozusagen – alle Gefäße unseres Denkens und Erkennens so ausfüllt und ausdehnt, daß wir fühlen, daß wir am Höchsten stehen – daß wir fühlen, daß wir das erreicht haben, worüber nichts Höheres mehr ist. *Freiheit* ist unser und der Gottheit Höchstes. Diese wollen wir als die letzte Ursache aller Dinge« (ebd., 78 f.). Indem die Potenzen in der positiven Philosophie zu immanenten Bestimmungen des Geistes werden, treten sie nunmehr in modifizierter Form auf. Gegenüber der ersten Möglichkeit als das sich selbst mächtige Seinkönnende und der zweiten Möglichkeit als das Seinmüssende ist die dritte Möglichkeit des Geistes »*das als Seinkönnende Seinmüssende*« (Paulus, 173), das »*Seinsollende*« (ebd., 174), auf welchem in der *Paulus-Nachschrift* genauso wie in der *Urfassung der Philosophie der Offenbarung* der Akzent liegt. In diesen drei Möglichkeiten ist »alles Zukünftige beschlossen« (Paulus, 173). »Wie nun aber dieses Zukünftige zunächst als ein Mögliches sich zeige oder hervortrete, und wie der Geist in dieser Beziehung nun auch als Freiheit, zu *seyn* (nicht bloß als Freiheit, *nicht* zu seyn) – nämlich als Freiheit, *außer* sich zu existieren, *sich* außer *sich* darzustellen, ein Seyn außer sich zu setzen, erscheine, dies zu zeigen ist unsere nächste Aufgabe« (Schellings *Werke* XIII, 261). Daher notiert Schelling bereits in der *Urfassung der Philosophie der Offenbarung*: »Der Ausgangspunkt der Philosophie ist also das, was sein wird, das absolut Zukünftige; es ist also unsere Aufgabe, in die Wesenheit des absolut Zukünftigen einzudringen« (Schelling, UFPhilOff, 24). Schellings spätphilosophischer Geist- und Freiheitsbegriff ist in denkbar radikaler Weise auf das Seinsollende der Zukunft ausgerichtet.

phischen Gottesbegriff. Gott konstituiert sich in einer Emanzipation von seinem ursprünglichen Sein. Dadurch, daß es etwas in Gott gibt, was Gott *nicht selbst* ist, verschränken sich in ihm ursprungs- und emanzipationsphilosophische Momente. Erst durch diese Unterscheidung wird nach Schellings Meinung der christliche Gott wirklich philosophisch, und zwar als persönlicher Gott gedeutet.

Schellings spätphilosophischer Gottesbegriff richtet sich erstens gegen eine negative Theologie, die sich nur an den negativen Attributen Gottes orientiert und damit beim unvordenklichen Sein stehenbleibt. Die positive Philosophie entfaltet sich als positive philosophische Theologie. Schellings Gottesbegriff richtet sich zweitens gegen den spinozistischen Pantheismus, auch seinen eigenen früher vertretenen Pantheismus. Die Philosophie kann den Pantheismus nur überwinden, wenn sie zum Gedanken Gottes als »*Persönlichkeit*« (ebd., 175) fortschreitet. Schelling bekennt sich zur Persönlichkeit Gottes, aber damit keineswegs zu Jacobi, Hamann und Schlegel und gegen Spinozas Denken, sondern möchte die Alternative von ›schlechtem‹ Theismus und ›schalem‹ Pantheismus vermeiden. Das unvordenkliche Sein, das Schelling mit Spinozas Substanz vergleicht, ist ein im Gottesbegriff unauflösliches Fundament, dasjenige ›Etwas‹, über das Gott Herr ist.

Am Schluß seiner Gotteslehre kommt Schelling auf den Charakter der Gotteskonstruktion und auf den Status des unvordenklichen Seins im Gottesbegriff zu sprechen. Dieses sei »*nur ein Gedanke des Augenblicks*, Voraussetzung der Sache nach, nicht der Zeit nach« (ebd.). Der spätphilosophische Gottesbegriff ist kein genetischer mehr wie in den *Weltaltern*. Mit der Konstruktion ist kein mythisches Ursprungsgeschehen, sondern ein rein sachliches gemeint, das unser Denken vollziehen muß, um Gott in seiner Souveränität begreiflich zu machen.

II. Das zweite große Thema der positiven Philosophie betrifft die Schöpfungslehre (vgl. ebd., 176-198). Während die negative Philosophie den Aufstieg von der Welt zu Gott als Prinzip nachvollzieht, folgt in der positiven Philosophie in umgekehrter Richtung ein Abstieg von Gott hin zur Welt. Schelling versucht in seiner Schöpfungslehre aufzuklären, wie es Gott überhaupt möglich sein konnte, eine Welt zu schaffen. Wem verdankt die Welt die Existenz? Die Antwort auf die Frage »warum ist überhaupt etwas? warum ist nicht nichts?« (Schellings *Werke* XIII, 7) ist für Schelling von Anfang an die philosophisch dringendste.

Schelling entwickelt seine Schöpfungslehre im Ausgang vom entwickelten Gottesbegriff. Der Gottesgedanke als der Zentralgedanke der positiven Philosophie ist in formaler wie in materialer Hinsicht Voraussetzung des Schöpfungsprozesses. Im Begriff Gottes als Herr des Seins liegt einerseits das materielle Substrat der Schöpfung, andererseits das Subjekt seiner Verwirklichung. Die Stationen dieser Schöpfungslehre sind: 1. Gottes Freiheit zur Schöpfung (Paulus, 176-179), 2. der Gang der Schöpfung, das heißt das konkrete Wie der Schöpfung (ebd., 179-183), und 3. Sinn und Zweck der Schöpfung (ebd., 183-189). Dabei wird deutlich, daß Gott nur dann wirklicher Schöpfergott ist, wenn er 4. eine monotheistische Trinitätsstruktur aufweist (ebd., 189 bis 197), deren letztes Ergebnis 5. der Mensch ist (ebd., 197-198).

1. Zunächst betont Schelling die absolute Freiheit Gottes, aus der auch seine Freiheit zur Schöpfung erwächst. Dieser Gedanke dient der Abwehr jeglichen Verdachts einer in Gott selbst liegenden Notwendigkeit der Schöpfung. Aber so stellt sich nur um so radikaler die Frage nach dem Sinn der Weltschöpfung. Wenn die Schöpfung für Gott selbst nichts bringt, dann kann das Motiv zu ihr nur die Kreatur sein. Die Behauptung einer absoluten Freiheit Gottes steht dem traditionellen philosophischen Gottesbegriff, aber auch seinem eigenen *Weltalter*-Gott extrem entgegen.

Schellings Schöpfungslehre knüpft an die explicatio dei von Nicolaus Cusanus an und wendet sich gegen den aristotelischen Gott als Denken seiner selbst, der in keiner schöpferischen Beziehung zur Welt steht. Sie will einerseits einen Dualismus vermeiden, wonach die Schöpfung ein purer Abfall von Gott ist, andererseits einen Emanatismus, wonach das Sein der Schöpfung nicht mehr von Gottes Sein unterschieden wäre. Die Differenz von Gott und Schöpfung bleibt erhalten, indem die Potenzen in der Schöpfung eine andere, kosmogonische Funktion annehmen als in Gott. Gott selbst bleibt die überschwengliche Einheit und geht nicht in die Spannung der Potenzen ein. Schöpfung ist also keine explicatio dei, sondern eine explicatio potentiae dei.

Der Schöpfungsprozeß selbst ist nichts weiter als die »*Suspension*« (ebd., 176) und damit die Verwandlung der Urexistenz in Weltexistenz. Zwischen der Suspension und der Wiederherstellung des actu notwendigen Seins liegt die Welt. Der Schöpfungsprozeß umfaßt also erstens die Heraussetzung des Schöpfungssubstrats und zweitens die Überwindung desselben und damit die Rückkehr der Welt zu Gott. Die Konstruktion zeigt, daß Gott zwar Weltexistenz setzen kann, nicht aber über Existenz überhaupt und als solche verfügt. Sie bleibt auch für Gott ein Rätsel. Die Heraussetzung des Schöpfungssubstrats als entgegengesetztes Sein der Welt versteht Schelling als Aktivierung der ersten Potenz des Seinkönnenden. Diese wird schließlich auf den Willen Gottes zurückgeführt, ohne den der Schöpfungsprozeß überhaupt nicht in Gang kommen würde.

Schellings spätphilosophische Schöpfungslehre können wir ins Verhältnis zur Spätphilosophie Fichtes setzen, die ja eine weitere selbständige Gestalt des Deutschen Idealismus darstellt. Fichte führt in der späten Wissenschaftslehre von 1804 sowohl das Was als auch das Daß der Welt auf das absolute Wissen des Ich zurück. Das absolute Wissen des Ich ist nach Fichte der eigentliche Weltschöpfer. Es selbst aber existiert nicht durch sich selbst. Das absolute Wissen des Ich erfährt sein Daß als ein von einem unverfügbaren Absoluten Gesetztes. Sowohl die Welt als auch das absolute Wissen des Ich sind dem späten Fichte zufolge keine Realitäten, sondern nur Erscheinung. Realität hat allein das Absolute oder Gott. Für Fichte ist die Welt Erscheinung der Vernunft bzw. der Subjektivität, die ihrerseits Erscheinung des unbegreiflichen göttlichen Absoluten ist.[5]

Fichte bleibt auch in seiner Spätphilosophie ein Philosoph der Subjektivität. Nicht die Existenz der Welt ist ihm ein Rätsel, sondern die sie hervorbringende Subjektivität und Vernunft, deren Ursprungsdimension ein sie übersteigendes göttliches Absolutes ist. Schelling bleibt dagegen auch in der Spätphilosophie objektiver Idealist. Subjektivität und Vernunft sind für ihn nicht das Existenzsetzende, sondern allein Gott, für den aber die Existenz selbst ein nicht auflösbares Geheimnis bleibt.

Schelling hat also mit seiner Schöpfungslehre die metaphysische Grundfrage, warum überhaupt etwas und nicht nichts ist, nur halb beantwortet. Die Antwort, weil Gott sein unvordenkliches Sein in Weltexistenz verwandelt hat, läßt ja das Etwas des unvordenklichen Seins im dunkeln. Das Etwas, das im letzten Grunde *ist*, ist eine durch Denken nicht auflösbare, unvordenkliche Faktizität. Gott ist alles bis auf eins.

5 Zu Fichtes Spätphilosophie vgl. die vierzehnte Vorlesung.

2. In einem zweiten Schritt beschreibt Schelling nicht nur die Möglichkeit der Schöpfung, sondern auch das konkrete Wie der Schöpfung in der »*Überwindung des entgegengesetzten Seins*« (Paulus, 179), des Schöpfungssubstrats in der Dialektik der drei Potenzen. Im Schöpfungsprozeß ändert sich der Status der Potenzen. Indem die Potenzen sich nach außen wenden, werden sie zu real wirkenden Ursachen im kosmogonischen Prozeß.[6]

Die Schöpfung geschieht in der stufenweisen Überwindung der ersten durch die zweite Potenz, wobei das Ziel die Einheit in der dritten Potenz ist. Die Potenzen verhalten sich auch im Schöpfungsprozeß als Anfangs- bzw. Start-, Fortbestimmungs- und strukturierendes Zielpotential zueinander. Der Schöpfungsprozeß stellt sich als Kampf der zweiten gegen die nach außen gewendete erste Potenz dar, indem jene, an dieser sich abarbeitend, ihr eigenes Selbstsein gewinnt und zugleich das Selbstsein der ersten Potenz aufhebt und die dritte vermittelt. Schon hier wird die wichtige Rolle der zweiten Potenz deutlich, die Schelling später als Gottessohn deutet.

3. Die notwendige Folge des Schöpfungsprozesses ist die Hervorbringung eines Kosmos aller möglichen Dinge. Der Schöpfungsprozeß ist also Kosmogonie. Schelling betont, daß Gott dadurch Herr ist, welcher Schöpfer ist, daß er die Potenzen in Wirksamkeit setzt und damit zu real kosmogonisch wirkenden Ursachen macht.

Ohne Potenz wäre Gott nicht wirklich Gott, denn sie befreien ihn von seinem unvordenklichen Sein und machen ihn zum Subjekt eines anderen, nämlich des weltlichen Seins. Der Umstand, daß das Absolute insofern wirklich Gott ist, als es sich als Herr der welterzeugenden Potenzen konstituiert, ist zu unterscheiden von dem Umstand, daß Gott nicht Gott sein würde ohne Welt. Dieses ›Nicht-ohne-Welt-Sein‹ ist aber nicht so zu verstehen, daß er auf den Durchgang durch die Weltgeschichte angewiesen wäre, um zum Selbstbewußtsein zu gelangen, wie etwa der Gott Hegels. Gott ist Gott schon als Herr der welterzeugenden Potenzen, also vor der Erschaffung der Welt. Anders als in den *Weltaltern*

6 Die Differenz von Gottesbegriff und Schöpfung reformuliert im Rahmen der positiven Philosophie die Unterteilung der negativen Philosophie in den Anfang der Vernunftwissenschaft als reine Potentialität der Vernunft und der Durchführung der Vernunftwissenschaft als Tätigkeit des Denkens.

und auch anders als bei Hegel braucht Gott in der Schellingschen Spätphilosophie die Welt nicht mehr, um sich seines Seins zu vergewissern. Liegt in Gott selbst keine Nötigung, zur Welt überzugehen, so stellt sich um so radikaler die Frage nach dem Zweck des Schöpfungsprozesses. Was hat Gott dazu veranlaßt, die Welt zu setzen, obgleich er dies gar nicht nötig hat?[7]

Wenn die Schöpfung für einen souveränen Gott nicht notwendig ist, so ist sie dennoch sinnvoll: Als Motiv der Schöpfung gibt Schelling »*das Erkanntwerden*« (Paulus, 189) Gottes an, und zwar von einem anderen. Dieses Motiv zur Schöpfung ist ein quasi dialogisches. Da Gott nur vom Menschen erkannt werden kann, will Gott mit der Schöpfung den Menschen, ein seit der *Freiheitsschrift* von 1809 wesentlicher Gedanke.

4. Bisher haben wir Schellings Gottesbegriff als den eines lebendigen, souveränen Schöpfergottes in seinen verschiedenen Momenten kennengelernt. Doch kam die Schöpfung nur als eine ideale oder der Möglichkeit nach herein. Daß sie auch eine der Wirklichkeit nach sei, ist nicht a priori einzusehen, weil Folge einer absolut freien Tat. Schelling unterscheidet also ein ideales Gottesgeschehen von einem realen. Der Übergang von der Möglichkeit zur Wirklichkeit der Schöpfung impliziert die Explikation des Schöpfergottes in seiner Trinitätsstruktur als Gottvater, Sohn und heiliger Geist.

Mit Gott als dem Herrn der drei Welterzeugungspotenzen glaubt Schelling über den Gedanken des trinitarischen Gottes den Begriff des Monotheismus erreicht zu haben, der den Übergang von der allgemeinen positiven Philosophie zur Philosophie der Mythologie und Offenbarung im engeren Sinne bildet. Im Begriff des Monotheismus in seiner Trinitätsstruktur kulminiert die bisherige Entwicklung des Gottesbegriffs in der positiven Philosophie.

7 In der Spätphilosophie bricht Schelling mit der Annahme, daß die Schöpfung in Gott veranlaßt ist. In den *Weltaltern* kommt sie dadurch herein, damit Gott der rotatorischen Bewegung entkommen kann. Die Weltschöpfung ist also notwendig, damit sich Gott selbst vermitteln kann. In der Spätphilosophie braucht Gott die Schöpfung nicht mehr zur Selbstverwirklichung seines eigenen Seins. Allerdings werden wir sehen, daß Schelling auch hier Schöpfung als theogonischen Verwirklichungsprozeß sieht, als Manifestation der Freiheit Gottes in seiner dreieinigen Struktur.

Schelling entwickelt den Begriff des Monotheismus, indem er zugleich eine kritische Darstellung des Pantheismus und Theismus gibt. Seine These ist, daß nur der Monotheismus die Mängel des Pantheismus philosophisch beheben kann und damit zugleich eine wahrhafte Alternative zum Theismus bildet.[8] Monotheismus meint nicht Einzigkeit, sondern impliziert den lebendigen dreieinigen Schöpfergott: Gottvater, Sohn und heiliger Geist.

Mit der Trinität wird deutlich, daß der von Gott ausgehende kosmogonische Schöpfungsprozeß zugleich theogonische Funktion annimmt. Schelling entwickelt die drei Personen der christlichen Trinität vor dem Hintergrund seiner Potenzenlehre. Dabei ist daran zu erinnern, daß Schelling die theologische Unterscheidung von immanenter und ökonomischer Trinität, d. i. die Unterscheidung zwischen der gottimmanenten Dreiheit der Personen und ihrer heilsgeschichtlichen Funktion, nicht macht, weil er von ihrer Einheit ausgeht.

In seiner absoluten Freiheit, ein von ihm verschiedenes Sein, die Welt, zu setzen, ist Gott die Persönlichkeit des Vaters, und zwar auch im Hinblick auf die Zeugung des Sohnes. Unter »*zeugen*« (Paulus, 195) versteht der spätphilosophische Schelling eine Handlung, in der ein persönliches Wesen ein sich selbst gleichartiges persönliches Wesen außer sich setzt, es aber so setzt, daß es sich selbst erst noch verwirklichen muß.

Die zweite Potenz wird in der Überwindung des entgegenstehenden Seins zur zweiten Persönlichkeit. Die Zeugung verlangt vom Sohn als zweiter Potenz mithin nach einer Verwirklichung, die in der Überwindung des Seins besteht. Erst am Ende der Schöpfung hat sich der Sohn als wirkliche Persönlichkeit vollendet. Die Zeugung des Sohnes schließt also die Wirklichkeit der

8 In diesem Zusammenhang übt Schelling scharfe Kritik an Jacobi. Schellings These ist, daß Jacobi, indem er dem Pantheismus den »unüberwindlichen Glauben an den persönlichen Gott« (Paulus, 193) entgegenhält, diesen theoretisch nicht bewältigt hat. »*Der Theismus* ist eine nichts vermögende Lehre, die dem Pantheismus nichts entgegensetzen kann« (ebd.). Der Pantheismus sei nur durch den von der positiven Philosophie entwickelten Begriff des Monotheismus zu überwinden. Die mediokre Stellung des Theismus wird vollends offenbar, wenn Schelling ihm nur zutraut, sich dem Atheismus entgegenzusetzen, der sowohl dem Theismus als auch dem Pantheismus feindlich gegenübersteht (vgl. ebd.).

Schöpfung ein. Mit der Übergabe des durch den Sohn überwundenen Seins an den Vater tritt zugleich die dritte Persönlichkeit, der heilige Geist, ein.

Die Einheit des einen Gottes in der Differenz der drei Personen interpretiert Schelling so, daß sie in ein und demselben besteht, in der Herrschaft über das Sein, die sich in unterschiedlichen Modi verwirklicht. Deshalb spricht Schelling auch von *»theogonische*[*m*] *Prozeß«* (Paulus, 197). Doch ist damit kein Entstehungsprozeß Gottes wie in den *Weltaltern* gemeint, sondern sein Verwirklichungsprozeß im Sinne des Offenbarungsprozesses. Die Dreieinigkeit stellt sich als Explikation der Freiheit und Souveränität Gottes dar. Im theogonischen Prozeß geht es also um die Bewährung der Herrschaft Gottes im Schöpfungsprozeß, um dessen Offenbarwerden im Verlauf der Schöpfung. Wirklich offenbar gewordener Herr der Welt ist Gott erst am Ende der Welt, wenn der Sohn dem Vater das Reich übergibt.

Damit wird deutlich, daß Schelling die immanente Trinität gar nicht lösgelöst von der ökonomischen Trinität, der heilsgeschichtlichen Funktion der drei Personen, entwickeln kann und will. Schellings Gottes- und Schöpfungslehre impliziert daher zugleich eine Lehre der Heilsgeschichte. Mit der Zeugung des Sohnes in der wirklichen Schöpfung entbindet Gott wie in den *Weltaltern* die Zeiten oder Äonen, von denen Schelling drei benennt: 1. die Zeit des Vaters, wo das Sein noch im Vater und der Sohn im Vater ist; 2. die Zeit des Sohnes, in der alles Sein von Gott dem Sohn als selbständiger Persönlichkeit außer dem Vater übergeben ist; 3. die Zeit des heiligen Geistes, in der keine Zeit mehr sein wird, also Ewigkeit ist, weil das Sein über den Sohn mit Gottvater versöhnt ist. Diese drei Zeiten sind die spätphilosophischen Nachfolgebestimmungen der drei Weltalter der Weltalterphilosophie.

5. Das letzte Ergebnis des nunmehr theogonisch gewordenen Schöpfungsprozesses ist der Mensch, der sich zunächst zwischen den drei Persönlichkeiten in einem »göttlich umhegten Raum« (ebd., 198), dem Garten des Paradieses, befindet. Bisher ist noch keine außergöttliche Welt entstanden. Mit dem Menschen ist der Punkt erreicht, wo die erste Potenz in ihre ursprüngliche Stellung zurückgebracht ist, wo die Potenzen wieder eine Einheit darstellen.

Schelling geht weder von einem ursprünglichen Atheismus des

Menschen noch von einer erst durch Offenbarung vermittelten Erkenntnis Gottes aus. Während Gott zu allen anderen Dingen ein durch Potenzen vermitteltes Verhältnis hat, steht er zum Menschen in einem unmittelbaren Verhältnis. Während die Dinge durch die Spannung der Potenzen erschaffen sind, erscheinen die Potenzen bei der Erschaffung des Menschen als göttliche Persönlichkeiten. Der Mensch ist als Gewordener, was Gott ursprünglich ist. Er ist Gottes Ebenbild. Der Unterschied zu Gott besteht allein in der Geschöpflichkeit des Menschen. Da Gott das Prius seiner Potenzen ist, kann er die Einheit der Potenzen unbeschadet seiner selbst aufheben und die Potenzen in Spannung setzen. Das kann der Mensch nicht. Dem Menschen ist als Gebot auferlegt, die Einheit der Potenzen zu wahren.

Die Aufgabe des Menschen im ursprünglichen Zustand war es gewesen, das Geheimnis der Schöpfung zu wahren. Schelling interpretiert die Genesisstelle: »Und Gott der Herr nahm den Menschen und setzte ihn in den Garten Eden, daß er ihn baute und bewahrte« (1. Mose 2, 15). Die Frage, warum der Mensch diesen Garten verlassen hat, beantwortet Schelling mit seiner Theorie des Sündenfalls.

Was hat sich also mit der Trinität Neues ergeben? Schelling hat einen Zusammenhang zwischen Gott und seiner Schöpfung, der Welt, hergestellt. Die Zeugung als wirkliches Hinaus- oder Außersichsetzen des Sohnes und dessen Verwirklichung läßt sich nur zusammen mit der wirklichen Schöpfung der Welt und deren Ende in ihrer durch den Sohn vermittelten Versöhnung mit Gott denken. Und diese Versöhnung von Gott und Welt, und damit die Aufhebung der mundanen und vernunftimmanenten Negativität, ist nur gewährleistet, wenn wir von einem souveränen Schöpfergott ausgehen.

III. Die Negativität der außergöttlichen Welt erklärt Schelling in seiner Lehre vom Sündenfall (vgl. Paulus, 198-208). So wie in der *Freiheitsschrift* der Mensch die Möglichkeit und Wirklichkeit des Bösen ist, so ist er in der Spätphilosophie die Möglichkeit und Wirklichkeit der außergöttlichen Welt in ihrer Negativität. Und zwar ist der Sündenfall des Menschen dessen Freiheitstat. Schelling stimmt hier mit der Theologie des Paulus von Sünde, Gesetz und Freiheit überein. Die Freiheit des Menschen manifestiert sich in der Übertretung des göttlichen Gebotes.

Die Hybris des Wie-Gott-sein-Wollens ist der Anlaß zum

Umsturz. Schelling denkt dabei an die Prometheus-Gestalt, an die er schon in seiner theologischen Magisterarbeit das Schicksal des Menschengeschlechts geknüpft sah. Der Mensch glaubte, der Potenzen ebenso Herr zu sein wie Gott. Die Ursünde des Menschen ist die Prometheus-Haltung des Menschen, der nicht die göttliche Schöpfung anerkennt, wie sie Gott gemacht hat, sondern selbst nach *seinem* Bildnis handeln und gestalten möchte. Der Mensch hat die Position des Geschöpfs verlassen und ist selbst zum Schöpfer geworden. Damit rekonstruiert Schelling die mundane und vernunftimmanente Negativität sündentheologisch. Die Ohnmacht der Vernunft ist auf die Endlichkeit des Menschen, seine Geschöpflichkeit zurückgeführt.

Schelling versucht, mit seiner Sündenfalltheorie die traditionellen Aporien des Theodizeeproblems zu vermeiden. Daß die Welt aus den Potenzen Gottes entstanden ist, vermeidet den Dualismus. Daß der Mensch für die Setzung der zerissenen Welt verantwortlich ist, befreit Gott von der Mitverantwortung des Bösen. Beide Erfordernisse glaubt Schelling durch seine Lehre von der Schöpfung als Ironie, als ironische Verstellung Gottes einlösen zu können.[9]

IV. Am Schluß möchte ich einen Blick auf die Philosophie der Mythologie und der Offenbarung werfen, mit der Schelling die Negativität der Welt überwinden und die Vernunft vom mythischen Zwang befreien möchte (vgl. Paulus, 208-325).

Mit dem Sündenfall des Menschen geraten die in der Schöpfung gebändigten kosmischen Kräfte erneut in Bewegung und konstituieren im *Bewußtsein* des Menschen den mythologischen Pro-

9 »*Gott kehr*t – und er übt diese *Ironie* schon in der Schöpfung aus – das **heraus**, *was seine Absicht ist*, **hinein** *zu kehren*« (Paulus, 201 f.). Von der Warte der Ironie Gottes aus ist die Welt wörtlich als »*unum versum*« (ebd., 202), als Umkehrung oder Verkehrung der usprünglichen Einheit zu verstehen. Der Mensch glaubte sich in der Herauswendung der ersten Potenz ebenso mächtig wie Gott. Doch darin hat er sich getäuscht. Mit der Aktivierung der ersten Potenz verliert er die Herrschaft über sie. Der Mensch ist im Unterschied zu Gott keiner ›Verkehrung der Verkehrung‹ fähig. Schellings Lehre von der Ironie Gottes ist auch seine Alternative zu Hegels Lehre von der versöhnenden Leistung der menschlichen Vernunft qua Negation der Negation, in welcher er eine Rationalisierung des Mythos vom τρώσας ἰάσεται erblickt. Es ist ein Anderer, der das Negative setzt, und ein Anderer, der es überwindet.

zeß. Da der Mensch mit der Aktivierung der Potenzen die Herrschaft über sie verloren hat, spielt sich der nun ablaufende Prozeß als Prozeß der Fremdbestimmung der Potenzen in seiner schicksalhaften Notwendigkeit ab. Schellings generelle These ist, daß der Mythos eine Weise der Selbstentfremdung des Menschen ist, weil er ihn fremden, gleichwohl von ihm selbst gerufenen Mächten ausliefert. Dieser kritische Mythosbegriff verbietet dem späten Schelling einen durchweg affirmativen Rückgriff auf den Mythos.

Ziel des mythologischen Prozesses ist es, durch die sukzessive Eliminierung der objektiv vorgestellten Fremdbestimmung des menschlichen Bewußtseins auf eine Rückgewinnung des Gottsetzenden Prinzips im menschlichen Bewußtsein hinzuwirken. Die Befreiung des menschlichen Bewußtseins von den mythologischen Mächten kann nach Schelling allein durch die Offenbarung Gottes in Jesus Christus erfolgen, der sich bereits im Mythos in der Figur des Halbgottes Dionysos ankündigt. Das Christentum ist daher für Schelling die Religion der Freiheit. Sie befreit den Menschen von schicksalhafter Notwendigkeit. Insofern die neuzeitliche Vernunft nach Schelling in Mythos zurückfällt, befreit das Christentum auch die neuzeitliche Vernunft aus ihrer mythischen Verstrickung, die sie in ihrem verhängnisvollen Notwendigkeitscharakter und in ihrem Getriebensein auf ihrer Jagd nach dem Begriff des Seienden bekundet.

Die Emanzipation der Vernunft kontrastiert mit ihrer Verohnmächtigung. Im Unterschied zur Vernunftphilosophie Hegels, nach der sich die Vernunft allein selbst begründet und der zufolge die Offenbarungswahrheiten der Religion auf solche Wahrheiten zurückgeführt werden, die die Vernunft aus sich erzeugt, ist für Schelling das Offenbarungsgeschehen in seinen entscheidenden Schnittpunkten (Menschwerdung, Tod, Auferstehung, Verklärung Christi und Ausschüttung des Geistes) nur a posteriori deutbar.

Die Gestalt und Bedeutung Christi treten in Schellings Philosophie immer mehr in den Vordergrund. Die Philosophie der Offenbarung ist im wesentlichen Christologie, philosophische Deutung der Person Christi. Die soteriologische Kraft der Vernunft geht beim späten Schelling auf die Vermittlung durch Christus über. Ist am Anfang der positiven Philosophie Gott der Grund für Ohnmacht und Macht der Vernunft, so zeigt sich hier, daß ihre Freiheit konkret durch Jesus Christus ihre Restitution erfährt.[10]

Allein in der Offenbarung findet Schelling die letzte Antwort auf die Frage nach Sinn und Grund der Welt. Sie verweist auf ein In-Gott-Sein des Menschen am Anfang der Welt und die kommende Versöhnung von Gott und Menschheit am Ende der Welt. Mit dem Christusgeschehen ist jedoch noch nicht das Ende der Offenbarung erreicht. Erforderlich ist zugleich eine allgemeine geschichtliche Anerkennung und Durchsetzung des Christentums. Sie vollzieht sich faktisch als Geschichte der Kirche, die zur Konfessionsspaltung in Katholizismus und Protestantismus führt, die Schelling auf die Apostel Petrus und Paulus zurückführt. Ziel ist nach Schelling die Überwindung dieser Entzweiung, was aber nur in einer philosophischen Legitimation des Christentums geschehen kann. Schelling zielt mit der Idee einer philosophischen Religion auf eine allgemeine geschichtliche Einheit von Religion und Vernunft ab, die ihm zufolge in der sogenannten johanneischen Kirche realisiert wird, die die Kluft zwischen Katholizismus und Protestantismus überwindet.

Schelling versteht seine eigene Philosophie als Beitrag zum Aufbau einer solchen Kirche des zukünftigen johanneischen Zeitalters. Das eschatologische Bewußtsein teilte übrigens Schelling mit der geistigen Atmosphäre seiner Zeit. Man erwartete eine neue Zeit und wollte mithelfen, sie herbeizuführen. In der johanneischen Kirche wird das Ziel der philosophischen Religion, die universale Realisierung der Freiheit Gottes durch die Vernunft geleistet, so wie umgekehrt die Vernunft nur durch die Prävenierung durch die Realbewegung der Religion des Christentums ihren geschichtlichen Grund der Wirklichkeit erhält.

10 Das Leben Jesu Christi, das wesentlich durch Selbsterniedrigung (Inkarnation), Tod am Kreuz und Auferstehung gekennzeichnet ist (vgl. Paulus, 285-312), begründet das Versöhnungsgeschehen zwischen dem gefallenen menschlichen Bewußtsein, das die Ohnmacht der Vernunft zur Folge hat, und Gott. Vgl. zu Schellings Christologie Rosenau 1985. Hartmut Rosenau arbeitet die Korrelation zwischen soteriologischer Ohnmacht der Vernunft und konstitutivem Charakter der Christologie heraus (14). Die erhellende Studie von Christian Danz (1996) zeigt auf, daß diese Korrelation ihrerseits auf der »Darstellung der sich realisierenden Freiheit« (143 ff.) Gottes beruht. Beide versäumen jedoch, klarzulegen, welche Konsequenzen Schellings Christologie für seinen Vernunftbegriff insgesamt hat.

Diesem Ausgriff auf Zukunft steht entgegen, daß Schelling die Kirche seiner Gegenwart als unmittelbar vor der geschichtlichen Verwirklichung der Freiheit, also kurz vor der Epoche des johanneischen Christentums stehend, ansah. Hier wird wieder der antikritische, positivistische Grundzug der Spätphilosophie deutlich. Sie erwartet die Durchsetzung der Freiheit nicht von einer philosophischen Kritik an der Unvernünftigkeit der bestehenden Welt – einer Kritik, die die Unaufgebbarkeit der Vernunftautonomie unterstellt –, sondern hält sie durch die Kirche bereits für realisiert. Zudem wird die Realisierung von Freiheit nur in der Kirche und nicht in Gesellschaft und Staat angesiedelt. Dem entspricht eine affirmative Legitimation der Monarchie und die Ablehnung der Revolution von 1848. Die positive Philosophie mündet schließlich in eine Selbstaufhebung der Philosophie in Religion. In ihr gehen Glauben und Vernunft eine Einheit ein, die einseitig von seiten des Glaubens fundiert ist. Verliert die Vernunft ihre prinzipiierende Funktion, dann verflüchtigt sich Philosophie – so muß kritisch gesagt werden – in vorgegebene, tradierte religiöse Überzeugungen. Nicht von ungefähr fängt die nachidealistische Kritik an der idealistischen Philosophie mit einer radikalen Religionskritik an.

Abschließend läßt sich sagen: Schelling geht es in der positiven Philosophie um ein philosophisches Verständnis des Christentums, dem er allein noch Versöhnungskraft zutraut. Diesem produktiven Potential der Spätphilosophie steht ihr Defizit gegenüber. Ihr geht es nicht um den Vernunftbeweis der Wahrheit des Christentums. Dies liegt darin begründet, daß für Schelling das christliche Gottesgeschehen der Vernunft uneinholbar vorausliegt. Damit erweist sich Schellings Rede von der Legitimation des Christentums als durch und durch zweideutig. Die Wahrheit des Christentums kann von der philosophischen Vernunft nicht erwiesen, sondern nur nachträglich konstatiert und gedeutet werden, und zwar mit der positivistischen Tendenz, daß sie nur noch bestätigt, was an christlicher Glaubensdogmatik faktisch vorhanden ist. Damit verkehrt sich die spätphilosophische Intention Schellings in ihr Gegenteil. Angetreten mit der Intention, die Vernunft durch ihre Entlastung in Richtung auf Religion aus der mundanen Negativität zu sich zu befreien, vollendet sich die Spätphilosophie in der Selbstaufhebung der philosophischen Vernunft in Religion.

Vierzehnte Vorlesung

Subjektivitäts- und Vernunftkritik in der Spätphilosophie Fichtes

In der heutigen, abschließenden Vorlesung möchte ich auf die Entwicklung von Grundgedanken des späten Fichte zu sprechen kommen, denn Fichte beansprucht mit seinen späteren Wissenschaftslehren, eine zu Schellings und der frühromantischen, aber sicher auch zu Hegels Philosophie alternative philosophische Position entworfen zu haben. Jedenfalls ist die Spätphilosophie Fichtes eine selbständige philosophische Gestalt des Deutschen Idealismus.[1] Zudem weist die Position des späten Fichte Ähnlichkeiten mit der von Hölderlin und Novalis auf, die diese bereits im Jahre 1795 gegen Fichte entwickelt hatten.[2]

Fichte hat in seinen späteren Jahren selbst bemerkt, daß das Ich in seiner Äquivalenz von Setzen und Sein kaum als höchste, in sich konsistente absolute Einheit behauptet werden kann. Fichtes philosophische Weiterentwicklung, die sich nicht als wie auch immer gearteter Bruch, sondern als fortgesetzte Präzisierung des ursprünglichen Konzepts und der darin liegenden Schwierigkeiten darstellt, läßt sich als Reaktion auf die gegen ihn gerichtete Kritik Hölderlins, Novalis' und Schellings begreifen.

Die Wissenschaftslehre (= WL) von 1801/02 scheint in wesentlichen Punkten mit Hölderlins Konzept von 1795 übereinzustimmen. Dem absoluten Wissen des Ich wird der Gedanke eines absoluten Seins vorausgesetzt, in Beziehung auf das es allein verständlich ist. In der Begründung der nur von der Verfassung des

1 In der Fichte-Forschung hat sich seit Ludwig Sieps Dissertation (1970) die Ansicht durchgesetzt, daß Schellings, Hegels und Fichtes ausgereifte Systemkonzeptionen als gleichberechtigte Höhepunkte des Deutschen Idealismus anzusehen sind (vgl. Siep 1970, 11 ff.; Radermacher 1970, 67 ff.; Gloy 1981, 83 ff.; Janke 1993, 3 ff.).

2 Dieter Henrich verweist auf die »sachlichen Beziehungen zwischen Hölderlins Konzeption und den späteren Fassungen der Wissenschaftslehre« (Henrich 1992, 738) und setzt in einer Skizze die Entwicklung von Fichtes Wissenschaftslehre nach 1795 in ein Verhältnis zu Hölderlins Konzeption (vgl. ebd., 738 ff.).

Ichwissens aus herzustellenden Beziehung auf das absolute Sein trifft sich Fichte mit Hölderlin. Das aus der Perspektive des Wissens des Ich als Sein zu verstehende Absolute wird zugleich als Grund und Ursprung des absoluten Ichwissens gefaßt.

Doch tun sich sogleich Differenzen auf. Während Hölderlin die Grundform der wissenden Selbstbeziehung des Ich als Identität und Differenz von Ich-Subjekt und Ich-Objekt faßt, hält Fichte an der Grundform als absolutem Ich fest, dessen Momente Sein und Tätigkeit immer als ein und dassselbe zu denken sind. Daraus folgt ein Weiteres. Während Fichte bereits bei der Erklärung der wissenden Selbstbeziehung des Ich spekulative bzw. paradoxale Gedankenfiguren verwendet, tut dies Hölderlin erst in Beziehung auf das absolute Sein als Grund des selbstbezüglichen Ichwissens. So hat Hölderlin erst in bezug auf das dem Bewußtsein vorausliegende und unabweisbare Sein die spekulative Begriffsform der Alleinheit in Ansatz gebracht, die vom gewöhnlichen Bewußtsein abweicht, während Fichte dieses Prinzip schon bei der Strukturanalyse des absoluten Ich verwendet. Aufgrund dieser Differenzen konnten beide die Theorie von der Vorgängigkeit und Unabweisbarkeit des absoluten Seins gegenüber dem Ichwissen auch nur auf verschiedene Weise ausbilden.

Hölderlin faßt die Beziehung des Ichwissens auf das absolute Sein als Voraussetzung und die Herkunft des Ichwissens aus dem absoluten Sein als Urteilung, also mit Hilfe einer spekulativen Begriffsform. Demgegenüber versucht Fichte die Beziehung des Ichwissens auf das absolute Sein von aller spekulativen Begriffsvermittlung freizuhalten.

Es ist von nicht geringer Bedeutung, daß sich der Begriff des absoluten Seins bei Fichte nur aus der Analyse der Grundverfassung des absoluten Ich ergibt. Sobald dieses als absolutes Wissen gefaßt wird, verschwindet jede Differenz von Wissendem und Gewußtem, von Bewußtsein und Sein. Dann aber wird das absolute Ichwissen eodemque actu in das reine Sein aufgehoben, aus dem es zugleich entspringt.[3] Dieses Theorem der Selbstvernichtung des absoluten Ichwissens, das in der *Darstellung der Wissenschaftslehre* aus den Jahren 1801/02 zum ersten Mal auftritt,

3 Vgl. J. G. Fichte, *Darstellung der Wissenschaftslehre*. Aus den Jahren 1801/02, hg. sowie mit einer Einleitung und Anmerkungen versehen von R. Lauth unter Mitarbeit von P. K. Schneider, Hamburg 1977, 150 f.

steht der Logik der Urteilung und der Voraussetzung bei Hölderlin gegenüber. Das Prinzip der WL, das absolute Ichwissen, bestimmt, daß aus seiner eigenen Verfassung heraus qua Selbstvernichtung über es hinausgegangen und auf ein reines Sein als seinen unvordenklichen Grund zurückgegangen werden müsse.

Fichte hat seinen spätphilosophischen Ansatz in seiner berühmtesten späteren Wissenschaftslehre, der zweiten Berliner Vorlesung von 1804, zu einer eigenständigen Position ausgearbeitet. Diese WL von 1804 wollen wir uns in der heutigen Vorlesung etwas genauer ansehen. Die WL von 1804 ist in zwei Teile untergliedert: in die Vernunft- und Wahrheitslehre und in die Erscheinungs- und Scheinlehre.

1. Die Hauptaufgabe des ersten Teils der Wissenschaftslehre von 1804, der Vernunft- und Wahrheitslehre, besteht darin, »Alles *Mannigfaltige* (das sich uns denn doch in der gewöhnlichen Ansicht des Lebens aufdringt) *zurückzuführen auf absolute Einheit*« (I, 7).[4] Die Lösung dieser Aufgabe führt schließlich zur Darstellung dieser absoluten Einheit als reines *Sein*, das Grund und Ursprung der Wahrheit allen Vernunftwissens des Ich ist. Mit diesem Gedanken zielt Fichte knapp ein Jahrzehnt nach Schelling, Hölderlin und Novalis auf eine ontologische Fundierung des transzendentalen Idealismus der Subjektivität.

Ausgangspunkt des Aufstiegs zur absoluten Einheit ist das »reine[...] Wissen, Wissen an sich« (I, 10 f.) des Ich, das als solches eine synthetische oder »organische *Einheit*« (IV, 33) der beiden Grundelemente des Ichwissens, Anschauung und Begriff, als Bedingung allen Ichbewußtseins von etwas ist.[5] Das Ich als

4 Joh. Gottl. Fichte, *Die Wissenschaftslehre*. Zweiter Vortrag im Jahre 1804 vom 16. April bis 8. Juni. Gereinigte Fassung hg. von R. Lauth und J. Widmann unter Mitarbeit von P. Schneider, Hamburg 1975. Wenn nicht anders angegeben, beziehen sich im folgenden alle Zitate auf diese Schrift (Vorlesung in römischen, Seiten in lateinischen Ziffern).

5 Mit dem »Wissen an sich« ist nichts anderes als das Wissen des Ich von sich, also Selbstbewußtsein als Bedingung allen Bewußtseins gemeint. Die Spaltung in Denken und Sein sowie in Sinnliches und Übersinnliches und deren Einheit sind demnach nur als interne Disjunktionen des Ichwissens zu verstehen. »Reines oder absolutes Wissen ist der Name für das, was sonst Apperzeption, Ichheit, Tathandlung, Subjekt-Objekt, Vernunft heißt, nämlich reiner, lebendiger Akt des Sehens und der Helle in allem Sehen von etwas« (Janke 1987, 43).

Einheit von Selbstbewußtsein und Bewußtsein ist ein beständiger Wandel mit jedem neu auftretenden Inhalt und ein in allem Wandel der Bewußtseinszustände und ihrer Objekte sich gleichbleibendes Unwandelbares. Aufgabe der WL ist es nun, diese organische Einheit von Wandelbarem und Unwandelbarem, mithin die Struktur des reinen Wissens, zu erklären. Der Ausgangspunkt der WL von 1804 ist also derselbe wie der aller anderen Wissenschaftslehren.

1. Obgleich uns die Vereinigung von Unvereinbarem in der organischen Einheit des reinen Ichwissens logisch nicht möglich scheint, *leuchtet* sie uns ohne weitere Begründung ein. Im Ichwissen gibt es nämlich ein Licht, das vermag, was dem Begriff unmöglich erscheint. Und zwar leuchtet das Licht in der »Vernichtung des Begriffes« (VI, 65) unmittelbar ein.[6] Fichte bezeichnet das Einleuchten auch als »Evidenz« (V, 52) oder »Sichconstruktion« (XII, 124) des Lichtes.[7]

Die Grenze, auf die der Begriff im Licht stößt, vernichtet den Begriff nicht völlig, sondern erlaubt ihm seine *Selbstreflexion*, macht es möglich, sich *von anderem her* zu begreifen. Diesen Vorgang nennt Fichte das »Begreifen des durchaus Unbegreiflichen, *als Unbegreiflichen*« (IV, 34). Er ist der Schlüssel für die innersten genetischen Bereiche des Ichwissens. Das Licht ist also nicht nur absoluter, unzugänglicher *Ausgangspunkt* des Begriffs, sondern auch *absoluter Wendepunkt* für die Selbstreflexion des Ichwissens.

In der Reflexion darauf, wie das absolute Licht bzw. die absolute Einheit einleuchtet, kommen zwei Daseinsweisen des Lichts

6 Der Aufstieg zur absoluten Einheit des Lichtes jenseits allen begreifenden Wissens entspricht Fichtes neuplatonischer Interpretation des Transzensus zum sonnenhaften Einen in Platons *Politeia*, das über dem Seienden (ἐπέκεινα τῆς οὐσίας, *Politeia* 509b) und dem Vernunftdenken angesiedelt ist. Fichtes Lichtmetaphorik geht letztlich auf Platons Sonnengleichnis in der *Politeia* zurück. Die innere Affinität von Fichtes Spätphilosophie mit Plotins Henologie hat Hans Michael Baumgartner aufgewiesen (vgl. Baumgartner 1980, 321-342).

7 Die Metapher des Lichtes dient zur Bezeichnung der absoluten Einheit und meint ein Doppeltes: Zum einen ist mit ihm das Lumen konnotiert, die Helle, Wahrheit und Durchsichtigkeit als Ermöglichungsgrund des Wissens. Zum anderen verweist das Licht auf Lux im Sinne des Funkens oder des von sich aus aufleuchtenden Lichtstrahls (vgl. Janke 1970, 322 f., und Gloy 1981, 99 Anm. 21).

an den Tag, eine innere und eine äußere Daseinsweise: das absolute Sein der Urrealität, die Nachfolgebestimmung der Anschauung des Ich, und die absolute Relation des Urbegriffs, die Nachfolgebestimmung des Begriffs des Ich. Die innere Daseinsweise basiert auf dem immediaten, distanzlosen Aufgehen der Einsicht in die absolute Einheit des Lichtes, die äußere Daseinsweise auf der objektivierenden, distanzierenden Reflexion. Als solche kann die Einsicht nicht nur sprachlos vollzogen, sondern auch thematisiert und diskutiert werden.

Die innere Existenzialform des Lichtes weist alle Objektivationen durch das Wissen ab und kann vom Standpunkt des begrifflichen Erkennens nur via negationis als eine Einheit beschrieben werden, in der es noch keine Spaltung in Relate gibt. Die Urrealität ist ein Sein, das für den Begriff »ewig = 0« (X, 96) ist. Es ist der absolute Ausgangspunkt allen Wissens, der nicht selbst zum Gegenstand des Wissens werden kann. In der äußeren Existenzialform des Urbegriffs wird die Spaltung in Wissendes und Gewußtes, Sein und Bewußtsein manifest, indem die absolute Einheit des Lichtes zum Gegenstand für ein Bewußtsein wird. Diese Relation ist jedoch nicht die einfache zwischen Subjekt und Objekt, sondern eine höhere Form des Wissens; es ist das reflektierte Wissen von der absoluten Einheit oder das reflektierte Bewußtsein oder Wissen des Ich von sich als seinem Prinzip.

Fichte spricht vom Urbegriff auch als von einem Bildwissen des Absoluten (vgl. VII, 67 ff.).[8] Bild und Abgebildetes gehören zu einer organischen Einheit, in der eins nicht ohne das andere ist. Diese wechselseitige Verweisung oder »*Durcheinander*« (VII, 70) definiert das *Wesen des reflektierenden Begriffs* schlechthin. Fichte bezeichnet sie durch die ungewöhnliche Substantivierung der Präposition »*Durch*« (X, 102). Seine Bildtheorie reformuliert

8 Fichtes späte Wissenschaftslehre weist nicht nur eine sachliche Ähnlichkeit mit der Konzeption Hölderlins, sondern auch mit der von Novalis auf. Bereits Novalis definiert das intentionale Ichbewußtsein in seinen *Fichte-Studien* als »Beziehung«, als »ein Seyn außer dem Seyn im Seyn« oder als »Bild«, denn das »Seyn außer dem Seyn« ist »kein rechtes Seyn« (Novalis, *Schriften* 2, 106, Nr. 3). Der Bildcharakter des Ichwissens bestimmt das Bewußtsein als Nachkonstruktion des vorgegebenen Ichseins. Das Bewußtsein produziert nicht das Sein, sondern ist dessen Nachbildung. Die Bildtheorie des Wissens hat Novalis in seiner Fichtekritik fast zehn Jahre früher als Fichte entwickelt.

die traditionelle Vorstellungstheorie des Bewußtseins in modifizierter Form: Die absolute Einheit des Seins tritt im Bildwissen als in einem Bild Abgebildetes für ein vorstellendes Ichbewußtsein auf.

Fichtes entscheidende Frage ist, ob das im Urbegriff bewußtgemachte Sein des Ich *vor* dem Sein überhaupt liegt, so daß das Sein erst aus ihm erzeugt wird, oder ob das reflektierte Sein des Ich nur Anfang des Wissens ist, so daß ihm sehr wohl ein reines, absolutes Sein vorausliegen könne. Zunächst zeigt Fichte in einer Untersuchung, in der er das »Durch« und das »Leben« des Durch (vgl. X, 102) voneinander scheidet, daß sich die Urrealität als Existenz des Urbegriffs erweist, dieser also von jener abhängig ist. Sodann stellt Fichte als alternative Denkmodelle eine idealistische und eine realistische Ansicht der Urrealität vor, aus der hervorgeht, daß diese nicht ohne den Urbegriff einsichtig wird.

2. Nach dem bisher Entwickelten haben sich zwei gleichberechtigte absolute Momente des Lichts im Ich ergeben: Urrealität und Urbegriff. Sie verkörpern die höchsten Formen von Realität und Wissen, nämlich absolutes Sein und absolutes Bewußtsein. Da das Ich in dieser Dualität existiert, besteht die weitere Aufgabe des Aufstiegs zur absoluten Einheit darin, beide als Relata einer einzigen Realität zu erweisen, als deren materiales und formales Glied. Beide werden wechselseitig als Prinzipiate voneinander und damit auch als relative Prinzipien aufgezeigt. Sie erweisen sich als derivative, unselbständige Charaktere, die in einer höheren, der absoluten Einheit des reinen Seins ontologisch fundiert sind.

Dieser Nachweis geschieht in zwei Schritten: In einem ersten Schritt wird der Urbegriff als Derivat der Urrealität erwiesen. Dies geschieht wiederum auf einem zweifachen Weg, auf einem direkten und einem indirekten. Auf direktem Weg wird im Ausgang von der Urrealität diese als Bedingung und Grund des Urbegriffs aufgezeigt. Auf indirektem Wege wird dann gezeigt, daß der Urbegriff umgekehrt sein Gegründetsein in der Urrealität hat.

Den ersten Versuch faßt Fichte in der Formel: »L vernichtet zu 0/B« (X, 100) zusammen. Die absolute Einheit des Lichts L spaltet sich in sich selbst in eine innere und eine äußere Existentialweise. Zugleich mit der Erzeugung des Urbegriffs (B) entzieht sich die innere Urrealität und wird für die Einsicht nichtig (= 0).

Der Urbegriff vermag die Urrealität und die in ihr liegenden Gesetze seiner eigenen Genesis, die ihn zur äußeren Existenzialform und Erscheinung qualifiziert, aus dieser nicht zu erkennen. »Der Begriff rückt höher, das wahre Licht zieht sich zurück« (X, 96). An dieser Stelle taucht eine zentrale Problematik auf. Denn der Nachweis der Derivation des Bildwissens aus der Urrealität mißlingt. Das Wissen weiß zwar, daß es ist, nicht aber, auf welche Weise es eine Erscheinung der Urrealität ist. Wenn es nicht zu begreifen vermag, *wie* es aus der Urrealität herrührt, vermag es auch nicht zu begreifen, *daß* es eine Äußerung desselben ist. Mit dem Wie wird auch das Daß fragwürdig. So taucht hier wieder die alte, zentrale Frage Fichtes auf, wie die Einheit von unmittelbarem und reflektiertem Selbstverhältnis des Ich zu denken ist. Darüber hinaus stellt sich aber die Frage, ob das Selbstbewußtsein als diese Einheit das Absolute selber ist oder doch bloß dessen Produkt. Dieses Problem wird uns auch wieder im zweiten Teil der WL von 1804, der Erscheinungslehre, begegnen.

In einem zweiten Versuch soll im Ausgang von einer Analyse des Urbegriffs dessen Unselbständigkeit und Bedingtheit von der Urrealität dargelegt werden. Das Wesen des Urbegriffs besteht in der Form des Beziehens und Zuordnens zweier Glieder, für das das Interdependenzverhältnis von Bild und Abgebildetem nur ein Beispiel ist. Der Urbegriff als solcher, die bloße Form der Reflexion, die Fichte originellerweise das reine *»Durch«* nennt, ist ein in sich *»tothe*[*r*]« (X, 102). Das Durch bedarf zu seiner Aktualisierung eines selbst unabhängigen, für sich existenzfähigen Seins, der Urrealität, die die Form des Beziehens anzunehmen und sich dadurch als *»lebendige*[*s*] *Durch«* (X, 103) zu offenbaren vermag: »Soll es wirklich zu einem Durch kommen, so wird ein inneres, an sich vom Durch unabhängiges, auf sich selber ruhendes Leben, als Bedingung der Möglichkeit vorausgesetzt« (XII, 116). Die Urrealität erweist sich damit als Existenz des Urbegriffs und dieser als eine von jener abhängige, in ihr fundierte Erscheinung.

Mit der Unterscheidung zwischen Durch und Leben des Durch knüpft Fichte an die Unterscheidung zwischen Form und Vollzug an, die schon in der scholastischen Distinktion von Essenz und Existenz sowie in der Kantischen Unterscheidung von Begriff und Position des Begriffs faßbar ist. Auch hier erhebt sich die kritische Frage, ob sich eine an sich seiende Realität jenseits der intentionalen Bewußtseinsform als solcher überhaupt sinnvoll annehmen läßt. Ist nicht alle Realität immer schon in die intentionale Bewußtseinsform als solche eingebunden? Diese Frage beantwortet Fichte zunächst dadurch, daß er der Gebundenheit der Urrealität an den Urbegriff sowohl aus idealistischer wie aus realistischer Perspektive nachgeht.

3. Im Dialog zwischen Idealismus und Realismus wird die Urrealität auf die Bedingungen der Möglichkeit ihrer Erkenntnis hin befragt. Das Ergebnis des Disputs ist, daß beide philosophischen Betrachtungsweisen als Kandidaten der absoluten Einheit ausscheiden.

Der *Idealismus* beruft sich auf die Maxime, nur »das Faktum der Reflexion, und sonst Nichts [...] gelten zu lassen« (XV, 155). Dem Idealismus existiert der Inhalt des Denkens, die Urrealität, nur *als gedachte*. Das Ansich gilt nicht an sich, sondern nur *als* an sich, lediglich im Gedanken.

Der *Realismus* beruht auf der Maxime, nur den Inhalt des einleuchtenden Satzes und sonst nichts gelten zu lassen, also auf das »faktische Sichbegeben unseres Denkens und Einsehens gar nicht zu reflektiren« (XI, 112). Die Wahrheit der Erkenntnis basiert hier allein auf dem Ansich des Inhalts, der Urrealität. Der Realismus hält nur am Inhalt der Erkenntnis fest und geht von ihm als dem absoluten Prius aus.

Idealismus und Realismus weisen beide einen doppelten Mangel auf: Beide sind erstens *einseitig*, der Idealismus, insofern er sich ausschließlich auf die Form des Denkens stützt und allen Inhalt unter die Bedingungen der Formkonstitution stellt, der Realismus, insofern er ausschließlich auf den Inhalt des Denkens insistiert und von der Form abstrahiert. Beide sind darüber hinaus *faktisch*. Beim Idealismus ist die unbefragt zugrundeliegende inhaltslose Reflexion ein bloßes Faktum, beim Realismus ist das unreflektierte Ansich ein bloßes Faktum. Aufgrund ihrer Einseitigkeit und Faktizität sind beide ungenügend zur Interpretation der Wissensrealität. Dieser Mangel des einfachen Idealismus und Realismus wird behoben, indem ihre Einseitigkeit aufgehoben und ihre Faktizität genetisiert wird.

4. Der *höhere Idealismus* bezieht das realistische Prinzip insofern in den Erkenntnisprozeß ein, als er das Ansich anerkennt, jedoch macht er die Einsicht vom Nachdenken über dasselbe abhängig. Der einfache Realismus weiß zwar, daß das Ansich ist,

aber nicht wie es ihm entstand. Der höhere Idealismus fragt, wie die Vernunft zum Ansich kommt. Im höheren Idealismus wird das faktische Ansich genetisiert. Es wird sichtbar, wie es zur Evidenz des Ansich kommt. Das Ansich wird evident durch und als Negation der Reflexion. Doch bleibt in der idealistischen Auffassung die Bedeutung der Negation des Denkens abhängig vom Denken. Das Ansich wird begriffen *als* unbegreiflich, als das alles Denken Negierende.

Der *höhere Realismus* bezieht das Prinzip des Idealismus in sein Verfahren mit ein, insofern er das Ansich nur in Verbindung mit Reflexion für möglich erachtet. Die Reflexion kennzeichnet das Ansich als etwas, das *nicht* für uns ist. Insofern die Grundbedeutung des Ansich an das Für-uns, wenngleich in Form von dessen Negation gebunden ist, wird letzteres als Moment des Erkenntnisprozesses anerkannt.

Der Fortschritt des höheren Idealismus und Realismus über den einfachen Idealismus und Realismus besteht darin, daß beide nicht mehr einseitig sind, weil sie das Gegenprinzip mit berücksichtigen. Ihr Mangel ist jedoch, daß sie beide faktisch sind. Der höhere Idealismus des sich selbst denkenden Denkens ist in sich eine Relation von Denkendem und Gedachtem, deren Zusammengehörigkeit nur faktisch, nicht genetisch evident ist. Es bleibt unklar, ob das Ansich aus dem Denken oder das Denken aus dem Ansich hervorgeht oder ob beide Erscheinung einer höheren Einheit sind. Seine Undurchschaubarkeit macht das Selbstbewußtsein zum »Urfaktum« und zur »Quelle alles Faktischen« (XIII, 137).

Die Methode der WL von 1804 bezeichnet Fichte als *Genesis*. Wahr ist allein, was genetisch eingesehen werden kann. Und genetisch eingesehen ist, was einer philosophischen Erklärung zugeführt ist. Fichtes Postulat ist, daß beim Aufstellen der Wahrheit kein sog. »proiectum per hiatum irrationalem« (XIV, 147) zugelassen werden darf, also ein bloß Faktisches, das heißt für die philosophische Reflexion Unaufgeklärtes.

5. Die absolute Einheit, deren Aufstellung die Hauptaufgabe der Vernunftlehre ist, ist nur durch die völlige Abstraktion vom Ansich zu erreichen. Das bedeutet, daß die gesamte Relation von Ansich und Nicht-Ansich fallenzulassen ist. Was bleibt nach der absoluten Abstraktion übrig? Fichtes Anwort ist: »Nach Aufgabe der absoluten Relation, die selber noch am ursprünglichen

Ansich, das auf ein *Nichtansich* hinwies, sich zeigte, blieb uns Nichts übrig, als das reine bloße Sein« (XV, 151). Fichte fragt weiter: »Was ist nun in dieser Abstraktion von der Relation dieses reine Sein?« (ebd.).

Fichte charakterisiert das reine Sein als organische Einheit von Sein (esse) und Leben (actus) (»esse in mero actu«, XV, 151) und als organische Durchdringung von Sein und in sich geschlossenem Ich. Das reine Sein ist »*von sich, in sich, durch sich*« (ebd.). Es ist ein aktuoses Auf-sich-Beruhen, ein tätiges In-sich-Sein und Bleiben. Fichte reformuliert hier den unverfügbaren Seinsgrund der in sich geschlossenen Dimension des Ich in den Bestimmungen der spinozistischen Ontologie unter Vermeidung der cartesianischen Terminologie, wie es seit Jacobis Spinoza-Aneignung im Deutschen Idealismus üblich war. Unverfügbares Sein und Leben des Ich gehen ineinander auf, und zwar so, daß beides eine inkludierende Einheit bildet. Das Sein ist nur im Leben und Ich selbst, sonst wäre es ja gegenständliches Sein und nicht im Leben und Ich. Umgekehrt ist das Leben und Ich nur im Sein. Das reine Sein, welches in sich geschlossenes Leben und Ich ist, kann nicht Bewußtseinsgegenstand werden. Das Sein und Leben des Ich liegt höher als das unmittelbare und das reflektierte Selbstverhältnis des Ich. Es ist über allen Erscheinungen des Ichwissens. Die organische Einheit von Sein und Leben des Ich hebt alle Zweiheit und Differenz, aber auch alle Relationalität überhaupt auf, als die Fichte in der GWL von 1794/95 das absolute Ich charakterisiert hatte. Das reine Sein erweist sich als ungeteilte, indifferente, inkludierende Einheit.[9]

Der Grundsatz der Vernunft- und Wahrheitslehre lautet: »*Das Sein ist durchaus ein in sich geschlossenes Singulum unmittelbaren lebendigen Seins, das nie aus sich heraus kann*« (XVI, 160). Dieser Grundsatz besagt, daß die wissende Selbstbeziehung des

9 Fichte markiert selbst die Differenz seines Begriffs vom Absoluten zu dem Schellings in einem Brief an Schelling (15. 1. 1802) folgendermaßen: »Aber es scheint mir an sich klar, daß das Absolute nur eine absolute, das heißt in Beziehung auf Mannigfaltigkeit, durchaus nur *Eine*, einfache, sich ewig gleiche, *Aeusserung* haben kann; und diese ist eben das *absolute Wissen*. Das Absolute *selbst* aber ist kein Seyn, noch ist es ein Wissen, noch ist es Identität, oder Indifferenz beider: sondern es ist eben – das *absolute* – und jedes zweite Wort ist vom Uebel« (Fichte, GA III, 5, 112 f.).

Ich nicht mehr das Wahre ist wie in der GWL von 1794/95, sondern das lebendige Sein. Fichte ontologisiert in der WL von 1804 die Transzendentalphilosophie, indem er die wissende Selbstbeziehung des Ich in einem für es unverfügbaren Grund, dem reinen Sein und Leben, ontologisch fundiert. Die wissende Selbstbeziehung des Ich in der Einheit von Anschauung und Begriff, das Prinzip der früheren Wissenschaftslehren, erweist sich als abgeleitete Erscheinung des lebendigen Seins.

Das Absolute der WL von 1804 weist vier Aspekte auf, einen quantitativen, qualitativen, relationalen und epistemischen, die alle Bestimmungen der Ontologie von Parmenides bis Spinoza und Jacobi reformulieren (vgl. Gloy 1981, 110 ff.):

1. Das Absolute ist *»ein in sich geschlossenes Singulum«* (XVI, 160). Der Terminus »Singulum« meint nicht nur Einheit, sondern Einzigkeit, die kein Zweites neben sich duldet. Die Einheit ist in sich geschlossen, das heißt unfähig, sich zu öffnen, und das heißt: sie kann nicht Gegenstand eines Bewußtseins werden. »Ohne alle Zusammensetzung und Zerlegung« (XVIII, 183) ist die Einheit ungeteilt und unteilbar, das Eine-Ganze. In dieser Bestimmung des Absoluten reformuliert Fichte deutlich die Charaktere des absoluten ἐὸν des Parmenides, die Gegenstand der Kritik in Platons *Parmenides*-Dialog sind.[10]

2. Der Terminus In-sich-Geschlossenheit verweist auf die Independenz und Suisuffizienz des Absoluten. Fichte gibt sie durch eigenwillig reformulierte spinozistische Substanzbestimmungen wieder. Das Absolute ist *»in sich, von sich, durch sich«* (XV, 151). Es ist ein Sein, das zu seinem Sein keines anderen bedarf, die eine, Alles umfassende Alleinheit. Es ist Grund seiner selbst und nicht Folge eines anderen.

3. Aufgrund der Geschlossenheit der absoluten Einheit treten im Absoluten differente Bestimmungen wie Sein und Bewußtsein nicht in eine wirkliche Differenz auseinander. Vielmehr durchdringen sie sich wechselseitig und gehen in eine koinzidentelle Identität auf. Diese wird durch die scholastische Formel »esse in mero actu« (XV, 151) ausgedrückt, die das Sein

10 Fichtes Theorie des Absoluten nach 1800 wiederholt im Horizont neuzeitlichen Wissens den neuplatonisch interpretierten Gang der ersten Hypothese in Platons *Parmenides,* deren Thema das solitäre Eine mit Ausschluß des Vielen ist. Zu Platons Kritik am absolut Einen der ersten Hypothese vgl. Iber 1992, 194-199.

für Bewußtseinstätigkeit und Bewußtseinstätigkeit für Sein erklärt.

4. Die Erfassung des reinen Seins vollzieht sich dementsprechend nicht im diskursiven Denken, sondern im Einswerden mit ihm in der Selbstvernichtung des Ichwissens. Angesichts des reinen Seins verschwindet alle Mannigfaltigkeit des Bewußtseins und Wissens. Fichte nimmt hier die epistemischen Bestimmungen der mystischen Tradition auf.[11]

II. Die Grundfrage der Erscheinungslehre ist, wie es – unbeschadet der absoluten Einheit des lebendigen Seins – zur Mannigfaltigkeit des Ichwissens kommt. Die Mannigfaltigkeit soll als Erscheinung des Absoluten aufgewiesen werden. Die Deduktion der Mannigfaltigkeit besteht nun nicht darin, die gesamte Mannigfaltigkeit zu deduzieren, sondern darin, ihr Prinzip, das Ichwissen mit seinen Grunddisjunktionen und -beziehungen aufzuweisen. Dabei soll der Nachweis geführt werden, daß das Ich bzw. das Selbstbewußtsein nicht das Absolute selbst, wohl aber dessen Erscheinung ist.

Fichte muß konstatieren, daß die Ableitung des Ichwissens aus dem absoluten Sein auf dem Boden und mit den Mitteln der für das Wissen spezifischen Form scheitert. Nicht wahre Einsicht in die Genesis des Ichwissens aus dem Absoluten ist behauptet, sondern lediglich eine problematische Einsicht bzw. eine Einsicht in eine vom Wissen problematisch gesetzte Genesis des Wissens aus dem Absoluten. Die problematische Erklärung des Ichwissens aus dem Absoluten verbleibt im Bereich des Ichwissens als solchen, ohne über dessen wahres Verhältnis zum Absoluten Aussagen machen zu können. Die Wissenschaftslehre ist wie das Ichwissen selbst »Nachconstruktion« (XIX, 193) der »Sichconstruktion« (XVI, 169) des reinen Seins.

Ausgangspunkt dieser Ableitung ist die faktische Einsicht des

11 Schellings positive Philosophie kommt durch Ekstasis der Vernunft, die zum Daß des sich offenbarenden Gottes als dem unvordenklichen Sein führt, in Gang. Die Differenz zu Fichte besteht darin, daß Schelling die Vernunft als Prinzip zugunsten ihres gänzlich Anderen aufgibt, um sie über dieses in gewandelter Gestalt wiederzugewinnen. Fichte greift dagegen zur Figur der mystischen Selbstvernichtung des Wissens, weil er nur so die Kluft zwischen differenzlosem Absolutem und in sich geschlossener Selbstbeziehung des Wissens, an der er zugleich als Prinzip festhält, überwinden zu können glaubt.

Ichwissens von sich als Erscheinungsweise des Absoluten. *Daß* das reine Sein erscheint, ist faktisch evident. *Wie*, das heißt, nach welchen Gesetzen das reine Sein in die Erscheinung übergeht, bleibt dem Ichwissen verschlossen: »Nun führt diese Einsicht lediglich ein absolutes *Daß*, keineswegs aber ein *Wie* herbei; es kann dem absoluten Wesen nicht wieder zugesehen werden, wie es sich idealiter construire, noch der innere Grund dieser Construction wieder construirt werden; was uns gar nicht befremden muß, indem ja lediglich dadurch diese Einsicht sich bewährte, als die absolute, über welche keine andere, und diese Construktion als die absolute, über welche keine andere zu stellen« (XVI, 163 f.). Daß das Wissen eine Erscheinung des Absoluten ist, vermag die Einsicht zu erkennen, unverstanden bleibt uns jedoch das Wie: »Der Hiatus, welcher zufolge der absoluten Einsicht *im Wesen* durchaus nicht ist, ist nur in Rücksicht des *Wir*« (XVI, 164).

Die Erscheinungslehre enthält also das Eingeständnis einer Nichtgenesis, eines Hiatus von reinem Sein und Erscheinung. Gemäß dem Anspruch der durchgängigen Genetisierung und Erklärung alles Faktischen muß auch für diese faktische proiectio eine Genesis, eine Erklärung nachgewiesen werden. In der Erscheinungslehre geht es also paradoxerweise nicht darum, die Erscheinung aus dem Sein genetisch herzuleiten, sondern darum, die Unableitbarkeit der Erscheinung abzuleiten oder den Hiatus zwischen reinem Sein und Wissen als Hiat zu erklären.

In der Erscheinungslehre lassen sich dementsprechend zwei Formen der Genesis der Erscheinung unterscheiden. Die ›materiale‹ Genesis (das Daß) des Ichwissens aus dem Absoluten und die ›formale‹ Genesis (das Wie) des Ichwissens aus dem Absoluten.[12] Das Prinzip der materialen Genesis kann nur im Absoluten selbst gesucht werden. Dies führt zur Rehabilitierung des kritischen Realismus. Das Prinzip der formalen Genesis kann nur im Wissen selbst liegen. Dies führt zur Rehabilitierung des kritischen Idealismus.

1. Zunächst leitet Fichte die Urerscheinung des absoluten Ichwissens und die in ihm enthaltene Mannigfaltigkeit unmittelbar aus dem Absoluten ab, führt also den Beweis auf direktem Weg.

12 Die Unterscheidung von materialer und formaler Genesis übernehme ich als Interpretamente der Erscheinungslehre von der luziden Interpretation dieser Lehre durch Gloy 1981, 116 ff.

Zum Wesen des Absoluten gehört seine Selbstoffenbarung, das Heraustreten in die Erscheinung. Es ist das absolute Sein selbst, das sich in der Erscheinung darstellt. Da das Absolute durch sich selbst ist und nicht durch *unseren* Begriff oder Konstruktion, muß es selbst die Konstruktion sein, das Ichwissen vollziehen. Damit entfällt aber die Differenz zwischen Absolutem und Ichwissen, weil sich damit das Ichwissen selbst als Absolutes erweist. Zum anderen widerspricht diese Herleitung der Erscheinung der Charakterisierung der absoluten Einheit als nicht aus sich herauskönnend.

Der indirekte Beweis liegt in mehreren Varianten vor. Er besteht in der Mittelbarkeit des Schlusses von dem faktischen Gegebensein des Mannigfaltigen des Ichwissens auf dessen Deriviertheit aus dem Absoluten. Während der direkte Beweis versuchte, die behauptete Unselbständigkeit des Ichwissens im Absoluten zu verankern, so versucht der indirekte Beweis die Unselbständigkeit des Ichwissens in diesem selbst festzumachen. Das Ichwissen sieht in seiner Selbstdurchdringung ein, daß es Erscheinung des Absoluten ist.

Der indirekte Beweis ist begleitet mit Reflexionen über die unerforschliche und qualitative Einheit des Lichtes. Sie ist »Einheit *von* sich. Auf diesen letztern Punkt kommt Alles an« (XVIII, 184). Die absolute Einheit des Lichtes ist also nicht vom Ichwissen erzeugt. Die Behauptung des Inhalts des Satzes: »Das Licht ist absolutes Von« (XX, 203) rehabilitiert den kritischen Realismus in der Erscheinungslehre. Allerdings wird der kritische Realismus in der Erscheinungslehre auf die *Erscheinung* des Absoluten eingeschränkt. Eingesehen wird, daß das absolute Von des Lichtes da ist, indem das Licht in seinen Effekten erscheint, daß aber das Wie seiner Genesis unzugänglich bleibt.

Fichte unterscheidet die qualitative Einheit des Lichtes von der unerforschlichen Einheit des Lichtes, deren Verhältnis das von Grund und Folge ist.[13] Als qualitative Einheit des Von kann das Licht nur sein, wenn schon Licht da ist. Im substantivierten Verhältniswort »Von« liegt Disjunktion, qualitative Einheit. Es bezeichnet den Charakter des Wissens, Begründung von etwas zu sein. Die unerforschliche Einheit ist selbst Von, das absolute Von, gründender Grund der qualitativen Einheit des Von. Die uner-

13 Die zwei Stufen des Von in Fichtes Erscheinungslehre analysiert Kumamoto 1981, 74.

forschliche Einheit des sich effizierenden Lichtes ist der gründende Grund und die qualitative Einheit des Lichtes die von ihm begründete Folge. Die qualitative Einheit des Von ist nur Erscheinung des sich effizierenden Lichtes. Das bedeutet, daß das Absolute nur als erscheinendes und niemals selbst da ist.

Die realistische Inhaltsanalyse des Satzes »Das Licht ist absolutes Von« (XX, 203) ergibt, daß das Ichwissen nur ein Effekt des Lichtes ist, das sich selbst effiziert. Das reine Sein bzw. das reine Licht bildet den absoluten für das Ichwissen nicht erreichbaren Grund seiner selbst. Fichte bezeichnet das Gesetz, nach welchem das Licht selbst entsteht, als »das Urgesetz[...] des Lichtes« (XIX, 199): Das Licht effiziert sich selbst, aber es bleibt ewig unerforschlich, wie sich das Licht hervorbringt; allein in seinen Effekten ist das Licht offenbar. So ergibt sich, daß sich das Ichwissen als Erscheinung des Lichtes findet, ohne jedoch das Wie seiner Genesis durchschauen zu können: »Und so ist denn das *Urfaktische*, die absolute Objektivirung der Vernunft, als seiend, genetisch, aus dem Urgesetze des Lichtes selber erklärt; und unsere Aufgabe in ihrem höchsten Principe gelöst« (XIX, 199).

2. Die realistische Betrachtung hat auf den Inhalt des Von und auf das Urgesetz des Lichtes selbst unter Absehung von der Form geachtet. Die Reflexion auf die Form des Absoluten und seiner Erscheinung rehabilitiert dagegen die Betrachtungsweise des kritischen Idealismus. Damit wird auch das praktische Prinzip des transzendentalen Vernunftidealismus, das Soll und die Freiheit, rehabilitiert und zugleich auf einen tieferen ontologischen Grund gelegt.[14]

Das Soll ist die Vermittlung zwischen dem unbedingten, kategorischen Sein des Absoluten und dem problematischen Sein des Ichwissens. Das Prinzip des Soll drückt eine »Soll-so-muß«- bzw. »Wenn-dann«-Beziehung aus, die ein problematisches Bedingungsverhältnis darstellt (vgl. XVI, 166 ff.). Soll es zur Erscheinung des Absoluten kommen, so muß sich das Ichwissen an

14 Das »Soll« nötigt nicht mehr nur das moralisch-praktische Handeln wie bei Kant und in der GWL von 1794/95, sondern bewegt das gesamte menschliche Wissen von Grund auf. Es ist das idealistische Prinzip, das die WL von 1804 antreibt. Das Wissen *soll* sich durchdringen und sich in seiner Selbstvernichtung zu dem machen, dem das Absolute einleuchtet. Als Bestimmung des Menschen formuliert: Der Mensch *soll* sich zum Bilde und Dasein Gottes machen.

der Unbegreiflichkeit des Absoluten vernichten. Und umgekehrt gilt: Soll es zu einem absoluten Wissen kommen, so muß es als Erscheinung des Absoluten gesetzt werden. Das Absolute fungiert hier als Bedingung und Grund des Wissens, jedoch unter der Bedingung, daß die Einsicht faktisch existiert. Das aber bedeutet, daß das Absolute als das Bedingende selbst bedingt ist durch das von ihm bedingte Wissen und das bedingte Wissen als die Bedingung des es bedingenden Absoluten erscheint. Als solcher problematischer Ableitungsgrund für die Erscheinung ist das Soll das Prinzip der erscheinenden Grundform des Ichwissens schlechthin, unter dem auch das Wissen der Wissenschaftslehre selbst steht.

Nicht wahre Einsicht in die Genesis des Ichwissens aus dem Absoluten ist behauptet, sondern lediglich eine problematische Einsicht bzw. eine Einsicht in die vom Ichwissen problematisch gesetzte Genesis aus dem Absoluten. Diese problematische Erklärung des Ichwissens aus dem Absoluten verbleibt mithin im Bereich des erscheinenden Ichwissens, ohne daß die Wissenschaftslehre Aussagen über das wahre Verhältnis zum Absoluten machen könnte.

Fassen wir zusammen und heben wir die problematischen Punkte von Fichtes WL von 1804 hervor: In der WL von 1804 intendiert Fichte die Überwindung der wissenden Selbstbeziehung des Ich und damit der Subjektivität als Prinzip der Philosophie. Da das Ich seines eigenen Grundes nicht mächtig ist, muß es sich in seiner Tätigkeit auf das reine Sein und Leben gründen. Der frühe Fichte wollte das Ich aus sich selbst heraus verstehen; er versuchte es als Tätigkeit und zugleich als Produkt dieser Tätigkeit zu begreifen – als Tätigkeit, die zugleich Tätigkeitsbewußtsein ist. Aus dieser Doppelstruktur des Ich ergibt sich das Problem, daß das Ich sich in seiner Tätigkeit nicht selbst zusehen kann, es kann nur auf sich reflektieren, wenn es schon *ist*. Dies veranlaßte Fichte dazu, den Grund der Einheit des Ich in seinen Momenten Anschauung und Begriff über das Ich selbst hinauszusetzen. Das Ich ist Einheit aus unverfügbarem Grund. Das Absolute ist als Licht der Ursprung des Ich. Die Annahme des über das Ich hinausliegenden Absoluten ergibt sich also aus den Aporien der Subjektivitätsproblematik.

Doch enhält die WL von 1804 ihrerseits systematische Probleme: Das erste ergibt sich aus dem Umstand, daß Fichte in der

Wahrheits- und Vernunftlehre das Absolute nicht konkret, sondern nach Art der negativen Theologie faßt. Indem Fichte aber das Absolute als »ein *in sich geschlossenes Singulum unmittelbaren lebendigen Seins*« (XVI, 160) begreift, das nicht aus sich herausgehen kann und also keine Mannigfaltigkeit in sich enthält, kann er das Entstehen derselben aus der absoluten Einheit nicht begreiflich machen. Das aber bedeutet, daß das Absolute das SIchwissen des Ich als seine Erscheinung nicht zu begründen vermag. Es wird vielmehr als unbegreifliches, unableitbares Faktum in der WL zugrunde gelegt. Daraus ergibt sich die zweite systematische Schwierigkeit, denn die WL von 1804 steht damit in der Gefahr des Prinzipiendualismus. Das Wissen des Ich wird in der Erscheinungslehre faktisch als zweites Prinzip neben dem Absoluten angenommen. Die Analyse der materialen und formalen Genesis des Wissens aus dem Absoluten in der Erscheinungslehre zeigt, daß sich das Wissen des Ich zwar als Erscheinung des Absoluten versteht, doch wie es als Erscheinung aus dem Absoluten generiert, ist ihm unbegreiflich. Daraus ergibt sich als dritte Problematik die Konsequenz, daß sich zwar das Ichwissen als Prinzip der Wissensmannigfaltigkeit als Erscheinung des Absoluten versteht, daß aber die Strukturen dieser erscheinenden Mannigfaltigkeit des Ichwissens wie in den früheren Wissenschaftslehren allein durch Gesetze bestimmt sind, die einzig aus dem Ich als Prinzip begriffen werden können.

Fichtes spätphilosophische Konzeption erweist sich somit als inkonsistent. Auf der einen Seite hypostasiert er die Einheit zum einzig Einen, welches über alle Mannigfaltigkeit erhaben ist, auf der anderen Seite kann er sie nur in Abgrenzung und Entgegensetzung zur Mannigfaltigkeit begreifen. Im ersten Teil der WL geht es um die Gewinnung eines abstrakt-monistischen Einheitsbegriffs; im zweiten Teil zeigt sich an der Thematisierung der Beziehung zwischen Einheit und Mannigfaltigkeit die Unaufhebbarkeit der Mannigfaltigkeit. Beide Teile stehen im Verhältnis von Abstraktion und Ergänzung.[15] So kann gesagt werden, daß

15 In bezug auf die Interpretation von Fichtes spätphilosophischer Einheitskonzeption sind sich die Interpreten uneins. Hartmann (1974, 78 ff.), Guéroult (1930, Bd. II, 190 ff.), und Janke (1993, 335 ff.) deuten die Ableitung des Mannigfaltigen aus dem Einen affirmativ als dessen Selbstentfaltung. Zahn (1959, 114 ff.), Widmann (1977, 241 ff.), Radermacher (1970, 75 ff, 124 ff.), Siep (1970, 51, 69, 96,

die WL von 1804 den Mangel von Fichtes Frühposition nur auf anderer Ebene reproduziert, der zum einen in der Einseitigkeit des Ich-Prinzips, zum anderen in dessen dadurch erforderlich werdenden Übergang zum Nicht-Ich als zweitem Prinzip bestand.[16]

Fichte hat in seinen Anfängen versucht, das Sein und das Wissen als zwei Aspekte des Prinzips des Ich zu denken, ohne den Umkreis des Ich zu verlassen. Später ist ihm klargeworden, daß das absolute Sein als unverfügbarer Grund dem Wissen des Ich von sich vorgeordnet werden müsse. Er hat damit Jacobis Begründung des absoluten Seins aus der unhintergehbaren Intuition des Unbedingten als Bedingung des Bewußtsein von Bedingungen erneuert und in die Wissenschaftslehre aufgenommen. Diesen Weg haben schon vor ihm Hölderlin und Novalis eingeschlagen, und zwar in der Logik der Voraussetzung eines bewußtseinstranszendenten Seins im Ichbewußtsein. Fichte setzt der Logik der Voraussetzung das Motiv der Selbstvernichtung des Ichwissens gegenüber, um den Hiatus zwischen differenzlosem Absoluten und wissender Selbstbeziehung des Ich zu überwinden. Doch konnte er den Gedanken einer Präsenz und Selbstdarstellung des Absoluten in der Selbstbeziehung des Ichwissens kraft dessen Selbstvernichtung nicht konsistent darlegen.

103), Schüssler (1972, 168 ff.) und Kumamoto (1979, 208 ff., 213 f.) betonen die Differenz zwischen absoluter Einheit und faktischer Mannigfaltigkeit, die es verhindert, die Ableitung des Mannigfaltigen als Selbstentfaltung des Einen zu verstehen. Karen Gloy erkennt als einzige Interpretin den negativ dialektischen Umschlag von abstraktem Monismus in Prinzipiendualismus und kommentiert ihn in kritischer Absicht (vgl. Gloy 1981, 125 ff.).

16 Ludwig Sieps These, Hegels Fichtekritik in der *Differenzschrift* am Dualismus der Konzeption der Ichphilosophie der GWL von 1794/95 treffe die WL von 1804 nicht mehr, muß daher zurückgewiesen werden (vgl. Siep 1970, 103). Vielmehr ist mit Johannes Heinrichs zu fragen: »Entspricht nicht die Unableitbarkeit des Anderen, des Objekts, aus dem absoluten Ich des frühen Fichte der Unverfügbarkeit des Absoluten, seiner Unbegreiflichkeit für den erkennenden Zugriff beim späten Fichte sowie der Unableitbarkeit der Erscheinungsunterschiede aus dem Absoluten? [...] Man könnte also einwenden: Entweder trifft Hegels Vorwurf des Dualismus Fichte auf seinem ganzen Denkweg oder gar nicht, mag auch die Blickrichtung des späten Fichte eine andere sein« (Heinrichs 1972, 94).

Die dialektische Durchführung dieses Jacobischen Gedankens bringen die Systeme Schellings und Hegels auf den Weg. Während aber Hegels Philosophie den Anspruch auf Aufhebung des Absoluten in den philosophischen Begriff erhebt, ist Fichtes und Schellings Spätphilosophie der alternative Weg einer Philosophie, die die Einholbarkeit des Lebens des Absoluten in den philosophischen Begriff bestreitet und das Absolute in seinem unvordenklichen Sein anerkennt. Wie immer es um die Möglichkeit der Erfahrung des Absoluten steht, es bleibt uns durch seine Gegenwart im Ursprung unserer Verständigung über unser bewußtes Leben wenigstens als Thema unentrinnbar.

Literatur

1. Quellen

Böhme, J., *Aurora oder Morgenröte im Anfang*, hg. von G. Wehr, Frankfurt am Main/Leipzig 1992.

Die Bibel oder die Heilige Schrift des Alten und Neuen Testaments nach der deutschen Übersetzung D. Martin Luthers, Stuttgart.

Fichte, J. G., *Gesamtausgabe der Bayerischen Akademie der Wissenschaften*, hg. von R. Lauth und H. Jacob, Stuttgart-Bad Cannstatt 1962 ff. (ab 1970 hg. von R. Lauth und H. Gliwitzky unter Mitwirkung verschiedener Autoren) (zit.: Fichte GA I,1 ff.).

–, Fichtes *Werke*, hg. von Immanuel Hermann Fichte, Berlin 1971 (Nachdruck der Ausgaben: *Johann Gottlieb Fichtes sämmtliche Werke*, hg. von I. H. Fichte, Berlin 1845/46, und: *Johann Gottlieb Fichtes nachgelassene Werke*, hg. von I. H. Fichte, Bonn 1834/45) (zit.: Fichtes *Werke*).

–, *Wissenschaftslehre nova methodo* (1798/99), in: *Fichtes Nachgelassene Schriften*, Bd. II, hg. von H. Jacobs, Berlin 1997.

–, *Darstellung der Wissenschaftslehre. Aus den Jahren 1801/02*, hg. sowie mit einer Einleitung und Anmerkungen versehen von R. Lauth unter Mitarbeit von P. Schneider, Hamburg 1977.

–, *Die Wissenschaftslehre*. Zweiter Vortrag im Jahre 1804 vom 16. April bis 8. Juni, hg. von R. Lauth und J. Widmann unter Mitarbeit von P. Schneider, Hamburg 1975.

Hegel, G. W. F., *Werkausgabe in zwanzig Bänden*, hg. von E. Moldenhauer und K. M. Michel, Frankfurt am Main 1969 ff. (zit.: Hegels *Werke*).

–, *Gesammelte Werke*, Bd. 15: *Schriften und Entwürfe I (1817-1825)*, hg. von F. Hogemann und Chr. Jamme, Hamburg 1990 (zit.: Hegels *Gesammelte Werke* 15).

–, *Wissenschaft der Logik*. Erster Band, erstes Buch: »Das Sein«. Faksimiledruck nach der Erstausgabe von 1812, Göttingen 1966 (zit.: Hegel WL [A]).

Heidegger, M., *Sein und Zeit* (1927), Tübingen ^{15}1979 (zit.: SuZ).

–, *Was ist Metaphysik?* (1929), Frankfurt am Main ^{12}1981.

Hölderlin, F., *Sämtliche Werke*, hg. von F. Beißner, A. Beck und U. Oelmann, 8 Bände, Stuttgart 1943-1985 (zit.: StA).

–, *Sämtliche Werke und Briefe*, hg. von M. Knaupp, 3 Bände, München 1992/93 (zit.: Hölderlins *Werke*).

Jabobi, F. H., *Werke*, 6 Bde., Leipzig 1812-1825 (zit.: Jacobis *Werke*).

–, *Über die Lehre des Spinoza in Briefen an den Herrn Moses Mendelssohn*, Breslau ^{2}1789 (zit.: Spin^{2}).

Kant, I., *Werke in zwölf Bänden*, hg. von W. Weischedel, Frankfurt am Main 1968. Zitiert wird nach folgenden Abkürzungen:

–, KdrV: *Kritik der reinen Vernunft* (Bde. III und IV).

–, KdU: *Kritik der Urteilskraft* (Bd. X).

Marx, K.: *Grundrisse der Kritik der Politischen Ökonomie (Rohentwurf) 1857-1858*, Anhang 1850-1859, Berlin ^{2}1974 (zit.: Marx, Grundrisse).

Marx, K., und F. Engels, *Werke*, hg. vom Institut für Marxismus-Leninismus beim ZK der SED, Berlin 1958 ff. (zit.: Marx/Engels, *Werke*).

Novalis, *Schriften. Die Werke Friedrich von Hardenbergs*, hg. von P. Kluckhohn und R. Samuel, Stuttgart/Berlin/Köln/Mainz 1981 (zit.: Novalis *Schriften*).

Platonis Opera, ed. I. Burnet, 5 Bde., Oxford 1900-1907; deutsch: *Sämtliche Werke*, 6 Bde., übers. von Fr. Schleiermacher, hg. von W. F. Otto, E. Grassi und G. Plamböck, Hamburg 1957-1959.

Reinhold, K. L., *Beyträge zur Berichtigung bisheriger Mißverständnisse der Philosophen*. 1. Band: *Das Fundament der Elementarphilosophie betreffend*, Jena 1790.

–, *Versuch einer neuen Theorie des menschlichen Vorstellungsvermögens*, Prag/Jena 1789 (Nachdruck Darmstadt 1963).

Schelling, F. W. J. von, *Sämtliche Werke*, hg. von K. F. A. Schelling, Bd. I bis XIV (urspr. erschienen in 2 Abteilungen: I, Bd. 1-10, und II, Bd. 1 bis 4), Stuttgart 1856-1861 (zit.: Schellings *Werke*).

–, *Die Weltalter. Fragmente. In den Urfassungen von 1811 und 1813*, hg. von M. Schröter, München 1946 (zit.: Schelling *Weltalter*).

–, *Fragment* »Wenn der bloße sogenannte Selbstdenker ...«, in: B. Loer, *Das Absolute und die Wirklichkeit in Schellings Philosophie. Mit der Erstedition einer Handschrift aus dem Berliner Schelling-Nachlaß*, Berlin/New York 1974, S. 30-69.

–, *Initia philosophiae universae. Erlanger Vorlesung WS 1820/21*, hg. von H. Fuhrmans, Bonn 1969 (Nachschrift von Fried. Leonh. Enderlein; Überschrift: Grundzüge der gesammten Philosophie).

–, *Grundlegung der positiven Philosophie. Münchener Vorlesung WS 1832/33 und SS 1833*, hg. von H. Fuhrmans, Turin 1972 (Nachschrift von J. G. C. F. Helmes).

–, *System der Weltalter. Münchener Vorlesung 1827/28*, hg. von S. Peetz, Frankfurt am Main 1990 (Nachschrift von Ernst von Lasaulx).

–, *Philosophie der Offenbarung 1841/42*, hg. von M. Frank, Frankfurt am Main ^{2}1993 (zit.: Paulus).

–, *Urfassung der Philosophie der Offenbarung. Vorlesungen aus dem Jahre 1831/32*, hg. von W.E. Ehrhardt, Hamburg 1992 (zit.: Schelling UFPhilOff).

–, *Aus Schellings Leben. In Briefen*, hg. von G. L. Plitt, Bd. 1-3, Leipzig 1869/70.

Schlegel, F., *Kritische Friedrich-Schlegel-Ausgabe*, hg. von E. Behler unter Mitwirkung von J.-J. Anstett und H. Eichner, Paderborn/München/Wien 1979 (zit.: KA).

II. Weitere Literatur

Adorno, Th. W. (1973), *Negative Dialektik*, Frankfurt am Main.

– und M. Horkheimer (1947), *Dialektik der Aufklärung*, Amsterdam.

Bauer, B. (1841), *Die Posaune des jüngsten Gerichts über Hegel den Atheisten und Antichristen*, Leipzig.

Baumgartner, H. M. (1980), »Die Bestimmung des Absoluten. Ein Strukturvergleich der Reflexionsformen bei J. G. Fichte und Plotin. R. Lauth zum 60. Geburtstag«, in: *Zeitschrift für philosophische Forschung* 34, S. 321-342.

– und H. Korten (1996), *Friedrich Wilhelm Joseph Schelling*, München.

Baumanns, P. (1972), *Fichtes ursprüngliches System. Sein Standort zwischen Kant und Hegel*, Stuttgart-Bad Cannstatt.

– (1974), *Fichtes Wissenschaftslehre. Probleme ihres Anfangs. Mit einem Kommentar zu § 1 der »Grundlage der gesamten Wissenschaftslehre«*, Bonn.

Benjamin, W. (1973), *Der Begriff der Kunstkritik in der deutschen Romantik*, hg. von H. Schweppenhäuser, Frankfurt am Main.

Boenke, M. (Hg.) (1996), *F. W. J. Schelling*. Ausgewählt und vorgestellt von M. Boenke (Philosophie jetzt!), München.

Bondeli, M. (1995), *Das Anfangsproblem bei Karl Leonhard Reinhold. Eine systematische und entwicklungsgeschichtliche Untersuchung zur Philosophie Reinholds in der Zeit von 1789 bis 1803*, Frankfurt am Main.

Braitling, P. (1991), *Hegels Subjektivitätsbegriff. Eine Analyse mit Berücksichtigung intersubjektiver Aspekte*, Würzburg.

Brinkmann, K. (1976), »Schellings Hegel-Kritik«, in: *Die ontologische Option*, hg. von K. Hartmann, Berlin, S. 121-208.

Buchheim, Th. (1992), *Eins von Allem. Die Selbstbescheidung des Idealismus in Schellings Spätphilosophie*, Hamburg.

Danz, Chr. (1996), *Die philosophische Christologie F. W. J. Schellings*, Stuttgart-Bad Cannstatt.

Ehrhardt, W. E. (1995), »... also muß auf Schelling zurückgegangen werden«, in: *Philosophische Rundschau* 42, Heft 1, S. 1-10, Heft 3, S. 225-233.

Fink-Eitel, H. (1976), *Dialektik und Sozialethik. Kommentierende Untersuchungen zu Hegels ›Wissenschaft der Logik‹*, Meisenheim.

Flach, W. (1964), »Fichte über Kritizismus und Dogmatismus«, in: *Zeitschrift für philosophische Forschung*, S. 585-596.

Fulda, H. F. (1978), »Hegels Dialektik als Begriffsbewegung und Darstellungsweise«, in: R.-P. Horstmann (Hg.), *Seminar: Dialektik in der Philosophie Hegels*, Frankfurt am Main, S. 124-174.

Frank, M. (1972), *Zum Problem der »Zeit« in der deutschen Romantik. Zeitbewußtsein und Bewußtsein von Zeitlichkeit in der frühromantischen Philosophie und in Tiecks Dichtung*, München.

– und G. Kurz (1977), »Ordo inversus. Zu einer Reflexionsfigur bei Novalis, Hölderlin, Kleist und Kafka«, in: H. Anton, B. Gafek und P. Pfaff (Hg.), *Geist und Zeichen*. Festschrift für Arthur Henkel zu seinem sechzigsten Geburtstag, Heidelberg, S. 75-97.

– (1987), »›Intellektuale Anschauung‹. Drei Stellungnahmen zu einem Deutungsversuch von Selbstbewußtsein: Kant, Fichte, Hölderlin/Novalis«, in: E. Behler und J. Hörisch (Hg.), *Die Aktualität der Frühromantik*, Paderborn, S. 96-126.

– (1989), *Einführung in die frühromantische Ästhetik. Vorlesungen*, Frankfurt am Main.

– (1992), »Allegorie, Witz, Fragment, Ironie. Friedrich Schlegel und die Idee des zerrissenen Selbst«, in: *Allegorie und Melancholie*, hg. von W. von Reijen, Frankfurt am Main, S. 124-146.

– (1994), »Philosophische Grundlagen der Frühromantik«, in: *Athenäum. Jahrbuch für Romantik*, hg. von E. Behler u. a., Paderborn, S. 37 bis 130.

Franz, M. (1986/87), »Hölderlins Logik. Zum Grundriß von ›Seyn Urtheil Möglichkeit‹«, in: *Hölderlin-Jahrbuch*, S. 93-124.

Gloy, K. (1981), *Einheit und Mannigfaltigkeit. Eine Strukturanalyse des »und«*, Berlin/New York.

– (1984), »Die drei Grundsätze aus Fichtes ›Grundlage der gesamten Wissenschaftslehre‹ von 1794«, in: *Philosophisches Jahrbuch* 91, S. 289-307.

Guéroult, M. (1930), *L'évolution et la structure de la doctrin de la science chez Fichte*, 2 Bde., Paris.

Hartmann, N. ([3]1974), *Die Philosophie des Deutschen Idealismus*, Berlin/New York.

Heinrichs, J. (1972), »Fichte, Hegel und der Dialog. Ein Bericht in systematischer Absicht«, in: *Theologie und Philosophie* 47, S. 90-131.

Henrich, D. (1965/66), »Hölderlin über Urteil und Sein. Eine Studie zur Entwicklungsgeschichte des Idealismus«, in: *Hölderlin-Jahrbuch*, S. 73-96.

– (1966), »Fichtes ursprüngliche Einsicht«, in: *Subjektivität und Metaphysik. Festschrift für W. Cramer*, hg. von D. Henrich und H. Wagner, Frankfurt am Main.

– (1967), *Der ontologische Gottesbeweis*, Tübingen.

– (1975), »Hegel und Hölderlin«, in: ders., *Hegel im Kontext*, Frankfurt am Main, S. 9-40.
– (1976), »Hegels Grundoperation«, in: *Der Idealismus und seine Gegenwart. Festschrift für Werner Marx*, hg. von U. Guzzoni, B. Rang und L. Siep, Hamburg, S. 208-230.
– (1978), »Formen der Negation in Hegels Logik«, in: *Hegel-Jahrbuch*, Köln 1974, S. 245-256, zitiert nach: *Seminar: Dialektik in der Philosophie Hegels*, hg. von R.-P. Horstmann, Frankfurt am Main 1978, S. 231-229.
– (1982), »Andersheit und Absolutheit des Geistes. Sieben Schritte auf dem Wege von Schelling zu Hegel«, in: ders., *Selbstverhältnisse. Gedanken und Auslegungen zu den Grundlagen der klassischen deutschen Philosophie*, Stuttgart, S. 142-172.
– (1989), »Die Anfänge der Theorie des Subjekts (1789)«, in: *Zwischenbetrachtungen. Im Prozeß der Aufklärung. Jürgen Habermas zum 60. Geburtstag*, hg. von A. Honneth u. a., Frankfurt am Main, S. 106-170.
– (1991), *Konstellationen. Probleme und Debatten am Ursprung der idealistischen Philosophie (1789-1795)*, Stuttgart-Bad Cannstatt.
– (1992), *Der Grund im Bewußtsein. Untersuchungen zu Hölderlins Denken (1794-1795)*, Stuttgart-Bad Cannstatt.
– (1992/93), »Eine philosophische Konzeption entsteht. Hölderlin in Jena«, in: *Hölderlin-Jahrbuch* 28, S. 1-28.
Hösle, V. (1984), *Wahrheit und Geschichte. Studien zur Struktur der Philosophiegeschichte unter paradigmatischer Analyse der Entwicklung von Parmenides bis Platon*, Stuttgart-Bad Cannstatt.
– (1988), *Hegels System. Der Idealismus der Subjektivität und das Problem der Intersubjektivität*, 2 Bde., Hamburg.
– (1990), *Die Krise der Gegenwart und die Verantwortung der Philosophie*, München.
Hogrebe, W. (1989), *Prädikation und Genesis. Metapyhsik als Fundamentalheuristik im Ausgang von Schellings »Die Weltalter«*, Frankfurt am Main.
Hühn, H. (1997), *Mnemosyne. Zeit und Erinnerung in Hölderlins Denken*, Stuttgart/Weimar.
Hühn, L. (1994), *Fichte und Schelling oder: Über die Grenze menschlichen Wissens*, Stuttgart/Weimar.
– (1996), »Das Schweben der Einbildungskraft. Zur frühromantischen Überbietung Fichtes«, in: *DVjS*, Heft 4, S. 569-599.
Hutter, A. (1996), *Geschichtliche Vernunft. Die Weiterführung der Kantischen Vernunftkritik in der Spätphilosophie Schellings*, Frankfurt am Main.
Iber, Chr. (1990), *Metaphysik absoluter Relationalität. Eine Studie zu den beiden ersten Kapiteln von Hegels Wesenslogik*, Berlin/New York.

– (1992), »Platons eigentliche philosophische Leistung im Dialog Parmenides«, in: *Dialektischer Negativismus. Michael Theunissen zum 60. Geburtstag*, hg. von E. Angehrn u. a., Frankfurt am Main, S. 185 bis 212.

– (1994), *Das Andere der Vernunft als ihr Prinzip. Grundzüge der philosophischen Entwicklung Schellings mit einem Ausblick auf die nachidealistischen Philosophiekonzeptionen Heideggers und Adornos*, Berlin/New York.

Janke, W. (1970), *Fichte. Sein und Reflexion – Grundlagen der kritischen Vernunft*, Berlin.

– (1987), »Einheit und Vielheit. Grundzüge von Fichtes Lebens- und Bildlehre«, in: K. Gloy/D. Schmidig (Hg.), *Einheitskonzepte in der idealistischen und in der gegenwärtigen Philosophie*, Bern, S. 39-71.

– (1993), *Vom Bild des Absoluten. Grundzüge der Phänomenologie Fichtes*, Berlin/New York.

Kesselring, Th. (1981), *Entwicklung und Widerspruch. Ein Vergleich zwischen Piagets genetischer Erkenntnistheorie und Hegels Dialektik*, Frankfurt am Main.

– (1984), *Die Produktivität der Antinomie. Hegels Dialektik im Lichte der genetischen Erkenntnistheorie und der formalen Logik*, Frankfurt am Main.

Korsch, D. (1980), *Der Grund der Freiheit. Eine Untersuchung zur Problemgeschichte der positiven Philosophie und zur Systemfunktion des Christentums im Spätwerk F. W. J. Schellings*, München.

Kumamoto, C. (1979), »Sein-Bewußtsein-Relation beim späten Fichte«, in: *Erneuerung der Transzendentalphilosophie im Anschluß an Kant und Fichte. Festschrift für R. Lauth zum 60. Geburtstag*, hg. von K. Hammacher und A. Mues, Stuttgart-Bad Cannstatt, S. 204-214.

– (1981), »Der Begriff der Erscheinung beim späten Fichte«, in: *Der transzendentale Gedanke. Die gegenwärtige Darstellung der Philosophie Fichtes*, hg. von K. Hammacher, Hamburg, S. 70-79.

Lanfranconi, A. (1992), *Krisis. Eine Lektüre der »Weltalter«-Texte F. W. J. Schellings*, Stuttgart-Bad Cannstatt.

– (1996), »Die *Weltalter* lesen«, in: *Weltalter – Schelling im Kontext der Geschichtsphilosophie*, hg. von H. J. Sandkühler, in: *Dialektik. Zeitschrift für Philosophie und Wissenschaften*, Hamburg, Heft 2, S. 59-72.

Loer, B. (1974), *Das Absolute und die Wirklichkeit in Schellings Philosophie*, Berlin/New York.

Lypp, B. (1972), *Ästhetischer Absolutismus und politische Vernunft. Zum Widerstreit von Reflexion und Sittlichkeit im deutschen Idealismus*, Frankfurt am Main.

Menninghaus, W. (1987), *Unendliche Verdoppelung. Die frühromantische Grundlegung der Kunsttheorie im Begriff absoluter Selbstreflexion*, Frankfurt am Main.

Metz, W. (1991), *Kategoriendeduktion und produktive Einbildungskraft in der theoretischen Philosophie Kants und Fichtes*, Stuttgart-Bad Cannstatt.

Oesterreich, P. L. (1996), »Geschichtsphilosophie und historische Kunst. Zum mythosnahen Sprachstil der *Weltalter* Schellings«, in: *Weltalter – Schelling im Kontext der Geschichtsphilosophie*, hg. von H. J. Sandkühler, in: *Dialektik. Zeitschrift für Philosophie und Wissenschaften*, Hamburg, Heft 2, S. 89-104.

Pocai, R. (1996), *Heideggers Theorie der Befindlichkeit. Sein Denken zwischen 1927 und 1933*, Freiburg/München.

Radermacher, H. (1970), *Fichtes Begriff des Absoluten*, Frankfurt a. M.

Rosenau, H. (1985), *Die Differenz im christologischen Denken Schellings*, Frankfurt am Main/Berlin/New York.

Sandkaulen-Bock, B. (1990), *Ausgang vom Unbedingten. Über den Anfang in der Philosophie Schellings*, Göttingen.

Schrader, W. H. (1972), *Empirisches und absolutes Ich. Zur Geschichte des Begriffs Leben in der Philosophie J. G. Fichtes*, Stuttgart-Bad Cannstatt.

Schüssler, I. (1972), *Die Auseinandersetzung von Idealismus und Realismus in Fichtes Wissenschaftslehre*, Frankfurt am Main.

Schulz, W. (^{2}1975), *Die Vollendung des Deutschen Idealismus in der Spätphilosophie Schellings*, Pfullingen.

– (1985), *Metaphysik des Schwebens. Untersuchungen zur Geschichte der Ästhetik*, Pfullingen.

Siep, L. (1970), *Hegels Fichtekritik und die Wissenschaftslehre von 1804*, Freiburg/München.

Sollberger, D. (1996): *Metaphysik und Invention. Die Wirklichkeit in den Suchbewegungen negativen und positiven Denkens in F. W. J. Schellings Spätphilosophie*, Würzburg.

Stolzenberg, J. (1986), *Fichtes Begriff der Intellektuellen Anschauung*, Stuttgart.

– (1994), »Selbstbewußtsein – Ein Problem der Philosophie nach Kant. Zum Verhältnis Reinhold–Hölderlin–Fichte«, in: *Daimon. Revista de Filosofía*, Nr. 9, S. 63-79.

– (1995), »Fichtes Satz ›Ich bin‹. Argumentationsanalytische Überlegungen zu Paragraph 1 der Grundlage der gesamten Wissenschaftslehre von 1794/95«, in: *Fichte-Studien*, hg. von H. Girndt und W. H. Schrader, Bd. 6, Amsterdam, S. 1-34.

Theunissen, M. (1976), »Die Aufhebung des Idealismus in der Spätphilosophie Schellings«, in: *Philosophisches Jahrbuch* 83, S. 1-29.

– (1977), »Die Idealismuskritik in Schellings Theorie der negativen Philosophie«, in: *Hegel-Studien*, Beiheft 17, S. 173-191.

– (1978), *Sein und Schein. Die kritische Funktion der Hegelschen Logik*, Frankfurt am Main.

– (1994), »Vernunft, Mythos und Moderne«, in: *Vernunftbegriffe in der Moderne*, hg. von H. F. Fulda und R.-P. Horstmann, Stuttgart.
Tugendhat, E. (1976), *Vorlesungen zur Einführung in die sprachanalytische Philosophie*, Frankfurt am Main.
Uerlings, H. (1991), *Friedrich von Hardenberg, genannt Novalis. Werk und Forschung*, Stuttgart.
Volkmann-Schluck, K. H. (1967), »Novalis' magischer Idealismus«, in: *Die deutsche Romantik*, hg. von H. Steffens, Göttingen, S. 45-53.
Widmann, J. (1977), *Die Grundstruktur des transzendentalen Wissens nach Joh. Gottl. Fichtes Wissenschaftslehre 1804*, Hamburg.
Windt, Th. (1995), »Bild und Geschichte. Die Voraussetzungen philosophischer Darstellung in Schellings ›Die Weltalter‹«, Magisterabhandlung, FU Berlin.
Zahn, M. (1959), »Die Bedeutung neuer Fichte-Funde für die Philosophie des ›Deutschen Idealismus‹ und die heutige Philosophie«, in: *Zeitschrift für philosophische Forschung* 13, S. 110-118.